# B 重庆人才蓝皮书

## BLUE BOOK OF CHONGQING'S TALENT

# 重庆人才发展报告

## —— 2021 ——

重庆市人才发展中心
重庆市人才研究和人力资源服务协会 编

重庆大学出版社

**图书在版编目（CIP）数据**

重庆人才蓝皮书：重庆人才发展报告. 2021 ／ 重庆
市人才发展中心，重庆市人才研究和人力资源服务协会编
. --重庆：重庆大学出版社，2021.10
ISBN 978-7-5689-2973-8

Ⅰ. ①重… Ⅱ. ①重… ②重… Ⅲ. ①人才—发展战
略—研究报告—重庆—2021 Ⅳ. ①C964.2

中国版本图书馆 CIP 数据核字（2021）第 189365 号

**重庆人才蓝皮书：重庆人才发展报告（2021）**
CHONGQING RENCAI LANPISHU:CHONGQING RENCAI FAZHAN BAOGAO(2021)
重 庆 市 人 才 发 展 中 心
重庆市人才研究和人力资源服务协会 编
策划编辑：顾丽萍
责任编辑：顾丽萍　　版式设计：顾丽萍
责任校对：姜　凤　　责任印制：张　策
\*
重庆大学出版社出版发行
出版人：饶帮华
社址：重庆市沙坪坝区大学城西路 21 号
邮编：401331
电话：（023）88617190　88617185（中小学）
传真：（023）88617186　88617166
网址：http://www.cqup.com.cn
邮箱：fxk@cqup.com.cn（营销中心）
全国新华书店经销
重庆华林天美印务有限公司印刷
\*
开本：787mm×1092mm　1/16　印张：24　字数：514 千
2021 年 10 月第 1 版　　2021 年 10 月第 1 次印刷
ISBN 978-7-5689-2973-8　定价：98.00 元

# 目录
CONTENTS

第三章

**市场篇 ▶**

# 第一章 专题篇

# 重庆市构建"近悦远来"人才生态研究

◎重庆大学课题组

摘　要:近年来,重庆市坚持实施科教兴市和人才强市行动计划,积极构建"近悦远来"人才生态,人才工作成效显著。然而,面对人才流动加剧和区域间人才竞争愈发白热化的双重挑战,如何加强重庆市竞争优势成为亟待解决的关键问题。基于此,课题组聚焦重庆市人才生态,构建人才生态主观、客观评价指标体系,在与其他18个(新)一线城市进行客观比较的同时,对重庆市876名人才进行人才生态评价问卷调查,以剖析问题并提出对策建议,实现人才"近者悦,远者来"。

关键词:人才生态　近悦远来　集贤聚才

## 一、研究背景与意义

构建"近悦远来"人才生态是推动重庆市高质量发展的必然选择。人才资源是推动国家、地区高效发展的动力引擎,是实现经济结构转型、提升城市功能的关键要素。党的十九大以来,党中央赋予重庆市新的重大使命,重庆市向高质量发展目标的不断推进,对人才的需求必定急剧增长,城市能否聚才引才,人才生态建设是关键要素,只有紧抓人才生态建设,才能够打造人才聚集高地,引领产业发展,促进地区高质量发展。

构建"近悦远来"人才生态是加快建设人才强市的有力支撑。党的十九大报告提出,"人才是实现民族振兴、赢得国际竞争主动的战略资源。要坚持党管人才原则,聚天下英才而用之,加快建设人才强国"。人才作为稀缺资源和战略资源,始终离不开适宜的人才生态,这是实现重庆市人才"近悦远来"目标的关键。基于"近悦远来"目标,加快重庆市人才生态建设,既是推动重庆市人才事业的有力支撑,也是稳定和发展人才的重要方式。

构建"近悦远来"人才生态是应对人才竞争态势加剧的关键条件。人才竞争力的强弱直接影响一个国家或区域的发展质量。近两年,重庆市为打造"近悦远来"人才生态,

3

通过一系列措施,逐步形成人才聚集高地,引才聚才效果突出。但是,由于区域间人才竞争态势愈发白热化,重庆要打造高素质的人才队伍,既面临着东部城市等具有明显引才聚才优势城市的竞争,也面临着成都、武汉、西安等人才吸引力不断增强的周边城市的竞争。因此,以"近悦远来"为目标,优化重庆市人才生态,为人才提供一个良好的生态,成为重庆市能否脱颖而出的关键。

分析总结国内外文献发现,专家学者关于人才生态相关概念、内容等都进行了有益探讨,现有学术研究主要集中人才生态研究,说明了人才生态的重要性。但仍存在不足:一是尽管关于人才生态评价指标的研究取得一定成果,但是基于"近悦远来"目标的人才生态评价指标相关研究成果较少;二是现有优化人才生态的对策、建议研究缺乏系统性,构建具有针对性、系统性、多维度的区域人才生态优化路径尤为重要。鉴于此,本研究认为人才生态是以人才为核心要素,在特定的时期和特定的环境(政策环境、经济环境、文化环境、组织环境、科技环境等)中,具有多维度、动态的、复杂的、可持续发展等特征。此次课题,基于重庆市加快构建以"近悦远来"为目标的人才生态要求,系统梳理人才生态内涵及特点,构建"近悦远来"人才生态评价指标体系,并通过对评价指标体系的应用,分析重庆市"近悦远来"人才生态现状、优势与劣势,提出构建"近悦远来"人才生态的有效对策措施,为加快建设人才强市提供决策参考。

## 二、城市"近悦远来"人才生态主客观评价指标体系构建

### (一)指标选取

根据系统性和层次性相结合、科学性与代表性相结合、可比性与可操作性相结合、动态性与稳定性相结合以及独立性与协调性相结合的原则,本研究运用文献分析法、开放式问卷调查法以及专家咨询法确定城市人才生态评价指标(图1)。

根据专家咨询建议,结合指标构建的基本原则,对城市人才生态评价的主观指标和客观指标进行删减和增加,并结合前文中人才生态的文献研究内容,对城市人才生态的主客观评价指标体系进行了系统梳理和讨论。最终,客观评价指标体系共选取了28项指标,主观评价指标体系共选取了38项指标,形成城市人才生态主客观指标体系(表1和表2)。

#### 1. 城市人才生态客观评价指标体系

城市人才生态主要包括城市自然环境、城市经济环境、城市科技创业环境、城市生活环境、城市基础环境5个维度。

```
┌─────────────────────────────────┐
│      收集人才生态理论与文献        │
└─────────────────────────────────┘
                 │
┌─────────────────────────────────┐
│  确定构建指标体系的基本原则、方法和框架  │
└─────────────────────────────────┘
                 │                          ┌──────────────┐
                 │                          │  指标收集     │
                 │                          └──────────────┘
                 │                                 │
┌──────────────────────┐          ┌──────────────┐
│  文献分析,指标初选     │─────────▶│  指标修正     │
└──────────────────────┘          └──────────────┘
                 │                                 │
                 │                          ┌──────────────┐
                 │                          │  指标补充     │
                 │                          └──────────────┘
┌─────────────────────────────────┐
│  开放式问卷调查,指标初步修订与筛选   │
└─────────────────────────────────┘
                 │
┌──────────────────────────────────────┐
│  专家咨询,具体指标、权重、标准值的确定,指标初步修订与筛选  │
└──────────────────────────────────────┘
                 │
┌─────────────────────────────────┐
│          课题组分析讨论           │
└─────────────────────────────────┘
                 │
┌─────────────────────────────────┐
│      建立人才生态评价指标体系       │
└─────────────────────────────────┘
                 │
┌─────────────────────────────────┐
│   人才生态评价指标体系的修改与完善   │
└─────────────────────────────────┘
```

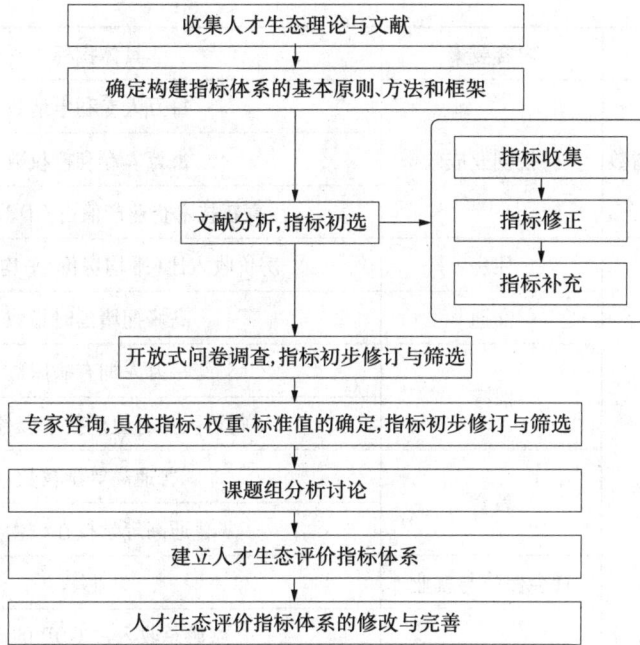

**图1　人才生态评价指标体系构建流程**

**表1　人才生态评价指标开放式问卷调查结果**

| 维度 | 内容要素 | 具体指标 |
|---|---|---|
| 城市自然环境指数 | 绿化环境 | 人均公园绿地面积 |
| | 空气质量 | 空气质量二级(或良)以上天数所占的比重 |
| 城市经济环境指数 | 经济质量 | 人均GDP |
| | | 经济持续(GDP)增长率 |
| | 产业结构升级 | 第二、第三产业产值占GDP的比重 |
| | 企业活力 | 国内上市公司数 |
| | | 中国民营企业500强数量 |
| | 收入水平 | 不变价收入水平 |
| | 经济开放 | 实际利用外商直接投资金额占GDP的比重 |
| | | 进出口总额占GDP的比重 |
| 城市科技创业环境指数 | 科技创业投入 | 科学技术支出占财政支出的比重 |
| | | R&D(研究与试验发展)经费支出占GDP的比重 |
| | 科技创业平台 | 高新技术企业数 |
| | 科技创业人才 | 每万人拥有研发人员数 |

续表

| 维度 | 内容要素 | 具体指标 |
|---|---|---|
| 城市科技创业环境指数 | 科技创业成效 | 每万人专利申请数 |
| | | 每万人专利授权数 |
| | | 高新技术企业产值占 GDP 的比重 |
| 城市生活环境指数 | 住房 | 房价收入比（平均房价/平均年收入） |
| | 交通 | 高峰拥堵延时指数 |
| | 医疗 | 每万人拥有病床数 |
| | | 每万人拥有卫生技术服务人数 |
| | 教育 | 普通高等学校数 |
| | | 普通高等学校在校生数 |
| | 社会保障与就业 | 失业率 |
| | 文化建设 | 旅游总收入占 GDP 的比重 |
| | | 每万人公共文化设施数量 |
| 城市基础环境指数 | 城市人口集聚力 | 常住人口净流入量 |
| | 城市发展态势 | 城市建成区面积 |

表2 城市人才生态主观评价指标体系

| 维度 | 内容要素 | 指标 | 指标评价描述 |
|---|---|---|---|
| 人才生存环境指数 | 自然环境 | 城市气候条件 | 对城市气候条件的满意度 |
| | | 城市空气质量 | 对城市空气质量的满意度 |
| | | 城市绿化环境 | 对城市绿化环境的满意度 |
| | 生活环境 | 城市生活成本 | 对城市生活成本的满意度 |
| | | 住房价格 | 对城市住房价格的满意度 |
| | | 城市教育资源 | 对城市教育资源的满意度 |
| | | 城市医疗条件 | 对城市医疗条件的满意度 |
| | | 城市出行交通条件 | 对城市出行交通条件的满意度 |
| | | 城市休闲娱乐条件 | 对城市休闲娱乐条件的满意度 |
| | | 城市社会治安 | 对城市社会治安的满意度 |
| | | 城市居民创新精神 | 对城市居民创新精神的满意度 |

续表

| 维度 | 内容要素 | 指标 | 指标评价描述 |
|---|---|---|---|
| 人才人际环境指数 | 城市人文环境 | 城市包容性 | 对城市包容性的满意度 |
| | | 城市居民人情味 | 对城市居民人情味的满意度 |
| | | 城市居民进取心 | 对城市居民进取心的满意度 |
| | | 城市就业服务质量 | 对城市就业服务质量的满意度 |
| | 整体人才环境 | 城市人才队伍整体素质 | 对城市人才队伍整体素质的满意度 |
| | | 工作单位发展前景 | 对工作单位发展前景的满意度 |
| | 组织环境 | 工作单位工作环境和条件 | 对工作单位工作环境和条件的满意度 |
| | | 工作单位经营管理水平 | 对工作单位经营管理水平的满意度 |
| | | 工作单位工作福利 | 对工作单位工作福利的满意度 |
| | | 工作单位工作稳定性 | 对工作单位工作稳定性的满意度 |
| | | 工作单位人际氛围 | 对工作单位人际氛围的满意度 |
| | | 同行交流机会 | 对与同行交流的满意度 |
| | | 个人晋升空间 | 对个人晋升空间的满意度 |
| | 人际关系 | 亲友人际关系 | 对亲友人际关系的满意度 |
| 人才发展环境指数 | 经济环境 | 城市经济发展水平 | 对城市经济发展水平的满意度 |
| | | 城市未来发展潜力 | 对城市未来发展潜力的满意度 |
| | | 城市整体薪酬水平 | 对城市整体薪酬水平的满意度 |
| | | 城市就业机会 | 对城市就业机会的满意度 |
| | 政策环境 | 城市税收优惠政策 | 对城市税收优惠政策的满意度 |
| | | 城市创新成果奖励政策 | 对城市创新成果奖励政策的满意度 |
| | | 城市人才政策 | 对城市人才政策的满意度 |
| | | 城市知识产权保护和利用政策 | 对城市知识产权保护和利用政策的满意度 |
| | 科技创业环境 | 城市人才科创事业发展资金投入 | 对城市人才科创事业发展资金投入的满意度 |
| | | 城市科创氛围 | 对城市科创氛围的满意度 |
| | | 城市人才发展平台 | 对城市人才发展平台的满意度 |

续表

| 维度 | 内容要素 | 指标 | 指标评价描述 |
|---|---|---|---|
| 人才发展<br>环境指数 | 自我实现与发展 | 城市人才才能发挥机会 | 对城市人才才能发挥机会的满意度 |
| | | 城市人才发展空间 | 对城市人才发展空间的满意度 |

2.城市人才生态主观评价指标体系

城市人才生态主观评价指标体系主要从人的需求出发,包括人才生存环境、人才人际环境及人才发展环境3个维度,指标评价的方式主要为人才对各项具体指标的满意度。

### (二)人才生态评价指标权重的确定

在构建城市人才生态主客观评价指标体系基础上,分3个步骤来构建人才工作竞争力评价理论模型:首先,对评价指标进行无量纲化处理;其次,用熵权法确定评价指标的权重;最后,建立数学评价模型。

1.指标的无量纲化处理

由于评价指标体系中三级指标反映不同的内容,各指标的计量单位和量纲有很大差异,往往数值相差也较大,因此不能直接进行合并计算,必须先对各指标进行无量纲化处理,将其变换为无量纲的指数化数值或分值后,才能进行综合计算。综合评价过程中的无量纲化方法比较多,本报告采用指标体系构建过程中比较通行的方法,即功效系数方法,用以对各指标进行无量纲化处理。

当指标为正向指标(指标值增加对人才生态有积极影响)时,第$i$个指标的无量纲化值$X_i$为:

$$X_i = \frac{X_i - X_{\min}}{X_{\max} - X_{\min}}$$

当指标为逆向指标(指标值增加对人才生态有消极影响)时,第$i$个指标的无量纲化值$X_i$为:

$$X_i = \frac{X_{\max} - X_i}{X_{\max} - X_{\min}}$$

式中,$X_i$代表第$i$个指标无量纲化处理后所得值,简称第$i$个指标的无量纲化值;$X_i$为该指标的原始值,$X_{\max}$和$X_{\min}$分别代表进行比较的同个指标中的最大原始值和最小原始值。经过无量纲化处理以后,每个指标的数值都在0~1,并且极性一致,具有可比性。

2.指标权重的确定方法

指标权重使用熵权法确定,具体操作过程如下:

(1)计算某城市 $i$ 第 $j$ 项指标值的比重

$$Y_{ij} = \frac{X_{ij}}{\sum\limits_{i}^{m} X_{ij}}$$

(2)计算指标信息熵

$$e_j = -k \sum\limits_{i=1}^{m} (Y_{ij} \ln Y_{ij}) \quad k = 1/\ln m \quad (m\text{ 为评价区域数})$$

(3)计算信息熵冗余度

$$d_j = 1 - e_j$$

(4)计算指标权重

$$W_j = \frac{d_j}{\sum\limits_{i=1}^{n} d_j} \quad (n\text{ 为指标数})$$

3. 指标权重的结果

利用 Excel 对城市人才生态客观评价指标体系的权重进行测算,最终得出各个人才生态指标的权重(表3)。

表3 城市人才生态客观评价指标权重结果

| 维度 | 内容要素 | 具体指标 | 指标权重 |
|---|---|---|---|
| 城市自然环境指数 | 绿化环境 | 人均公园绿地面积 | 0.014 |
| | 空气质量 | 空气质量二级(或良)以上天数所占的比重 | 0.016 |
| 城市经济环境指数 | 经济质量 | 人均GDP | 0.023 |
| | | 经济持续(GDP)增长率 | 0.011 |
| | 产业结构升级 | 第二、第三产业产值占GDP的比重 | 0.011 |
| | 企业活力 | 国内上市公司数 | 0.140 |
| | | 中国民营企业500强数量 | 0.044 |
| | 收入水平 | 不变价收入水平 | 0.030 |
| | 经济开放 | 实际利用外商直接投资金额占GDP的比重 | 0.028 |
| | | 进出口总额占GDP的比重 | 0.053 |
| 城市科技创业环境指数 | 科技创业投入 | 科学技术支出占财政支出的比重 | 0.033 |
| | | R&D经费支出占GDP的比重 | 0.026 |
| | 科技创业平台 | 高新技术企业数 | 0.092 |

续表

| 维度 | 内容要素 | 具体指标 | 指标权重 |
|---|---|---|---|
| 城市科技创业环境指数 | 科技创业人才 | 每万人拥有研发人员数 | 0.018 |
| | 科技创业成效 | 每万人专利申请数 | 0.039 |
| | | 每万人专利授权数 | 0.038 |
| | | 高新技术企业产值占 GDP 的比重 | 0.055 |
| 城市生活环境指数 | 住房 | 房价收入比(平均房价/平均年收入) | 0.011 |
| | 交通 | 高峰拥堵延时指数 | 0.015 |
| | 医疗 | 每万人拥有病床数 | 0.015 |
| | | 每万人拥有卫生技术服务人数 | 0.037 |
| | 教育 | 普通高等学校数 | 0.087 |
| | | 普通高等学校在校生数 | 0.034 |
| | 社会保障与就业 | 失业率 | 0.034 |
| | 文化建设 | 旅游总收入占 GDP 的比重 | 0.018 |
| | | 每万人公共文化设施数量 | 0.045 |
| 城市基础环境指数 | 城市人口集聚力 | 常住人口净流入量 | 0.013 |
| | 城市发展态势 | 城市建成区面积 | 0.021 |

### (三)城市间人才生态客观评价模型及人才生态优劣判定方法

城市间人才生态的比较受限于主观数据收集的可行性,仅限于对城市客观指标数据。基于课题组构建的城市人才生态客观评价指标体系,拟对国内部分城市的人才生态现状进行客观比较及分析。

1. 城市人才生态客观评价模型

根据各个指标的无量纲化得分及其权重,构建线性组合模型,并且利用功效系数法测定指标的评价得分。具体方法为,将指标数据的最大值作为评价的基期,相应的指标得分设定为 100 分。指标得分的具体计算方式为:

$$y_i = \begin{cases} \dfrac{\max x_i - x_i}{\max x_i} \times 60 + 40, 正向指标 \\ \dfrac{x_i - \max x_i}{\max x_i} \times 60 + 40, 反向指标 \end{cases}$$

经过计算得到城市人才生态综合得分以后,进一步对人才生态指标进行评价。评价分值越高,说明该城市的人才生态越优,具体城市人才生态评价模型为:

$$Y_i = \sum W_{ij} Y_{ij}$$

$$Y = \sum W_i Y_i$$

式中,$Y$ 为人才生态的综合评价分值;$Y_i$ 为第 $i$ 个要素指标的评价分值;$Y_{ij}$ 为第 $i$ 个要素第 $j$ 项基础指标无量纲化后的得分值;$W_{ij}$ 为该基础指标的权重。

根据人才生态评价模型,可以对城市人才生态进行综合评价,根据得到的人才生态综合评价分值就可以对所有参与评价的地区的人才生态进行排序、比较和分析。

2. 人才生态优劣的判定方法

(1)人才生态评价时段和范围的界定

①评价时段及指标来源。基于数据的可获得性,城市人才生态评价时段均为 2018 年,对于个别无法获得的数据用 2017 年或 2019 年的数据进行替代,具体指标及其数据来源见表 4。

②评价范围。评价范围依据新一线城市研究所发布的 2020 年评选出的一线及新一线城市①,一线城市包括北京、上海、广州、深圳;新一线城市包括成都、重庆、杭州、武汉、西安、天津、苏州、南京、郑州、长沙、东莞、沈阳、青岛、合肥、佛山。选择这 19 个城市主要源于这些城市目前在城市发展和人才发展上都具有代表性,将重庆与这些城市进行比较能够更好地了解重庆在具有显著优势的标杆型城市、发展潜力强劲的城市以及同等竞争力城市中的人才生态水平,从而了解自身的优势和不足,进而针对性地做出改进和优化。

(2)指标的排位区段和优劣势的判定

根据已确定的指标体系和综合评价结果,对城市人才生态的各级指标进行评价和比较分析。为方便对分析结果进行评价,设定了排位区段的划分标准,根据一个地区的人才生态综合排名,划定其归属范围,将排在前 30% 的地区定位为第一梯队,后 30% 的地区定位为第三梯队,中间段定位为第二梯队。

表 4　城市间人才生态评价指标及其数据来源

| 维度 | 内容要素 | 具体指标 | 指标来源 |
|---|---|---|---|
| 城市自然环境指数 | 绿化环境 | 人均公园绿地面积 | 各城市统计年鉴 |
| | 空气质量 | 空气质量二级(或良)以上天数所占的比重 | 各城市统计年鉴 |

---

① 赵亚芳.《2020 城市商业魅力排行榜》发布大数据评选出 15 个新一线城市 [EB/OL]. (2020-05-30)[2021-01-30]. 央广网.

续表

| 维度 | 内容要素 | 具体指标 | 指标来源 |
|---|---|---|---|
| 城市经济环境指数 | 城市经济质量 | 人均 GDP | 各城市统计年鉴 |
| | | 经济持续（GDP）增长率 | 各城市统计年鉴+计算 |
| | 产业结构升级 | 第二、第三产业产值占 GDP 的比重 | 各城市统计年鉴+计算 |
| | 企业活力 | 国内上市公司数 | 各城市统计年鉴 |
| | | 中国民营企业 500 强数量 | 全国工商联《2019 中国民营企业 500 强榜单》 |
| | 收入水平 | 不变价收入水平 | 各城市统计年鉴+计算 |
| | 经济开放 | 实际利用外商直接投资金额占 GDP 的比重 | 各城市统计年鉴+计算 |
| | | 进出口总额占 GDP 的比重 | 各城市统计年鉴+计算 |
| 城市科技创业环境指数 | 科技创业投入 | 科学技术支出占财政支出的比重 | 各城市统计年鉴+计算 |
| | | R&D 经费支出占 GDP 的比重 | 各城市统计年鉴+计算 |
| | 科技创业平台 | 高新技术企业数 | 各城市统计年鉴 |
| | 科技创业人才 | 每万人拥有研发人员数 | 中国城市统计年鉴 |
| | 科技创业成效 | 每万人专利申请数 | 中国城市统计年鉴 |
| | | 每万人专利授权数 | 中国城市统计年鉴 |
| | | 高新技术企业产值占 GDP 的比重 | 中国火炬统计年鉴 |
| 城市生活环境指数 | 住房 | 房价收入比（平均房价/平均年收入） | 各城市统计年鉴+计算 |
| | 交通 | 高峰拥堵延时指数 | 高德地图年度统计报告 |
| | 医疗 | 每万人拥有病床数 | 各城市统计年鉴+计算 |
| | | 每万人拥有卫生技术服务人数 | 各城市统计年鉴+计算 |
| | 教育 | 普通高等学校数 | 各城市统计年鉴+计算 |
| | | 普通高等学校在校生数 | 各城市统计年鉴+计算 |
| | 社会保障与就业 | 失业率 | 各城市统计年鉴 |
| | 文化建设 | 旅游总收入占 GDP 的比重 | 各城市统计年鉴+计算 |
| | | 每万人公共文化设施数量 | 中国城市统计年鉴 |
| 城市基础环境指数 | 城市人口集聚力 | 常住人口净流入量 | 各城市统计年鉴+计算 |
| | 城市发展态势 | 城市建成区面积 | 各城市统计年鉴+计算 |

# 三、重庆市人才生态的客观指标评价研究

## (一)城市人才生态指数客观比较分析

### 1. 总体特征:三大梯队,沪深京穗居四强,重庆排名靠后

城市人才生态保持明显的梯度分布特征。各城市人才生态指数的高低聚类分析结果显示,总体上可以分成 3 个梯队:第一梯队包括上海、深圳、北京、广州 4 个城市,平均得分 92.57;第二梯队包括苏州、杭州、东莞、南京、西安、佛山、长沙、成都、武汉、郑州 10个城市,平均得分 73.37;第三梯队包括天津、合肥、重庆、青岛、沈阳 5 个城市,平均得分 68.75 分(图 2)。

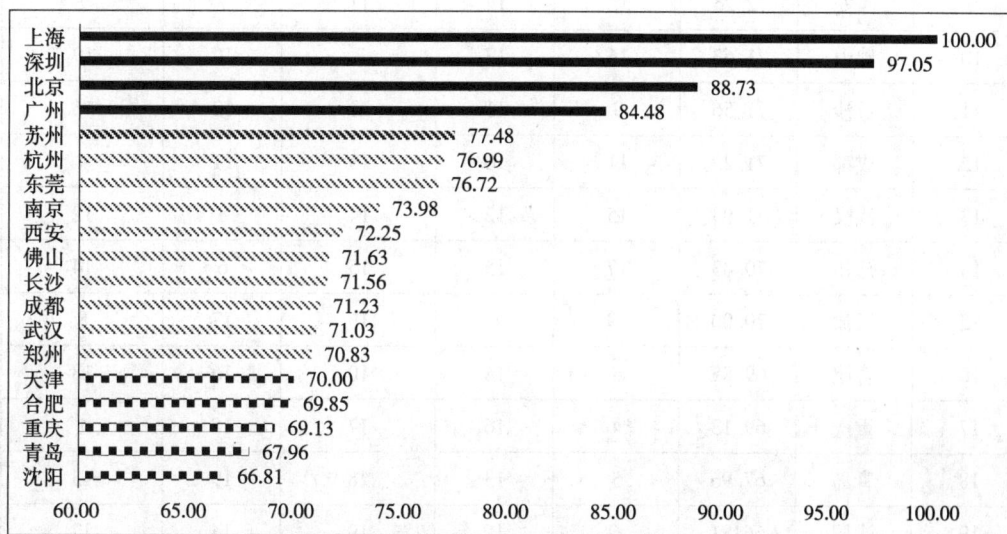

图 2   2018 年城市人才生态综合指数及排名

| 城市 | 指数 |
| --- | --- |
| 上海 | 100.00 |
| 深圳 | 97.05 |
| 北京 | 88.73 |
| 广州 | 84.48 |
| 苏州 | 77.48 |
| 杭州 | 76.99 |
| 东莞 | 76.72 |
| 南京 | 73.98 |
| 西安 | 72.25 |
| 佛山 | 71.63 |
| 长沙 | 71.56 |
| 成都 | 71.23 |
| 武汉 | 71.03 |
| 郑州 | 70.83 |
| 天津 | 70.00 |
| 合肥 | 69.85 |
| 重庆 | 69.13 |
| 青岛 | 67.96 |
| 沈阳 | 66.81 |

第一梯队展现了较高的均衡发展水平。第二梯队内苏州、杭州、东莞具有一定的领先优势。第三梯队内城市人才生态差异区分较小。重庆在第三梯队中属于中等水平,相较于第一、第二梯队,重庆的城市经济环境指数(16 名)、城市科技创业环境指数(17 名)、城市生活环境指数(18 名)明显处于落后水平,但是值得注意的是,重庆在城市自然环境指数和城市基础环境指数方面取得了较好的排名,分别位列 19 个城市中的第四名和第一名,这说明重庆的人才生态具有的优势与短板都非常明显,见表 5。

表5　2018年中国城市人才生态综合指数及分项排名

| 排名 | 城市 | 人才生态指数 | 单项指标 | | | | |
|---|---|---|---|---|---|---|---|
| | | | 城市自然环境指数 | 城市经济环境指数 | 城市科技创业环境指数 | 城市生活环境指数 | 城市基础环境指数 |
| 1 | 上海 | 100.00 | 12 | 1 | 3 | 13 | 2 |
| 2 | 深圳 | 97.05 | 2 | 2 | 1 | 1 | 5 |
| 3 | 北京 | 88.73 | 10 | 3 | 2 | 3 | 6 |
| 4 | 广州 | 84.48 | 3 | 6 | 4 | 2 | 3 |
| 5 | 苏州 | 77.48 | 7 | 5 | 5 | 15 | 15 |
| 6 | 杭州 | 76.99 | 14 | 4 | 8 | 5 | 9 |
| 7 | 东莞 | 76.72 | 1 | 9 | 6 | 4 | 10 |
| 8 | 南京 | 73.98 | 13 | 7 | 9 | 9 | 11 |
| 9 | 西安 | 72.25 | 18 | 14 | 11 | 7 | 7 |
| 10 | 佛山 | 71.63 | 16 | 17 | 7 | 10 | 19 |
| 11 | 长沙 | 71.56 | 9 | 11 | 12 | 12 | 16 |
| 12 | 成都 | 71.23 | 11 | 10 | 13 | 11 | 4 |
| 13 | 武汉 | 71.03 | 15 | 12 | 14 | 8 | 12 |
| 14 | 郑州 | 70.83 | 17 | 15 | 15 | 6 | 14 |
| 15 | 天津 | 70.00 | 19 | 8 | 16 | 17 | 8 |
| 16 | 合肥 | 69.85 | 8 | 18 | 10 | 16 | 18 |
| 17 | 重庆 | 69.13 | 4 | 16 | 17 | 18 | 1 |
| 18 | 青岛 | 67.96 | 5 | 13 | 18 | 19 | 13 |
| 19 | 沈阳 | 66.81 | 6 | 19 | 19 | 14 | 17 |

**2. 空间格局:南高北低,东部区域优势突出**

**(1)总体格局呈南高北低,深京两极优势突出**

人才生态指数呈现南高北低的总体格局。19个城市中,北方城市人才生态指数的均值为72.76分,南方城市人才生态指数的均值为77.77分,指数的均值比较显示,南北差别比较显著。上海和北京分别引领南北区域人才生态。两个城市指数分别为100和88.73,在19个城市中排名第一和第三,发展水平高,与第一梯队除深圳外的其他城市相比也具有明显优势,形成我国城市人才生态发展的南北两个强极。

（2）中西部城市级差微弱，东部区域优势突出

东部城市人才生态指数的平均值为80.46，明显高于中西部城市。中部城市为70.82，西部城市为70.87，相较于中部虽有领先，但差距微弱（图3）。

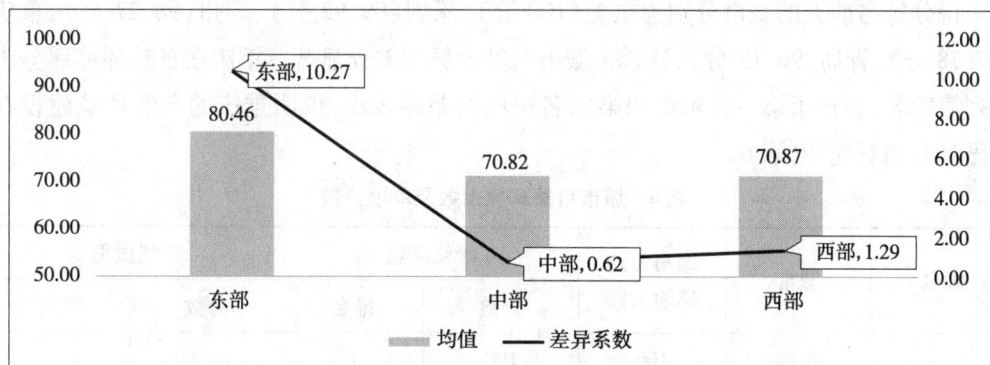

图3　人才生态综合指标在东部、中部、西部的均值得分及差异水平

3个区域内部城市间的人才生态水平存在一定的分化。其中，东部城市内部指数水平的差异最大（10.27），西部次之（1.29），中部城市间差异最小（0.62）。

对重庆所处的西部区域城市进行进一步分析后发现，西部城市总体间的差异程度较小，其排名由高到低分别是西安（72.25）、成都（71.23）、重庆（69.13）。遗憾的是，重庆作为西部地区唯一的直辖市，却没有在西部城市人才生态的比较中取得其应有的优势（图4）。

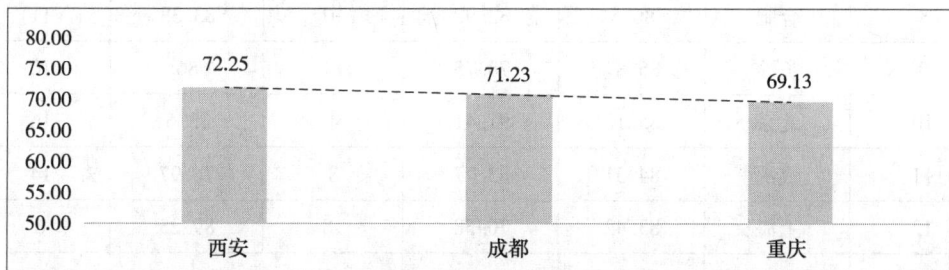

图4　西部城市人才生态综合指标得分

（3）东部高水平人才生态带基本形成，沿海湾区优势明显

东部城市以发达的经济基础和优越的区位条件，在人才生态建设中占据绝对优势。在排名前9的城市中，全部为东部城市，从北往南串联起了京津冀、长三角、珠三角三大区域，形成东部高水平人才生态城市带。11个东部城市中5个为沿海或湾区城市，区位优势比较明显。而作为西部唯一经济圈的重庆与成都在人才生态指标评分中排名靠后，说明成渝经济圈目前对人才集聚吸引力处于较低水平，有关人才的相关工作亟待加强。

3.城市人才生态指数单项比较

（1）自然环境比较

得分排名前五的城市分别为东莞（100分）、深圳（99.92分）、广州（98.27分）、重庆（97.78分）、青岛（96.17分），这5个城市与其他城市差异显著。重庆在自然环境评分中位列第四名，相较于第一名东莞和第二名深圳的差距较小，说明重庆的自然环境建设在全国具有相对优势（表6）。

表6　城市自然环境指数及单项分数

| 排名 | 城市 | 城市自然环境指数 | 绿化环境 | | 空气质量 | |
|---|---|---|---|---|---|---|
| | | | 分数 | 排名 | 分数 | 排名 |
| 1 | 东莞 | 100 | 100 | 1 | 90.42 | 5 |
| 2 | 深圳 | 99.92 | 89.09 | 6 | 100 | 1 |
| 3 | 广州 | 98.27 | 93.98 | 2 | 92.92 | 3 |
| 4 | 重庆 | 97.78 | 92.05 | 3 | 93.83 | 2 |
| 5 | 青岛 | 96.17 | 91.41 | 4 | 91.75 | 4 |
| 6 | 沈阳 | 88.25 | 82.43 | 11 | 86.67 | 8 |
| 7 | 苏州 | 88.23 | 82.95 | 9 | 86.17 | 9 |
| 8 | 合肥 | 86.5 | 82.92 | 10 | 83.33 | 11 |
| 9 | 长沙 | 85.87 | 78.75 | 14 | 86 | 10 |
| 10 | 北京 | 85.12 | 91.41 | 4 | 73.5 | 16 |
| 11 | 成都 | 84.31 | 83.77 | 8 | 78.97 | 14 |
| 12 | 上海 | 83.42 | 70.58 | 18 | 89.25 | 6 |
| 13 | 南京 | 82.51 | 80.48 | 12 | 78.92 | 15 |
| 14 | 杭州 | 81.01 | 73.02 | 17 | 83.09 | 12 |
| 15 | 武汉 | 79.73 | 74.2 | 15 | 79.92 | 13 |
| 16 | 佛山 | 77.27 | 60 | 19 | 88.5 | 7 |
| 17 | 郑州 | 74.17 | 86.27 | 7 | 60 | 19 |
| 18 | 西安 | 73.64 | 80.14 | 13 | 64.59 | 18 |
| 19 | 天津 | 73.43 | 73.66 | 16 | 70 | 17 |

（2）经济环境比较

上海、深圳、北京相较于其他城市领先优势比较明显，其余城市的差异相对较小（表7）。重庆市经济环境相对于其他城市排名靠后。具体来看，重庆在经济质量、产业结构升级、经济开放3个指标处于较低水平。进一步分析发现，造成重庆经济环境指标较低的原因主要是重庆的 GDP 增长相对较低，利用外商直接投资以及进出口总额在 19个城市中也处于较低水平，但值得注意的是，重庆的收入水平在排除了各地区物价差异因素的情况下，排名靠前（第三名），这说明在重庆的收入相对其物价来说比其他城市具有更高的购买力。

表7 城市经济环境指数及单项分数

| 排名 | 城市 | 城市经济环境指数 | 经济质量 | | 产业结构升级 | | 企业活力 | | 收入水平① | | 经济开放 | |
|---|---|---|---|---|---|---|---|---|---|---|---|---|
| | | | 分数 | 排名 | 分数 | 排名 | 分数 | 排名 | 分数 | 排名 | 分数 | 排名 |
| 1 | 上海 | 100 | 84.06 | 10 | 98.21 | 3 | 100 | 1 | 63.64 | 17 | 90.73 | 4 |
| 2 | 深圳 | 77.61 | 100 | 1 | 100 | 1 | 73.07 | 2 | 70.79 | 14 | 92.82 | 2 |
| 3 | 北京 | 74.21 | 85.38 | 8 | 98.21 | 3 | 69.72 | 3 | 88.69 | 5 | 87.61 | 5 |
| 4 | 杭州 | 69.88 | 85.59 | 7 | 86.87 | 11 | 67.49 | 4 | 72.66 | 13 | 73.63 | 10 |
| 5 | 苏州 | 69.72 | 94.27 | 2 | 93.43 | 7 | 64.7 | 5 | 69.24 | 15 | 90.9 | 3 |
| 6 | 广州 | 66.92 | 88.35 | 5 | 94.63 | 6 | 64.09 | 6 | 75.15 | 11 | 71.33 | 12 |
| 7 | 南京 | 66.78 | 91.63 | 3 | 88.06 | 10 | 63.86 | 7 | 81.48 | 7 | 69.21 | 14 |
| 8 | 天津 | 66.74 | 73.9 | 17 | 95.22 | 5 | 63.12 | 8 | 76.29 | 10 | 81.32 | 6 |
| 9 | 东莞 | 66.22 | 76.73 | 15 | 98.81 | 2 | 60.6 | 17 | 60 | 19 | 100 | 1 |
| 10 | 成都 | 65.37 | 77 | 14 | 80.3 | 17 | 61.16 | 13 | 100 | 1 | 76.51 | 9 |
| 11 | 长沙 | 65.29 | 88.71 | 4 | 83.29 | 13 | 61.84 | 11 | 99.01 | 2 | 67.03 | 17 |
| 12 | 武汉 | 64.76 | 87.16 | 6 | 86.27 | 12 | 62.14 | 10 | 68.36 | 16 | 70.91 | 13 |
| 13 | 青岛 | 64.63 | 84.17 | 9 | 81.49 | 15 | 60.87 | 15 | 74.8 | 12 | 78.36 | 7 |
| 14 | 西安 | 64.47 | 75 | 16 | 82.09 | 14 | 60.91 | 14 | 80.55 | 8 | 77.72 | 8 |
| 15 | 郑州 | 64.45 | 78.87 | 13 | 92.24 | 8 | 60.77 | 16 | 92.43 | 4 | 72.46 | 11 |
| 16 | 重庆 | 64.38 | 65.91 | 18 | 60 | | 62.45 | 9 | 96.21 | 3 | 64.94 | 18 |
| 17 | 佛山 | 63.73 | 80.25 | 12 | 92.24 | 8 | 61.79 | 12 | 61.09 | 18 | 68.89 | 15 |
| 18 | 合肥 | 63.38 | 81.22 | 11 | 81.49 | 15 | 60.38 | 18 | 88.33 | 6 | 67.78 | 16 |
| 19 | 沈阳 | 61.79 | 65.72 | 19 | 74.93 | 18 | 60.24 | 19 | 79.82 | 9 | 63.7 | 19 |

① 收入水平具体计算方法为：收入水平＝城市非私营单位人均月收入÷居民最低生活保障水平，通过将人均收入除以居民最低生活保障水平从而消除各城市间物价的差异。

（3）科技创业环境比较

根据表8的结果,深圳(100分)、北京(95.29分)、上海(86.2分)分别位于前三名并明显领先于其他城市,重庆在科技创业环境指标评分中仅位于第17名(66.19分),进一步分析来看,重庆在科技创业投入、科技创业平台、科技创业人才、科技创业成效4个指标的排名中均处于相对靠后的水平(表8)。虽然近几年重庆市高技术产业园区建设步伐明显加快,科技企业孵化器呈蓬勃发展态势,但科技企业布局分散、高技术人才匮乏、知识产权保护力度不够等问题都阻碍了创新创业环境的发展,从而延缓了重庆市科技创业环境的发展。

表8　城市科技创业环境指数及单项分数

| 排名 | 城市 | 城市科技创业环境指数 | 科技创业投入 | | 科技创业平台 | | 科技创业人才 | | 科技创业成效 | |
|---|---|---|---|---|---|---|---|---|---|---|
| | | | 分数 | 排名 | 分数 | 排名 | 分数 | 排名 | 分数 | 排名 |
| 1 | 深圳 | 100 | 100 | 1 | 82.79 | 3 | 83.6 | 6 | 100 | 1 |
| 2 | 北京 | 95.29 | 88.1 | 2 | 100 | 1 | 100 | 1 | 72.2 | 10 |
| 3 | 上海 | 86.2 | 79.54 | 6 | 86.89 | 2 | 83.57 | 7 | 73.5 | 8 |
| 4 | 广州 | 83.82 | 71.77 | 14 | 77.04 | 4 | 81.56 | 9 | 83.4 | 3 |
| 5 | 苏州 | 79.93 | 82.44 | 3 | 67.67 | 6 | 60 | 19 | 84.52 | 2 |
| 6 | 东莞 | 75.92 | 78.92 | 7 | 68.3 | 5 | 90.1 | 2 | 73.83 | 6 |
| 7 | 佛山 | 73.31 | 76.84 | 10 | 60.85 | 17 | 84.96 | 5 | 78.54 | 4 |
| 8 | 杭州 | 72.51 | 80.59 | 4 | 61.2 | 16 | 79.68 | 12 | 75.52 | 5 |
| 9 | 南京 | 71.97 | 78.49 | 8 | 61.69 | 14 | 88.9 | 3 | 73.73 | 7 |
| 10 | 合肥 | 71.5 | 80.02 | 5 | 62.13 | 12 | 72.03 | 15 | 73.21 | 9 |
| 11 | 西安 | 71.08 | 77.94 | 9 | 62.18 | 11 | 82.65 | 8 | 72.03 | 11 |
| 12 | 长沙 | 69.82 | 76.64 | 11 | 62.64 | 10 | 86.5 | 4 | 68.95 | 13 |
| 13 | 成都 | 67.9 | 72.22 | 12 | 63.71 | 7 | 78.1 | 13 | 66.03 | 16 |
| 14 | 武汉 | 66.98 | 72.1 | 13 | 63.22 | 8 | 66.41 | 18 | 65.78 | 17 |
| 15 | 郑州 | 66.85 | 62.05 | 19 | 60.81 | 18 | 67.9 | 17 | 72 | 12 |
| 16 | 天津 | 66.67 | 70.05 | 15 | 61.26 | 15 | 81.56 | 9 | 66.86 | 15 |
| 17 | 重庆 | 66.19 | 63.54 | 18 | 62.79 | 9 | 69.24 | 16 | 67.55 | 14 |
| 18 | 青岛 | 64.93 | 68 | 16 | 61.99 | 13 | 80.41 | 11 | 63.18 | 19 |
| 19 | 沈阳 | 63.43 | 67.14 | 17 | 60 | 19 | 72.97 | 14 | 63.41 | 18 |

（4）生活环境比较

深圳（100 分）和广州（98.97 分）位于前两名并明显领先于其余城市（表9）。重庆在生活环境指标的评分中处于相对靠后的位置（18 名），具体来看，重庆在交通、医疗、社会保障与就业、文化建设 4 个指标中处于明显靠后位置。生活环境作为吸引人才的重要因素之一，重庆市的生活环境水平相对其他城市还有明显的改善空间。值得注意的是重庆市在住房指标上处于第六名的位置，说明重庆的房价相对其他城市来说具有明显吸引优势。

表9　城市生活环境指数及单项分数

| 排名 | 城市 | 城市生活环境指数 | 住房 | | 交通 | | 医疗 | | 教育 | | 社会保障与就业 | | 文化建设 | |
|---|---|---|---|---|---|---|---|---|---|---|---|---|---|---|
| | | | 分数 | 排名 | 分数 | 排名 | 分数 | 排名 | 分数 | 排名 | 分数 | 排名 | 分数 | 排名 |
| 1 | 深圳 | 100 | 60 | 19 | 79.95 | 14 | 66.75 | 15 | 100 | 1 | 83.23 | 8 | 100 | 1 |
| 2 | 广州 | 98.97 | 4.38 | 15 | 72.34 | 17 | 87.34 | 7 | 93.15 | 2 | 90.78 | 6 | 98.17 | 4 |
| 3 | 北京 | 84.16 | 72.85 | 17 | 60 | 19 | 100 | 1 | 68.75 | 8 | 100 | 1 | 99.94 | 2 |
| 4 | 东莞 | 82.61 | 88.32 | 13 | 92.19 | 7 | 63.06 | 19 | 79.92 | 3 | 100 | 1 | 71.24 | 14 |
| 5 | 杭州 | 80.24 | 83.51 | 16 | 97.64 | 4 | 97.34 | 2 | 63.58 | 17 | 96.31 | 3 | 94.52 | 5 |
| 6 | 郑州 | 78.4 | 90.22 | 10 | 100 | 1 | 96.79 | 4 | 69.81 | 7 | 79.73 | 11 | 69.82 | 15 |
| 7 | 西安 | 77.77 | 94.45 | 4 | 89.92 | 8 | 86.11 | 8 | 70.05 | 6 | 66.82 | 15 | 82.14 | 8 |
| 8 | 武汉 | 77.69 | 92.12 | 8 | 97.02 | 6 | 85.54 | 9 | 70.23 | 5 | 87.1 | 7 | 69.56 | 16 |
| 9 | 南京 | 77.25 | 87.15 | 14 | 87.56 | 9 | 96.83 | 3 | 66.03 | 11 | 94.47 | 4 | 72.46 | 12 |
| 10 | 佛山 | 75.59 | 92.56 | 7 | 77.89 | 15 | 66.67 | 16 | 72.37 | 4 | 81.57 | 9 | 71.6 | 13 |
| 11 | 成都 | 74.78 | 94.89 | 3 | 80.36 | 13 | 89.34 | 5 | 67.07 | 10 | 63.14 | 17 | 78.7 | 9 |
| 12 | 长沙 | 74.71 | 100 | 1 | 86.12 | 11 | 87.74 | 6 | 65.37 | 13 | 80.46 | 10 | 74.83 | 11 |
| 13 | 上海 | 74.04 | 71.83 | 18 | 75.94 | 16 | 70.83 | 14 | 65.87 | 12 | 60 | 19 | 99.11 | 3 |
| 14 | 沈阳 | 73.57 | 98.25 | 2 | 86.94 | 10 | 83.97 | 10 | 63.98 | 16 | 68.67 | 14 | 83.36 | 7 |
| 15 | 苏州 | 72.96 | 90.37 | 9 | 98.97 | 3 | 74.05 | 13 | 60.84 | 19 | 93 | 5 | 85.22 | 6 |
| 16 | 合肥 | 71.11 | 89.78 | 11 | 84.78 | 12 | 79.97 | 11 | 65.2 | 14 | 72.35 | 12 | 68.54 | 17 |
| 17 | 天津 | 69.39 | 88.76 | 12 | 97.22 | 5 | 65.06 | 17 | 65.18 | 15 | 61.29 | 18 | 75.05 | 10 |
| 18 | 重庆 | 69.39 | 94.16 | 6 | 71.31 | 18 | 64.77 | 18 | 67.72 | 9 | 64.98 | 16 | 67.74 | 18 |
| 19 | 青岛 | 67.98 | 94.45 | 4 | 99.38 | 2 | 79.71 | 12 | 61.67 | 18 | 72.35 | 12 | 62.17 | 19 |

（5）城市基础环境比较

重庆（100分）、上海（96.69分）、广州（93.85分）分别为前三名并相对其余城市领先优势明显（表10）。具体分析重庆在城市人口凝聚力、城市发展态势指标中均处于靠前的位置，说明重庆具有较高的人口净流入量以及较大城市建设区面积，但是重庆的人才数量相对其他城市较少，说明重庆无法长久地留住人才，进而指明了重庆人才工作的改善方向。

表10 城市基础环境指数及单项分数

| 排名 | 城市 | 城市基础环境指数 | 城市人口凝聚力 | | 城市发展态势 | |
|---|---|---|---|---|---|---|
| | | | 分数 | 排名 | 分数 | 排名 |
| 1 | 重庆 | 100 | 88.23 | 8 | 100 | 1 |
| 2 | 上海 | 96.69 | 83.94 | 11 | 97.59 | 2 |
| 3 | 广州 | 93.85 | 89.66 | 7 | 91.19 | 4 |
| 4 | 成都 | 87.37 | 93.81 | 4 | 80.67 | 7 |
| 5 | 深圳 | 87.3 | 93.84 | 3 | 80.57 | 8 |
| 6 | 北京 | 86.44 | 60 | 19 | 95.07 | 3 |
| 7 | 西安 | 84.88 | 100 | 1 | 74.5 | 13 |
| 8 | 天津 | 84.49 | 77.07 | 16 | 84.59 | 5 |
| 9 | 杭州 | 82.07 | 96.96 | 2 | 72.18 | 14 |
| 10 | 东莞 | 81.17 | 71.62 | 18 | 82.71 | 6 |
| 11 | 南京 | 80.45 | 80.61 | 13 | 77.59 | 9 |
| 12 | 武汉 | 79.95 | 84.6 | 10 | 75.09 | 11 |
| 13 | 青岛 | 79.38 | 83.46 | 12 | 74.86 | 12 |
| 14 | 郑州 | 78.25 | 90.14 | 5 | 70.28 | 16 |
| 15 | 苏州 | 77.99 | 77.1 | 15 | 75.96 | 10 |
| 16 | 长沙 | 75.79 | 89.86 | 6 | 67.14 | 18 |
| 17 | 沈阳 | 73.9 | 75.23 | 17 | 71.39 | 15 |
| 18 | 合肥 | 72.39 | 78.18 | 14 | 68.02 | 17 |
| 19 | 佛山 | 69.56 | 87.42 | 9 | 60 | 19 |

### (二)重庆市人才生态趋势变化(2014—2018 年)

整体上,重庆市人才发展环境逐年向好,5 年间有大幅提升和发展进步。具体来看(图 5),2014 年重庆市人才生态综合指标得分是 0.092,发展至 2018 年的 0.406,5 年间平均年增长率为 35%,可见重庆市人才发展环境连年向好,并在 2017 年有较大的提升。近年来,重庆市全面深化改革,开放环境更加优化,开放型经济向更高水平发展,直辖市体制优势和国家中心城市的聚集效应进一步增强,良好的发展态势为重庆市人才发展环境提供了保障,逐年向好的人才发展环境也为重庆市吸引人才、集聚人才创造了良好的条件和基础。

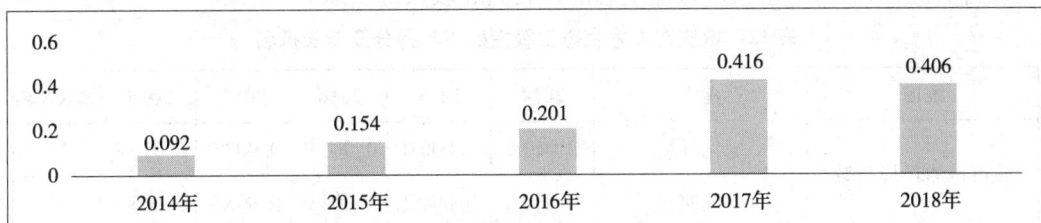

图 5  重庆市人才生态综合指标变化情况

从表 11 的结果具体来看,除去重庆市的城市自然环境指数与城市基础环境指数的增长排名较慢,城市经济环境指数、城市科技创业环境指数、城市生活环境指数分别以 25%,30%,27% 的年平均增速增长,说明重庆市的人才工作取得了明显的效果,人才环境整体向好发展。但是对城市自然环境指数的增长过慢也要引起足够的重视,在与其他 18 个城市的对比中,重庆市的自然环境是相对靠前的,可以认为自然环境是重庆人才生态的加分项。因此,重庆市在人才生态建设补短板的过程中需要注意维持原有的优势指标。

表 11  重庆市人才生态一级指标历年得分及 5 年平均增长排名

| 一级指标 | 2014 | 2015 | 2016 | 2017 | 2018 | 增长排名① |
|---|---|---|---|---|---|---|
| 城市自然环境指数 | 0.010 6 | 0.004 2 | 0.006 8 | 0.013 1 | 0.017 2 | 5 |
| 城市经济环境指数 | 0.051 2 | 0.063 7 | 0.030 0 | 0.031 8 | 0.156 1 | 2 |
| 城市科技创业环境指数 | 0.001 9 | 0.034 8 | 0.043 1 | 0.062 1 | 0.122 1 | 1 |
| 城市生活环境指数 | 0.027 8 | 0.034 7 | 0.046 2 | 0.069 0 | 0.091 6 | 3 |
| 城市基础环境指数 | 0.000 4 | 0.016 4 | 0.021 5 | 0.025 1 | 0.018 8 | 4 |

---

① "增长分值排名"是指各评价指标 2017 年比 2012 年增长分值的排名情况,排名越靠前,说明该项指标在重庆市人才生态中的改善作用越大。

从表 12 的结果进一步分析,重庆市绿化环境和空气质量的增长排名较低,说明重庆市在这 5 年间,城市自然环境指数对人才生态综合指数的贡献较小。在城市经济环境指数的指标中,除了产业结构升级有较大的排名增长,其余指标的排名都处于中后水平。此外,经济开放指标相较于 2014 年减少了 0.173 分,说明重庆市的经济环境开放水平有所下降。在城市科技创业环境指数中,除去科技创业平台的增长较低,其余指标都有大幅度的增长,说明尽管在与其他城市的横向对比中,重庆市的城市科技创业环境指数处于相对落后的水平,但是重庆市在此指标取得了明显的进步。在城市生活环境指数中呈现了较为明显的两极化,其中住房、交通、社会保障与就业排名增长幅度较小。值得注意的是,在与其他城市的横向对比中,住房是重庆市的优势指标。此外,医疗、教育与文化建设排名涨幅较大,对重庆市人才生态的建设具有较大的贡献。

表 12　重庆市人才生态二级指标历年得分及增长排名

| 维度 | 指标 | 2014 | 2015 | 2016 | 2017 | 2018 | 增长排名 |
|---|---|---|---|---|---|---|---|
| 城市自然环境指数 | 绿化环境 | 0.010 6 | 0.000 0 | 0.001 9 | 0.007 9 | 0.010 8 | 15 |
| | 空气质量 | 0.000 0 | 0.004 2 | 0.004 9 | 0.005 2 | 0.006 4 | 12 |
| 城市经济环境指数 | 经济质量 | 0.005 7 | 0.008 6 | 0.011 6 | 0.012 9 | 0.010 6 | 14 |
| | 产业结构升级 | 0.000 0 | 0.015 0 | 0.000 0 | 0.000 0 | 0.090 1 | 1 |
| | 企业活力 | 0.004 9 | 0.003 4 | 0.009 4 | 0.016 1 | 0.021 0 | 9 |
| | 收入水平 | 0.000 0 | 0.016 4 | 0.005 5 | 0.002 7 | 0.010 9 | 11 |
| | 经济开放 | 0.040 6 | 0.020 3 | 0.003 6 | 0.000 0 | 0.023 3 | 19 |
| 城市科技创业环境指数 | 科技创业投入 | 0.000 0 | 0.004 6 | 0.015 0 | 0.017 0 | 0.024 7 | 4 |
| | 科技创业平台 | 0.000 0 | 0.002 4 | 0.006 0 | 0.011 1 | 0.015 2 | 10 |
| | 科技创业人才 | 0.000 0 | 0.001 5 | 0.006 6 | 0.013 9 | 0.020 8 | 5 |
| | 科技创业成效 | 0.001 9 | 0.026 3 | 0.015 5 | 0.020 2 | 0.061 4 | 2 |
| 城市生活环境指数 | 住房 | 0.006 4 | 0.006 1 | 0.007 2 | 0.003 2 | 0.000 0 | 18 |
| | 交通 | 0.009 2 | 0.006 1 | 0.000 0 | 0.003 1 | 0.007 0 | 17 |
| | 医疗 | 0.000 0 | 0.007 3 | 0.013 5 | 0.020 4 | 0.019 4 | 6 |
| | 教育 | 0.000 0 | 0.006 5 | 0.011 8 | 0.014 3 | 0.017 1 | 8 |
| | 社会保障与就业 | 0.005 8 | 0.002 9 | 0.000 0 | 0.008 7 | 0.011 6 | 13 |
| | 文化建设 | 0.006 4 | 0.005 8 | 0.013 5 | 0.019 3 | 0.036 6 | 3 |
| 城市基础环境指数 | 城市人口凝聚力 | 0.000 4 | 0.010 3 | 0.019 0 | 0.014 5 | 0.000 0 | 16 |
| | 城市发展态势 | 0.000 0 | 0.006 1 | 0.002 5 | 0.010 6 | 0.018 8 | 7 |

### (三)客观分析小结

通过对重庆市人才生态进行客观分析可以发现,重庆市整体人才生态逐年向好,但与一线城市和其他新一线城市相比,重庆市整体人才生态竞争力不足,缺乏绝对竞争优势。具体来看,重庆市人才生态有三点客观优势:一是自然环境和城市基础建设相比其他城市较好,为人才留渝发展提供了良好条件,但是自然环境近年来发展速度较慢;二是重庆市经济环境、科技创业环境、生活环境不如其他城市水平高,但近年来经济发展向好,发展速度较快,对人才集聚的吸引力越来越大;三是备受重视和持续优化的科技创业环境提升较快,其增速为所有一级指标中最快的,为推进重庆市产业转型和升级发挥了积极作用。

同时,重庆市人才生态有三点客观劣势需要改变和优化:一是重庆市整体人才生态劣势比较明显,对人才集聚和人才保留的吸引力还不及一线城市和其他与重庆市发展持平的城市;重庆市经济环境相较其他城市还有很大差距和空间,经济发展水平可能会制约重庆市对人才的吸引力;三是重庆的人才留存率较低,重庆的人口净流入量在 19 个城市中排名靠前,但是人才数量却相对较少,人才的贡献率也相对较低。人才存量的偏少将不利于发挥人才的集聚效应和知识的溢出效应。

## 四、重庆市人才生态的主观指标评价研究

在指标体系构建、指标权重赋值、提出优化对策过程中主要采用专家咨询法、问卷调查法、统计分析法。一是在人才生态评价指标体系构建阶段,使用开放式问卷收集影响人才流动的相关指标,进行人才生态评价指标的初步收集和筛选;充分咨询 12 位长期从事人才研究、人力资源管理相关研究工作的专家意见,12 位专家依据各项人才生态评价指标对人才集聚的重要性进行评分。二是在人才生态评价指标应用阶段,通过便利抽样选取部分重庆技能人才、专业技术人才、经营管理人才进行问卷调查,了解其当前对于重庆市人才生态的看法和评价,从而更全面地把握重庆市人才生态现状,在此基础上提出优化人才生态的对策建议。人才生态评价的调查问卷主要在重庆范围内进行发放,共回收问卷 876 份,其中有效样本 834 份,问卷有效回收率为 95.21%。其中重庆市户籍者共664 份,占 79.6%,非重庆市户籍者 170 份,占 21.4%;研究生及以上学历者 157 份,占17.92%。三是对北京、深圳、成都、天津、南京、郑州、重庆、长沙、东莞、沈阳、青岛、合肥、佛山、广州、苏州、上海、西安、武汉、杭州共计 19 个城市的人才生态客观指标数据进行统计分析。

### （一）人才生态整体评价

利用 Likert 五点评价方式对不同维度的人才生态进行评价,评价时采用"请根据您在重庆市工作和生活的实际感受,评价您对下列每个选项的满意度"及"请根据您自身情况,评价各因素对您选择就业城市的影响程度"两道题进行比较和衡量。一方面,满意度可以有效反映人才对各条目的反馈和评价;另一方面,各条目对人才的影响程度则可以在一定程度上反映每个条目的重要程度及其影响力。

从整体评价来看,发展环境呈现出明显高影响、低满意的现状,需要优先进一步改善。人际环境对人才留在重庆市工作的影响最大,影响程度评价为 3.8;其次为发展环境,影响程度评价为 3.75;最后是生存环境,影响程度评价为 3.48。值得注意的是,发展环境对人才留在重庆市工作的影响较大,但人才对重庆市的发展环境的满意度却较低,满意度评价仅为 3.61(图 6)。人才对环境的满意程度可显著预测人才的流动情况,结合分析可以得出发展环境可能是造成人才流失的重要因素,需要重点进行关注和改进。

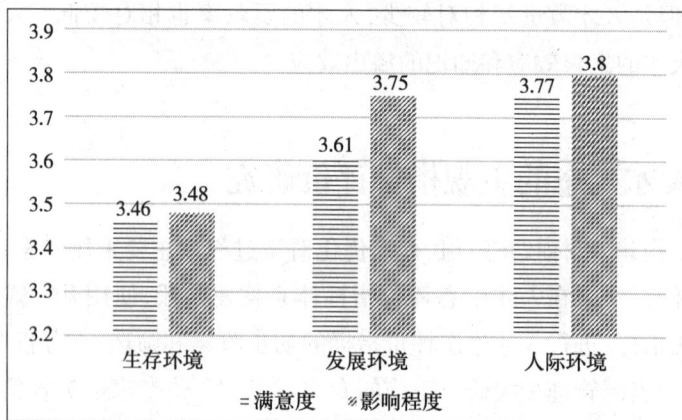

图6　三类环境的满意程度和影响程度评价

从各评价的内容要素来看,在重庆市人才生态各内容要素满意度和影响程度的排序中,对经济环境、政策环境、生活环境、自我实现与发展、组织环境、科技创业环境、整体人才环境的评价满意度均低于影响程度,尤以经济环境、组织环境、生活环境、自我实现与发展的评价差距较大。此外,对自然环境、城市人文环境以及人际关系的评价均是满意度高于影响程度(图7)。

从人才生态评价的具体条目来看,在人才生态评价具体条目的满意度及影响程度分析中,满意度得分排名前十的条目分别是城市居民人情味、城市包容性、城市社会治安、城市绿化环境、城市未来发展潜力、亲友人际关系、城市居民进取心、城市休闲娱乐条件、工作单位人际氛围、工作单位工作环境和条件,集中在城市人文、整体环境和发展等方

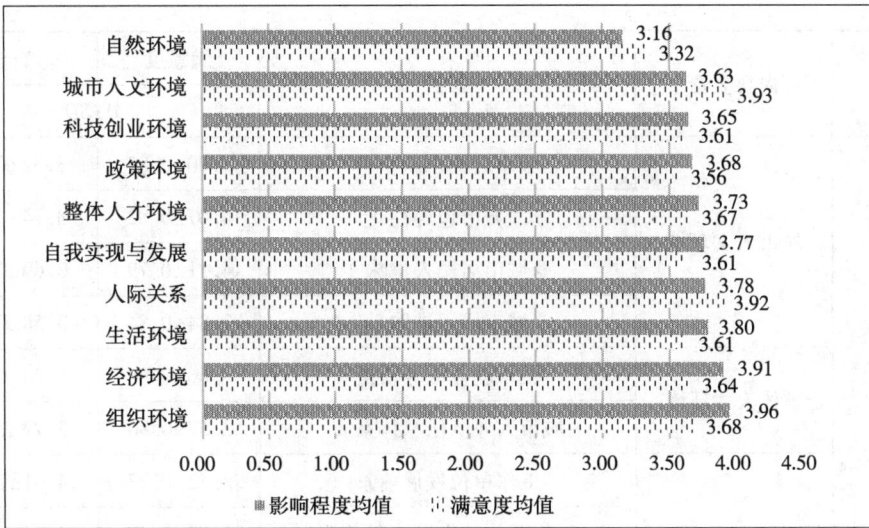

图7 人才生态评价各维度满意度及影响程度分析

面;影响程度得分排名前十的条目分别是个人晋升空间、工作单位工作稳定性、工作单位工作福利、工作单位发展前景、住房价格、城市社会治安、工作单位人际氛围、工作单位工作环境和条件、城市就业机会、城市整体薪酬水平,集中在个人发展、经济发展、工作单位环境等方面。由此可见,要想营造良好的人才生态,需重点优化人才的发展空间与发展平台(表13)。

表13 人才生态评价各条目满意度及影响程度分析

| 维度 | 内容要素 | 条目 | 满意度 | 影响程度 |
|------|---------|------|--------|---------|
| | | | $M\pm SD$ | |
| 生存环境 | 自然环境 | 城市气候条件 | 3.34±0.95 | 3.66±0.92 |
| | | 城市空气质量 | 3.67±0.91 | 3.43±0.91 |
| | | 城市绿化环境 | 3.95±0.86 | 3.39±0.92 |
| | 生活环境 | 城市生活成本 | 3.50±0.98 | 3.81±0.85 |
| | | 住房价格 | 3.22±1.14 | 3.95±0.88 |
| | | 城市教育资源 | 3.5±0.97 | 3.79±0.87 |
| | | 城市医疗条件 | 3.68±0.89 | 3.80±0.86 |
| | | 城市出行交通条件 | 3.45±1.13 | 3.81±0.86 |
| | | 城市休闲娱乐条件 | 3.83±0.86 | 3.47±0.87 |
| | | 城市社会治安 | 4.06±0.77 | 3.95±0.90 |

续表

| 维度 | 内容要素 | 条目 | 满意度 | 影响程度 |
|---|---|---|---|---|
| | | | $M\pm SD$ | |
| 人际环境 | 城市人文环境 | 城市居民创新精神 | 3.70±0.85 | 3.52±0.90 |
| | | 城市包容性 | 4.07±0.82 | 3.74±0.89 |
| | | 城市居民人情味 | 4.11±0.79 | 3.69±0.90 |
| | | 城市居民进取心 | 3.84±0.84 | 3.58±0.89 |
| | 整体人才环境 | 城市就业服务质量 | 3.66±0.88 | 3.74±0.88 |
| | | 城市人才队伍整体素质 | 3.67±0.86 | 3.72±0.86 |
| | 组织环境 | 工作单位发展前景 | 3.72±0.87 | 4.01±0.89 |
| | | 工作单位工作环境和条件 | 3.79±0.83 | 3.94±0.88 |
| | | 工作单位经营管理水平 | 3.72±0.88 | 3.93±0.89 |
| | | 工作单位工作福利 | 3.55±0.94 | 4.03±0.87 |
| | | 工作单位工作稳定性 | 3.76±0.85 | 4.01±0.85 |
| | | 工作单位人际氛围 | 3.80±0.84 | 3.95±0.84 |
| | | 同行交流机会 | 3.63±0.85 | 3.77±0.85 |
| | | 个人晋升空间 | 3.49±0.91 | 4.04±0.87 |
| | 人际关系 | 亲友人际关系 | 3.92±0.77 | 3.78±0.90 |
| 发展环境 | 经济环境 | 城市经济发展水平 | 3.78±0.80 | 3.87±0.85 |
| | | 城市未来发展潜力 | 3.93±0.78 | 3.92±0.88 |
| | | 城市整体薪酬水平 | 3.34±0.97 | 3.93±0.84 |
| | | 城市就业机会 | 3.52±0.88 | 3.92±0.85 |
| | 政策环境 | 城市税收优惠政策 | 3.53±0.87 | 3.70±0.89 |
| | | 城市创新成果奖励政策 | 3.57±0.86 | 3.64±0.90 |
| | | 城市人才政策 | 3.51±0.93 | 3.75±0.89 |
| | | 城市知识产权保护和利用政策 | 3.62±0.83 | 3.62±0.89 |
| | 科技创业环境 | 城市人才科创事业发展资金投入 | 3.62±0.84 | 3.64±0.88 |
| | | 城市科创氛围 | 3.61±0.86 | 3.65±0.90 |
| | 自我实现与发展 | 城市人才发展平台 | 3.60±0.83 | 3.74±0.87 |
| | | 城市人才才能发挥机会 | 3.61±0.84 | 3.78±0.87 |
| | | 城市人才发展空间 | 3.63±0.85 | 3.78±0.87 |

根据评价的满意度和影响程度两个维度构建人才评价四象限图,以此进一步分析人才生态的主观评价情况(图8)。根据满意度和影响程度的差异,以差异特征对4个象限中的具体评价指标进行归类:第一象限为高影响高满足的"优势维持区",包括城市社会治安、工作单位发展前景、工作单位工作环境和条件、工作单位工作稳定性、工作单位人际氛围、城市未来发展潜力等,体现了重庆市当前人才生态的优势;第二象限是高影响低满意的"重点改进区",包括住房价格、城市出行交通条件、工作单位工作福利、个人晋升空间、城市整体薪酬水平等,体现了重庆市人才生态的改进重点;第三象限是低影响低满意的"工作保障区",此象限体现的是重庆市人才生态的优化方向,但由图可看出,此象限的因素均靠近原点,因此不属于重点关注因素;第四象限是低影响高满意的"适度调整区",包括城市绿化环境、城市休闲娱乐条件、城市居民进取心等,这些因素对人才的影响程度不高,但人才的满意程度较高,可以进行适度调整但不作为重点。

根据各因素在四象限中的分布来看,重庆市人才生态主观评价具有鲜明特征,其中,要促进重庆市更好建设良好的人才生态,需要特别关注重点改进区中的高影响低满意的因素,尤其是3个较为明显的离散特征点,住房价格、个人晋升空间和城市整体薪酬水平。这3个因素分别属于生活环境、组织环境和经济环境,与人才的个体需要满足息息相关,而人的需要是行为的基本动力,因此,需要特别关注这3个因素,才能为人才营造更优生态。

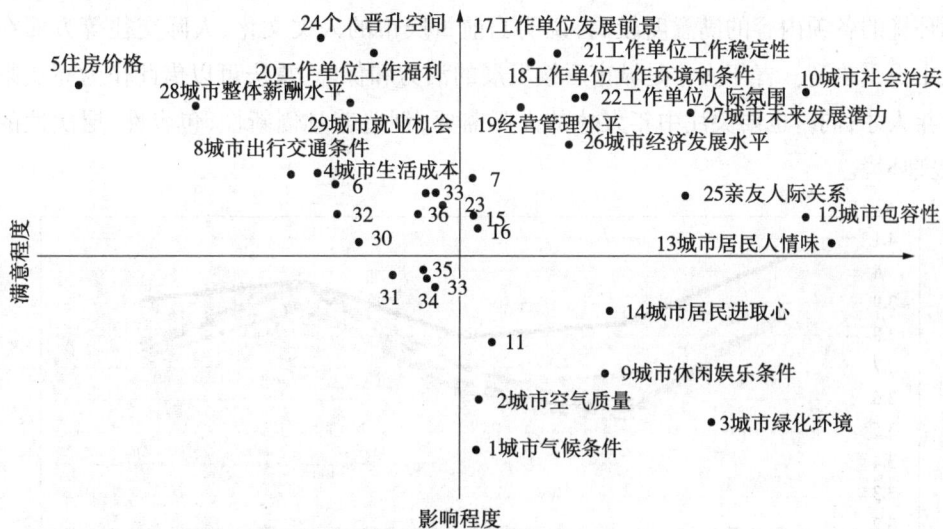

图8 人才生态主观评价四象限图

## (二)生存环境评价

人才对生活环境整体满意度低,住房价格、生活成本是影响生活环境评价的关键因素。生活环境与人才生活和工作息息相关,良好的生活环境可以增加人才的幸福感,解决人才的后顾之忧,为区域保留人才、吸引外部人才提供有力支持,因此需要对其进行重点关注和分析。分析可得,生活环境的满意程度评价明显低于影响程度评价(表13)。仅城市休闲娱乐条件及城市社会治安的评价相对良好,未来可就这两方面继续保持完善、加大宣传吸引。其他具体评价条目的满意程度均低于影响程度,其中住房价格、城市生活成本的差距较大,满意度较低,是影响生活环境评价的关键因素。

### (三)人际环境评价

1. 城市人文环境及人际关系评价较高,对人才引留具有积极意义

从城市人际环境的满意程度和影响程度来看,城市人文环境和人际关系的满意度评价都很高,分别达到了3.93和3.92,处于较高水平。这说明城市人文环境建设较好,整体人际关系较好。问卷中包含的"城市居民创新精神""城市包容性""城市居民人情味"和"城市居民进取心"的满意度较好,"亲友人际关系"也维持得较好,可看出重庆市在人文环境和精神文化建设方面维持得较好,居民对其有较好的期待,生活宜居且人际友好,这可以作为重庆市吸引人才的优势。重庆市良好的人文环境和人际关系为经济的发展、为重庆市对外形象的提升营造了良好的条件,有利于提升城市的美誉度和知名度。

根据不同年龄段人群的调查情况(图9),"25岁及以下"和"26~30岁"人群对城市人际环境的各项内容的满意度较高,说明当前重庆市的人文文化、人际交往等方面在年轻人中更受欢迎。青年人才是城市后续发展的活力和保障,重庆可以借此作为亮点来吸引青年人才;同时也要关注中年人才的人际需要,创造兼具创新性、包容性、层次性的城市人文环境。

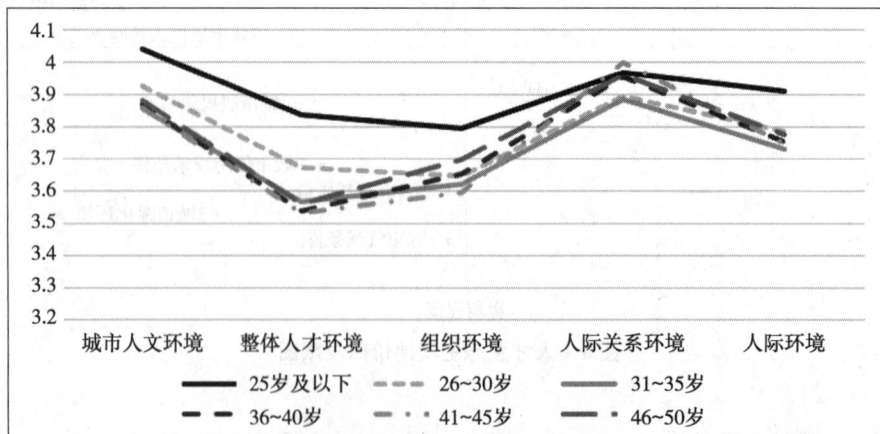

图9 不同年龄段城市人际环境满意度评价

2. 组织环境影响程度高,但评价普遍偏低

在"组织环境"维度上,影响程度和满意度得分为 3.96 和 3.68(图 10),满意度与影

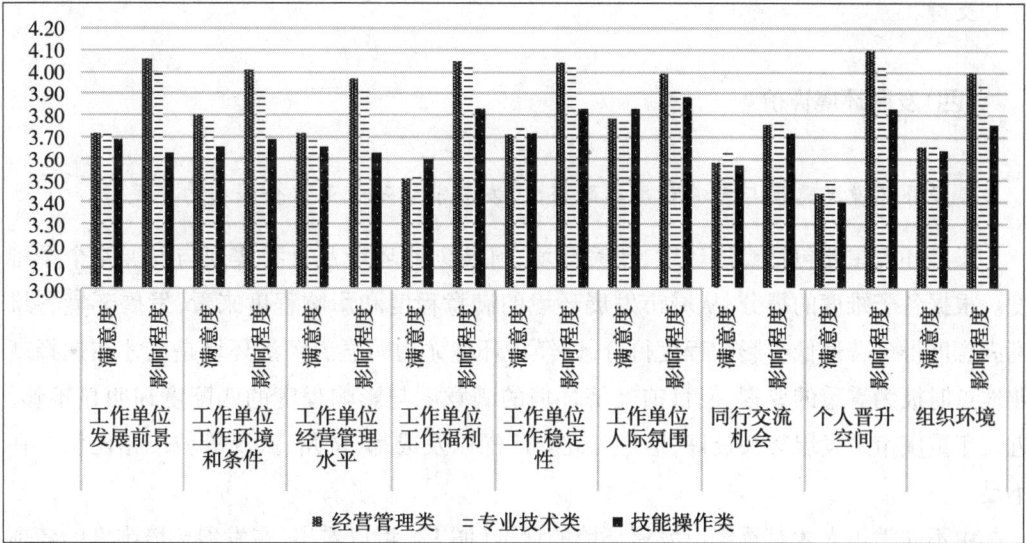

**图10 不同类别人才的组织环境评价**

响程度差距较大,说明人才对组织环境的重视程度高,但是未能满足人才需求。据调查得知,无论是哪一类人才,最看重的仍然是组织的发展前景以及个人的晋升空间,但是当前满意度均较低。

企业是吸纳人才的核心载体,其深刻影响着人才对整体人才生态的评价。在"重庆市以外的企业用哪些条件吸引您,您就会去?"一题中(图 11),就工作环境来看,选择"容易得到上级赏识和重用"(31.2%)、"人际关系更好"(31.4%)和"企业工作环境和条件

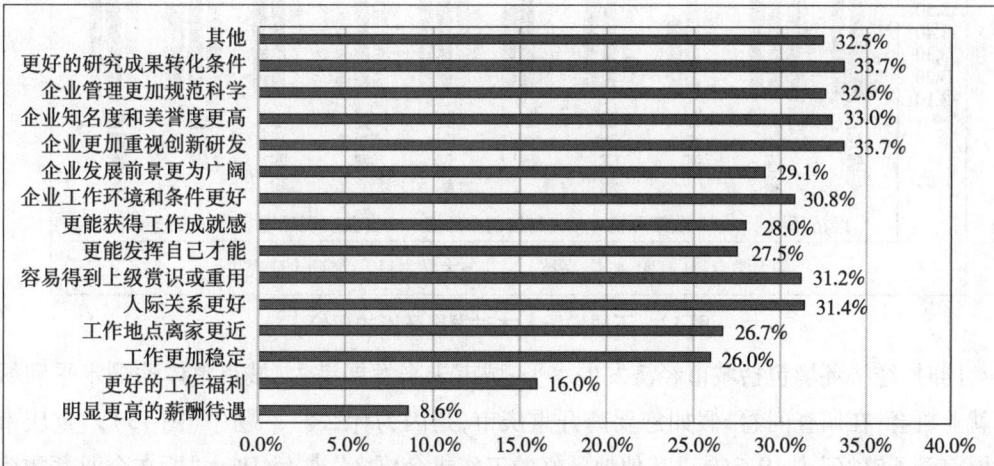

**图11 重庆市以外的企业用哪些条件吸引您,您就会去?**

更好"(30.8%)选项的人数较多,说明组织条件对人才的去留有着重要影响。组织整体环境的建设无疑会受到市场环境的影响,怎样引导重庆市的企业更好发展,怎样营造出良好的企业发展生态以及人才生态,除了组织本身的能动性以外,也需要从外部给予引导和支持。

### (四)发展环境评价

**1.经济环境满意度与影响程度差距极大,发展前景及就业机会吸引力不足**

发展环境主要包括经济环境、政策环境、科技创业环境及自我实现与发展4个子维度。根据各子维度的得分,从城市发展环境的满意程度和影响程度来看,发展环境各维度满意度得分普遍低于影响程度得分,以经济环境尤为明显。经济环境是人才在选择就业地点时极为看重的要素,但目前经济环境的满意度与影响程度的匹配度却明显不够。近几年重庆市虽发展势头良好,但是与北上广深以及成都、杭州、武汉等城市相比仍存在不足。

由不同学历人才对重庆市发展环境的评价(图12)可以看出,在发展环境维度的各项评价内容上,影响程度均呈现硕士研究生>本科>大学专科的排序,而满意度上则呈现出本科/专科>硕士研究生的特征。这说明目前重庆市人才生态较能满足中等层次人才的需求,但是难以满足中高层次人才的需求。

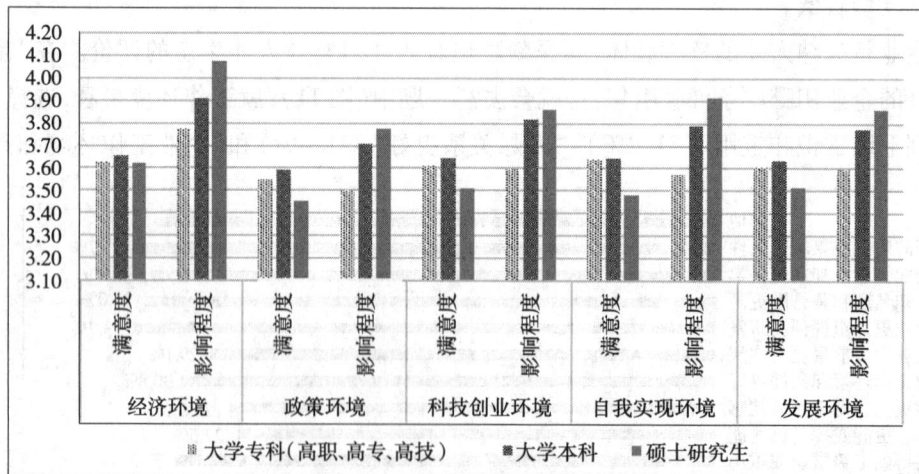

图12 不同学历人才对发展环境的评价

同时,经济环境包括城市经济发展水平、城市未来发展潜力、城市整体薪酬水平和城市就业机会,在调查问卷"假如您要离开重庆市,是因为什么?"一题中(图13),"重庆市发展前景不够好"占19.3%,"其他地区好的工作机会更多"占15.0%,"所在企业薪酬待遇差"占15.5%,"所属行业发展前景差"占17.8%,可以看出有部分人对重庆市的发展前景不看好,认为就业机会也没有别的地区多,以及薪酬待遇也不满意,应该着力从这些方面进行建设。

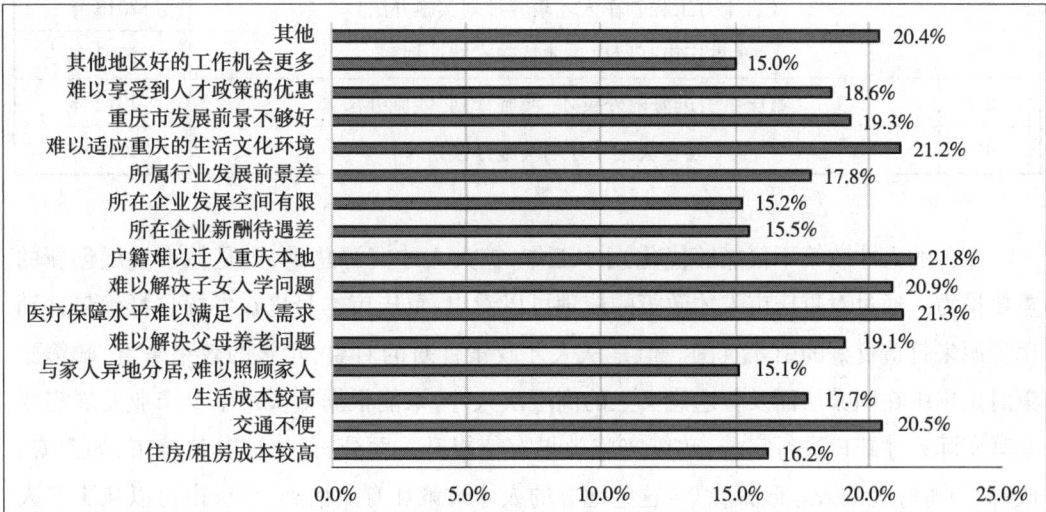

**图 13　人才选择离开重庆的原因**

2.政策环境未满足现实所需,人才政策建设力度及落实急需完善

政策环境是指与人才有关的政策法规以及配套规章制度,主要包含人才引进、培养、评价、激励、保障和服务等政策。良好的政策环境对区域吸引人才、保留人才都有重要作用。政策环境与地区经济发展和企业发展形成的工作环境、生活环境是相辅相成的,政策环境为地区产业发展提供政策引导和政策支持,为人才提供基础设施和配套服务。对政策环境的满意度和影响程度进行分析可知,政策环境的影响程度评价为 3.68,而满意程度仅为 3.55,两者差距悬殊,满意度远低于影响程度。同时,在"假如您要离开重庆市,是因为什么?"一题中,选择"难以享受到人才政策的优惠"这一选项的人占比达到18.6%,充分说明政策环境对人才引留的重要性,而目前重庆市人才政策体系在搭建、宣传力度、覆盖范围、创新程度及吸引力等方面均有很大提升空间。经梳理总结,重庆市人才政策文件见表 14。

**表 14　重庆市主要人才政策文件目录**

| 序号 | 政策名称 | 发布时间 |
|:---:|:---:|:---:|
| 1 | 《重庆市引进人才优惠政策规定》 | 1998 年 |
| 2 | 《重庆市引进人才优惠政策实施细则》 | 1999 年 |
| 3 | 《重庆市人民政府关于进一步优化人才环境的决定》 | 2000 年 |
| 4 | 《重庆市引进高层次人才若干优惠政策规定》 | 2009 年 |
| 5 | 《重庆市百名海外高层次人才集聚计划实施办法》 | 2009 年 |

续表

| 序号 | 政策名称 | 发布时间 |
|------|----------|----------|
| 6 | 《百千万工程领军人才培养计划实施办法》 | 2013 年 |
| 7 | 《重庆市高层次人才特殊支持计划》 | 2013 年 |
| 8 | 《重庆市引进海内外英才"鸿雁计划"实施办法》 | 2017 年 |
| 9 | 《重庆英才计划实施办法》 | 2019 年 |

完善的人才政策不仅能够优化人才工作,扩大人才资源总量,更是城市发展创新的重要推力。通过对重庆市人才政策的梳理可以看出,重庆市本身也在发挥自身优势并动用资源来打造良好的引才氛围。但是从人才政策针对的对象、实施的效果来看,政策施策对象集中在国家层面及普遍意义上的高层次人才,未能根据重庆市本身产业发展需要及其实际人才缺口进行完善,政策实施效果有待提升。而分析、梳理其他城市,如西安、成都、上海等地的人才政策,总结这些地方的人才政策和有效措施,重庆市可以从丰富人才类型、拓宽人才分类认定方式以及创新人才引进方式和激励方式方面进一步完善和优化。例如在人才引进方式上,重庆市可以借鉴西安市、天津市的柔性引才及其配套的一系列措施,如引导企业招才引智、"团队+项目"引进方式等,丰富多元化人才引进方式;在人才激励方式上,除加大资金投入力度外,还可借鉴北京市的股权激励以及天津市对培养人才的用人单位进行资金激励等创新性、多样性的激励方式。

3. 自我实现与发展是影响人才的首要因素,人才发展培养机制有待完善

自我实现与发展的机会和平台是人才考虑就业地点的关键因素。自我实现与发展的影响程度评价为3.77,满意度评价为3.61,两者的评价都高于其他3类发展环境,即自我实现与发展是发展环境中影响人才去留的首要因素,且满意度较高。在"您是否愿意长期留在当前企业工作?"一题中(图14),选择"不太愿意"的快接近半数(41.0%),"非常不愿意"的占到了四分之一,"比较愿意"和"非常愿意"加起来仅占5.3%,说明当前重庆市企业对人才的吸引力还有待增强。

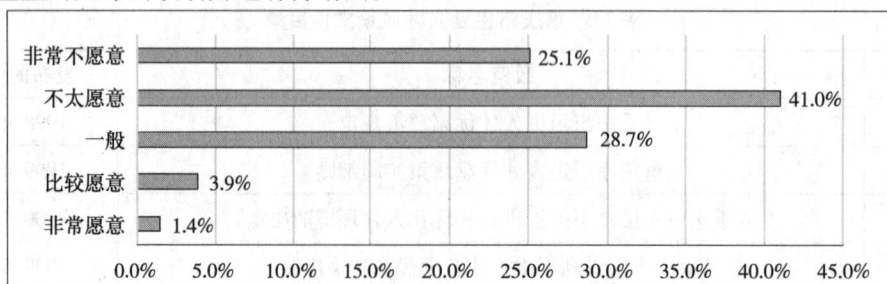

图 14　对长期留在企业意愿调查

### (五)主观评价小结

通过重庆市人才生态评价问卷调查分析可知,人才对重庆市人才生态综合满意度较一般,其中,人际环境和发展环境均呈现高影响低满意现象,需优先进一步改善。此外,高影响低满意因素需重点关注,尤以住房价格、个人晋升空间和城市整体薪酬水平最为明显。具体而言,人才对城市人文环境和自然环境的评价较好,但是在组织环境、经济环境、政策环境等方面评价有待提升。

因此,下一阶段重庆市应继续重视人才生态各方面的优化与改善,尤其是人才的人际环境和发展环境方面,需持续优化住房价格、个人晋升空间及城市整体薪酬水平,同时还应重点关注经营管理类人才尤其是高层管理者、短期生活的人才的生活配套环境,注重优化非重庆籍人才的各类生态环境,重视人才自我发展的平台建设与学习交流的机会提供,并且要尤为重视人才队伍建设和组织环境建设,有关人才的经济和政策要落实到位等,从方方面面来提高人才对重庆市人才生态的主观满意度,促使更多企业落户重庆,吸引更多的优秀人才来重庆工作。

## 五、重庆市人才生态综合评价分析及优化对策建议

基于上述章节对重庆市主客观人才生态的分析,其中客观人才生态聚焦于重庆市的整体人才生态现状及综合实力,主观人才生态聚焦于人才对重庆的主观感知与实际需求,要打造重庆市"近悦远来"人才生态,应结合重庆市现有人才资源需求情况,重点从发展短板出发以提升重庆的整体实力,从人才评价出发满足人才的多方面需求,多层次、多角度提出打造重庆市"近悦远来"人才生态的实现路径。本章对重庆市主客观人才生态存在的问题进行了综合分析并提出了针对性对策建议,以期实现重庆市的"近悦远来"人才生态目标。

### (一)重庆市人才生态综合评价分析

#### 1.重庆市人才生态具备的优势

(1)重庆市近年来人才生态逐步优化,人才生态发展向好

重庆市人才生态总体指数在不断上升。经数据分析发现,2014—2018年,重庆市人才生态的总体水平以及大部分维度的指数总体保持上升的趋势。计算可得,重庆人才生态指数的总分由2014年的0.09发展至2018年的0.41,5年来平均增长率为35%,总体呈现良好增长态势。从具体的维度来看,城市科技创业环境指数增长幅度最大,5年来平

均增长率为30%;其次是城市生活环境指数,5年来平均增长率为25%。

(2)城市建设基础环境较好,近年来人才流入趋势明显提高

城市基础条件较好,人才流入数量明显上升。根据城市人才生态比较的结果,重庆市自然环境在19个城市中排第四位。重庆市统计数据显示,2015年全年外出市外人口505.50万人,市外外来人口150.21万人,而2019年统计数据显示,全年外出市外人口474.02万人,市外外来人口182.05万人。计算可知,2015—2019年重庆市流出人口数减少了约30万人,而流入人口数增加了30余万人,增加的常住人口数超过60万人。据智联招聘近几年发布的"中国城市人才吸引力排名",2016—2019年重庆人才流入占全国流动人才总量的比重总体呈上升趋势,分别为1.3%、1.3%、2.0%、1.8%,这些数据也进一步证实了近几年重庆对人才的吸引力正稳步提高。

**2.重庆市人才生态面临的挑战**

(1)整体人才生态:重庆市人才生态在全国缺乏相对竞争优势

重庆市人才生态与全国其他城市相比缺乏竞争优势。在19个城市的人才生态客观比较分析中,重庆市总体排名位于第17位,除了自然环境和城市基础环境具有一定优势,经济环境、科技创业环境以及生活环境均劣势突出。根据城市间的横向比较结果,重庆对人才集聚和人才保留的吸引力远不及一线城市和与重庆市发展持平的其他城市。此外,人才生态评价问卷调查结果显示,人才对重庆市人才引留情况的综合评价处于中等水平,反映出重庆市急需进一步改善人才生态以增强对人才的吸引力。

(2)经济环境:经济发展水平制约对人才的吸引力

重庆市城市经济环境指数在19个城市中排名第16位,具体到各维度,经济质量排名第18位,产业结构升级排名第19位,企业活力排名第9位,经济开放排名第18位。同时,问卷调查数据显示,重庆经济环境满意度为3.64,而人才选择离开重庆市的原因多集中在"重庆市发展前景不够好"(19.3%),"其他地区好的工作机会更多"(15.0%),"所在企业薪酬待遇差"(15.5%),"所属行业发展前景差"(17.8%)。经济环境对人才流动具有关键性作用,从课题调查结果可以看出,重庆市的经济发展现状与其他城市相比还存在一定差距,且人才对重庆市经济发展的满意程度也有待提高,这在一定程度上会制约重庆对人才的吸引力。

(3)科技创业环境:科技创业发展动力不足抑制人才活力

科技创业环境是城市发展的动力和活力所在,对于人才,特别是高层次人才流动的影响是显著性的。重庆科技创业环境在19个城市中排名较低,位于第17位,整体水平较低。其中,科技创业投入、科技创业人才及科技创业成效排名分别是第18位、第16位、第14位。其中,科技创业投入和科技创业人才是营造良好科技创业环境的基础,而科技创

业成效是人才能力有效转化成为成果的体现。科技创业投入和科技创业人才较多受到政策影响,因此,优化科技创业的环境,提高科技创业成效,为人才提供相应的资金和发展平台支持是必要的。

(4)生活环境:人才对生活环境满意度低

住房、医疗、交通等生活支出较大,给人才队伍的稳定性带来隐患。无论是城市人才生态的客观分析还是重庆市人才生态主观评价的调查结果,重庆市生活环境现状都不容乐观。从城市间人才生态的比较来看,重庆市生活环境整体排名第18位,其中教育排名第9位,交通排名第18位,医疗排名第18位,文化建设排名第18位,社会保障与就业排名第16位;相对而言,住房排名第6位,具有一定优势。从重庆市人才生态主观评价结果来看,生活环境评分3.61,其中住房价格、生活成本、出行交通条件的评分分别为3.22,3.50,3.45,远低于人才对其影响程度的评价。生活环境直接影响人才在重庆工作和生活的实际感知,对人才的保留具有关键作用,如果不能妥善解决,将存在人才流失的隐患。

(5)政策环境:人才对政策的响应度和认可度亟待提升

重庆市人才政策的宣传贯彻落实程度有待进一步提升,人才对政策响应度和认可度亟待提高。调查发现,人才对政策的满意程度仅是3.56。部分人才认为政策覆盖人群较多地集中在高端人才,人才评选门槛较高,大部分中低端人才无法享受到人才政策的优惠,导致人才对重庆市人才政策的了解程度和感受程度都较低。据调查,有18.6%的人选择由于"难以享受到人才政策的优惠"可能会离开重庆市。随着各地引才政策的出台以及人才流动性的加大,人才政策对人才引留的作用愈发凸显,如果不能进一步提升人才政策水平、完善人才政策体系,重庆将在地方人才竞争中处于劣势地位。

(6)发展环境:重庆企业薪酬待遇水平与东部相比竞争力不足,难以抵抗人才东流风险

人才薪酬待遇外部竞争的绝对优势不足,人才流失风险较大。调查发现,住房价格、薪酬水平、个人晋升空间和工作单位工作福利等因素都是对人才选择就业城市影响力高但是人才的满意度却很低的因素,说明重庆市人才现有工作环境和条件与人才的需求和期待仍存在较大差距。并且根据统计数据,2019年第四季度重庆平均月薪为8 431元[①],在北京、上海、深圳、杭州、广州、南京、武汉、重庆、成都、天津等10个城市中排名倒数第三,与北京(11 521元)、上海(10 967元)、深圳(10 447元)、杭州(9 978元)等东部发展较好的城市存在较大的差距,一定程度上存在人才东流风险。

---

① 2019年中国最具人才吸引力城市排行榜 TOP 100。

## （二）重庆市人才生态优化对策建议

### 1. 城市整体环境优化建议

**（1）以"重庆英才计划"为统揽，优化人才政策体系**

一是要以"重庆英才计划"为引领，加快政策品牌化进程，实施差异化的人才政策，完成人才划定标准制定和人才需求核算。二是优化人才政策结构，提高人才政策的可持续性。在政策制定的过程中，应加大市场型工具和引导型工具的占比，充分发挥市场与企业的力量，塑造良好的人才生态。三是在做好政策本身的基础上，创新政策宣传机制。首先要用活人才网，打造全类型、跨层次、多领域的人才工作网。然后，要送政策上门，开展"送政策到基层到企业"活动。此外，综合运用报刊、电视、手机短信、微博、微信、抖音等其他宣传方式。四是构建人才政策评估反馈机制，及时更新人才政策。在市委人才办的基础上，可组建人才政策评价和反馈小组，负责政策制定和实施的效果评估和反馈工作。第一，要与用人单位和人才密切沟通；第二，要建立多元化评估机制；第三，要探索人才政策动态调整退出机制。

**（2）聚焦城市发展方向，推进成渝经济圈协同发展**

2020年10月，中共中央政治局会议审议了《成渝地区双城经济圈建设规划纲要》，要求唱好"双城记"，建好"经济圈"，这将为重庆的发展提供长足的动力。基于此，重庆应系统把握国家战略定位，充分利用双城经济圈建设契机，积极融入区域人才协同发展，促进双城经济、科技、人才发展的资源共享与优势互补，为重庆市人才队伍建设发挥特有作用。为此建议：一是应充分利用成都市科技产业及人才资源的领先优势，通过成渝高校联盟、应用型高校产教融合联盟等平台和机制，推动落实工程科技的人才培养、队伍建设、科学研究、学科建设、社会服务、国际合作、公共资源共享以及制度建设等方面的合作，促进与重庆市科技产教融合。二是通过产业互补共融推动多层次、多种类人才的合理配置，推进成渝专业技术人才职称评价互认体系，完善人才市场服务体系，打造宜居乐业的生活环境等措施，积极融入区域人才协同发展，减少各类人才的无序流动，促进人才自由流动，壮大人才队伍。三是建立人力资源服务产业园联盟，推进人事人才政策互认、服务共享与和谐劳动关系建设，共享双城人力资源，推动人才协同发展，增强区域吸引力，提高重点产业岗位从业率，做大双城经济圈人才蓄水池。

### 2. 经济环境优化建议

**（1）推动产业转型升级，发挥产业人才聚集效应**

廖常文、张治栋等提出在经济向高质量发展转轨的关键时期，西部地区更是要将工作重点放在加快产业结构转型和稳定经济增长上,目前,西部地区无法充分发挥人才的聚集效应,应当向东、中部地区靠拢,实现充分市场竞争,打破行业垄断壁垒,进而加快产业结构升级的过程①。目前,重庆人才生态客观评价指标内的产业结构升级在19个一线及新一线城市中排名倒数第一,急需加快自身的产业结构升级,充分发挥产业人才聚集效应,抵御人才流失。为此建议:一是要发挥传统产业人才聚集效应,抵御人才流失风险;二是要推动人才技术升级,进一步提升人才和产业发展的适配性;三是要推动成渝双城产业一体化,推进成渝人才协同发展。

(2)优化营商环境,为人才提供更多更好的就业机会

本研究发现,重庆目前"经济发展质量"和"经济开放程度"均处于人才生态客观评价指标排名中的第18位,急需优化营商环境,为人才提供更多更好的就业机会,才可能满足人才的进一步需求。为此建议:一是要扩大投资领域的开放,通过提供更好的就业机会吸引更多优质外来企业;二是要激发企业活力,发挥本土龙头企业的带头作用;三是要加大对新兴企业的财政补贴力度,提升企业对人才的吸纳能力。

### 3.科技创业环境优化建议

(1)努力搭建科技创业平台,给人才提供良好的创新创业机会

研究发现,重庆市经济发展质量不高,科技创业环境发展受阻,科技创业平台的建设力度不足,因此要努力搭建科技创业平台。一是要加快建立科技创新服务平台,包括资源共享平台、技术创新平台和成果转化平台;二是要加快企业科创平台的建设,鼓励企业与各高校、科研机构的科技交流合作,加快促进产教融合;三是要优化科技管理信息系统建设。

(2)推进西部(重庆)科学城建设,打造国家科技创新中心

西部(重庆)科学城建设是重庆布局发展的重要支点,也是提升城市发展优势和发展亮点的重要措施。重庆市在科技发展实力和发展成效上还存在较大差距,已成为重庆发展的明显短板。目前西部(重庆)科学城建设尚处于基础发展阶段,更应在此阶段进行统筹规划,助力科学城平稳向好发展。一是从短期来看,重庆在"十四五"期间应利用本身的定位和优势向国家争取更多大科学装置,引进国内外一流科教平台和高层次人才落户科学城,大力推进新型科研机构建设布局,大力引进一批高新企业总部、高新技术企业项目以及创新性企业平台,增强重庆的科技创新实力;二是从长期来看,应着眼于科学城建设的人才需求,梳理当前重庆市优秀科技人才存量与差距,深入实施尖端科技人才引进专项政策,设立人才引进专项小组,在全中国乃至全世界寻求高端人才,逐步打造有层

① 廖常文,张治栋.稳定经济增长、产业结构升级与资源错配[J].经济问题探索,2020(11):16-26.

37

次、有实力、有引领作用的科学城"人才特区"生态。

（3）强化人才创新服务配套措施，激发人才创新创业活力

研究发现，重庆市城市科技创业指数与其他城市相比处于相对劣势地位，排名靠后。要强化人才创新服务配套措施：一是要立足管理服务体系构建，树立以支持科技创新为目标的科研管理理念，将创新驱动的理念贯穿科研方向选择、科研团队组建、科研平台运营、科研项目执行、科研成果转化等各个环节和模块，通过管理服务创新加强对科技创新的支持；二是可以为人才提供咨询服务，积极推进产学研合作，邀请创业成功者、大中型企业家、经济顾问等组成专家服务团为人才创新创业提供咨询服务；三是社会就业保障机构要重视改善青年人才生活、就业和住房待遇，给予他们良好的创新创业保障条件；四是要引导各类企业加强对人才的激励保障。

**4. 生活环境优化建议**

（1）优化整合优质教育资源，解决人才子女教育问题

优质教育资源非匀质分布，适龄子女获得优质教育的需求无法满足，已成为各大城市人才流失的重要原因。本研究发现重庆市教育情况在新一线城市中排名第9位，处于中等水平。保障人才子女获得优质教育资源对人才的保留具有关键作用，重庆市应该合理分配优质教育资源。为此建议：一是提升公立学校教师教学水平，各公立学校应该定期对自身的教师队伍进行"整编"，吸纳新的师资力量，并定期对教师队伍进行培训；二是以"公助私立"的形式兴办高水平私立学校，将优质教育资源更多地配给人才群体；三是实施"优质教育名额预留分配计划"，加强人才工作相关部门与重庆市重点中小学的合作，获取重点学校入学名额，保障人才子女能够获得优质教育。

（2）改善医疗卫生服务水平，增强人才医疗保障

医疗卫生服务质量作为公共政策问题，是医疗卫生工作的核心和根本所在，是人才选择城市的一个重要指标。研究发现，重庆市医疗情况在新一线城市中排名第18位，与其他城市相比存在明显劣势，重庆市应该把改善医疗卫生服务质量作为生活环境发展的重中之重。一方面，为人才制订"健康管理计划"，全面专业地为人才健康保驾护航，为人才提供医疗保健服务。另一方面，为不同类别的人才提供保健医生上门巡诊服务，配备家庭保健药箱，建立健康档案，进行定期跟踪回访；为高层次人才试行政府投保高级专家医疗保险制度，建立高层次人才健康档案，提供个性化医疗服务，完善落实每年定期体检。

（3）大力发展交通，提升人才的生活宜居品质

城市因经济发展而对人才产生强大吸引力，而城市化的快速发展，带来城市交通拥挤问题，直接影响着居民的生活品质。研究发现，重庆市交通情况在一线和新一线城市中排名第18位，与其他城市相比存在明显劣势。重庆市交通拥堵问题大大增加了人才

的出行成本,重庆市应该提升交通服务质量,满足人才的出行需求。为此建议:一是搭建基于大数据的一体化交通体系,丰富技术手段构建智能交通决策系统,运用物联网、云计算、大数据、人工智能、全球定位等技术,实现航空、高铁、市域快线、轻轨、地面公交的多线接驳和无缝换乘,进而提高公共交通资源的利用效率;二是加大交通基础设施投资,提升道路供给水平,改善城市道路基础设施,加大公交优先发展力度,推进交通安全设施提档升级;三是创新交通拥堵问题治理手段,完善政府规制,适当增加私家车出行成本,注重宣传教育以规范交通参与者的行为。

### 5.人才事业发展环境优化建议

（1）搭建人才事业发展平台,激发人才发展活力

聚焦激发人才活力是人才发展的关键,在人才对重庆市人才生态的主观评价调查结果中发现,人才对重庆市的发展环境评价较其他两类环境更差,这就需要将人才发展体系建优建强,建议如下:一方面,优化市内外人才交流平台,凝聚发展战略资源。重庆市目前已有过搭建包括创新创业人才交流会、海归学子交流会、高管及高端人才交流会等人才交流平台的初步尝试,应在此基础上继续探索以全市、全县（区）或行业的形式,通过成立高层次人才交流会或技术技能人才经验交流会等方式,与重庆市及其他城市的人才加强沟通交流。另一方面,构建人才多元评价机制。一是要增加人才评定主体,由政府牵头,与人力资源机构和高校专家合作,建立第三方评价机构;二是要扩大人才评定范畴,适当增加人才评定方式,使政策覆盖到更多类型和层次的人才;三是要制定人才自主管理办法,倡导企业充分发挥人才自主管理作用,根据自主管理办法实现人才在区域、行业内的相互认定。

（2）提升企业经营管理水平,充分发挥企业聚才的主体作用

企业的经营管理人才在人力资本中处于最关键、最核心的地位,优秀企业经营管理人才的不断涌现,归根到底还取决于良好的企业经营管理人才的培养、选拔与管理机制[1]。为提高企业经营管理水平,充分发挥企业的人才凝聚功能,一是鼓励用人单位建立培训进修与加薪相挂钩的激励机制;二是打造企业家综合提升平台,提升企业管理人员管理水平,营造企业良好的人才发展氛围;三是建议直接将企业经营管理能力,尤其是人才的引、用、育、留,纳入对优质企业的考评标准中,由政府组织专家、企业家团队、知名HR团队对企业经营管理水平进行评比,将评比结果作为企业考评依据的同时,将改进建议反馈给企业,以提升企业人才管理的科学性和先进性。

① 李宁宁.企业经营管理人才的培养、选拔与管理机制的实证研究[J].现代经济探讨,2008(1):61-65.

（3）优化人才晋升体系,畅通人才成长渠道

根据调查,晋升空间问题是重庆市人才高影响低满意的突出因素,急需重点改进。具体讲,政府可从4个方面引导企业对晋升体系进行优化:一是提升员工晋升成长体系的科学规范性,合理确定员工层级,调整细化序列划分,完善动态管理机制,构建以岗位为基础、以业绩贡献为依据,纵向畅通、横向贯通的员工晋升体系;二是拓宽人才发展通道,完善人才成长通道职位序列,有序贯通与其他序列的晋升通道,加快培养高层次专业人才和技术人才;三是推进宽幅薪酬制,以岗定薪、按岗分级、一级多档,突出不同岗位薪酬标准的差别,员工的薪酬增长渠道在职务职级晋升逐级增长或职务职级不变的情况下通过考核逐档增长;四是完善科学合理的晋升评价指标,以任职资格认证为起点,系统完善晋升评价指标体系,形成科学合理、符合人才发展规律的评价指标体系。

**附件:人才生态客观数据(19 个城市)**

**课题负责人:**李　志
**课题参与人:**朱　帆　胡大德　陈仙歌　陈　旎　薛红杰　张　宇　吴　琳

此课题为 2020 年度重庆市技术预见与制度创新专项人才工作研究重点课题项目,2021 年 2 月结题。

# 附件 人才生态客观数据（19 个城市）

1.人才生态客观指标数据（重庆市 2014—2018 年）

| 人才生态评价指标 | 2014 年 | 2015 年 | 2016 年 | 2017 年 | 2018 年 |
|---|---|---|---|---|---|
| 人均公园绿地面积/平方米 | 16.54 | 16.1 | 16.18 | 16.43 | 16.55 |
| 空气质量二级（或良）以上天数所占的比重/% | 67.4 | 80 | 82.2 | 83.3 | 86.6 |
| 人均 GDP/元 | 47 880 | 52 343 | 57 978 | 63 166 | 65 549 |
| 经济持续（GDP）增长率/% | 10.9 | 11 | 10.7 | 9.3 | 6.3 |
| 第二、第三产业产值占 GDP 的比重/% | 92.6 | 92.7 | 92.6 | 92.6 | 93.2 |
| 国内上市公司数/家 | 40 | 43 | 44 | 50 | 50 |
| 中国民营企业 500 强数/家 | 12 | 11 | 12 | 12 | 13 |
| 收入水平 | 13.2 | 13.8 | 13.4 | 13.3 | 13.6 |
| 实际利用外商直接投资金额占 GDP 的比重/% | 1.98 | 1.6 | 1 | 0.77 | 1.05 |
| 进出口总额占 GDP 的比重/% | 2.74 | 1.97 | 1.56 | 1.55 | 2.56 |
| 科学技术支出占财政支出的比重/% | 1.15 | 1.2 | 1.35 | 1.37 | 1.51 |
| R&D 经费支出占 GDP 的比重/% | 1.41 | 1.56 | 1.81 | 1.88 | 2 |
| 高新技术企业数/家 | 757 | 1 035 | 1 443 | 2 027 | 2 504 |
| 每万人拥有研发人员数/人 | 31.14 | 32.41 | 36.72 | 42.91 | 48.71 |
| 每万人专利申请数/个 | 18.48 | 27.44 | 19.52 | 21.02 | 23.25 |
| 每万人专利授权数/个 | 8.12 | 12.9 | 14.01 | 11.3 | 14.72 |
| 高新技术企业产值占 GDP 的比重/% | 12 | 10.8 | 15 | 17.6 | 38.1 |
| 房价收入比（平均房价/平均年收入） | 6.8 | 7 | 6.3 | 8.8 | 10.8 |
| 高峰拥堵延时指数 | 1.8 | 1.9 | 2.1 | 2 | 1.872 |
| 每万人拥有病床数/个 | 47.54 | 52.4 | 56.26 | 60.79 | 52.27 |
| 每万人拥有卫生技术服务人数/人 | 45.65 | 49.4 | 52.87 | 56.42 | 64.45 |
| 普通高等学校/所 | 63 | 64 | 65 | 65 | 65 |
| 普通高等学校在校生数/人 | 740 543 | 767 114 | 784 631 | 805 208 | 827 945 |
| 失业率/% | 3.5 | 3.6 | 3.7 | 3.4 | 3.3 |
| 旅游总收入占 GDP 的比重/% | 14 | 14.3 | 15 | 17 | 21.3 |
| 每万人公共文化设施数/个 | 0.347 | 0.346 | 0.348 | 0.346 | 0.344 |
| 常住人口净流入量/万人 | 16.10 | 23.60 | 30.10 | 26.70 | 15.84 |
| 城市建成区面积/平方千米 | 1 470.12 | 1 529.15 | 1 494.47 | 1 573.02 | 1 653.02 |

2.人才生态客观指标数据（19个一线和新一线城市）

| 人才生态三级指标 | 人均公园绿地面积/平方米 | 空气质量二级（或良）以上天数所占的比重/% | 人均GDP/元 | 经济持续（GDP）增长率/% | 第二、三产业产值占GDP的比重/% | 国内上市公司数/家 | 中国民营企业500强数/家 | 居民收入水平 | 实际利用外商直接投资占GDP的比重/% | 进出口总额占GDP的比重/% | 科学技术支出占财政支出的比重/% | 高新技术企业出口占GDP的比重/% | 高新技术企业数/家 | 每万人拥有研发人员数/人 | 每万人专利申请数/个 | 每万人专利授权数/个 | 高新技术企业产值占GDP的比重/% | 房价收入比（平均房价/平均年收入） | 高峰拥堵延时指数 | 每万人拥有病床数/个 | 每万人有卫生技术服务人数/人 | 普通高等学校数/所 | 普通高等学校在校生数/人 | 失业率/% | 旅游总收入占GDP的比重/% | 每万人公共文化设施数/个 | 常住人口净流入量/万人 | 城市建成区面积/平方千米 |
|---|---|---|---|---|---|---|---|---|---|---|---|---|---|---|---|---|---|---|---|---|---|---|---|---|---|---|---|---|
| 重庆 | 16.55 | 86.6 | 65 549 | 6.3 | 93.2 | 50 | 13 | 13.6 | 1.05 | 0.256 | 1.51 | 0.02 | 2 504 | 48.71 | 23.25 | 14.72 | 0.381 | 10.8 | 1.872 | 52.27 | 64.45 | 65 | 827 945 | 0.033 | 0.213 | 0.65 | 15.84 | 1 653 |
| 北京 | 16.3 | 62.2 | 140 211 | 6.6 | 99.6 | 317 | 15 | 12.15 | 3.78 | 0.896 5 | 5.7 | 0.061 7 | 24 691 | 184.31 | 98.05 | 57.33 | 0.236 | 25.4 | 1.982 | 57.33 | 130.76 | 92 | 581 133 | 0.014 | 0.195 3 | 3.23 | -22.23 | 1 469 |
| 深圳 | 15.4 | 94 | 189 568 | 7.6 | 99.9 | 392 | 26 | 8.7 | 2.24 | 1.240 1 | 12.96 | 0.048 | 14 430 | 112.02 | 175.49 | 107.63 | 0.743 7 | 34.2 | 1.788 | 36.5 | 71.9 | 469 | 103 829 | 0.023 1 | 0.042 3 | 3.68 | 23.40 | 928 |
| 成都 | 13.33 | 68.76 | 94 782 | 8 | 96.6 | 34 | 6 | 14.33 | 5.29 | 0.325 2 | 4.4 | 0.025 6 | 3 053 | 87.75 | 66.01 | 35.15 | 0.187 2 | 10.3 | 1.784 | 87.69 | 103.31 | 57 | 840 297 | 0.034 | 0.242 | 1.43 | 23.35 | 932 |
| 天津 | 9.4 | 58 | 120 711 | 3.6 | 99.1 | 104 | 7 | 9.76 | 6.2 | 0.431 | 3.4 | 0.026 | 1 594 | 103.03 | 63.5 | 35.06 | 0.217 | 14.5 | 1.62 | 43.76 | 66.97 | 56 | 523 300 | 0.035 | 0.208 | 1.24 | 0.78 | 1 078 |
| 南京 | 12.05 | 68.7 | 152 886 | 8 | 97.9 | 113 | 11 | 10.76 | 2 | 0.337 | 5.2 | 0.038 | 1 850 | 135.39 | 117.43 | 52.26 | 0.258 | 15.6 | 1.714 | 65.1 | 122.88 | 53 | 721 643 | 0.017 | 0.191 | 1.09 | 5.56 | 817 |
| 郑州 | 14.3 | 46 | 101 349 | 8.1 | 98.6 | 29 | 4 | 12.87 | 2.7 | 0.401 | 2.1 | 0.012 | 1 323 | 42.78 | 69.19 | 31.16 | 0.369 | 13.5 | 1.593 | 96.93 | 115.44 | 61 | 1E+06 | 0.025 | 0.137 | 1.04 | 18.40 | 544 |

| 城市 | | | | | | | | | | | | | | | | | | | | | | | | | | | | |
|---|---|---|---|---|---|---|---|---|---|---|---|---|---|---|---|---|---|---|---|---|---|---|---|---|---|---|---|---|
| 长沙 | 11.38 | 77.2 | 136 920 | 8.5 | 97.1 | 60 | 6 | 14.14 | 3.5 | 0.116 | 4.4 | 0.038 | 2 414 | 124.79 | 50.32 | 25.98 | 0.333 | 6.8 | 1.728 | 94.79 | 98.59 | 51 | 636 000 | 0.024 6 | 0.164 | 1.35 | 18.03 | 427 |
| 东莞 | 19.64 | 82.5 | 98 939 | 7.4 | 99.7 | 27 | 3 | 6.62 | 1.04 | 1.63 | 6.85 | 0.028 5 | 5 790 | 140.68 | 115.62 | 78.63 | 0.183 | 14.8 | 1.669 | 37 | 64.72 | 245 | 121 408 | 0.014 | 0.064 | 1.36 | -6.57 | 1 007.8 |
| 沈阳 | 12.81 | 78 | 73 473 | 5.3 | 95.7 | 23 | 1 | 10.44 | 1.55 | 0.162 | 1.88 | 0.027 7 | 843 | 65.15 | 28.65 | 15.13 | 0.247 | 8 | 1.72 | 84.61 | 93.74 | 47 | 454 507 | 0.031 | 0.124 | 2.14 | -1.69 | 560 |
| 青岛 | 16.3 | 84.1 | 128 459 | 7.4 | 96.8 | 28 | 5 | 9.472 | 4.79 | 0.443 | 2.9 | 0.023 5 | 2 027 | 97.94 | 23.97 | 6.91 | 0.275 | 10.6 | 1.599 | 68.2 | 89.38 | 25 | 397 982 | 0.029 | 0.065 | 0.82 | 9.40 | 715.1 |
| 合肥 | 13 | 74 | 107 216 | 8.5 | 96.8 | 14 | 4 | 12.08 | 2.5 | 0.236 | 9.1 | 0.017 | 2 110 | 61 | 81 | 35 | 0.369 | 13.8 | 1.741 | 59 | 92 | 50 | 622 290 | 0.029 | 0.173 | 0.83 | 2.28 | 460 |
| 佛山 | 4.09 | 80.2 | 127 691 | 5.7 | 98.6 | 58 | 6 | 6.83 | 0.46 | 0.464 | 6.8 | 0.023 | 1 350 | 118 | 113 | 65 | 0.369 | 11.9 | 1.808 | 44 | 70 | 161 | 124 245 | 0.024 | 0.081 | 1.34 | 14.74 | 160.78 |
| 广州 | 17.3 | 85.5 | 155 491 | 6.2 | 99 | 98 | 16 | 9.54 | 1.9 | 0.429 | 4.1 | 0.026 3 | 11 000 | 103.01 | 189.67 | 98.41 | 0.255 | 17.5 | 1.862 | 63.83 | 105 | 331 | 1E+06 | 0.019 | 0.175 | 3.15 | 17.76 | 1 324.2 |
| 苏州 | 13.01 | 77.4 | 173 765 | 6.8 | 98.8 | 107 | 19 | 8.4 | 1.57 | 1.225 6 | 7.79 | 0.032 3 | 5 416 | 93.85 | 46.74 | 10.12 | 0.848 | 13.4 | 1.603 | 64.28 | 79.45 | 26 | 235 649 | 0.017 8 | 0.139 9 | 2.24 | 0.82 | 756.2 |
| 上海 | 8.2 | 81.1 | 134 982 | 6.6 | 99.6 | 1 454 | 18 | 7.32 | 3.5 | 1.044 | 5.1 | 0.041 6 | 16 873 | 111.89 | 61.98 | 38.15 | 0.405 9 | 26.1 | 1.827 | 12.9 | 85.18 | 64 | 517 800 | 0.035 7 | 0.139 1 | 3.33 | 10.06 | 1 563 |
| 西安 | 11.92 | 51.5 | 85 114 | 8.2 | 96.9 | 34 | 4 | 10.58 | 5.04 | 0.395 | 4.19 | 0.043 | 2 139 | 107.83 | 71.22 | 26.62 | 0.38 | 10.6 | 1.691 | 68.97 | 101.46 | 63 | 1E+06 | 0.032 | 0.306 | 1.51 | 31.71 | 701.67 |
| 武汉 | 9.61 | 69.9 | 135 136 | 8 | 97.6 | 57 | 9 | 8.23 | 4.87 | 0.144 | 6.74 | 0.010 1 | 2 763 | 36.23 | 54.61 | 29.24 | 0.221 | 12.2 | 1.622 | 86.54 | 96.29 | 84 | 969 000 | 0.021 | 0.204 | 0.82 | 10.94 | 723.74 |
| 杭州 | 9.15 | 73.7 | 140 180 | 6.7 | 97.7 | 132 | 36 | 9.06 | 3.34 | 0.389 | 6.88 | 0.033 | 1 557 | 94.73 | 100.34 | 56.47 | 0.332 | 18.1 | 1.616 | 82.82 | 119.75 | 40 | 496 383 | 0.016 | 0.265 | 2.60 | 27.61 | 615.22 |

# 成渝地区双城经济圈人才协同发展规划研究

◎重庆工商大学课题组

**摘　要**:推动成渝地区双城经济圈建设是中央立足于当前世界百年未有之大变局下对我国区域经济发展新格局的精准研判,是总揽我国区域协调发展的又一重大布局。推动成渝地区人才协同发展,不仅具有良好的经济、社会、文化和工作基础,更是落实成渝地区双城经济圈建设战略部署、优化区域人才发展布局的迫切需要。在相关概念内涵梳理的基础上,对当前成渝地区双城经济圈人才协同发展现状及问题进行了深入分析,并提出了发展目标与发展思路。通过实证分析对成渝地区双城经济圈人才协同发展进行了定量分析,在现状问题分析的基础上从近期、中期、远期三个维度提出了成渝地区双城经济圈人才协同发展的阶段性目标,并围绕人才招引、人才使用、人才理念、人才服务、产才融合、人才培养等内容提出了具体的政策建议。

**关键词**:成渝地区双城经济圈　人才协同发展　耦合协调度

## 一、导论

### (一)研究的背景和意义

1.研究背景

2020 年年初,中央对成渝城市群发展战略进一步聚焦,提出了"双城经济圈"建设的重大决策,这标志着成渝城市群发展开启了新时代,是中央立足于当前世界百年未有之大变局下对我国区域经济发展新格局的精准研判,是总揽我国区域协调发展的又一重大布局。2020 年 10 月 16 日,中央政治局审议通过《成渝地区双城经济圈建设规划纲要》

（以下简称《纲要》），明确提出全面落实党中央决策部署，突出重庆、成都两个中心城市的协同带动，注重体现区域优势和特色，使成渝地区成为具有全国影响力的重要经济中心、科技创新中心、改革开放新高地、高品质生活宜居地，打造带动全国高质量发展的重要增长极和新的动力源。《纲要》同时强调成渝地区应牢固树立一盘棋思想和一体化发展理念，健全合作机制，打造区域协作的高水平样板。人才是支撑引领经济圈建设的战略资源，加强人才集聚与人才协同发展是构筑"双城"新优势的重要前提。习近平总书记在中央财经委员会第六次会议上强调要促进产业、人口及各类生产要素合理流动和高效集聚，这为人才协同发展指明了方向。

当前新一轮科技革命正在加速重构全球创新版图、重塑全球产业链条和经济结构，人才已成为实现经济高质量发展、赢得国际竞争优势地位的重要战略资源。长期以来，在党的相关文件中，都是把人才资源表述为经济社会发展的第一资源，突出了人才在经济社会发展中所处的特殊位置和重要性。党的十九大报告把人才工作放到党和国家工作的重要位置，提出了"人才是实现民族振兴、赢得国际竞争主动的战略资源"的重要论断。这是人才工作的新定位，是人才工作地位和作用的新论断。2019 年 10 月 26 日，习近平总书记在向 2019 世界青年科学家峰会致贺信中，再次强调青年科技人才对经济社会发展的重要性。

成渝地区双城经济圈是西部经济基础最好、经济实力最强的区域之一，人力资源丰富，创新创业环境相对较好，未来发展空间和潜力巨大。近年来成渝地区双城经济圈人才队伍规模与质量持续提升，截至 2019 年年底，川渝两地人才资源总量 1 267.6 万人，人才数量占人口总量比例为 10.9%。其中高层次人才 9 598 人，"两院"院士、国家海外高层次人才引进计划专家 810 名，持 A 类长期工作证的外国高端人才数量 1 293 名，高层次人才加快集聚。成渝地区人才激励机制明显，人才创新能力不断提升，专利、论文密度跨越式增长，创新成果不断涌现，2019 年 R&D 项目数 24 263 个，专利申请数 44 326 个，R&D 人员稳步增长。平台建设不断加强，产业聚才能力快速提升，成渝地区拥有普通高校 184 所，其中 10 所高校、18 个学科进入国家"双一流"建设范围，全国第四轮学科评估成渝地区高校 A 类学科 35 个，国家级科研平台 217 个，中央在地院所 16 家，省级科研机构数量 362 个。成渝两地人才交流频繁，人才合作内容与层次迅速深化，从成渝两地人才流动看，重庆与成都人才流动频繁，分别占据对方外地人才来源的首位。近年来，成渝地区各级党委政府高度重视人才工作，抢抓共建"一带一路"、长江经济带发展、新时代西部大开发等机遇，发展势头强劲，对科技人才等要素已有较强吸引力。但对标国家战略和高质量发展要求，对标世界级城市群建设和"两中心两地"目标，两地人才协同发展还存在差距。

基于此，本课题通过对成渝地区双城经济圈人才协同水平进行系统测度与现状研究的基础上，对标对比国内外发达地区经验做法，剖析成渝地区双城经济圈人才协同发展的短板,并提出推进成渝地区双城经济圈人才协同发展的对策建议。

2.研究意义

成渝作为西南两大国家级中心城市,是我国经济最具活力和创新力、人才资源集聚力最强的地区之一,也是全国创新资源最为密集、最具发展潜力的地区之一。川渝两地历史同脉、文化同源、地理同域、经济同体,推动人才协同发展,不仅具有良好的经济、社会、文化和工作基础,更是落实成渝地区双城经济圈建设战略部署、优化区域人才发展布局的迫切需要。对成渝地区双城经济圈人才协同水平进行系统测度与现状研究,从而提出推动人才协同发展的政策措施与发展规划。

(1)推进成渝地区双城经济圈人才协同发展,是推动成渝地区双城经济圈建设的重要保障,有利于夯实国家战略实施的人才支撑

成渝地区双城经济圈建设上升为国家战略,意味着成渝地区双城经济圈建设将作为我国西部高质量发展的重要增长极,参与新一轮全球合作与竞争。2019年,川渝两地经济总量超过7万亿元,占全国比重7%以上,无论与美国东北部大西洋沿岸、北美五大湖等世界五大城市群相比,还是与国内长三角、京津冀、粤港澳大湾区相比,经济规模都有很大差距。测算表明,如果成渝"双核"保持6%以上的增速,有望在2032年前后接近或赶上英伦城市群、欧洲西北部城市群的经济规模。成渝地区要成为世界级城市群,必须充分发挥人才引领发展的决定性作用,以一流的创新资源特别是一流人才的高度聚集,加快提升供给体系质量,推动区域经济发展迈入高端。

(2)推进成渝地区双城经济圈人才协同发展,是赢得区域人才竞争战略主动的必由之路,有利于整合优势资源提高聚才能力

2019年,川渝电子信息、装备制造(含汽摩)产业规模分别达到1.5万亿元、1.4万亿元,食品饮料、能源化工、先进材料产业规模接近1万亿元,数字经济、军民融合等产业发展迅速、潜力巨大,基本形成以电子信息和装备制造为主导、在细分领域又各有擅长的产业体系。两地拥有唯一的国家科技城,现有普通高校197所、政府部门所属科研院所185家、国家重点实验室22个、国家企业技术中心115个,科教资源丰富、互补性强。加强川渝合作形成整体优势,有利于共同争取国家投入支持,推动更多国家重大项目、平台、政策落地川渝,促进人才、项目、资金等要素加快融入,成为科技创新策源地、新兴产业聚集地。

(3)推进成渝地区双城经济圈人才协同发展,是提升区域人才发展治理水平的现实需要,有利于促进区域人才高效配置

1997年川渝分治之后,两地深度合作不够甚至竞争大于合作的现象是客观存在的。比如,成都、重庆均以电子信息和汽车制造为支柱产业,能够形成上下游较为完备的产业链,但在产业协同上还缺乏有效布局,人才需求存在竞争关系,人才政策相互博弈甚至恶性竞争。受市场驱动的成渝地区区域间人才流动已趋常态化,但由于体制障碍、服务分

割等问题,区域内人才流动的制度性成本较高,影响了人才资源的配置效率和发展绩效。在成渝地区双城经济圈建设上升为国家战略的背景下,需要借鉴世界级城市群协同发展机制,完善区域人才发展治理体系,促进人才资源在区域内高效配置,以人才合作促进区域协调发展。

### (二)区域人才协同发展概念、主要内容

1. 区域人才协同发展概念界定

(1)人才

在我国人才学成为一门学科后,学术理论界对人才内涵、本质属性、特征进行了广泛深入研究,形成了具有代表性的观点。叶忠海认为:"人才是指那些在各种社会实践活动中具有一定的专门知识、较高的技术和能力,能够以自己创造性劳动,对认识、改造自然和社会,对人类进步做出了某种较大贡献的人。"[1]王通讯认为:"人才是指在一定社会条件下能以其创造性劳动对社会发展,人类进步做出较大贡献的人。"[2]罗洪铁认为:"人才就是指为社会发展和人类进步进行了创造性劳动,在某一领域,某一行业或某一工作上做出较大贡献的人。"[3]《辞海》对"人才"的定义是:"德才兼备"的人;有某种特长的人。人们把品德高尚、才能优秀的人统称为人才。2010年《国家中长期人才发展规划纲要(2010—2020年)》对人才进行了官方界定,指出:"人才是指具有一定的专业知识或专门技能,进行创造性劳动并对社会做出贡献的人,是人力资源中能力和素质较高的劳动者。人才是我国经济社会发展的第一资源。"这一界定与人才学理论研究者对人才的认识基本一致。

本研究对人才的界定是从一般性人才的角度,人才的本质性内涵由三部分构成:一是具有一定的知识和技能,或者是良好的内在素质,这是人才的基础性要件;二是进行了具有创造性特征的劳动,这是人才知识技能、内在素质外化的重要途径;三是具有一定的社会贡献性,这是知识技能和创造性劳动外化的成果,也是人才的终极目标。即人才是具有一定的知识或技能,进行创造性劳动并做出贡献的人,是人力资源中能力素质较高的劳动者,是经济社会发展的第一要素。

(2)区域协同发展

随着我国城镇化快速发展进入新的阶段,区域协同发展成为国家、区域以及城市治

① 叶忠海.人才学概论[M].长沙:湖南人民出版社,1983:8.

② 王通讯.人才学通论[M].北京:中国社会科学出版社,2001.

③ 罗洪铁."人才"含义之商榷[J].人才开发,2000(7):24-25.

理的重点政策议题。"协同"一词来自古希腊语,意为"协调合作之学"。协同学于20世纪70年代初提出,1977年正式问世。其代表人物是德国理论物理学家哈肯。哈肯在研究激光理论的基础上,揭示了开放系统由低级到高级、由混沌到有序,又从有序到混沌等变化的运动机理与规律,认为自然界和人类社会的各种事物普遍存在有序、无序的现象,一定的条件下,有序和无序之间会相互转化,无序就是混沌,有序就是协同,这是一个普遍规律。

区域协同效应的存在,对各次级区域形成激励,有利于提高次级区域专业化生产和相互协作的积极性,使分散的局部地区优势转化为叠加的综合经济优势,增强区域经济的发展活力,进而促进区域产业分工的进一步深化,形成区域分工与协同发展的良性循环,因而适用于区域经济的研究。区域协同发展受到系统控制参量的重要影响和序参量的支配作用,产业一体化、要素市场一体化、制度一体化是区域协同的序参量,也是构成区域协同的重要约束因素。全面深化改革、加快制度创新,是推进区域协同发展的根本动力,成渝协同发展还需从系统控制参量入手,创造协同发展的基础条件。

(3)区域人才协同发展

党的十九届四中全会审议通过的《中共中央关于坚持和完善中国特色社会主义制度、推进国家治理体系和治理能力现代化若干重大问题的决定》,在论述我国社会制度13个"显著优势"时,强调"坚持德才兼备、选贤任能,聚天下英才而用之,培养造就更多更优秀人才的显著优势"。这充分体现了我国人才工作在社会主义现代化建设事业中的战略支撑作用。近年来,我国各地加快人才制度和政策创新,人才流动和配置效率不断提高,能否集聚人才成为衡量一个区域是否具有竞争优势的重要标尺。为了更有效地吸引高端人才和急需人才,"抱团引才"的区域人才协同发展逐渐发展为各地引才新模式。

区域协同效应的存在,对各次级区域形成激励,有利于提高次级区域专业化生产和相互协作的积极性,使分散的局部地区优势转化为叠加的综合经济优势,增强区域经济的发展活力,进而促进区域产业分工的进一步深化,形成区域分工与协同发展的良性循环,因而适用于区域经济的研究。区域协同发展受到系统控制参量的重要影响和序参量的支配作用,产业一体化、要素市场一体化、制度一体化是区域协同的序参量,也是构成区域协同的重要约束因素。全面深化改革、加快制度创新,是推进区域协同发展的根本动力,成渝协同发展还需从系统控制参量入手,创造协同发展的基础条件。

2. 区域人才协同发展的主要内容

人才协同发展的基本要素,可从人才资源特性来划分。人才是第一资源,是实现民族振兴、赢得国际竞争主动的战略资源。作为发展的重要因素,人才资源流动配置必然遵循社会主义市场经济规律;作为创新主体,人才的积极性与能动性必须在发展过程中得到有效调动和发挥。

（1）战略协同

作为战略资源的人才,因其稀缺性,在城市间天然存在竞争关系,谁掌握战略资源谁就拥有主动权。因此,成渝地区双城经济圈人才协同必须更好地发挥政府作用,从战略上对人才资源的城市分布进行科学引导。人才战略协同,重点有两个方面:一是促进人才资源共享。人才协同发展必须打破人才"专属权"这一封闭思维,要最大限度地发挥人才资源价值,最大限度地提升人才对区域整体发展的贡献率,最大限度地实现人才自我价值。二是促进城市合作引才。高层次人才的集聚需要完备的人才生态环境为支撑,单一城市往往难以具备满足各种人才个性化需求的条件,成渝地区双城经济圈内城市多样性正好契合了人才生态发展需求,通过城市优势互补,增强粤港澳大湾区全球人才引力,成为全球高端人才"磁力场"。

（2）市场协同

成渝地区双城经济圈人才协同发展需营造良好的市场环境,充分发挥市场在人才资源配置中的决定性作用,促进人才资源在区域内顺畅流动,实现人尽其才、才尽其用。人才市场协同,重点是创新人才资源配置方式和机制,构建市场化人才资源配置模式,共建共享人才资源服务业,提高人才资源配置效率。

（3）创新协同

作为创新主体的人才资源,其协同要素是创新,协同目标是人才价值实现,或表现为营造有利于人才创新创业的内外环境。在人才资源配置规律中,人才成长规律是其独特规律。实践已充分证明,要让人才发挥创新作用,若能按人才成长规律进行资源配置就能事半功倍。人才创新协同,重点是遵循人才成长规律,保障人才利益均衡,激发人才创新热情。

### 3.区域人才协同发展的特点

区域人才协同发展是指一定区域内的多元主体通过协作互助的方式招才引智,以提高区域引才效率的创新举措。随着实践的发展,人们认识到区域人才协同发展比"单打独斗"具有更为明显的竞争优势,因此区域人才协同发展逐渐成为备受地方政府和企业青睐的引才方式,并呈现出以下新特点:

（1）参与主体的多元性

区域人才协同发展的雏形是一些规模偏小、研发能力较弱、产业竞争力不强的企业,针对引才不够精准、投入大风险高、引进人才成活率低等问题,而形成的相互帮助、相互照应的"自发联盟"。随着经济社会发展的需要,人才的重要性日益凸显。为提高吸引人才的数量和质量,区域人才协同发展不再仅仅是某些企业自发的行为,而是逐渐发展为同一城市不同企业之间的抱团,不同城市企业之间的抱团,政府主管部门与企业、人才服务和咨询机构的抱团,由此形成了区域人才开发的共同体。2018年6月,由浙江省人力资源服务协会牵头,20余家机构发起的浙江名企全球引才计划,涉及人才猎聘、人才咨询、会计、法律、薪酬规划等引才服务全领域。2019年9月,闽西南五市共同签订《闽西南区域人才合作框架协议》。合作的亮点之一是创新拓展市场化引才路径,联合国内外知名人力资源机构共同开展引才活动,共建区域性人才资源配置中心。这种由多元主体构成的共同体,实现了跨界协作,扩大了区域人才协同发展的规模,创新了区域人才协同发展的形式,对实现区域内资源共享和优势互补,促进人才政策的协调、人才制度的衔接和人才服务的贯通起到了积极的作用。

（2）协作内容的多面性

区域人才协同发展的实践,已从单纯的联合招聘发展为人才资源开发的多方面合作。区域人才协同发展主要通过沟通、协商、互助、共享等协作方式实现政策优化和项目建设的一体化,促进了区域资源的合理配置,推动了各地人力资源服务升级,从而形成"智力强磁场",吸引人才、项目、资本、技术的汇聚。在区域人才协同发展的过程中,通过不断完善的政策协调,数据的共通共享,人才服务的一体化,不仅增强了企业影响力和区域产业链对人才的吸附力,还为人才市场注入了活力。例如,2019年6月,《长株潭城市群人力资源市场一体化行动方案》启动,力求搭建三市数据共享、互联互通的人力资源公共服务一体化信息平台。区域人才协同发展作为推动人力资源服务升级的新尝试,有助于地方政府和相关服务机构为市场提供"个性化""多元化""一揽子""一条龙"的人才服务,完善人才服务产业链,从而产生城市、人才、区域的良性联动效应。

（3）目标定位的拓展性

区域人才协同发展的初始阶段,其主要目标就是更有效地为企业招聘到所需要的人才。随着经济社会发展,2019年7月,中央提出实施就业优先政策,国务院部署了采取更有力措施稳增长、助创业,拓展就业岗位的相关工作。在这种新形势下,区域人才协同发展在规模扩大的同时,目标定位也得到拓展。在实践中,长三角多地建立了就业创业协作联盟,联合举办面向长三角地区高校大学生的招聘会,加强青年大学生的创业合作,实现高校、园区、社区的互联互通。此外,还将加强对口扶贫劳务协作的区域合作,推动对口扶贫援助地区建档立卡贫困户的转移就业作为目标。区域人才协同发展可以提供更多的就业机会,促进不同类型、不同层次人才的有效充分就业,特别是高校毕业生、农民工、退伍军人等重点群体的就业。在这个意义上可以说,区域人才协同发展将会在促进就业、精准扶贫等方面发挥更大的作用。

（4）人才集聚的空间性

空间是人类进行实践活动的场域。在社会发展中,人才向某一区域集聚是一种历史现象。人才的聚集效应是指人才在一定规模上的集聚使其发挥超过各自独立作用的加总效应,并产生吸引更多人才向本地区流动的向心力,形成规模。人才集聚一旦形成,就会对经济发展产生长期而重大的影响。区域人才协同发展就是一种促进区域人才集聚的新形式。人才的成长离不开特定的时空条件,人才的成长过程是人与空间互动的实践生成过程。区域人才协同发展体现了用人主体开始注重人才的空间开发,这种空间意识的自觉形成和发展,对于形成区域人才集聚具有积极的推动作用。例如,粤港澳大湾区总体人才净流入率为 1.39% ,人才虹吸效应明显。为了增加对人才的吸引力,区域人才协同发展通过政策抱团、活动抱团、使用抱团等新举措,创新人才体制机制,打破人才政策壁垒,不但拓展了人才个体成长成才的空间,而且从整体上加速了区域人才的集聚,促进了人才集聚效应的发挥。

### 4.区域人才协同发展的理论分析

在充分借鉴协同理论、人力资本理论和跨区域协同发展理论有益思想的基础上,构建成渝地区双城经济圈人才协同发展理论框架,有助于统筹好成渝地区双城经济圈内人才发展的环境、条件、要素在城市间的关系,以人才协同发展促进人才高效集聚,以人才高效集聚激发人才协同发展,协同与集聚共同作用,推动成渝地区双城经济圈人才高地建设。

（1）人才协同发展的外部环境

实现成渝地区双城经济圈人才协同发展,离不开优良的外部环境支持,成渝地区双城经济圈的产业、制度、资源、开放、服务环境以及区位、人文环境等均为人才协同发展提供了得天独厚的条件。

①产业支撑。产业是人才集聚和发展的基本载体,产业的分布和集聚是影响人才流动和人才资源配置的重要因子。产业集聚牵引人才集聚,人才集聚助推人才开发并促使人才资源向人才资本转变,使人才资本在运动中实现增值,进而促进产业集聚。成渝地区双城经济圈产业体系完备、集群优势突出且互补性强,高端化、生态化和智能化的现代产业体系建设加速推进,为各类人才提供了施展才华、成就事业、实现价值的广阔舞台和人才生态。

②资源集聚。知识、高校、资金等创新资源的高度集聚既为成渝地区双城经济圈人才协同发展提供了条件,更对人才协同发展提出了巨大需求。当前,成渝地区双城经济圈各类创新资源集聚不断加强,人才、设备、信息、政策和成果等的共享交流日趋频繁。从理论上来看,集聚只能发生"物理效应",协同才能发生"化学效应",成渝地区双城经济圈创新资源的高度集聚,为创新资源主体(人才)协同发展提供了可能。

③合作开放。开放是实现人才协同发展的基础,合作是实现人才协同发展的路径。40 多年改革开放的成功实践,已在成渝地区双城经济圈积淀了合作开放的"重要基因"。

④服务优质。建设宜居宜业宜游的优质生活圈是国家赋予成渝地区双城经济圈的重要战略定位之一,也是人才协同发展的重要保障。人才协同发展,要紧扣人才的生存需要和发展需要,以住房、教育、医疗、社保、出入境、交通等为具体内容的服务质量与衔接状态既影响着人才流动与集聚程度,也影响着人才协同效应的发挥。

（2）人才协同发展的内部条件

实现成渝地区双城经济圈人才协同发展,同样离不开系统内部的有力支持,成熟与完备的内部条件是产生协同"化学反应"的内核。

①理念认同。理论是行动的先导,理念是理论在价值观领域的具体表现。成渝地区双城经济圈人才协同发展,必须坚持互学互鉴,求同存异,寻找最大公约数,增进情感认同,增强人才协同发展内生动力。

②政策联通。推进成渝地区双城经济圈人才协同发展,体制机制创新是关键。近年来,成渝两地政府制定出台了一系列推动成渝地区双城经济圈人才协同发展的政策措施,虽取得了一定成效,但仍有诸多政策措施难以推动落实,效果并不理想,究其原因,最根本的还是体制机制的障碍。因此,需要加快形成成渝地区双城经济圈内相互联通的人才政策,在更高起点、更高层次、更高水平上推进人才协同发展。

③要素流通。成渝地区双城经济圈各类要素特别是创新要素的高效便捷流动是实现人才协同发展的条件。促进要素流通,必须充分发挥市场在资源配置中的决定性作用,更好地发挥政府作用,成渝两地在资源配置上要加强合作,最大限度地提升资源配置效率。

④服务贯通。营造一流的优质服务环境,促进服务贯通是成渝地区双城经济圈人才协同发展的重要保障。当前,成渝地区双城经济圈内普遍存在服务福利可携性有限,人才体验度差于预期,优质公共服务资源整体不足等问题。因此,需要加快落实在成渝地区双城经济圈发展的各种便利人才的政策,解决人才在学习、就业、创业、生活、民生福祉等方面的需求,不断加强民生社会服务领域的协同广度与深度,共同打造宜居宜业宜游的优质生活圈。

## 二、成渝地区双城经济圈人才协同发展的现状与问题

人才资源是一个多要素多层次的系统,这种系统决定着人才资源开发的整体性。人才资源开发的整体性不仅包括人才素质的整体性开发,不同层次、不同类型人才的整体性开发,还包括人才资源系统与外部环境的整体性开发。在一定的区域范围内,人才开发依赖于区域经济和社会的发展,应服从区域发展的总体规划;同时,区域经济社会发展又离不开人才资源的开发。协同发展是促进区域协调发展和区域人才一体化开发的长远选择,是实现成渝地区双城经济圈人才发展由无序转向有序、由各自为政走向有效整合的必由之路。

因此,本部分主要包括两方面内容:一是评价区域人才发展水平;二是测度区域人才协同发展程度。具体来看,在评价区域人才发展水平的基础上,运用耦合协调度模型综合分析成渝地区双城经济圈人才协同发展水平,并与京津冀、长三角等地区协同发展水平进行对比分析,探究当前成渝地区双城经济圈存在的问题及短板。

（一）区域人才发展水平评价

通过对成渝地区双城经济圈、京津冀、长三角等区域的人才发展水平评价，掌握当前各区域人才发展水平状况，是进一步分析区域人才协同的基础和前提。该部分主要从指标体系构建、水平评价等方面展开系统分析。

1. 区域人才发展水平评价指标体系的构建

（1）指标体系构建原则

①系统性原则。影响区域人才发展水平的各种政治、经济、文化等因素构成了一个综合的系统。这是一个多层次的动态系统。区域人才发展水平指标体系必须遵循系统性原则，从科技创新人才引培、使用、管理服务等全过程出发，全面反映影响区域人才发展水平的各种因素。

②以人为本原则。选定区域人才发展水平评价指标必须从有利于人才发展的角度出发，选择的指标应综合考虑人才所追求的个人经济利益与包括社会地位、精神激励等在内的社会利益，体现以人为本的原则。

③可比性原则。构建区域人才发展水平评价指标体系必须遵循可比性原则，要做到指标口径一致，相互可比。该指标体系应该便于各个城市之间的相互比较，也应该满足同一个城市在不同时期的比较评价。

④可操作性原则。区域人才发展水平评价指标体系的建立应从我国国情和人才流动现状出发，努力做到理论与实践相结合，需要与可能相统一，并力求指标含义明确，便于操作，从而为评价区域人才发展水平提供依据。

（2）指标体系的具体构建

人才协同发展是实现成渝地区双城经济圈建设战略目标的智力支撑和重要保障，是成渝地区双城经济圈人才高地建设的关键一环。基于已有理论和相关研究成果，从数据的可得性、科学性、动态性和一致性出发，依据成渝地区双城经济圈人才发展的实际，从人才数量与质量、投入与产出以及环境等维度系统构建区域人才发展水平评价指标体系（表1）。

表1 区域人才发展水平评价指标体系

| 一级指标 | 二级指标 | 三级指标 |
|---|---|---|
| 区域人才发展水平 | 人才规模 | 全部从业人员数量（万人） |
| | | 从事科技活动人员数（万人） |
| | | 大专及以上人数（万人） |
| | | 15～60岁人口数（人） |
| | | 高等学校毕业生人数（万人） |
| | | 卫生技术人员数（万人） |

续表

| 一级指标 | 二级指标 | 三级指标 |
|---|---|---|
| 区域人才发展水平 | 人才质量 | 人才自然密度<br>（各类专业技术人员数/土地面积）（人/平方千米） |
| | | 人才经济密度<br>（各类专业技术人员数/地区 GDP）（人/万元） |
| | 人才投入 | 地方财政科学技术支出（亿元） |
| | | 地方财政教育支出（亿元） |
| | | R&D 经费支出（万元） |
| | 人才产出 | 专利申请（项） |
| | | 专利授权数（项） |
| | 人才环境 | 人均 GDP（元） |
| | | 城市居民人均可支配收入（元） |
| | | 城市绿化覆盖率（%） |
| | | 人均公共绿地面积（平方米/人） |
| | | 城镇人均拥有道路面积（平方米） |

2. 评价方法

关于区域人才发展水平的评价是多指标多层级的综合评价,其评价方法是把多个描述区域人才发展水平的不同方面且不同量纲的统计指标,通过无量纲化方法将原始数据处理为相对评价值,在对各评价指标进行赋权的基础上,综合这些相对评价值以得出对区域人才发展水平的一个整体评价的方法系统[1]。多指标多层级综合评价方法大多采用"两步逐级累进"评价。第一步,对原始决策矩阵进行无量纲化处理,形成新的可比较的标准决策矩阵;第二步,在确定各指标权重的基础上,综合标准决策矩阵对区域人才发展水平进行整体性比较和评价。"逐级累进"评价方法是指,由于区域人才发展水平评价指标体系由三级指标构成,各级指标间因分别赋权和评价,应从低层级指标着手,从低层级指标逐步演算到高层级指标,最终得到整体评价的方法。"逐级累进"评价是针对多指标多层级指标体系的综合评价的方法系统,具体方法为:先对三级指标进行无量纲和赋权,得到二级指标;再对二级指标无量纲和赋权,得到一级指标;最后对三个一级指标无量纲和赋权,得到区域人才发展水平。因此,关于区域人才发展水平的评价主要围绕解决指标赋权和评价方法两个问题展开。

---

① ROWLEY J. Is higher education ready for knowledge management [J]. International Journal of Educational Management, 2000,14(7):325-333.

各指标权重的确定是评价区域人才发展水平的关键。权重是指各指标在整个指标体系中的重要程度,权重产生的方法可分为主观赋权法和客观赋权法。其中主观赋权法主要是根据专家经验的主观判断而确定权重,主要有层次分析法、德尔菲法、模糊评价法等;客观分析法则是依据各指标间的相关关系或变异系数而得到指标权重,主要有熵值法、变异系数法、主成分分析法等。主观赋权法是根据专家经验的主观判断,赋权结果更加符合实际情况,但主观随意性强,易受评价主体自身素质局限的影响;客观赋权法依据指标间的关系进行赋权,赋权结果具有较强的数学理论依据,但过多地关注指标间的差异程度和数学演算,忽略了指标的现实意义。因此,主客观赋权方法各有优劣势,在区域人才发展水平评价过程中应坚持主客观相结合的赋权方法,使评价结果更科学合理。

（1）主观赋权法——层次分析法

由于区域人才发展水平评价指标体系具有多指标、多层级以及多目标的特征,因此在主观赋权中选用层次分析方法更加合理和符合实际情况。层次分析法大体分为4个步骤:

一是建立层次结构模型。在深入分析区域人才发展水平之后,将区域人才发展水平中所包含的因素划分为目标层、准则层、指标层、方案层,用框图形式说明层次的递阶结构与因素的从属关系（图1）。

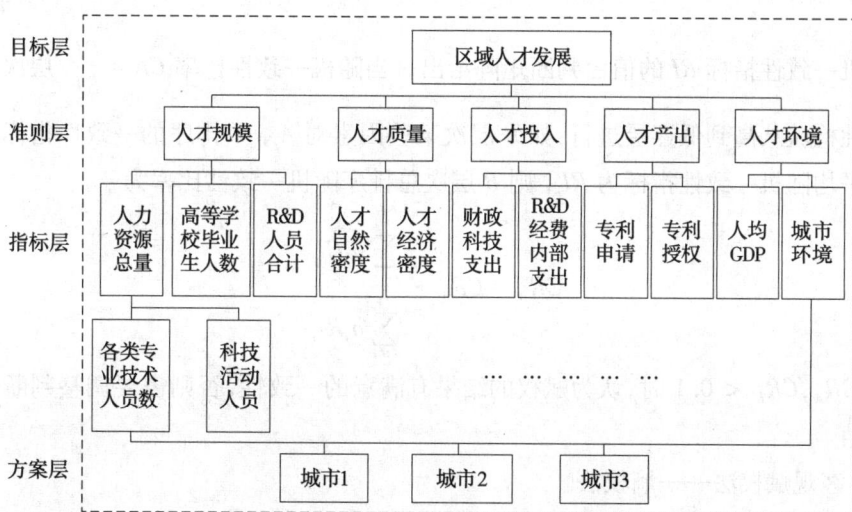

图1 区域人才发展水平层次分析模型

二是构造判断矩阵（表2）。判断矩阵元素的值反映了评价专家对区域人才发展水平各指标相对重要性（或优劣、偏好、强度等）的认识,一般采用Saaty T L（1980）的1—9及其倒数的标度方法[①]。当相互比较因素的重要性能够用具有实际意义的比值说明时,

① SAATY T L. The analytic hierarchy process: planning, priority setting, resource allocation[M]. New York: McGraw-Hill, 1980.

55

判断矩阵相应元素的值则可以取这个比值。

表2　判断矩阵

| $A_k$ | $B_1$ | $B_2$ | $\cdots$ | $B_n$ |
|-------|-------|-------|----------|-------|
| $B_1$ | $b_{11}$ | $b_{12}$ | $\cdots$ | $b_{1n}$ |
| $B_2$ | $b_{21}$ | $b_{22}$ | $\cdots$ | $b_{2n}$ |
| $\vdots$ | $\vdots$ | $\vdots$ | | $\vdots$ |
| $B_n$ | $b_{n1}$ | $b_{n2}$ | $\cdots$ | $b_{nn}$ |

三是计算判断矩阵的特征向量和指标权重。对判断矩阵的各列求和,并对各列进行归一化处理;在此基础上,再对每一行进行求和计算,则可得出特征向量;最后对判断矩阵进行归一化处理,得出指标的权重。但是这个指标权重是否有效和可取,需对其进行一致性检验。

四是一致性检验。一致性检验分为层次单排序的一致性检验和层次总排序的一致性检验,其检验方法基本相同。层次单排序的一致性检验:一致性指标为 $CI = \dfrac{\lambda_{\max} - n}{n - 1}$, 平均随机一致性指标 $RI$ 的值由判断矩阵给出。当随机一致性比率 $CR = \dfrac{CI}{RI}$, 层次总排序的一致性检验从高到低逐层进行:如 $B$ 层次某些因素对 $A_j$, 单排序的一致性指标为 $CI_j$, 相应的平均随机一致性指标为 $RI_j$, 则 $B$ 层次总排序随机一致性比率为

$$CR_B = CR_A + \frac{\sum\limits_{j=1}^{m} a_j CI_j}{\sum\limits_{j=1}^{m} a_j RI_j}$$

当 $CR_A$, $CR_B < 0.1$ 时,认为赋权的结果有满意的一致性,否则需要调整判断矩阵的元素取值。

(2)客观赋权法——熵权法

运用客观数学理论对区域人才发展水平进行评价,使评价结果更具科学性。其客观评价方法可运用熵权法进行赋权评价。熵权法作为一种客观赋权法,其赋权依据来源于客观数据本身的离散性。其计算过程有以下几个步骤:

一是由于正向指标和逆向指标的存在,先对区域人才发展水平指标进行同趋势化处理,使原始决策矩阵处于同趋势化的水平。在此基础上进行无量纲化处理,得到可比较的标准决策矩阵。

二是计算无量纲化后的区域人才发展水平评价指标 $j$ 的信息熵值($e$)和信息效用值($d$)。具体计算公式为:

$$e_j = -k \sum_{i=1}^{m} y_{ij} \ln y_{ij} \text{, 其中, } y_{ij} = \frac{z_{ij}}{\sum\limits_{i=1}^{m} z_{ij}} \text{（} 0 \le y_{ij} \le 1 \text{）, } k = \frac{1}{\ln m}$$

$$d_j = 1 - e_j$$

三是计算区域人才发展水平评价指标 $j$ 的权重：

$$w_j = \frac{d_j}{\sum\limits_{j=1}^{n} d_j} \text{, 其中, } w_j \in [0,1], \sum_{j=1}^{n} w_j = 1$$

（3）综合评价方法——TOPSIS 法

关于区域人才发展水平综合评价方法,常用的综合评价方法有综合指数法、秩和比法（RSR）、TOPSIS 法、层次分析法（AHP）、多元统计分析法（如主成分分析、聚类分析、因子分析等）、模糊评价法、灰色系统评价方法等。但由于综合指数法、秩和比法、层次分析法和综合指数法对信息利用不完全,而常用的灰色系统评价方法所求出的关联度总为正值,不能全面反映事物之间的关系,且对指标的选择有严格的要求,因此,在区域人才发展水平评价中选用 TOPSIS 方法。TOPSIS 方法对原始数据的利用比较充分,信息损失少,但其评价结果易受变动因素的影响,为使评价结果具有一致性,在进行评价分析之前应对各评价指标进行赋权,以使评价结果合理科学。

TOPSIS 法又称优劣解距离法,自 C. L. Hwang 和 K. Yoon 于 1981 年首次提出以来,广泛运用于多目标决策评价,其主要原理是基于评价对象与其理想化目标的距离进行排序[1]。但当评价的环境或自身条件发生变化时会造成最优解和最劣解的变化,致使评价结果不具有一致性,故在此基础上运用熵值法根据指标值的变异程度确定各评价指标的客观权重,通过对指标进行客观赋权,有效地消除变动因素的影响,使得评价结果更具可比性。

假定决策问题有 $n$ 个评价方案,同时有 $m$ 个评价指标,其原始评价值构成的决策矩阵为 $X = (X_{ij})_{m \times n}$。由于指标体系存在正向指标与逆向指标,首先对评价指标进行同趋势化处理,本文采用倒数法进行同趋势化处理,得到极值一致化矩阵,计算公式为：

$$x_{i1}^* = \frac{1}{x_{i1}} \qquad (i = 1, 2, \cdots, m)$$

在得到极值一致化矩阵的基础上,对同趋势化后的数据矩阵进行标准化处理,得到矩阵 $Z = (Z_{ij})_{m \times n}$,公式为：

$$z_{ij} = \frac{x_{ij}^*}{\sqrt{\sum\limits_{i=1}^{m} x_{ij}^{*2}}} \qquad (i = 1, 2, \cdots, m; j = 1, 2, \cdots, n)$$

① 熊兴,余兴厚,陈伟.三峡库区基本公共服务水平的空间差异[J].技术经济,2016,35(8):99-105.

在标准化处理的基础上,计算评价指标 $j$ 的权重。具体赋权方法结合上文的主观赋权法与客观赋权法。

根据评价指标权重计算加权矩阵:

$R = (r_{ij})_{m \times n}$,其中,$r_{ij} = w_j \times z_{ij} \quad (i = 1, 2, \cdots, m; j = 1, 2, \cdots, n)$

确定正理想解 $S_j^+$ 和负理想解 $S_j^-$:

$S_j^+ = \{s_1^+, s_2^+, \cdots, s_j^+, \cdots, s_n^+\}$,其中,$s_j^+ = \max(r_{1j}, r_{2j}, \cdots, r_{kj}, \cdots, r_{nj})$

$S_j^- = \{s_1^-, s_2^-, \cdots, s_j^-, \cdots s_n^-\}$,其中,$s_j^- = \min(r_{1j}, r_{2j}, \cdots, r_{kj}, \cdots, r_{nj})$

计算评价对象到正理想解 $S_j^+$ 和负理想解 $S_j^-$ 的欧氏距离,计算公式为:

$$D_i^+ = \sqrt{\sum_{j=1}^n (S_{ij}^+ - r_{ij})^2}$$

$$D_i^- = \sqrt{\sum_{j=1}^n (r_{ij} - S_{ij}^-)^2}$$

计算各评价对象与最优解的相对接近度 $C_i$,计算公式为:

$$C_i = \frac{D_i^-}{D_i^+ + D_i^-},\text{其中},C_i \in [0, 1](i = 1, 2, \cdots, m)$$

$C_i$ 越接近 1,表示该评价对象越接近最优评价水平。

### (二)区域人才发展水平评价

#### 1. 数据来源

本文采用 2018 年的统计数据,数据来源于 2019 年《中国城市统计年鉴》《中国统计年鉴》,研究样本为京津冀、长三角和成渝地区双城经济圈 3 个区域展开区域间人才发展水平对比分析,其中京津冀地区样本有北京、天津、河北,长三角地区样本有上海、江苏、浙江,成渝地区有四川、重庆,同时根据成渝城市群行政区划范围对成渝地区双城经济圈内部人才发展水平进行比较分析。

#### 2. 区域人才发展水平评价

根据上述熵权 TOPSIS 综合评价方法计算 2018 年京津冀、长三角和成渝地区双城经济圈各省份人才发展水平综合评价得分。在确定各指标权重过程中,采用逐级累计求权,先通过对三级指标赋权,求得二级指标得分;在此基础上对二级指标进行熵权赋值,求得二级指标权重矩阵;在此基础上对一级指标进行熵权赋值,求得一级指标权重矩阵,最后运用 TOPSIS 方法求得各省市人才发展水平综合评价得分。

(1)指标权重

根据上述方法求得一级指标、二级指标和三级指标权重用于后续各省市人才发展水平综合评价(表3)。

表3  各级指标权重

| 二级指标 | 权重($W$) | 三级指标 | 权重($W$) |
|---|---|---|---|
| 人才规模 | 0.126 2 | 全部从业人员数量 | 0.160 2 |
| | | 从事科技活动人员数 | 0.275 7 |
| | | 大专及以上人数 | 0.122 1 |
| | | 15~60岁人口数(人) | 0.167 3 |
| | | 高等学校毕业生人数 | 0.125 6 |
| | | 卫生技术人员数 | 0.149 0 |
| 人才质量 | 0.258 7 | 人才自然密度 | 0.858 0 |
| | | 人才经济密度 | 0.142 0 |
| 人才投入 | 0.196 9 | 地方财政科学技术支出 | 0.358 5 |
| | | 地方财政教育支出 | 0.140 0 |
| | | R&D经费支出 | 0.501 5 |
| 人才产出 | 0.395 1 | 专利申请 | 0.523 5 |
| | | 专利授权数 | 0.476 5 |
| 人才环境 | 0.023 1 | 人均GDP总量 | 0.330 8 |
| | | 城市居民人均可支配收入 | 0.164 2 |
| | | 城市绿化覆盖率 | 0.013 2 |
| | | 人均公共绿地面积 | 0.095 7 |
| | | 城镇人均拥有道路面积 | 0.396 1 |

从一级指标来看,人才产出与人才质量权重占比相对较大,分别为0.395 1和0.258 7,表明在人才发展过程中主要基于结果导向,高质量的人才产出是人才发展的最终目标,区域人才发展过程中在注重人才数量规模、人才投入的同时,更应关注人才质量和人才产出。因此,人才质量与人才产出也应该是成渝地区双城经济圈人才协同发展应关注的重点。人才投入(0.196 9)、人才规模(0.126 2)、人才环境(0.023 1)在区域人才发展水平中权重占比相对较少。

从二级指标来看,在人才规模方面,从事科技活动人员数(0.275 7)权重占比相对较大,这也印证了一级指标的权重思路,相比整体数量规模,人才质量更为重要,直接影响人才产出的从事科技活动人员等高层次人才应是人才规模重点关注的方面,其次为15~

60岁人口数(0.1673)、全部从业人员数量(0.1602)、卫生技术人员数(0.1490)、高等学校毕业生人数(0.1256)、大专及以上人数(0.1221)。在人才质量方面,人才自然密度(0.8580)所占权重大于人才经济密度(0.1420),其内在原因在于人才具有集聚效应和规模效应,在空间上的人才集聚是人才经济密度的基础,只有在空间上的集聚后才能推动人才经济产出的提升。在人才投入方面,R&D经费支出(0.5015)占比最高,其次为地方财政科学技术支出(0.3585)、地方财政教育支出(0.1400),究其原因在于相较于政府财政和教育投入,R&D经费支出往往能直接作用于企业一线研发投入。在人才产出方面,专利申请(0.5235)和专利授权数(0.4765)占比相差较小,专利申请数主要是对企业科研活动状况的衡量,专利授权侧重科研成果的使用和转化。在人才环境方面,城镇人均拥有道路面积(0.3961)和人均GDP总量(0.3308)所占比重较大,究其原因在于地方经济发展水平与人才发展是相互促进的关系。一方面,较高水平的经济发展能够带来人才的集聚;另一方面,人才的集聚也有助于推动经济高质量高水平发展。其次为城市居民人均可支配收入(0.1642)、人均公共绿地面积(0.0957)、城市绿化覆盖率(0.0132)。

(2)各级指标综合得分

通过区域人才发展水平评价指标体系(表1)建立各省市人才发展水平的判断矩阵(表2),再根据各级指标的权重(表3),运用上述TOPSIS方法分级累计求得2018年各省市各级指标综合评价得分(表4)。具体计算步骤为:首先对每个二级指标下的三级指标分别进行赋权,并运用TOPSIS法分别求出二级指标综合得分;再运用同样的方法对所求得的二级指标综合得分进行赋权和综合得分计算,得到一级指标综合评价得分;再同样对一级指标赋权和综合评价,得到各省市人才发展水平综合评价得分。

表4 各级指标综合评价得分

| 地区 | 人才发展水平 | 人才规模 | 人才质量 | 人才投入 | 人才产出 | 人才环境 |
|------|------------|---------|---------|---------|---------|---------|
| 四川 | 0.1883 | 0.5838 | 0.0264 | 0.2683 | 0.1559 | 0.3378 |
| 重庆 | 0.0628 | 0.1511 | 0.1284 | 0.0669 | 0.0163 | 0.4092 |
| 北京 | 0.3704 | 0.4905 | 0.5464 | 0.3595 | 0.2787 | 0.5620 |
| 天津 | 0.1527 | 0.0257 | 0.3310 | 0.0428 | 0.0445 | 0.3270 |
| 河北 | 0.1347 | 0.4985 | 0.0515 | 0.2391 | 0.0228 | 0.4414 |
| 上海 | 0.4418 | 0.1943 | 1.0000 | 0.3928 | 0.1621 | 0.4555 |
| 江苏 | 0.7022 | 0.6213 | 0.3093 | 1.0000 | 1.0000 | 0.7286 |
| 浙江 | 0.5753 | 0.4401 | 0.2087 | 0.5932 | 0.7924 | 0.6063 |

①区域人才发展水平综合评价得分。通过上文所述"逐级累进"计算方法求得各省市区域人才发展水平综合评价得分。总的来看,长三角地区省市人才发展水平明显高于

京津冀地区和成渝地区,这与我国当前人才区域分布实际情况较为吻合。具体来看,江苏人才发展水平最高达 0.702 2,依次为浙江(0.575 3)、上海(0.441 8)、北京(0.370 4)、四川(0.188 3)、天津(0.152 7)、河北(0.134 7)、重庆(0.062 8)。整体来看,东部地区人才发展水平明显大于中西部地区,特别是北上广及长三角地区等一线城市展现了强大的人才吸引力,而中西部地区人才吸引力相对不足,这也与我国当前人才流动实际情况较为吻合。

到底哪些方面对区域人才发展水平具有影响和贡献,成都、重庆等中西部城市在面对东部地区一线城市人才吸引力的绝对优势下如何发挥比较优势,实施人才战略?下文通过剖析各级指标综合得分,分析成渝地区的内在比较优势与短板,为各区域提升人才发展水平找到突破口,同时也是成渝地区人才协同发展的重点发展方向。

②人才规模。人才规模主要反映一个地区人才的数量和主要构成结构。从人才规模来看,江苏人才规模最大(0.621 3),依次为四川(0.583 8)、河北(0.498 5)、北京(0.490 5)、浙江(0.440 1),受制于行政地理区划,上海(0.194 3)、重庆(0.151 1)和天津(0.025 7)3 个直辖市人才规模小。人才规模的一个很重要方面为高校毕业生人数,江苏作为教育大省,从省级行政区划来看,江苏省拥有的高校数量最多,共拥有 167 所普通高校,而且江苏所拥有的本科高校数量也是最多的,达到了 77 所,省内 211 高校也达到了 11 所,还拥有南京大学和东南大学两所 985 大学。其次四川拥有高校 109 所,河北拥有高校 121 所,对比人才规模靠后的重庆、上海、天津,拥有高校数量仅 65 所、64 所和 57 所。综合来看,人才规模大省往往具有较多的高校数量,高校毕业生作为其人才后备资源,为地区人才发展提供了源源不断的人才储备和人才支撑。因此,在成渝地区双城经济圈人才协同发展过程中应加强高校人才培养方面的合作,通过构建成渝地区双城经济圈高校联盟,实现人才培养的共建共享,提升人力资源配置效率。

③人才质量。人才质量主要反映一个地区人才的素质状况,最能体现地区的人才发展水平。从人才质量来看,成渝地区与长三角和京津冀地区差距明显,上海人才质量最高(1.000 0),依次为北京(0.546 4)、天津(0.331 0)、江苏(0.309 3)、浙江(0.208 7),重庆(0.128 4)、河北(0.051 5)、四川(0.026 4)人才质量水平低。得益于完备的人才培养体制和机制以及浓厚的科技创新氛围,上海在人才质量方面优势明显,如上海实施的"雏鹰归巢"计划通过聚焦哈佛、斯坦福、剑桥、牛津等世界排前 100 的名校,选择海外高层次人才进行跟踪联系,纳入高端海外人才储备库。同时采取承办各大名校留学人才与用人单位接触的职业见面会等模式,提供人才交流与用人单位的对接平台,定向引进海外人才,更好地发挥人才优势。因此,在成渝地区双城经济圈人才协同发展过程中不仅要注重人才规模和人才数量的增长,更需要关注人才质量的提升的内涵式增长,通过为人才成长和发展搭建良好的平台,发挥人才的最大效用,以推动地区科技创新水平的提升,同时也有助于留住人才和人才的再吸引。

④人才投入。从人才投入来看,长三角地区人才投入高,其次为京津冀地区,成渝地区人才投入最低。具体来看,江苏人才投入最高(1.000 0),依次为浙江(0.593 2)、上海(0.392 8)、北京(0.359 5)、四川(0.268 3)、河北(0.239 1),重庆(0.066 9)和天津(0.042 8)人才投入低。究其原因在于人才资金保障力度和投入方式等方面的差距,如北京对满足条件的创新创业团队给予最高1 000万元的一次性奖励;业绩贡献突出的个人给予最高200万元奖励;设立建言献策奖励资金,对高精尖产业发展提意见被采纳应用或形成制度性成果的可根据贡献大小给予10万~100万元的一次性奖励;而重庆对高层次人才给予8 000元/月的岗位津贴和2万~6万/年不等的科研启动经费,"鸿雁计划"入选人才按年缴纳个人所得税2倍、1.5倍、1.2倍给予奖励,"重庆英才计划"入选人才给予10万~50万元不等的人才奖励金和20万~200万元不等的科研经费。相比东部地区而言,重庆对人才的资金投入保障力度明显不足。人才投入是区域人才发展的基础和前提,因此,在成渝地区双城经济圈人才协同发展过程中,应积极发挥财政职能作用,不断加大人才方面投入,积极推动成渝地区双城经济圈人才工作提质增效。

⑤人才产出。人才资源的效用发挥以用为本,因此人才产出是衡量区域人才发展的重要内容。人才产出指标为创新型科技人才通过创新活动产出的具有社会效应的科技成果等,主要反映科技人才对经济社会发展的贡献大小,是区域科技人才科技创新活动结果的直接体现。从人才产出来看,长三角地区人才产出最高,其次为京津冀地区,成渝地区人才产出相对不足。具体来看,江苏(1.000 0)人才产出最高,依次为浙江(0.792 4)、北京(0.278 7)、上海(0.162 1)、四川(0.155 9),天津(0.044 5)、河北(0.022 8)和重庆(0.016 3)人才产出水平相对较低。

⑥人才环境。人才环境指标主要反映区域经济发展水平、公共服务水平、人才政策、生活水平和工作条件等外部环境对人才聚集、流动和发展的影响力。人才环境通过自发调节区域间人才的流动与创新产出,从而影响人才效能的发挥,进而再影响区域人才发展水平。从人才环境来看,长三角地区最优,其次为京津冀地区,成渝地区最低,但随着近年来各地区对人才资源的重视程度不断提升,京津冀、成渝地区与长三角地区的人才环境差距相对较小。具体来看,江苏(0.728 6)最高,依次为浙江(0.606 3)、北京(0.562 0)、上海(0.455 5)、河北(0.441 4)、重庆(0.409 2),四川(0.337 8)和天津(0.327 0)最低。人才发展环境为人才的发展提供平台与保障,创新创业载体是人才发展的重要支撑条件,从总体上看,成渝地区双城经济圈的创新创业生态仍不理想。

### (三)区域人才发展协同度分析

区域人才发展呈现出参与主体多元性、协作内容多面性、目标定位拓展性、人才集聚空间性等特点。加强区域人才协同发展是深入实施国家区域协调发展的战略选择、人才资源整体性开发的必然要求和避免单打独斗的弊端与风险的现实需要。区域人才协同发展是区域人才协作开发的良好开端,未来要突破产业趋同、市场趋利和现有体制机制带来的挑战,着力于树立资源共享与合作共赢的理念,完善多元主体的协同机制,建立全方位的协作机制,明晰责任分担和利益补偿机制,以达到区域人才协作开发的最佳效果。基于此,在区域人才发展水平评价的基础上,通过耦合协调度模型进一步探讨区域间人才协同度。

### 1. 耦合协调度模型

#### (1) 耦合模型的构建

本部分用耦合度来深入研究区域间人才发展的相互关联程度。用区域间人才发展的偏差系数来说明两个系统的耦合发展程度。区域间人才发展的偏差系数越小,说明两个系统关联程度越高。要使偏离系数越小的充要条件是 $C$ 越大。京津冀、长三角和成渝地区耦合度模型如下:

$$\text{成渝地区:} \quad C_{CY} = \left[ \frac{Y_{CD} \times Y_{CQ}}{\left( \frac{Y_{CD} + Y_{CQ}}{2} \right)^2} \right]^{1/2}$$

$$\text{京津冀地区:} \quad C_{JJJ} = \left[ \frac{Y_{BJ} \times Y_{TJ} \times Y_{HB}}{\left( \frac{Y_{BJ} + Y_{TJ} + Y_{HB}}{3} \right)^3} \right]^{1/3}$$

$$\text{长三角地区:} \quad C_{CSJ} = \left[ \frac{Y_{SH} \times Y_{JS} \times Y_{ZJ}}{\left( \frac{Y_{SH} + Y_{JS} + Y_{ZJ}}{3} \right)^3} \right]^{1/3}$$

其中,$Y$ 为各区域,$C$ 为各系统的耦合度,$C \in (0,1)$。$C=0$ 时,表明两系统发展不协调;$C$ 值越接近 1 表明耦合状态越好,$C=1$ 时,耦合状态最好。

#### (2) 协调度模型的构建

耦合度只能反映两个系统间的发展状态,但是难以确定两个系统内部各要素间是否和谐一致。用协调度模型来考察交互耦合协调程度,同时还能体现协调度的阶段性,京津冀、长三角和成渝地区协调度计算公式如下:

成渝地区:$T_{CY} = \alpha Y_{CD} + \beta Y_{CQ}$

$\quad\quad D_{CY} = (C_{CY} \times T_{CY})^{1/2}$

京津冀地区:$T_{JJJ} = \alpha Y_{BJ} + \beta Y_{TJ} + \lambda Y_{HB}$

$\quad\quad D_{JJJ} = (C_{JJJ} \times T_{JJJ})^{1/3}$

长三角地区:$T_{CSJ} = \alpha Y_{SH} + \beta Y_{JS} + \lambda Y_{ZJ}$

$\quad\quad D_{CSJ} = (C_{CSJ} \times T_{CSJ})^{1/3}$

其中,$D$ 为耦合协调度,$T$ 为各子系统综合评价指数,$\alpha$,$\beta$,$\lambda$ 为待定系数,考虑到在各子系统协同过程中具有同等重要性,这里假设在成渝地区 $\alpha=\beta=1/2$,在京津冀和长三角地区 $\alpha=\beta=\lambda=1/3$。其中 $D\in(0,1)$,$D$ 越接近 0,说明两系统越不协调;$D$ 越接近 1,说明两个系统越协调。参考汪永生等的研究,将耦合协调度均分成 10 个等级,由低到高依次是:极度失调(0~0.09)、严重失调(0.1~0.19)、中度失调(0.2~0.29)、轻度失调(0.3~0.39)、濒临失调(0.4~0.49)、勉强协调(0.5~0.59)、初级协调(0.6~0.69)、中级协调(0.7~0.79)、良好协调(0.8~0.89)和优质协调(0.9~1)。

2. 区域人才耦合协调度分析

根据上述公式计算得到成渝地区、京津冀和长三角地区的区域人才发展耦合度($C$)和协调度($D$),结果见表 5。

表 5　区域人才耦合协调度评价

| 指标 | 耦合度($C$) | | | 协调度($D$) | | |
|---|---|---|---|---|---|---|
| | 成渝地区 | 京津冀 | 长三角 | 成渝地区 | 京津冀 | 长三角 |
| 人才整体发展水平 | 0.375 2 | 0.240 9 | 0.316 1 | 0.235 6 | 0.176 1 | 0.603 8 |
| 人才规模 | 0.326 7 | 0.054 2 | 0.241 5 | 0.600 1 | 0.061 1 | 0.336 9 |
| 人才质量 | 0.283 2 | 0.104 7 | 0.166 1 | 0.109 6 | 0.108 0 | 0.280 1 |
| 人才投入 | 0.319 5 | 0.125 5 | 0.267 7 | 0.267 8 | 0.089 4 | 0.590 8 |
| 人才产出 | 0.171 4 | 0.061 5 | 0.154 8 | 0.073 8 | 0.023 6 | 0.336 2 |
| 人才环境 | 0.495 4 | 0.310 0 | 0.315 5 | 0.925 2 | 0.458 3 | 0.627 7 |

从人才整体发展水平来看,成渝地区、京津冀和长三角地区的区域人才发展耦合度($C$)和协调度($D$)水平均不高。其中耦合度是指两个或两个以上的系统或运动形式通过相互作用而产生相互影响的现象。成渝地区、京津冀和长三角地区人才发展耦合度相对较低,表明相互依赖、相互作用的程度较低,区域间在人才合作方面仍然有较大提升空间。从人才整体发展水平的协调度来看,长三角(0.603 8)协调度最高,处于初级协调状况,其次为成渝地区(0.235 6),处于中度失调状况,京津冀地区(0.176 1)协调度最差,处于严重失调状况。因此,要实现成渝地区双城经济圈人才一体化发展,提升人才发展协调水平和协同度是需要关注的重点和难点。

从整体上看,成渝地区双城经济圈人才发展耦合协同程度相对较低,可以通过进一步剖析各二级指标的协同程度,找到提升成渝地区双城经济圈人才协同发展的短板和症结所在,找到提升区域人才协同一体化发展的突破口。从协调度来看,成渝地区双城经济圈在人才环境(0.925 2)与人才规模(0.600 1)方面具有较好的协同度,但人才投入(0.267 8)、人才产出(0.073 8)与人才质量(0.109 6)的短板明显,特别是人才产出方面处于极度失调状况(图2)。

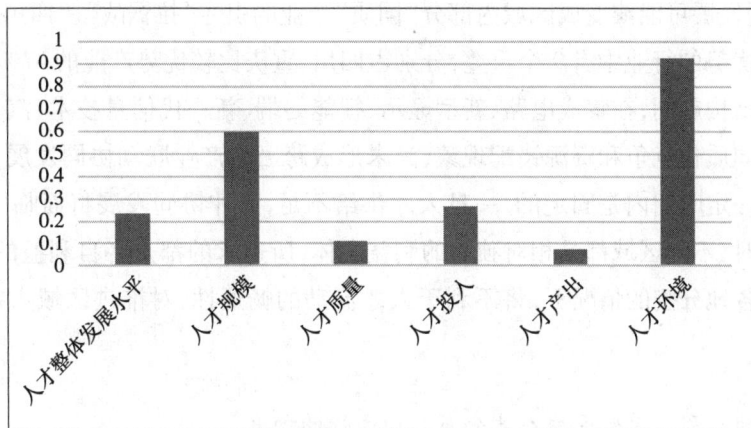

图2 成渝地区人才耦合协调度情况

基于此,在接下来的成渝地区双城经济圈人才协同发展过程中应坚持人才引领创新发展,着重加强人才投入、人才产出与人才质量方面的建设与发展。在投入方面,加大资金保障力度,为引进人才和人才工作开展提供强有力的经费保障;同时优化投入方式,改进资金投入方式,采取人才津贴、科研补助、人才奖励等多种形式,对关键领域和重点支持方向予以重点保障,优化发展平台,充分保障各类人才在创业创新、产业转型等方面发挥引领作用。在人才产出方面,"搭建舞台",提高人才的使用效率,人才发展以用为本,如果使用不好,再优秀的人才也只能是摆设,为优秀人才搭建起创新创业的舞台,坚决破除制约人才作用发挥的体制机制障碍,不断优化人才的工作和生活环境,保障人才心无旁骛地干事创业。在人才质量方面,"量体裁衣"设置人才发展的规模层次。每个地区的经济发展水平和产业结构不尽相同,对人才数量和质量的需求也就迥然相异。因此,在人才发展中应摒弃贪多求全的思维,而要根据当地经济发展需要,科学合理地设置人才发展的层次和规模,围绕重点工作、重要项目,引培急需的各类紧缺人才。

### (四)问题分析

基于前文分析,梳理当前成渝地区双城经济圈人才协同发展中存在的问题和困难,为成渝地区双城经济圈人才协同发展规划重大任务和重点工程提供方向和思路参考。通过文本和数据分析,当前成渝地区双城经济圈在人才协同发展方面仍然存在以下3个方面的阻碍。

### 1. 区域产业趋同使同类人才竞争更为激烈

一定区域范围内经济产业的同构性,使区域人才协同发展面临"同质"企业的竞争加剧,人才协同发展可能演变成区域内部分"同质"企业的引才"拉锯战"。四川和重庆在全国具有比较优势的行业中有9个重叠,分别占四川、重庆比较优势产业的47%和75%,两地的制造业结构趋同,在集成电路、新型显示、智能终端、新一代信息技术、汽车制造等细分领域存在同质化竞争和资源错配现象,尚未形成跨区域产业联动协同发展模式。由于人才总量在一定时间内是固定的,一旦人才供给不足,人才协同发展将面临"僧多粥少"的局面。同时,不同区域都是相对独立的利益主体,所追求的都是各自利益的最大化,在人才市场被各地分割的情况下,将不利于人才流动的畅通性,对推进区域人才协作开发造成阻碍。

### 2. 市场的趋利性导致区域人才分布非均衡性的加剧

区域范围内人才流动政策的灵活性和柔性化,为人才发展提供了广阔的成长空间,但也会出现人才流失率高的风险。人才流动的背后是人才资源的配置,人才流动的竞争是各个城市或地区综合实力的竞争。以四川省为例,在"强省会"模式下,成都GDP占整个四川省GDP比重达37.6%,成都作为省会城市集聚了省内最好的资源。由于区域综合实力的不平衡,人才受市场的利益驱动,发达地区的人才协同发展将会有更大的人才吸附力。而经济欠发达地区的人才协同发展虽然能够在一定程度上提升区域的吸引力,但人才流动仍会出现向发达地区集聚的可能,从而加剧经济欠发达地区引才难的困境。

### 3. 区域体制机制束缚造成利益分割和行业自行其是

由于体制机制束缚和利益分割,用人主体缺乏协同发展的积极性和主动性,自觉不自觉筑起区域内体制机制的"防护墙",不能营造出区域新的共同利益增长点,而停留在原有利益的争抢中。新形势下区域产业发展的跨界性、关联性和复杂性增强,一旦人才与其他生产要素不能实现有效组合,将难以释放人才的潜能尤其是创新才能,不仅影响区域产业的长远发展,还会造成人才浪费。

## 三、成渝地区双城经济圈人才协同发展目标及政策建议

### (一)成渝地区双城经济圈人才协同发展的目标

以服务成渝地区双城经济圈功能定位与战略目标作为人才协同根本出发点,以"强

合作,补短板,促共享,共突破"为人才协同发展目标,着力建立决策工商、资源共享、联动共建、协作共赢的人才协同发展机制,打造区域协同的引才育才用才留才环境和政策体系。打破边界壁垒,强化区域合作,构建良性人才合作机制;共聚人才补短板,最大限度激发和释放创新创造创业活力;促进人才共建共享和合理流动,提升人力资源配置效率;高效集聚海内外优秀人才,实现区域人才规模质量和结构新突破,努力将成渝地区建成具有全球竞争力的高端人才集聚区、产才融合发展示范区、青年人才荟萃区和体制机制改革先行区。

①近期目标。到2023年,区域人才合作与协同发展管理体制和工作运行机制基本建立,人才协同发展体制机制的重要领域和关键环节取得突破性进展,成渝地区双城经济圈人才协同发展格局初步形成。

②中期目标。到2025年,人才规模结构与区域功能定位和战略目标基本匹配,两地人才开发政策协调、制度衔接、服务贯通,形成"近悦远来"人才生态,建成具有全国示范性的区域人才协同体制机制与政策体系,成渝地区双城经济圈人才共建共享、协同发展优势显现,形成人才高度集聚、产才深度融合的良好态势,成渝地区人才竞争力进入全国前列。

③远期目标。到2030年,区域人才质量与结构更加合理,人才资源市场统一规范,公共服务高效均衡,人才作为成渝地区双城经济圈发展的第一资源持续迸发新活力,人才国际竞争力凸显,具有世界竞争力的聚才"洼地"和用才"高地"基本建成。

**(二)成渝地区双城经济圈人才协同发展的政策建议**

1. 强化人才招引,实现人才集聚

①协同人才招引政策。强化全球视野,突出"高精尖缺"导向,编制发布年度"成渝地区双城经济圈急需紧缺人才目录",协同出台高端人才招引优惠政策,共同探索柔性引才机制创新,开展海外人才汇聚机制联合创新,协同构建"塔尖""塔基"人才政策体系,联合引进与培育一批科技创新人才、创新创业领军人才、基础前沿研究骨干人才领衔的具有国际竞争力的高层次人才队伍。

②联合开展人才招聘。共同策划引才引智和宣传推介,协同开展全球高端人才延揽。在海内外知名大学、科研机构、科技园区、跨国企业、研发中心等举行联合招聘活动;面向欧美发达国家、"一带一路"沿线国家和地区等联合开展海外高端人才引进专项行动;定期共同举办各类招才引智活动,提升成渝地区双城经济圈人才招引品牌价值。

③共同实施柔性引才。推行院士专家产业园、工作站和周末工程师等柔性引才模式,共同争取选派国内高端人才到双城经济圈引领基础研究与产业建设,常态开展"院士

专家川渝行"等活动,促进区域内外优秀人才资源高效集聚。鼓励国内外高层次人才、区域急缺人才以短期聘用、技术攻关、企业顾问等灵活方式在成渝地区开展长期或短期服务。开展海外人才汇聚机制联合创新,针对海内外院士、国际奖项获得者等国际尖端人才,以年度重大任务委托形式柔性引进、高效聚集。

2.共享人才使用,提升人才价值

①探索人才多元合作与共享使用。共建成渝地区双城经济圈高层次人才大数据库,建立一地引进、多地使用的智力资源引进协调机制,成渝地区专家资源和引智成果实现共引共享。联合实施国家级人才引育专项行动,精准对接国家重大人才工程共同争取国家人才支持项目,联合开展国家级高级专家培养、引进及共享使用。综合推进省(市)校、地区、校校、企企、校企等层面人才合作,组建高校、院所、产业等人才发展联盟,发挥科协、侨联、智库等各类组织作用,鼓励和支持区域内开展宽领域、立体式、项目化人才合作。

②推动科技人才协同创新。落实成渝科技创新合作计划,联合开展技术共管,参与实施国家重大科技任务,联合申报航空发动机、网络空间安全等科技创新重大项目。以领域、产业为单位共建科技创新团队,相互开放科技创新基地平台和大型科研仪器设备、科技文献。鼓励区域内高校、科研院所、企业共同参与国际大科学计划和大科学工程。

③加强人才互派交流。建立与完善党政人才、科技创新人才、企业经营管理人才、专业技术人才交流和挂职锻炼制度,加强双城经济圈内各地、各部门、各产业之间的人才互派与交流合作。扩大党政机关和国有企事业单位领导人员跨地区、跨部门交流任职范围,推进党政机关重要岗位干部定期交流、轮岗。实施成渝地区双城经济圈"双百双千"计划,每年互派100名优秀年轻干部挂职、100名医生访学,互派1 000名教师、1 000名工程师交流学习。争取全国选派的优秀年轻干部到双城经济圈挂职任职,共同选送干部人才到中央国家部委、高校、医疗机构、科研院所、大型企业和东部发达地区锻炼。

④实施人才智力精准帮扶。促进重庆都市圈和成都都市圈人才资源同周边地区和两翼地区有效对接,支持成渝地区双城经济圈"双圈"周边地区和两翼地区急需紧缺产业、特殊行业开展人才柔性开发计划,探索"互联网+"人才共享使用创新。实施边远地区人才智力共享专项,搭建"双城—双圈—两翼""大中城市—小城市—县城"专家企业对接平台,鼓励高层次人才加入专家服务团,实施高端人才帮扶服务积分制,通过积极、灵活的人才兼职兼薪、多点执业、经济补贴、职级晋升倾斜等政策措施,吸引各类高层次人才到艰苦边远地区服务,畅通专家资源服务边远地区通道。

3.转变人才理念,重塑人才评价

①树立人才协同发展理念,营造协同发展氛围。树立"人才为本、人才优先"理念。倡导人才价值评价多元化,积极推进人才发展体制机制改革。树立"人各有才、人尽其才"理念。针对不同类型、不同层次的人才制订具体化、普惠性举措,形成重点突出、层次分明、覆盖广泛、务实管用的人才政策体系。树立"不求所有、但求所用"理念。完善柔性引才引智机制,敢于打破区域限制、身份限制,努力吸引各类人才为我所用、用当其时。

②建立区域一体化人才评价标准。以创新能力、质量、贡献为导向构建标准统一、程序一致、管理协同的人才评价体系。用科学化、社会化的人才分类评价体系和发现机制,解决"一刀切"问题,破除"五唯"等不良导向。注重评价学术道德水平、研发成果原创性、成果转化效益、科技服务满意度,以及相关人员的贡献等。

③建立区域人才评价互动互认机制。推动人才计划、职称资格、技能等级分级互认。在评价标准、审批流程、证照发制、服务规范等政策方面推进协同化探索,促进两地职称制度、用人制度、继续教育制度有效衔接,实现两地人才职称、技能人才资格互认,促进人才流动与人才资源的互认共享。

④完善区域人才协同评价方式。积极探索"重庆评、四川用""四川评、重庆用"等人才互评互用机制,推进人力资源区域协同、领域协同、层次协同、链条协同、力量协同。合理下放人才评价权限,实现人才评价与用人单位评价有机结合,推动具备条件的高校、科研院所、医院、文化机构、大型企业、国家(省)实验室、新型研发机构及其他人才智力密集单位自主开展评价工作。建立以同行评价为基础的业内评价机制,注重个人评价与团队评价的有效结合,完善人才创新团队评价办法。

4.完善人才服务,优化人才生态

①完善区域一体化人才公共服务标准。制定区域统一的人才公共服务行业标准,推行标准化服务,建立统一规范的功能项目标准、平台建设标准、客户服务标准和行业视觉标准,建立健全一体化服务机制。

②建立区域协同的人才公共服务平台。通过统一服务项目,规范服务标准,逐步形成服务标准统一、互联互通的人才公共服务网络平台。创新服务形式,不断完善服务功能,建立健全人才公共服务大厅和网上人才公共服务平台,努力推进服务的标准化、自动化和信息化;大力倡导"一站式""一单式""一条龙"服务,积极推进人才公共服务进校园、进企业、进项目。

③共建共享区域人才市场服务资源。推进人才资格互认、人才市场准入、人才统计标准、人才服务保障等方面贯通,组建区域人力资源服务产业园联盟,促进区域人才合理布局、有序流动。

④协同构建"近悦远来"人才生态。深入贯彻习近平总书记关于人才工作的指示要求,营造好敬才爱才、见贤思齐的社会环境,公正平等、竞争择优的制度环境,鼓励创新、宽容失误的工作环境,待遇适当、无后顾之忧的生活环境,公平有序、高效便捷的营商环境。

**5.促进产才融合,筑牢人才平台**

①打造高质量人才平台。以西部(重庆)科学城、西部(成都)科学城等高端科技创新平台为重点,推动重庆两江新区、重庆高新区、成都天府新区、成都高新区深度合作,筑牢人才发展平台,以高质量的人才平台筑巢引凤,吸引人才。

②全面深化产才融合。围绕成渝地区整体布局,打造一批重点产业和产业集群,建设各具特色、优势互补的产业体系,全面深化产才融合,以产业优势集群为人才协同发展构筑坚实基础。

③建设产才融合示范平台。出台专项产业人才支持措施,协同制定产才融合专项支持政策,共同实施产业人才集聚计划,围绕全产业链布局人才链,推动产业与人才深度融合,协同打造一批产才融合示范平台。

④布局新产业人才增长点。积极布局,完善新一代信息基础设施,合力打造数字产业新高地,推进先进制造与服务业融合发展,推动军民融合产业发展,抢抓新兴产业发展机遇,形成新的人才增长点。

⑤加强成渝产业人才合作交流。成渝两地共同成立成渝地区双城经济圈产业人才交流合作中心,负责推进两地产业人才合作、产业人才交流、产业人才平台运营等工作,实现成渝产业人才充分流动,全面合作。

**6.全面统筹推进,强化人才培养**

①建设高水平研究型大学。大力支持发展高水平研究型大学,鼓励跨地域、跨高校、跨学科建设研究平台和研究团队,加强高校科研院所协同合作,共建重大学科平台,联动推进成渝地区双城经济圈高校"双一流"建设。

②培育高端科技创新人才。完善高端人才服务,提供人才发展平台,支持科研院所科技创新合作,在大力引才聚才的同时,着力培育一批高端科技创新人才,联合创建国家人工智能产教融合创新平台、国家产教融合研究生联合培养基地。

③强化职业技能人才培养。深化职普融通,加强高等职业院校之间和职业院校和企业行业之间的合作,促进产学研融合发展,探索新型学徒制,培养符合成渝地区经济发展急需的职业技能人才。

④扶持青年人才发展。优化人才生存生态,拓宽青年技术人才上升通道,积极扶持青年技术人才职业发展;扩大青年干部人才对外交流培养,拓宽干部人才晋升渠道,培养

一批政治可靠、思想解放、能力突出的青年干部人才。

⑤支持重点领域、重点地区人才发展。加强基础研究、公共卫生、国家安全、军民融合、乡村振兴等重点领域人才培养;实施知识更新工程,加强智能人才培养,壮大高水平工程师队伍;加强对边远落后地区人才帮扶和人才支持力度,统筹推进人才队伍建设。

**课题负责人**:宋　瑛
**课题组成员**:刘　斌　熊　兴　谭　丽　吴文雨　蔡芳芳

此课题为2020年度重庆市技术预见与制度创新专项人才工作研究重点课题项目,2021年2月结题。

# "一区两群"人才协同发展现状及对策研究

◎西南政法大学课题组

**摘　要**:构建"一区两群"协调发展格局,是践行"两点"定位和"两高"目标,落实成渝地区双城经济圈建设规划的重要部署。而人才是"一区两群"协调发展的重要保障和关键支撑。以人才协同为核心对"一区两群"展开调研,通过全面收集与梳理近年来领导讲话、政府工作报告、200 项人才发展政策、1 949个人才发展平台、8 个高质量发展地区人才发展经验以及大量人才发展研究文献,发放问卷1 062 份,访谈了 16 个区县相关部门人员,从人才规模与质量、人才政策、人才发展平台、人才发展环境 4 个维度分析了"一区两群"在人才协同发展的现状,发现当前面临的人才布局失衡、"一区"辐射引领不足、"两群"引才留才难、人才协同合力未成等主要问题,并寻找到协同意识、产业协同、人才信息、激励机制、人才资金等制约因素,进而在明确人才协同发展的目标和原则、深入解析"协同"理念的基础上,从 7 个方面提出对策建议,以期有效推进"一区两群"人才协同发展。

**关键词**:一区两群　人才协同　区域协同发展

## 一、绪论

党的十九届五中全会强调,要不断提高贯彻新发展理念、构建新发展格局能力和水平,为实现高质量发展提供根本保证,要优化国土空间布局,推进区域协调发展。作为"一带一路"和长江经济带联结点的重庆,推动"一区两群"协调发展,是全面贯彻国家区域协调发展战略,聚力推动成渝地区双城经济圈建设的务实行动,借乘国家战略的东风,将为重庆打造成陆海内外联动、东西双向互济的内陆开放高地提供有利条件。"一区两群"人才协同发展是"一区两群"协调发展的重要保障,为"一区两群"协调发展提供人才支持和智力支撑。但以人才互联、政策互通、资源共享、人业融合为特征的人才协同发展机制尚未形成,固有的发展壁垒依然存在,急需在摸清"一区两群"人才协同发展现状的基础上,找准问题,明确制约因素,找出有效破解的路径,切实通过人才协同发展优化全市人才配置,夯实人才基石,厚植重庆区域比较优势,助力战略实施。一是满足"一区两群"高质量、差异化、一体化发展对人才的需求。二是实现"一区两群"在人才发展方面同频共振,区域间人才均衡发展。三是推动"一区两群"人才协同发展环境持续改善,使人才引得进、用得好、留得住。四是形成以产业集聚人才,以人才引领产业的格局,实现人才发展与产业优化相互促进的良性循环。

# 二、研究设计

## (一)研究方法

根据研究内容和目标,采用多种研究方法相结合,一是运用文献分析法,梳理关于人才发展的领导讲话、相关政策及前沿研究文献等;二是运用访谈法,听取相关部门对人才协同发展的问题分析、期望和建议;三是运用问卷调查法,对"一区两群"人才政策执行情况、人才发展现状及其满意度进行调查;四是采用案例研究法,归纳成都平原经济区、辽宁沿海经济带、京津冀地区、长江三角洲地区等区域人才协同发展中的成功经验;五是运用专家咨询法,听取对人才协同发展的目标、内涵、原则、路径的意见,确保研究的科学性与可行性。

## (二)调研实施

### 1. 调研资料收集

全面收集与梳理了2020年下半年以来50场次领导讲话、重庆各区县政府工作报告、200项人才发展政策、1 949个人才发展平台、8个高质量发展地区人才发展经验以及大量人才发展研究文献。在前期工作的基础上收集与梳理了"一区两群"人才发展、产业布局和"一区两群"发展规划、定位、目标等政策文件。人才发展相关研究文献,明确了项目的研究报告大纲,设计框架,并对其内容进行了进一步细化,初步设计了调查问卷、访谈提纲、信息需求表等研究工具。

### 2. 问卷调查与抽样

在研究的调查和优化阶段分别进行问卷调查,在调查阶段设计了"一区两群"人才发展满意度调查问卷。问卷采用随机抽样法,通过线上和线下的方式面向"一区两群"人才发放,调查数据主要来源于重庆市各区县人才。调查发放并回收有效问卷612份,回收率为100%。针对渝中区、黔江区、城口县分别发放并有效回收问卷各150份,从重庆市整体和代表性区县两大视角、从人才发展环境的各个维度对"一区两群"人才发展环境满意度进行分析。在成果优化阶段,编制"一区两群"协同发展对策可行性调查问卷,让市、区两级相关部门实务专家就对策的可行性进行评价,作为筛选和进一步优化对策的依据。问卷通过线上发放,回收21份,其中市级部门人员5份,区县部门人员16份,区县覆盖"一区两群"。

### 3.访谈实施

为深入了解"一区两群"人才协同发展的相关信息,特制定了访谈提纲,对重庆市16个区县的组织部或人力社保局等相关部门(机构)人员进行访谈,着重了解各区县现有人才政策的落实效果,后续制定人才政策的方向,人才协同发展已有的措施及效果,人才协同发展的影响因素,"一区两群"人才协同发展可采取的措施以及应达到的目标,各区域人才发展的相对优势、劣势与弥补措施。

## 三、"一区两群"发展战略与人才需求

"一区两群"发展战略强调各片区发挥优势、彰显特色,实现协调发展。人才作为引领发展的第一资源和有力支撑,既需要满足"一区两群"战略定位和产业发展需求,又需要匹配"一区两群"协调发展的新格局。

### (一)主城都市区发展战略与人才需求

主城都市区包括渝中区、江北区、南岸区、九龙坡区、沙坪坝区、大渡口区、北碚区、渝北区、巴南区9个中心城区和合川区、江津区、永川区、长寿区、涪陵区、南川区、潼南区、铜梁区、大足区、荣昌区、綦江区、璧山区12个主城新区,是重庆市的政治、经济、文化、交通、金融中心,也是现代化都市区、产业升级引领区、科技创新策源地、高品质生活宜居区。主城都市区因其在人口资源、经济、教育资源、地理位置、交通等方面的优势,在商业、服务业、工业和农牧业方面的基础较好,对相关领域的人才呈现出较大需求。

#### 1.主城都市区产业布局及其发展目标

从整体上看,主城都市区在商业、服务业、工业和农牧业方面的基础较好(图1),有较大的发展潜力。

南岸、渝中区、大渡口、九龙坡区、江北区、渝北区、巴南区、合川区、永川区、璧山区、荣昌区

潼南区、荣昌区、沙坪坝区、长寿区、江津区、合川区、永川区、綦江区、大足区、璧山区、铜梁区

江北区、沙坪坝区、九龙坡区、大渡口、北碚区、涪陵区、长寿区、江津区、合川区、永川区、铜梁区、綦江区、大足区、璧山区、潼南区、荣昌区

渝中区、大渡口区、江北区、沙坪坝区、九龙坡区、南岸区、北碚区、巴南区、涪陵区、长寿区、江津区、合川区、荣昌区、永川区、南川区、綦江区、大足区、璧山区、铜梁区、潼南区

沙坪坝区、渝北区、巴南区、涪陵区、江津区、合川区、永川区

渝中区、大渡口区、沙坪坝区、九龙坡区、渝北区、涪陵区、江津区、大足区、永川区

江北区、渝中区、南岸区、九龙坡区、北碚区、渝北区、江津区、永川区、潼南区、巴南区、涪陵区、长寿区

江北区、沙坪坝区、南岸区、九龙坡区、北碚区、渝北区、巴南区、涪陵区、长寿区、江津区、合川区、南川区、綦江区、大足区

现代农业　制造业
健康医疗业
交通运输业
旅游业　软件和信息技术服务
商业　金融业

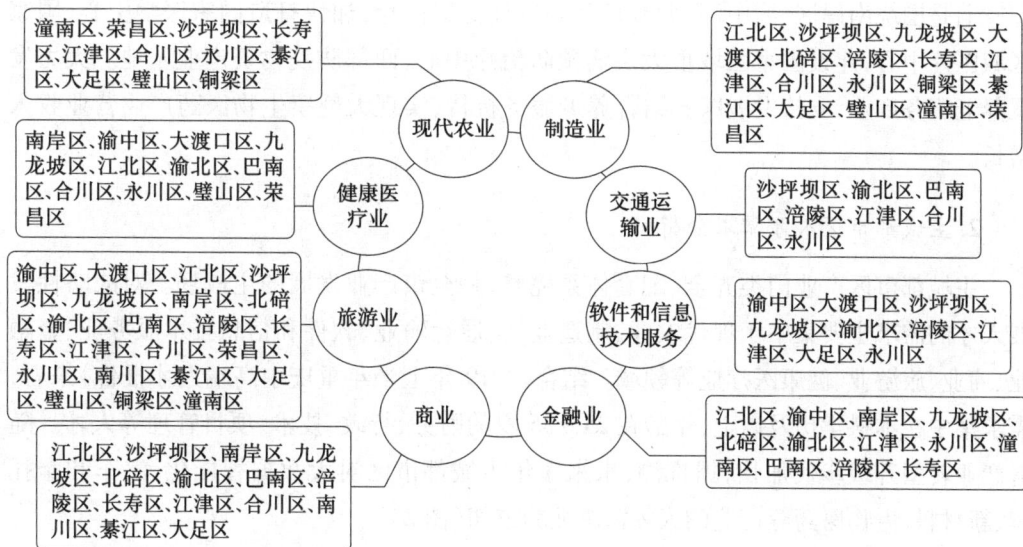

**图 1　主城都市区产业布局**

一是在制造业方面,江北区、沙坪坝区、九龙坡区等重点发展汽摩产业、装备产业、材料产业等,打造重庆市重要的生产制造业基地;长寿区、涪陵区、南川区、綦江区、万盛经开区等重点发展金属材料、化工医药、新材料、装备制造、信息技术等产业,打造全市重要的新能源、新材料基地。

二是建立内陆国际物流枢纽,围绕沙坪坝区、渝北区、巴南区等进一步发展交通运输和物流业,打造重庆国际物流枢纽园区、国际航空物流分拨中心、重庆国际跨境快运枢纽等国家物流枢纽和江津珞璜、涪陵龙头港、长寿化工物流园、白市驿—双福农产品物流园、合川渭沱物流园等重点物流园。

三是围绕渝中区、大渡口区、沙坪坝区等发展软件和信息技术服务业,结合大数据、人工智能、生命科学等重点领域,聚焦数字产业、产业数字化,大力培育新一代信息技术、高端装备制造、生物、新材料等战略性新兴产业集群。

四是围绕江北区、渝中区、南岸区等发展金融业,培育各类金融机构,实现存贷款余额、保费收入、证券成交额等稳定增长,完善绿色金融、贸易金融、消费金融、科技金融、支付结算等新型业态,建设内陆国际金融中心。

五是围绕江北区、沙坪坝区、九龙坡区等发展商业,培育体验消费、智能消费、体育等服务消费,积极构建"夜间经济""首店经济""国潮经济"等新商业模式,打造社区商业中心、特色商业街区,积极融入国际消费中心城市建设。

六是围绕渝中区、大渡口区、江北区等发展旅游业,推动文旅、农旅、康养旅深度融合,开展各类节会活动,推动涪陵白鹤梁、合川钓鱼城申遗,打造国际一流的旅游集散中心,打造建设区域性休闲旅游目的地。

七是围绕南岸区、渝中区、大渡口区等发展健康医疗,加快打造国家医学中心、国家区域医疗中心,建设国家区域重大疾病预防治疗中心、西部防疫物资产业基地。大力发展养老服务产业,支持发展医养结合养老服务机构,实现大健康生物医药产业营业收入增长。

**2. 主城都市区人才需求分析**

主城都市区产业门类齐全、配套体系完整,是全市产业发展的主战场。对战略性发展人才的需求主要集中于现代农业、制造业、交通运输业、软件和信息技术服务业、金融业、商业、旅游业、健康医疗业等领域。结合《2019 年上半年重庆中高端人才报告》来看,需求集中在本科学历及以上,年龄在 25~35 岁的财务、行政、技术、项目管理等人才。随着产业转型升级步伐加快,据推测,未来 3 年主城都市区对大数据智能化、汽车和摩托车、新材料、生物医药等产业的人才需求尤为迫切(图 2)。

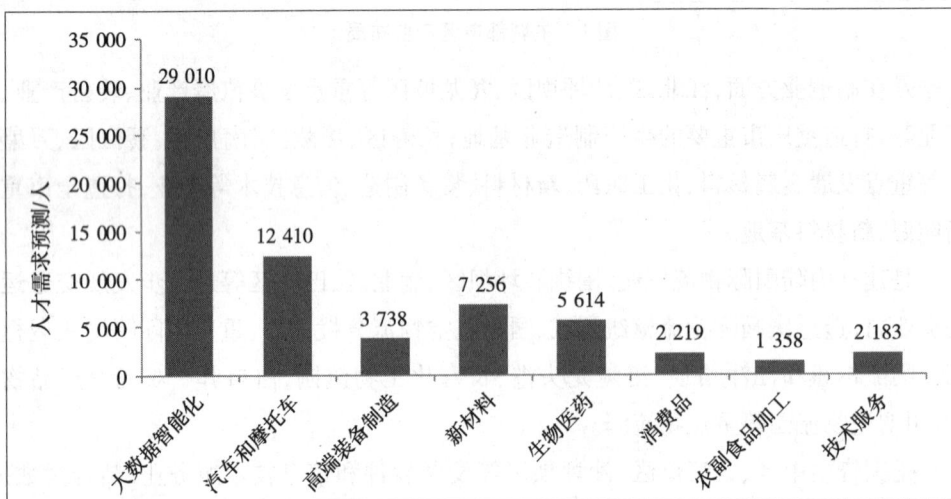

图 2　未来 3 年主城都市区产业人才需求预测

**(二)渝东北三峡库区城镇群发展战略与人才需求**

渝东北三峡库区城镇群包括万州区、梁平区、开州、城口县、丰都县等 11 个区县,地处渝鄂川陕四省市交界地带,是重庆的东北"门户",也是生态功能区、农业生产区,其中"万云开"板块将建成三峡城市核心区,支持"垫江—梁平"发挥连接重庆主城都市区作用,"丰都—忠县"发挥沿江通道作用,"奉节—巫溪—巫山—城口"发挥旅游服务功能,建设长江绿色经济走廊。渝东北三峡库区城镇群因其丰富的自然资源、特殊的地理条件及在交通、历史文化等方面的优势,形成了极具特色的生态特色产业。

## 1.渝东北三峡库区城镇群产业布局及其发展目标

渝东北三峡库区城镇群既有自然资源和人文资源等优势,但又面临生态脆弱、地质灾害频繁等问题,因而重点构建生态产业体系,发展生态文旅产业、大健康产业、绿色工业、山地特色高效农业和物流业(图3)。

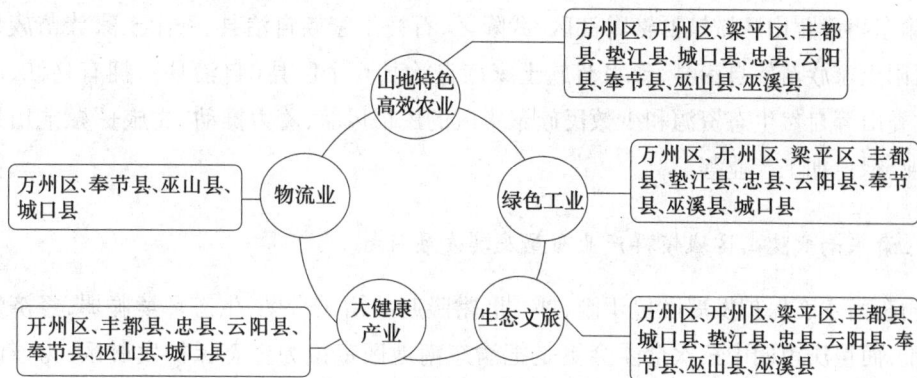

**图3 渝东北三峡库区城镇群产业布局**

一是围绕万州区、城口县、巫溪县等区县做强"三峡农家"山地特色高效农业,大力发展晚熟柑橘,打造长江流域"三峡橘乡"生态精品现代柑橘产业示范带。以开州区、城口县、丰都县、忠县、云阳县等为重点,合理规划、科学布局牛、羊、兔、生猪、山地鸡等牲畜养殖基地。以巫山县、巫溪县、城口县、云阳县、奉节县、垫江县等为重点,大力发展道地药材。以万州区、开州区、城口县、巫溪县为重点,打造特色冷水鱼产业示范带。

二是围绕梁平区、丰都县、垫江县等做强"三峡制造"绿色工业体系,重点发展智能装备、电子信息、生物医药、生态环保和新能源新材料、装配式建筑、汽摩制造等优势产业,发展以绿色食品、药材为主的农副产品加工产业和以生态塑料、钟表、眼镜、文体美工用品、小家电、纺织服装为主的特色轻工产业。

三是围绕万州区、云阳县、奉节县等区县发展生态文旅,做强"大三峡"世界级精品文旅品牌。以"奉节—巫山—巫溪—城口"长江三峡旅游金三角为重点区域打造长江三峡黄金旅游核心带。支持长江三峡沿线著名景区打造长江诗词歌赋带。

四是发展大健康产业,利用三峡库区高山及气候资源,结合高铁沿线布局打造一批高山避暑、生态运动等中高端气候生态康养和体育休闲避暑基地。以旅游休闲、健康疗养、文化民俗等为重点,着力打造一批特色小城镇。积极发展智慧医疗,推广发展远程医疗,打造区域性健康服务集聚区。

## 2.渝东北三峡库区城镇群人才需求分析

基于产业基础,应将生态特色产业人才作为区域战略性发展的人才需求,既包括在文旅、大健康、农业、物流业等相关领域的青年拔尖人才,还包括在大健康、绿色工业、山地特色高效农业等相关专业的科研创新人才和核心骨干力量。其中,副高级以上专业技术职称的实用型拔尖人才最为紧缺。

### (三)渝东南武陵山区城镇群发展战略与人才需求

渝东南武陵山区城镇群辖黔江区、武隆区、石柱土家族自治县、秀山土家族苗族自治县、酉阳土家族苗族自治县、彭水苗族土家族自治县6个区县(自治县),拥有乌江、武陵山、大娄山等自然生态资源和少数民族聚集区的民俗风貌,着力推动"文旅+"赋能山地效益农业、绿色加工产业等。

#### 1.渝东南武陵山区城镇群产业布局及其发展目标

渝东南生态保护发展区位于渝、鄂、湘、黔隆起的褶皱带区,生态环境脆弱,经济发展任务重,而重庆市四中三次全委会更是把渝东南地区定位为生态保护发展区,为该区域发展三大生态特色产业提供了有利条件。[①]此外,其特殊的地理条件也为其发展物流业起到推动作用(图4)。

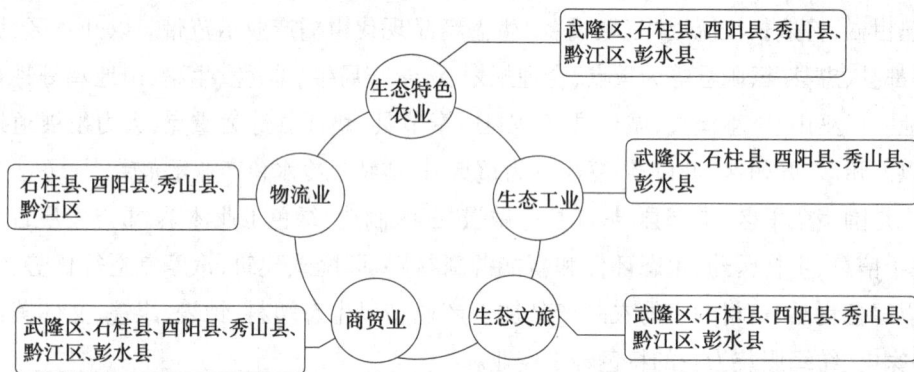

**图4 渝东南武陵山区城镇群产业布局**

一是进一步发展山地效益农业。结合乡村旅游、农村电商,打造中药材、茶叶、特色经果林、中华蜜蜂等特色产业全产业链,优选培育"一村一品"示范村镇、田园综合体、产业观光园和农旅融合综合体。

二是围绕武隆区、石柱土家族自治县、酉阳土家族苗族自治县、秀山县、彭水县发展生态工业。打造页岩气、智能终端、机械设备等工业产业集群,发展清洁能源产业,升级发展装备制造、新型材料等产业。

---

① 周克慧.渝东南生态保护发展区发展生态产业的思考[J].决策与信息,2016(6):7-8.

三是推动生态文旅产业集群发展。围绕"乌江画廊、武陵风光、生态康养"主题,推出各类主题旅游,打造"武隆—彭水—黔江—酉阳"乌江画廊旅游示范带、"石柱—彭水—黔江—酉阳—秀山"武陵山区民俗风情生态旅游示范区。

2.渝东南武陵山区城镇群人才需求分析

渝东南武陵山区城镇群应发挥在文化旅游资源方面的比较优势,加快打造文旅人才发展新高地,需要具有较高文化素质和较强旅游专业技能的文化型与技能型复合人才,[①]急需国家级计划入选专家、重庆英才等高层次人才,技术技能领军人才,青年拔尖人才,以及老干部、老教师、老医生、企业家等回乡干事创业。

# 四、"一区两群"人才协同发展的现状

本研究采取点面结合的方式,从人才存量、人才政策、人才发展平台和人才发展环境满意度4个方面,在梳理全市整体情况的同时,对"一区""渝东北"和"渝东南"3个区域进行剖析,调查了渝中区、渝北区、沙坪坝区、江北区、永川区、涪陵区、江津区、高新区、城口县、丰都县、万州区、忠县、黔江区、秀山县、武隆区、彭水县16个区县的人才相关部门,并以渝中区、黔江区和城口县分别作为3个区域的代表进行了深入调研,以期清晰、客观地呈现目前"一区两群"人才协同发展的基本样貌,为找出问题、抓准制约因素,进而切实提出推进人才协同发展的举措奠定现实基础。

## (一)人才规模与质量

全市人才量质双升,引才聚才效应明显。近年来,重庆市通过加快健全人才政策体系,深耕优质人才发展平台建设,不断优化"近悦远来"的人才生态,务实地开展线上+线下的引才聚才活动,人才总量从2018年年底的527.6万人增加到2019年年底的548.23万人,增加了3.91%,其中专业技术人才198.94万人,较2018年年底增加了129.46%,高技能人才102.53万人,较2018年年底增加2.84%,"高精尖缺"人才不断积蓄,为"一区两群"人才协同发展积蓄了强大能量,奠定了坚实的基础。

但在区域分布上,"一区"与"两群"人才数量、质量差距巨大。人才明显聚集在"一区",落地"两群"的占少数。从代表性区县来看,渝中区2017年人才总量就已达到了

---

① 吴婷婷,张栋科,史玉丁.民族文化融入渝东南旅游职业教育人才培养模式研究[J].当代职业教育,2015(9):34-36.

20.5万人①,到2020年,渝中区人才总量增至23万人②;黔江区2020年人才总量约5.17万人,数量不足渝中区的四分之一;城口县2020年人才总量约1.1万人,与渝中区和黔江区难以比肩。渝中区专业技术人才是黔江区的6.15倍,是城口县的11.35倍,高技能人才是黔江的14.83倍,城口县的509.68倍(图5)。

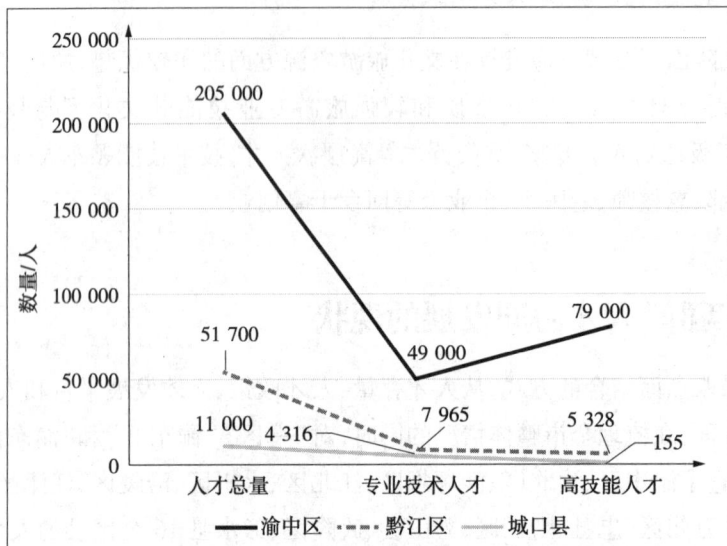

图5　代表区县人才存量情况

## (二)人才政策

人才政策是人才工作的核心,引领和推动整个人才队伍建设。重庆市委市政府以体系化的人才政策为目标,多部门联合发力,出台了涉及人才规划、引进、培养、服务、激励、评价等方面的人才政策约48项,为区县人才政策的细化奠定基础;同时签订了《成渝地区双城经济圈人才协同发展战略合作框架协议》《2020年鲁渝劳务扶贫协作落实协议》等合作协议,为"一区两群"人才协同发展起到示范带动作用。

区县人才政策是市级人才政策的延伸,既需要因地制宜的细化,又需要积极创新的拓展,是各区县人才队伍建设的关键。比较发现,"一区"的人才政策数量和内容更有优势,主要着力于对高层次人才提供系统化的服务,"两群"则在政策力度和人才覆盖面上发力。主要体现在以下几方面:一是"一区"的人才政策数量更多、涉及内容更广。如渝中区从人才规划、引进、培养、服务、激励、发展、评价和综合8个方面出台了人才政策22项;而黔江区仅出台9项,且内容不涉及人才培养;城口县出台政策11项,内容不涉及人

① 区政协办.关于加快渝中六大重点产业高层次人才集聚的协商意见[EB/OL].(2018-11-28)[2020-10-30].政协重庆市渝中区委员会.
② 刘文静.重庆渝中"十三五"期间人才资源总量达23万[EB/OL].(2020-11-12)[2021-01-30].新华网.

才发展、评价等。二是"两群"人才政策力度和人才覆盖面大于"一区"。"两群"对"塔
尖""塔基"人才均有涉猎，在人才引进的安家补助、岗位津贴或住房上支持度更大。对学
术技术带头人，城口县提供的安家补助费(40万元)高于渝中区(30万元)，提供的住房面
积(不少于150平方米)大于渝中区(不少于120平方米)。城口县和黔江区的特殊岗位
津贴(每月2000元)均高于渝中区(每月1000元)。对中青年专家的政策也呈现同样特
点。三是"一区"的人才保障服务更为全面系统。如领导关怀、配偶子女随迁、子女入学、
学习成长、岗位编制、职称评审、社保、工商税务、文化生活等一站式服务。四是"一区"
"两群"的人才培养使用政策各有侧重。渝中区以入选"重庆英才计划"的高层次人才为
重点，侧重经费支持；黔江区则是通过设置特殊岗位、学习培训给予发展空间和成长支
持；城口县则兼具奖励与发展。五是"一区""两群"均有市内外的协同发展探索。如渝中
区在2020年与成都市锦江区签订了人才合作协议；黔江区与江苏大学、西南大学生物技
术学院、南充市、日照市开展人才培养方面的人才协作；城口县利用脱贫帮扶结对政策与
山东省临沂市、重庆市开州区、四川省宣汉县、四川省万源市开展人才培养。总体来看，
"一区"在人才协同发展上更有整体规划性和主动开拓性，"两群"相对较为零散，且主要
依托扶贫结对帮扶渠道，开展以实地考察、互派挂职、学习交流为主的小规模协作。

### (三)人才发展平台

平台是人才聚集和成长的基础，大力发展各类人才平台有利于提升重庆引才聚才优
势，促进人才合理流动。全市人才发展平台约有1949个，主要集中在各级院所、各级科
研机构、国家重点实验室、国家工程技术研究中心和产业园区等(表1)，类型广泛，产业
园吸引人才来渝就业创业效果明显。同时还积极融入成渝地区双城经济圈步伐，与四川
达成了人才协同发展战略合作协议，支持区域内高校、院所、园区、企业等开放共享产学
研平台，以带动人才协同发展。

表1　重庆市人才平台类型及数量

| 类型 | 市级科研机构 | 中央在地院所 | 市属院所 | 国家重点实验室 | 国家工程技术研究中心 | 地方科研中心 | 国家企业技术中心 | 国家孵化器 | 独角兽企业 | 产业园区 |
|---|---|---|---|---|---|---|---|---|---|---|
| 数量 | 223 | 4 | 121 | 10 | 10 | 538 | 30 | 16 | 2 | 995 |

但对比"一区"与"两群"，在人才发展平台的数量、类型和效果上差距明显。一是
"一区"人才发展平台数量和类型占优。"一区"平台总量达1148个，渝东北片区为102
个，渝东南片区为45个，且没有博士后科研工作站(图6)。二是"一区"人才发展平台的
引企入驻、引才就业效果更为显著。另外，人才协同发展平台的尝试步伐更大，如渝中区
与锦江区提出共建人才平台，推动科创平台开放合作，支持双方高能级平台机构互建"人

才飞地";而黔江区和城口县还主要是市内扶贫结对区县的协作。

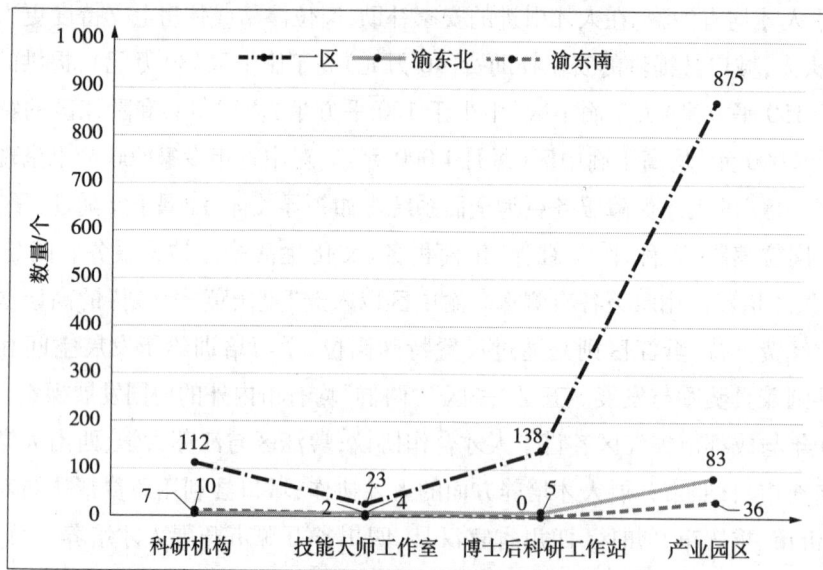

图6 "一区"与"两群"的人才发展平台对比图

### (四)人才发展环境

本课题通过构建集 6 个维度为一体的人才发展环境满意度评价体系,抽样全市 1 000 多位人才以五级量表进行评价。结果显示,人才对重庆市整体的发展环境满意度处于一般偏上水平,各维度的满意度均值处于3.5~3.9,由高到低依次为:城市人文环境(3.87)、成长环境(3.82)、组织环境(3.78)、生活环境(3.74)、就业市场环境(3.63)、经济环境(3.58),可以看出由于地处西部内陆,经济发展水平、就业空间属短板,尚有较大提升空间。

"一区""两群"对比发现,人才对发展环境的满意度整体呈现"一区">"渝东南">"渝东北"的特点。其中,"一区"的各维度人才发展环境满意度得分都高于重庆市整体均值和渝东北、渝东南得分;满意度最高的三项是成长环境(4.06)、城市人文环境(4.02)、生活环境(4.01),其均值都大于4,处于比较满意水平,表明"一区"在此三方面的优势,特别是在成长环境和生活环境上,拉开"两群"较大差距;就业市场环境(3.67)相对靠后,且与"两群"差距较小。"渝东南"在城市人文环境上相对最好(3.85),接近全市平均水平,但经济环境(3.38)仍是弱项。"渝东北"的各维度均值都在 3.61 以下,组织环境相对最好(3.61),但生活环境和经济环境仅在 3.2 左右,呈现出明显的短板。总体上,薪酬水平和就业市场环境是共同的薄弱环节(图7)。

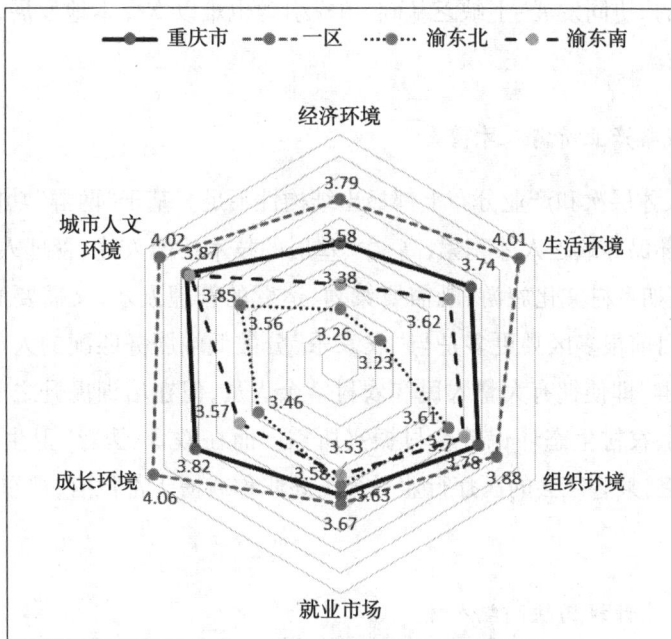

图7  人才发展环境满意度比较

# 五、"一区两群"人才协同发展的主要问题

## (一)人才空间布局失衡,结构性缺口大

当前"一区"对"两群"的人才虹吸效应已较为明显,区域间人才布局失衡,不仅大量"塔尖"人才聚集"一区","两群"高端人才匮乏,而且对"塔身""塔基"人才,"两群"和"一区"的同质化竞争也较为激烈,在教育、医疗等基础行业和旅游、商贸等相似产业的人才竞争中,"两群"难有优势,致使"两群"各类人才存在不同程度的不足。而"一区"面对产业升级的需求和人才高地的定位,依然存在高端人才缺口。

### 1.虹吸效应致人才布局失衡

"一区"常住人口高,人口密度大,奠定了人才的基数,加上其要素保障、公共服务、配套资源等相对占优,更是吸引了市内大量的优质人才涌入。外引的大量高端人才在同等待遇条件下往往也优先选择"一区"落脚。在一些相近产业的人才竞争中,"塔身""塔基"人才也难避免"一区"的虹吸。在重庆快速推进"三环十八射多联线"高速公路网、东南西北"四向联通""四网融合"的过程中,"一区两群"骨架通道得以完善,交通的日益便捷,导致虹吸效应更加明显。"两群"虽有柔性引才通道,但城镇逐渐空心化,缺乏自身造血能力,在人才的"协同发展"上缺乏基础,单靠引智也难以支撑本地发展,且引入的人才也缺乏附着之根。

2."两群"战略产业所需人才匮乏

"两群"在人才层次和产业分布上都显出结构性不足。基于"两群"功能定位的文旅、现代特色农业、环保等缺乏人才积累,高、中、基层的技术技能人才、管理人才都远远支撑不了产业发展。如乡村文化旅游,既需要策划、运营的管理人才,又需要酒店、餐饮的技能服务人才,但目前很多区县更多是与"农家乐"分散低端服务匹配的人员,缺乏大量专业化人才。"两群"即使拥有大量农民和农村富余人员,但在培训提升之前,依然无法满足山地高效农业、农村生态环保等乡村振兴所需。而在教育、医疗、卫生等基础民生行业,塔尖人才缺乏,某些区县的医疗行业一个正高职称或博士都没有,严重制约服务水平提升。

3."一区"产业升级仍缺高端人才

虽然"一区"聚集了大量人才,但国际化、高端化人才,特别是与高端制造、新材料、新能源、人工智能、大数据、大健康等"一区"战略规划中的升级产业和新型产业相匹配的高端人才仍显不足,难以匹配产业升级引领区、科技创新策源地的定位和目标。"一区"现有 R&D 人员 72 万人,国家重点人才计划入选 476 人,海外高层次人才引进计划专家仅 128 人,"两院"院士仅有 15 人,在与周边四川、陕西、湖北省市比较中处于劣势,更难及长三角、京津冀地区城市,智能制造领域每年人才缺口达 3 万人,大数据领域人才预计需 2.9 万人。高层次复合型人才的缺乏,严重影响产业的研发和创新。

(二)"一区"能级待提升,辐射引领不足

"一区"作为全市政治、经济、文化等资源的集结地,在促进其人才协同发展的过程中肩负着做大能级、做强人才协同发展基数的责任,但是当前"一区"在国内、国际的竞争力不强,能级提升空间较大,人才枢纽功能尚未发挥,对"两群"的辐射引领作用甚微。

1."一区"对外竞争力仍显不足

一是"一区"的国际知名度较低,国际吸引力尚弱。一方面,人才交流平台的国际号召力还不足。如重庆英才大会是重庆市最有影响力的引才活动,但与深圳"国交会"、广州"留交会"、武汉"华创会"等相比,影响力还有较大差距。2018 年深圳"国交会"邀请了 50 多个国家和地区共计 8 500 多个外国专家和海外高层次人才参与,达成引智项目合作意向 3 000 多项。而同年,重庆"国创会"(2019 年正式更名为"重庆英才大会")仅吸引了 38 个国家和地区的 1 300 余名高层次人才赴会,仅落地项目 163 个。另一方面,为国际高端人才提供的服务还需升级。"一区"国际医院、国际学校等数量还显不足,在协调解决配偶就业、子女入学等方面的服务能力上欠佳。如"一区"内仅有 9 家医院为外籍人士提供中英双语的诊疗服务,只有一所位于渝北区的耀中国际学校为教育部公布经批准设立的外籍人员子女学校。

二是与毗邻地区及沿海发达城市相比,各类聚才平台、引才政策力度等短板明显。"一区"高端优质聚才平台少,仅有的两所"双一流"建设高校、国家级重点实验室和独角兽企业均远不及成都、武汉、杭州、广州。人才引进政策竞争力与发达地区及毗邻省市还有一定差距。如自 2009 年出台《重庆市引进高层次人才若干优惠政策规定》后,渝中区一直遵循该规定,对引进人才的支持额度一直未调整,原"两江学者"资助力度最大,为 240 万元;对创新团队给予 100 万元、对领军人才给予 45 万元经费支持。而深圳对引进高层次人才给予 160 万 ~300 万元资助,对(项目)团队给予 5 000 万 ~1 亿元综合资助;成都市对创新创业团队给予最高 1 亿元的资助,对各类领军人才最高给予 300 万元的资助。另外,渝中区引才相关配套支持和服务缺乏有效集成,散落在各个部门,合力不够。相比而言,上海、深圳、成都等城市聚焦创新创业人才和团队的引进、培养、成果转化、支持、激励、服务等核心环节,将分散政策系统集成,支持方式、补助额度等清晰明了,针对性、操作性都更强。

### 2."一区"人才枢纽功能尚未发挥

"一区"定位于重庆市对外吸引人才的高地,不仅是满足本区域产业提能升级的需要,也需要梯队式地向"两群"输送各级各类人才,将自身对接国际水平探索积累的优秀人才发展管理经验传递到"两群",带动"两群"人才的增量提质。但由于"一区"能级仍有待提高,对外吸引人才仍显不足,难以"外溢"到"两群";同时,缺乏常态化的协调交流机制,人才发展管理经验的推广零星碎片,对"两群"的辐射作用不明显。

### (三)"两群"基础薄弱,引才留才是短板

"两群"与"一区"在人才发展平台、人才政策、公共服务水平等方面的差距导致其人才集聚能力弱。

### 1."两群"人才发展平台量质双低

平台是吸引人才、造就人才和发挥人才效能的基础,也是人才协同发展的依托,但"两群"在平台存量、平台的建立和发展、平台成果转换率等方面均较弱,制约"两群"人才聚集以及与"一区"的协同。

一是"两群"人才发展平台存量少。重庆市人才发展平台和其他省份比处于中下水平，分散到各个区县后数量差距更加明显，"一区"占全市人才发展平台总量的88.1%，"渝东北""渝东南"分别占7.7%，4.2%。其中在创新创业平台方面，市属高校、科研院所集中在"一区"，产业园区、科研机构、专家工作机构、人才服务平台等主要人才发展平台也集中在"一区"，"两群"不到"一区"的1%。以城口县为例，城口几乎没有专门的创新创业平台，众创一类的创新创业平台几乎都只是一个概念，没有落地，更谈不上效果。人才发展平台少导致对研发、创新等人才吸附力弱，难以产生人才聚集效应。

二是"两群"人才发展平台新增难。目前重庆市的各类平台申报条件为全市统一标准，对于本身科研条件、高层次人才数量就不足的"两群"而言，申报门槛偏高，往往难以企及，勉强提交申报材料，也会在综合评选中落败。"两群"有心建立和发展平台却因达不到要求而有心无力，导致"两群"陷入"平台少—人才少—新增少"的恶性循环中，不仅当地的企业、机构逐渐失去了申请和建设的热情和信心，一些本有回乡发展意愿的人才，也由于没有信心申报、创建平台或缺乏平台的吸引，而最终放弃。对于已经建立的平台，也面临持续性人才入驻不足的问题，部分处于半停滞状态，不仅难以保证当前的成果产出，平台的验收和后续发展更是堪忧。

三是"两群"平台成果转换率低。一方面，重庆高等院校和科研院所整体低于其他对比省市，大部分平台依托于高等院校和科研院所建立，在整体成果转化效果较差的情况下，平台也面临着科研转化率低的问题，带动各区县的平台转换成果的能力不足。另一方面，"两群"人才发展平台自身在引企入驻、引资投入、引人留驻等方面明显弱于"一区"，平台集聚资源效果不佳，导致其转换成果的基础不足，成果转换率不高。比如黔江的工业园区与涪陵的工业园区相比，在地理位置、经济投入上都处于弱势，难以吸引需求人才留驻，从而加大了园区成果转换的难度。

### 2. "两群"人才政策精准、持续性不足

"两群"人才政策缺乏对人才分类分层的精准刺激，加之执行偏差和中断，严重降低政策的竞争力。

一是"两群"人才政策精准度缺乏。现有人才政策对区县所需人才类型、特质及引培方式的清晰度不够，导致政策成效不好。例如，城口县以文旅、大健康、农业、物流业等为主要产业，对此人才需求也比较大，但并没有针对性出台相关政策或人才协同。万州区2018年出台了《重庆市万州区"平湖英才"计划实施办法(试行)》，但受财力等因素制约，政策关注和惠及的更多是高层次人才和专业技术人才，但对农村实用人才、企业技能型人才等的政策措施却较少涉及。黔江区在引才留才上主要依托更高的工资待遇、更好的住房保障，对子女教育、医疗服务、配偶就业等方面的政策规定不足，没有抓准人才的多方面需求。

二是"两群"人才政策执行的持续性弱。人才政策持续稳定性不够,各区县可能由于财政能力、发展重点等实际情况,选择不执行或者部分执行人才政策中的内容,在政策落实上出现较大差异。比如黔江区 2011 年就出台了人才引进的优惠政策,通过安家补助和特殊津贴等方式引进人才;而 2015 年,黔江区出于负债较高、财政压力大等原因,对新引进的研究生不再发放安家补助和特殊津贴,导致政策执行效果大打折扣;2018 年,黔江区又出台了一项人才强区行动计划,虽然有相应的奖励办法,但是始终与人才理想的"报酬"水平存在差距,且经常"形同虚设",政策落实不到位。

### 3."两群"人才服务乏力

受区位条件、经济发展水平等因素影响,各区县人才服务水平参差不齐,"两群"的人才服务水平普遍明显低于"一区",难为人才提供保障。

一是基本公共服务难匹配需求。在教育、医疗卫生、劳动就业、公共文化体育和社会服务等方面,"两群"均不及"一区"。如城口县人民医院 2020 年才成功创建二甲医院,仍无法吸引主任医师来城口从医,医疗服务水平难以满足人才就医需要。同样,对积极增强教育集散、医疗集散的黔江区而言,其在"渝东南"片区虽已相对较好,但仍无法与"天然"集聚全市优质公共服务资源的"一区"相比,因而被很多人才视为发展"跳板"。虽然区县对人才可以发放重庆市英才服务 B 卡,但也受限于服务能力的不足,部分"两群"区县的 B 卡功能还尚未完全开通,即使开通了该服务的区县,实际能提供的服务也有限,难以满足人才的各类需求。

二是创新创业服务弱。主要体现在研发经费和创新创业要素资源上。2018 年,重庆市全社会研发经费支出仍低于全国平均水平 0.2 个百分点,主要集中在"一区","两群"受益则较少,尤其是对"渝东南"城镇群而言,其研发投入仅占全市研发投入总量的1.3%,不仅远低于"一区",也不及"渝东北"城镇群研发投入总量的1/3。此外,"两群"在创新创业要素资源方面也仍处于劣势,难以为创新创业活动提供专业指导和技术支持。

### 4."两群"人才流失严重

尽管"两群"对人才给予了安居、培训、绿色通道等激励和服务,但因区位差距、资源差距以及主观认识等影响,难以避免"人往高处走"的现象频发。如城口县引进的人才中,少数为城口籍回乡定居人才,多数是将其视为进入重庆的较低门槛,服务期满后,就会争取流向"一区",且以中青年人才居多;卫生领域从 2015 年至今共招录 156 人,目前已流失 40 人,流失率达 25.64%,其中自动辞职、外调者居多。本地人才也在成长中不断外流,城口县没有高等学校,前往"一区"或市外求学的人才返城率极低;酒店、餐饮等服务行业人员经过培训之后,也倾向于前往"一区"实习、就业。

### (四)人才协同尚在初期,合力未成

"一区两群"范围内各区县不同程度地存有"一亩三分地"的思维定式,各自为政的现象较为普遍,产业带动人才、领导监督、协同管理等方面的机制均尚未形成,强强、强弱、弱弱区县之间的开放共享严重匮乏,人才整体合力尚未形成。

#### 1. 产业带动人才协同的作用发挥不足

产业协同是人才协同的基础,通过产业协同带动人才协同能有效促进"一区两群"人才协同发展。目前"一区"与"两群"没有发挥产业协同带动人才协同的功能,如就产业布局上,城口县、黔江区、奉节县、巫山县、武隆区和大足区均有旅游类重点产业,涪陵区、黔江区、云阳县、奉节县、巫溪县等区县,有一半以上的贫困村都以蚕桑作为其重点产业,但是这些产业类似的区县之间几乎都没有就旅游业或者桑蚕业等方面进行合作。黔江和南充虽然就"蚕—丝绸"拟订了茧丝绸产业战略合作协议,围绕产业基础进行人才的交流,但是出于空间距离较远、效益衡量较难等原因,并未构建产业协同机制,合作效果大打折扣,与"两群"范围内的各区县,甚至与"一区"区县之间的合作也存在同样问题。

#### 2. 人才协同缺乏统一的领导监督机制

按照科教兴市和人才强市行动计划,重庆市设立了市委人才工作领导小组,以市委人才工作领导小组会议为抓手,不定期召开会议,及时沟通人才发展相关情况。但该领导小组仅限于发挥市级部门的作用,而具体人才协同发展工作的开展与实施未涉及各区县,各区县间还尚未就人才协同发展问题形成统一的区域协商制度、部门联席会议制度等,导致实际联动不强,加之缺乏追踪监督,极易变成"签署框架协议多于实际协作活动"的现象,"一区两群"人才协同发展流于形式。

#### 3. 尚未形成统一的人才协同管理机制

人才协同涉及人才的引进、培养、评价、激励、服务、发展和管理等一系列工作的跨部门、跨区域沟通、协商,并以此形成共同认可的制度、方案、细则。但由于目前协同发展尚属初级阶段,从职能部门的职责关联、协商机制,到具体领域的实践均在起步状态,没有完善的协同管理制度,更未形成多制度的挂钩联动。如在人才评价上,由于人才分属多个部门管理,跨部门沟通壁垒和各类人才的特殊性,都使协同构建统一的人才评价体系推进缓慢,对全市人才难以摸底,人才资源和平台、需求方匹配不精准,人才互认、流动难;人才职称评定主要是在全市专家评审库中选聘同行专家组成专家组评定,或委托全

市相应专业的评审委员会评定,用人单位和区县部门在职称评审方面的自主权较为有限,区县用人单位实际所需人才面临职称瓶颈。

### 4.开放式共享较为匮乏

"一区两群"人才协同发展整体合力的形成,不仅需要产业带动人才、统一的领导监督、人才管理等方面的协同机制作为其机制保障与支撑,还需要各区县屏除竞争观念,共同联手,协同发力,但是目前各区县间开放式共享较为匮乏,"1+1>2"效用难以发挥。

一是强强联手合作共赢的渠道尚未打通。"一区两群"范围内各区县间的合作主要以脱贫攻坚政策为依托,建立区县对口帮扶结对关系,多以"1强+1弱"或"1强+多弱"模式为主,从"一区"和"两群"来看,多以"一区"的某个区县与"两群"的某个区县合作为主,区县间的强强联合渠道尚未打通。如渝中区,对外与锦江区、万源市在人才引进、人才培养和人才服务等方面均有不同程度的合作,但是对内只有作为帮扶区的角色对口扶持"渝东北"范围内的巫溪县,并未与渝北区、江北区、南岸区等"一区"区县建立人才发展方面的合作关系。

二是强弱互济优势互补的合作有待加强。"一区两群"各区县发展程度参差不齐,想要实现人才协同发展,急需强化对"协"的重视程度,"一区"与"两群"的区县强弱互济便是主要途径之一。目前,"强+弱"区县间依托对口帮扶已经建立了不少合作关系,但多以单方面的"扶持"为主,难以长久持续。如城口县和黔江区均作为受助区县与九龙坡区和永川区均有合作,但是在人才发展方面,均只涉及人才培养,并且多以九龙坡区和永川区单方面向城口县和黔江区输入师资,人才协同发展的"合作"之意并未体现。

三是弱弱携手抱团破冰的局势尚未形成。"两群"区县间更倾向于被"一区"区县带动,而并未重视弱弱携手抱团。如黔江区以脱贫攻坚为背景,以其蚕桑产业为依托,与江苏大学、西南大学生物技术学院、南川区、日照市、永川区等都建立了不同程度的合作关系,但是几乎并未与"两群"其他区县有合作,即使是与云阳县、奉节县、巫溪县等同样以蚕桑产业为主的区县也几乎并未在人才培养、人才引进、人才服务等方面建立合作。

## 六、"一区两群"人才协同发展的制约因素

"一区两群"人才协同发展的问题并非单一因素所致,既有长期以来经济发展水平、地理区位环境等"客观"存在且难以短期改变的因素,也有思想意识、产业协同、资金投入、信息共享、激励机制等可以通过干预而有所改善的因素,在此重点分析后者。

## （一）先导型制约因素：协同意识

意识是行为的先导。"一区两群"人才协同发展，"协同"是关键，不仅可助各区县解决困境，更是可通过区域间合作协同，取长补短，形成系统整合的效应。然而当前各区县主动协同意识还不足，一些部门将精力主要投入到了日常工作，一些区县主动推进人才协同的积极性欠缺，缺乏对人才协同发展的深入思考、谋划和协同机遇的开拓意识，即使有市级层面的顶层设计，也导致执行落实大打折扣。区域整体观和合作共赢的大局意识不足，阻碍了人才协同的践行。

## （二）依托型制约因素：产业协同

产业协同是人才协同的依托，通过形成产业集群引导包括人才在内的生产要素在空间和时间上的不断聚集，进而逐渐带来优质高端人才，只有通过产业协同带动人才协同才能保证人才协同的可持续性。目前，"一区两群"产业协同还有待形成和发展，虽在生态环保、特色农业、文化旅游、制造等诸多产业存在相似和相同，具备产业协同的基础，但极少区县能真正对接并仔细分析各自产业优劣势，进而开展协同合作，没有发挥产业协同带动人才协同的功能，甚至人才竞争依然激烈。

## （三）条件型制约因素：人才信息

人才信息是人才协同发展的必备条件，是人才预测、发展和共享的基础，其制约主要体现在4个方面：一是人才归口管理部门多，未形成统一的管理机制，部门间缺乏信息共享；二是人才统计口径不统一，基础数据长期欠缺，不能全面精细地反映人才状况；三是各区县人才信息存在壁垒，难以共享；四是缺乏统一的人才信息平台，人才信息汇集、分析与开发利用不足，影响了人才市场的一体化发展，阻碍了区县间、企业间、部门间的人才合作。

## （四）动力型制约因素：激励机制

激励机制是人才协同发展的动力，可以有效推动人才流动、激发人才积极性和潜力，其制约主要体现在两个方面：一是对"两群"人才的倾斜性激励不足，难以突破"两群"经济发展水平、成长平台、公共服务等方面短板对人才的负向影响，制约了人才向"两群"流动；二是对相关部门考核激励不足，未将"一区两群"人才协同发展工作纳入绩效考核指标，难以形成行为导向和监督，不利于工作积极性的提升。

### （五）保障型制约因素：人才资金

资金是促进人才协同发展的重要保障，目前"一区两群"人才资金投入与快速增长的需求相比，仍显不足。主要表现为：人才工作专项经费整体偏低，市级财政划拨的人才工作专项经费远低于深圳、成都、广东；研发投入偏低，研发投入强度为1.57%，低于全国2.1%的平均水平，2018年研发经费支出低于全国平均水平0.2个百分点；"一区"和"两群"差异大，"渝东南"研发投入仅占全市研发投入总量的1.3%，远低于"一区"，严重制约人才政策的力度、广度和持续度。

## 七、高质量发展地区人才协同发展的经验与反思

目前"一区两群"人才协同发展还处于探索起步阶段，在意识、政策、机制等方面还存在不足。基于适应性和启发性相结合的原则，本研究在收集的区域人才协同案例中分别梳理了成都平原经济区、辽宁沿海经济带、宁波舟山3个行政区域内人才协同发展的典型案例和京津冀、长江三角洲两个跨行政区域人才协同发展典型案例，借鉴各区域共同经验的同时反思不足，扬长避短。

### （一）高质量发展地区人才协同发展经验借鉴

#### 1.明确理念和思路，针对长远目标达成共识

明确地区人才协同发展的长远目标和发展理念，清晰把握区域特征，合理定位，是开展协同行动的逻辑起点。梳理措施不难发现，各典型区域人才一体化发展在行动之前普遍会以合作协议、座谈会、研讨会等形式确立人才协同发展的共同方向或目标计划，参与协同的各地区会在因地制宜的基础上明确自身人才协同发展的定位，从案例区域的目标和思路中可明确把握"合作共赢"是人才协同发展普遍追求的状态，目标理念上的共识可促进协同行动形成合力，有利于后期齐心协力开展具体工作。重庆地域广阔，各区域在地形地貌、历史人文等方面有着不同的背景，在资源、产业布局等方面又有着程度较高的同质性。因此，重庆"一区两群"人才协同发展要结合区域特色，充分交流沟通，共订区域长远目标，共商具有前瞻性和先进性的人才协同发展计划。

#### 2.完善配套保障服务，解决后顾之忧

人才的流动关键在于公共服务资源"跟着走"。不论是行政区域内还是跨行政区域典型案例均不同程度地在人才异地医疗服务、人才异地住房保障、异地人才子女教育等

方面开展了一体化行动。多城市推出了"一卡通""人才绿卡"等服务,京津冀、长三角和成都平原经济区还规定了详细的人才职称和资格互认。各区域都建立或者利用了相关信息推介平台,共享人才供需信息,一定程度上解决了信息不对称带来的问题。可见,提供完善有保障的公共服务联动,完善相关配套措施,才能为人才跨区流动提供便捷的"后勤保障"。重庆在促进人才跨区合作进程中也应优化人才协同政策环境,完善社会保险、子女教育、住房保障、职称评定等配套保障措施,同时完善基础设施建设和信息通达问题。

### 3.打破地域壁垒,加大各方支持

区域之间人才存量不一、人才供需失衡、人才流动受限等问题依然在制约人才一体化发展进程。针对这些问题,京津冀在机制保障方面有明确的任务安排,相关政策将京津冀人才一体化发展列入相关职能部门考核内容,提出建立京津冀人才一体化发展投入机制,完善财政投入政策措施,引导社会资本投入。成都平原经济区建立起高端人才评价互认机制,促进人才资源共享。长三角地区明确要求给区域内人才和企业提供税收优惠和金融支持,设立人才培养奖励,激励企业发挥人才培养潜力。此外,多地还推出"项目式""候鸟式"合作模式,互帮互助推动人才协同发展。重庆"一区"发展水平远高于"两群",容易形成"虹吸效应",因此借鉴先进地区,重庆应打破"一区""两群"之间的地域壁垒,加大"一区"对"两群"的支持和协助力度,帮助提升"两群"培养人才和留住人才的潜力。

### 4.利用大数据技术,推动信息共建共享

人力资源信息共享有助于打破各地信息不充分的约束,互联网和大数据帮助各区域动态掌握区域人才情况,提高人才协同发展效率。典型区域为推动人才一体化发展均搭建或利用了信息共享平台、人力资源供需数据库等,借助大数据和互联网对人才供需和合理流动进行了实时监控,并开展了多样化的线上活动,如"干部网络培训会直播活动""云课堂"等,推动人才信息共建共享。重庆充分利用区域内发展优势搭建统一平台,借助大数据分析人才信息极为必要。

### 5.充分调动多方力量,共促人才协同发展

典型区域多是在组织部门、人力社保部门的统筹下充分调动了高校、企业、研究院以及其他相关政府部门参与,形成了多元主体合作的局面,如通过组建技能人才就业服务联盟、"项目+人才"、联合招聘会等推动校企合作;打造产学研用平台,建立研究实验室、工程研究中心等,通过成立教育协同委员会、教师互派交流、合作办学等措施合作培养人才。重庆也应充分利用已有科研院所、重点高校、知名企业的资源,促进形成多元合作局面。

### (二)高质量发展地区人才协同发展不足反思

#### 1.执行中对长远规划的偏离

典型区域大多在明确区域发展定位的基础上确立了人才协同的长远目标,但有的地区在实施过程中也还存在偏离计划的情况。如京津冀地区在发展过程中仍然存在着区域人才结构、质量与协同发展功能定位、目标不适应,人才公共服务水平与区域人才一体化发展要求不适应等问题。这一问题值得重庆"一区两群"人才协同发展工作开展时引起注意,在人才协同的进程中要时刻保持对长远规划和目标定位的清醒认识,以保证相关措施行进在预计轨道之上。

#### 2.人才协同举措存在局限性

典型区域十分注重打破地域壁垒,在公共服务方面出台了不少措施解决人才流动受限问题,但还存在一定的局限性。一是人才协同对象范围偏窄。相关人才合作协议针对专业人才和党政干部交流较多,如"天府英才卡""人才绿卡""一卡通"等也仅针对高层次人才。二是人才合作地域范围较窄。如成都平原经济区只涵盖了8个市,四川五大片区还没能从整体上联合开展人才协同;长三角地区人才协同发展仅限于苏浙皖沪"三省一市"。重庆市"一区两群"人才协同从地域上来看囊括了全市所有区县,但由于人才类型的多样,更应扩大服务对象范围,尽可能多地给予各种人才跨地区流动的便利和保障。

#### 3.基础性"硬件"环境需持续优化

在资讯科技高度发达的时代,人才协同发展在很大程度上有赖于基础信息技术的支撑,不仅对科技水平提出高要求,也对信息基础数据库的建立提出要求。如辽宁沿海经济带对互联网技术运用不足,未建立人才供需数据库、信息交流平台等,在一定程度上增加了跨区协作的成本。即使已经尝试建立人才信息数据库的区域,其共享的信息内容深度、广度以及更新及时性也仍有较大提升空间。重庆"一区两群"人才协同发展涉及区县较多,相比成都平原经济区、宁波舟山等协同城市较少的地区协同难度更大,信息量大而复杂,且目前互联网平台和大数据库建设还在起步阶段,借鉴先进、吸取教训,重庆应扩大相关政策范围,统一服务标准并着力弥补"硬件"短板,促进相关信息共建共享。

# 八、"一区两群"人才协同发展的思考与对策

## (一)"一区两群"人才协同发展的内涵、目标与原则

### 1. 内涵

赫尔曼·哈肯指出协同是子系统在序参量的支配下相互协作,发挥自组织作用,使整体系统有序运行,形成子系统不存在的新结构和特征[①]。随着协同理论的深入发展,逐渐延伸至经济社会建设中,成为现代化经济体系建设和全面建成小康社会的重要因素[②]。中共十八届五中全会提出协调发展理念,强调解决发展不平衡的问题正是体现了协同发展的重要性。为响应国家政策,重庆市在 2020 年政府工作报告中提出要着力构建"一区两群"协调发展格局,深入贯彻"一区两群"协调发展战略。而人才作为发展战略的重要支撑与发展的第一资源的地位决定了人才协同是"一区两群"协调发展的前提与基础。要实现"一区两群"人才协同发展,则需厘清其基本内涵,以明确重点建设方向。基于"一区两群"人才结构不平衡、"两群"吸引人才弱、"一区两群"人才协同力度低等人才发展的实况,结合协同理论内涵,本研究认为"一区两群"人才协同应以互利合作为动力、以强带弱为推力、共建共享为拉力、统筹协调为合力,四力合一,实现"一区"和"两群"协作共赢(图8)。

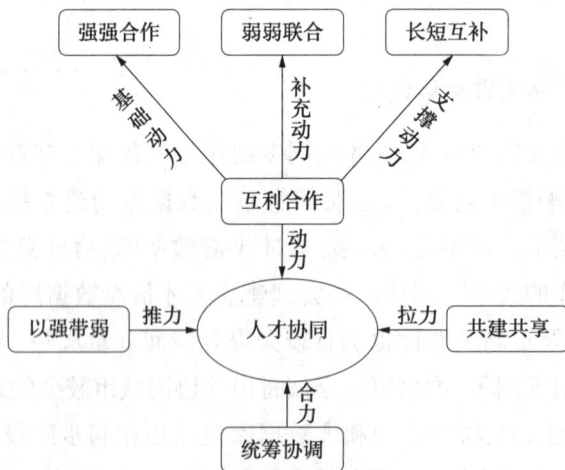

图8 人才协同内涵

---

① HAKEN H. Complexity and Complexity Theories:Do These Concepts Make Sense? [M]// PORTUGALI J. Complexity Theories of Cities Have Come of Age. Berlin:Springer-Verlag,2012.

② 张秀生,黄鲜华. 实施区域协调发展战略的重大意义[N]. 光明日报,2018-04-02.

第一,互利合作是人才协同的动力。人才协同不是单方的给予或帮扶,而是以双方均能获利为其根本动力,以保证协同的持久性。一是强强合作,实力较强的区县通过整合优势资源,产生"1+1>2"的倍增效应,作为人才协同的基础动力。二是长短互补,在梳理各方优势与短板的基础上,通过互补携手共进,这是人才协同的最主要的支撑性动力。三是弱弱联合,经济实力相对较弱或发展较慢的区县抱团取暖,成为协同发展的补充力量。

第二,以强带弱是人才协同的推力。以强带弱能够推动"一区"和"两群"共同发展,实现区域协调发展不掉队,与习近平总书记提出的"扶贫协作和对口支援"战略的理念内涵相契合①。以强带弱主要是指"一区"发展较好的区县与"两群"发展较弱的区县建立结对发展机制,通过干部互派、交流挂职、远程帮扶等形式,形成一对一对接帮扶机制,提高"两群"各区县人才队伍质量,实现"一区两群"协同发展目标。

第三,共建共享是人才协同发展的拉力。共建共享可以拉动人才协同的实现,通过信息库、培育设施、发展平台等的共建,形成人才、成果的共享,实现人才的优化配置,达到共赢目的。

第四,统筹协调是人才协同的合力。统筹协调是指人才协同应发挥协同机制的自组织作用,充分调动多方要素并将各个要素的力量整合转化,助推协同的实现。主要表现为加强人才协同发展顶层设计,以强化对全局的指导统筹作用;完善人才协同发展机制,优化"一区两群"人才资源结构,以形成合力,实现人才协同发展。

### 2. 目标

十九届五中全会提出协同发展是推进均等化发展、缩小城乡差距、加快全面建成小康社会,实现高质量发展的重要路径。为响应国家高质量发展要求,重庆市提出"一区两群"协调发展战略,并将实现"一区两群"人才协同作为促进其发展的重要目标之一进行重点建设,以使人才服务"一区两群"协调发展大局,为将重庆打造成陆海内外联动、东西双向互济的内陆开放高地提供智力支持和人才支撑。为此,"一区两群"人才协同发展的总体目标如下:

一是实现"一区两群"人才共育共享。打破"一区"与"两群"以及"两群"之间的人才引、用、育、励上的壁垒,树立区域人才共育共享意识,引导"一区两群"人才合理流动,高效配置,形成结构合理、互利互补的人才发展新格局,以满足"一区两群"战略和产业发展。

---

① 任一林,谢磊.习近平谈扶贫开发工作:引导社会扶贫重心下沉[EB/OL].(2018-09-21)[2021-01-30].中国共产党新闻网.

二是提升"一区"人才能级。持续提升主城都市区的国际化和对外吸引力,将其打造成为聚集外来人才的高地,在满足产业升级提质的同时,推进人才逐渐向"两群"外溢,发挥人才枢纽作用和核心带动功能。

三是增强"两群"人才聚集。通过加大对"两群"的倾斜性激励,优化"两群"人才发展环境,提高"两群"人才吸引力,推动优秀人才聚集于"两群",增加人才存量。

四是增强重庆市对周边区县的人才辐射力度。通过打造多样人才发展平台、优化人才流动机制、提高人才公共服务水平等举措优化"一区"和"两群"人才发展环境,提高重庆市人才聚集性与向周边区县的辐射力度,筑造西部人才高地。

### 3. 基本原则

一是坚持产业协作,互利互惠。厘清"一区两群"特色产业,统筹"一区两群"整体利益和各片区比较优势,利用产业协同构建重点产业链,以产业协同带动人才协同,促进"一区两群"人才因产业互补、产业协作实现协同发展,互利互惠。

二是坚持相互"输血",共建共享。"一区"与"两群"的人才协同是基于平等互利的原则互补长短,而非单方"供血",树立组团引才、梯队配才、合作育才、共享用才的意识,在深化协作中实现协同发展。

三是坚持市级统筹,分类分级。强化市级职能部门对人才评价与人才发展平台申报的统筹作用,促进有序发展。同时在"一区"与"两群"实施两套评价标准,"两群"的条件设置可适当低于"一区",以在稳定大局的基础上,保障"两群"人才发展空间,实现"一区两群"人才协同发展。

四是坚持总体平衡,适度倾斜。既要坚持全市一盘棋,统一规划、部署,保持各区总体公平有序发展,既要充分考虑人才区域结构失衡的现实,在人才发展资源、政策设计上对"两群"适度倾斜,带动"两群"人才发展。

五是坚持政府引导,兼顾市场。政府应发挥宏观调控作用,通过人才政策的顶层设计,引导"一区两群"的人才协同方向、节奏;同时,尊重人才流动的客观规律和人才协同发展的市场规律,兼顾平衡与效益。

### (二)"一区两群"人才协同发展的对策建议

#### 1. 产业链导向下的人才摸底,对接人才供需

围绕重庆市战略发展中的重点产业、新兴产业,以及"一区两群"功能定位下的产业调整带来的人才存量、质量、结构不完全适应的问题,以产业及产业链的协同构建和发展为核心,锁定主城都市区"强核提能级"的产业升级、渝东北的生态示范产业定位和渝东

南"山水+民俗"的产业方向,深挖各区县产业特色和协同契机,合理预测产业人才需求,迈出产业协同带动人才协同的第一步。与此同时,通过市级统筹,建立全市人才信息数据库,打破"一区两群"人才数据壁垒,摸清人才家底。根据产业发展的阶段性目标,对比人才供需,精准掌握紧缺人才信息,定期编制发布紧缺人才目录,指导人才引进、培育、激励的系统化建设。同时,协同区县可利用数据库抓取产业发展所需人才,实现跨区人才共享。重点任务如下:

①产业人才需求目录。每年定期梳理全市重点产业发展目标,根据"一区两群"的产业差异,细化明确产业发展重点及对应的人才需求;鼓励区县以产业为单位,对战略重点产业逐一进行人才需求的细化,为人才协同法治提供基础性引导。

②人才信息数据库工程。统一人才标准和统计口径,建立全市统一的人才信息数据库,并以产业、区县为参数建立分库,实现数据库的动态化、精细化、拓展性、链接性和开发性。

③紧缺人才目录。根据产业人才需求目录,依托人才信息数据库,编制发布"一区两群"紧缺人才需求目录,并设置三级急需程度,分别配套对应的人才应急补充方案。

**2. 组团引才与梯队配置结合,提效人才招用**

针对"一区两群"整体性人才不足,区域化人才不均衡的问题,结合将"一区"打造成为高端人才集聚区,发挥"一区"人才集聚"主干"作用,并对"两群"形成溢出效应的带动理念和"一区两群"长短互补、合力增值的合作理念,着力开展不同产业领域、不同规模的组团引才。一方面,依托"一带一路"、长江经济带、西部陆海新通道、成渝地区双城经济圈和渝川陕毗邻市县(区)协同发展的契机,积极参与"中国国际人才交流大会"等国际人才招揽活动,向国际国内宣传重庆人才政策特色;提升"重庆英才大会"影响力,扩大网络直播招才规模,逐渐形成定期化、系列化的产业人才专场招揽;以产业协同为基础,"一区"与"两群"组团,组合利用各自在发展环境、晋升阶梯上的优势,对"塔尖""塔基"的人才链一网并收。另一方面,为区县打造一批区域内和跨区域的人才招引功能平台,根据人才级别分类设置组队机制,定期组团开展人才政策推介、平台对接、项目洽谈等活动,并大力鼓励区县参加"重庆英才大会""蓉漂人才日"等重大引才活动,积极展示区县风采,提升人才吸引力。同时,通过建立科学的梯队化引才配置机制,减少运动式引才的浪费,做到吸引一个、成功一个,高效使用引入渠道,提高人才利用率。重点任务如下:

梯队化引才。对组团引进的市内外人才,建立双向互动基础上的梯队化配置机制,上一层级岗位未聘用成功的可继续参与下一层级岗位招聘,市级部门富余人才向区县推荐,"一区"富余人才向"两群"推荐,探索平行部门转移推荐。

**3. 市—区联动筑巢搭台,强化"智慧"流动**

充分开放利用重庆在城市文化、自然生态、发展潜力上的优势,坚持市级统筹与区县特色相结合、政府引导与市场规则相结合,通过筑巢与搭台双驱动,推进柔性引才多样化、规模化、市场化,强化"智慧"跨越区县、户籍、编制、单位限制的自由流动。一是发挥重庆山水之城、温泉之都的特色,打好渝东北的"生态牌""旅游牌",突出渝东南的"山水""民俗"特色,建设一批标准化管理、特色化服务的专家康养基地,为引才引智筑巢;二是政府搭台,以项目为桥梁,连接企业难题与专家献智,并引入市场理念,竞争择优,丰富合作形式,形成短期项目+长期合作的多样化引智机制。重点任务如下:

①专家生态康养基地建设工程。通过市级与区县共建、区县自建等方式在区县根据本地特色建立一批专家康养基地,吸引专家来渝、深入区县提供智力合作,并汇总成全市专家康养基地名册,整体包装,统一配套,配合区县协同引智。

②"揭榜挂帅"行动。以目标导向型竞争理念构建"企业拟榜—政府张榜—人才揭榜"的协同机制,企业定期上报瓶颈问题,市—区县两级政府部门发布两级攻关项目,配套与"效果"挂钩的项目经费,专家、团队以项目提供智力服务。后续可根据需要协商建立长期合作。

**4. 强化特色人才培育蓄积,多点化人才布局**

针对重庆市战略规划中新兴产业人才储备不足、层层外溢的蛛网式人才发展模式导致"两群"及边远地区人才乏力的问题,以及各区县全面培养所有急需人才的现实困难,换以多点式的人才发展思路,根据"一区两群"的产业布局,由一区县牵头、多区县联合,共建特色人才培育示范区,通过示范建设逐步形成各区县的特色人才聚集。同时,根据产业需求明确成长型人才标准,定期评选表彰并给予后续成长支持,既满足人才发展需求又锁定未来人才供给,强化人才对新兴产业的持续支撑作用。重点任务如下:

①特色人才培养示范区建设工程。聚焦各区县重点产业,在全市形成多个以产业为标志的区县组团,在一个区县建立特色人才培养基地,多区县共享培训等资源,所培养人才优先供给组团区县使用,再逐渐向市内外扩散外溢,并鼓励打造产业特色人才品牌。

②人才成长"蓄水池"项目。瞄准战略性新兴产业和"一区两群"中长期人才需求,分类制订成长型人才标准,建立市—区县分级表彰制度,为人才量身打造成长支持计划,同时签订后续用工协议,保证人才留蓄。

**5. 构建联培共享机制,一体化人才培养**

为缓解人才分布不均与资源不足的困境,以产教融合、产学结合为重点,注重帮扶与结对并重、"输血"与"造血"并举,促进"一区"与"两群"联合培育适应和引领行业发展的人才。一是以"一区"高校为辐射点,打通区域人才培养渠道。依托市内各高校资源优势,紧密对接结对区县产业发展需要,调整学科(专业)设置,在《建立"一区两群"区县对口协同发展机制工作方案》明确的结对区县间,鼓励高校依据学科(专业)特色、结合区县产业需求,细化协同项目,由高校按照"一对一""一对多"的方式与区县实施跨校特色专业共建、校企合作、校校合作。二是整合各区县培训资源,打造人才共享培育模式。实施人才联培计划,开放培训基地和网络培训平台,聚焦国家和市内重大决策部署联合开展专题培训、合作办学,推动实现培训内容、师资、载体全面整合、深度共享。重点任务如下:

①校企专业联盟。"一区"高校依托自身特色学科(专业),即对接相关行业规模以上企业,特别是"两群"重点产业企业,进行调研、实习,共建实习实训基地、分校(专业),费用由市级承担或市—区县分担,将合作的产出纳入高校"双一流""特色专业"等评定指标中。

②校校共建计划。对接区域产业需求,打造从中职、高职到应用技术本科全链条人才培养体系,互派教师,学分互认、课程互选,共建共享教学师资、实习实践资源。

③人才联培计划。各区县通过共享各类教育研修基地,统筹联办高层次专家人才研修等专题培训,共育所需人才,并瞄准紧缺专业人才,实施定向培养计划。

**6. 完善评价发展机制,畅通人才发展**

通过创新人才评价标准、完善基层职称制度,形成适应重庆市高质量发展和人才成长需要的多元化评价体系,促进人才在"一区两群"内合理流动。一是兼顾全市统一与区县差异,以《重庆市分类推进人才评价机制改革的实施方案》为基础,根据不同层次类型人才特点,建立以"重庆英才"为统揽的分层分类人才评价标准,逐渐实现从协同区县的人才评价互认到全市互认,对接重庆英才服务 B 卡的一卡通用。二是建立艰苦边远地区和基层一线人才评价特殊通道。对在基层一线、急需紧缺领域工作的高学历、高层次及业绩特别突出的人才,开辟职称评定双通道,既引导人才向基层、向"两群"流动,又畅通人才发展路径。重点任务如下:

①分层分类人才评价体系优化工程。以"重庆英才计划"为基础,构建全市统一的人才评价基础标准体系,同时留出一定空间,允许区县在基本范围内设定具体标准,建立"市级+区县"总体统一、兼顾差异的体系化人才分类评价标准。

②"直评直聘"双通道。职称"定向评价,定向使用"通道 2.0 版。在基层教育、卫生医疗两大领域基础上新增生态保护、文化旅游、绿色农业三大领域。对基层人才予以专项职称评定,仅限在"一区两群"艰苦边远地区或基层岗位使用,待遇与取得全市统一职称人员等同。通过"双定向"获得职称的人才,在相关基层岗位服务 5 年及以上,且考核均为合格及以上的,可换发全市统一的职称证书。

**7. 加大"两群"倾斜性支持,助力人才流动**

坚持全市"一盘棋",对发展相对滞后的"两群"地区给予更多倾斜,破解"两群"引才留才瓶颈,补齐"两群"人才短板。其一,突出重点专项计划倾斜扶持。围绕"渝东北"生态优化、绿色发展以及"渝东南"文旅融合、绿色创新的发展定位,通过"三创"计划、"三支一扶"、科技副职选聘等专项计划向"两群"倾斜,支持"两群"人才创新创造创业,进一步引导和鼓励"三支一扶"科技人才到"两群"就业,促进人才积极向"两群"合理流动。其二,提速"两群"人才发展平台申报与建设。适度放宽"两群"申报人才发展平台时的资金、人才、设备等方面的条件,倾斜支持"两群"结合战略定位、围绕产业布局打造人才发展平台。其三,提升"两群"人员乡镇工作补贴。制定向"两群"地区倾斜的乡镇工作补贴提升标准,逐步实现在乡镇机关工作人员的收入高于区县机关同职级人员20%以上。其四,强化"两群"青年人才引入能力。以高校应届毕业生等青年人才为主体,通过出台服务"两群"青年人才在公共服务、晋升年限、市级机关或事业单位优先录取等方面的相关优惠政策吸引青年人才向"两群"聚集。重点任务如下:

①"双创"计划。通过租金减免、人才奖补、住房保障、项目补助、税收优惠等支持,打造优质创新创业平台,并适当向"两群"倾斜;组建不低于10亿元的人才创新创业投资基金,支持区县科技型企业和人才开展创新创业活动。

②"三支一扶"计划。切实提升报考"三支一扶"的生源质量;"三支一扶"招聘中派到"两群"地区的人员比例不低于70%;到"两群"农村基层的"三支一扶"人员,可适当减少服务期或享受更高待遇,所有"三支一扶"人员均有自主选择是否留岗延续的权利。

③科技副职选聘计划。围绕各区县产业发展人才需求,每年从在渝企事业单位选派20名优秀人才到"两群"区县挂职,其间所获成绩,可视为职称申报的重要业绩成果;全职服务满一年且贡献突出的,可提前一年申报高一级职称。

④平台申报绿色通道。在博士后工作站、院士专家工作站、技术创新中心等人才发展平台申报时,适当降低"两群"的门槛要求,简化申报流程;对"一区两群"共建的平台,予以优先评审。

⑤"两群"青年人才激励工程。市级(属)机关、事业单位招考(聘)时,以一定的比例针对"两群"地区工作满5年的青年人才实施定向招聘,激励"两群"青年人才工作积极性。

另外,全面促进"一区两群"人才协同发展还需通过建立"一区两群"工作领导小组,完善人才协同联席会议制度,加强法律和资金保障,加大宣传等多项配套保障制度共同发力。

**课题负责人:** 金　莹
**课题组成员:** 黄均倩　李汶芹　刘艳灵　向孝娟　文倩倩　管海江　田昱翌　郭雯羽

此课题为2020年度重庆市技术预见与制度创新专项人才工作研究重点课题项目,2021年2月结题。

# 重庆市人才工作条例立法研究

◎西南政法大学课题组

　　摘　要:本研究从人才工作立法的国内外现状出发,对比研究了广东省、山东省、深圳市(单独立法)、石家庄市等省市的人才工作条例内容,结合重庆市人才工作现状以及人才工作政策中存在的不足,提出了重庆市人才工作立法的必要性。在此基础上,课题组结合重庆市人才工作实际,提出了"重庆市人才发展促进条例(草稿)"的框架和具体的建议,供立法者参考。
　　关键词:人才工作　立法　建议

## 一、人才工作的内涵与研究现状

### (一)人才与人才工作的内涵

　　国以才立,政以才治,业以才兴。叶忠海认为:"人才是指在一定社会条件下,能以其创造性劳动,对社会或社会某方面的发展,做出某种较大贡献的人。"[①]一般而言,人才具有如下 3 个本质特征:①内在素质或能力的优越性。人才拥有优于一般人的内在素质或能力,如较高的学历、品德、智商、资格等素质,出众的语言能力、组织能力、执行能力、创新能力等。②劳动的创造性。人类的劳动,按其性质可分为模仿性劳动、重复性劳动和创造性劳动 3 种类型。人才的劳动具有创造性,其创造的成果能给社会和个人带来巨大的收益,促进整个社会生产技术水平的提高。③贡献或业绩的超常性。人才的贡献要远大于一般人,人们往往根据人才的贡献大小来衡量人才的层次和价值。此外,人才还有时代性、社会性、稀缺性、普遍性、多样性和差异性等特征,这些特征将人才与一般劳动者区别开来。

---

① 叶忠海.人才学概论[M].长沙:湖南人民出版社,1983:8.

2003年,《中共中央 国务院关于进一步加强人才工作的决定》强调树立科学的人才观,只要具有一定的知识或技能,能够进行创造性劳动,为推进社会主义物质文明、政治文明、精神文明建设,在建设中国特色社会主义伟大事业中做出积极贡献,都是党和国家需要的人才。要坚持德才兼备原则,把品德、知识、能力和业绩作为衡量人才的主要标准,不唯学历、不唯职称、不唯资历、不唯身份,不拘一格选人才。鼓励人人都做贡献,人人都能成才,并将党政人才、企业经营管理人才和专业技术人才作为我国人才队伍的主体。2010年6月发布的《国家中长期人才发展规划纲要(2010—2020年)》将各类人才划分为党政人才队伍、企业经营管理人才队伍、专业技术人才队伍、高技能人才队伍、农村实用人才队伍、社会工作人才队伍等六支人才队伍。

广义的人才工作,是指做好人才开发的有关工作;狭义的人才工作,是专用名词,特指新时期新阶段,党和国家大力开发人才资源的重大决策。2003年12月,《中共中央 国务院关于进一步加强人才工作的决定》系统提出了人才工作的具体内容,包括人才培养、人才评价和使用、人才流动、人才激励和保障、高层次人才队伍建设、人才工作协调发展等;并指出人才工作的根本出发点是促进发展,实施人才强国战略,必须坚持党管人才原则,党管人才主要是管宏观、管政策、管协调、管服务。《国家中长期人才发展规划纲要(2010—2020年)》明确提出我国人才发展的指导方针是服务发展、人才优先、以用为本、创新机制、高端引领、整体开发。

### (二)人才工作的研究现状

为促进人才发展、集聚人才,提高企业人力资源价值,最近几年国内对人才工作的各个方面积累了一些研究成果。为便于了解人才工作的研究脉络和概况,本研究对CNKI数据库中的"中国期刊论文全文数据库"进行关键词为"人才引进""人才流动""人才培育与开发""人才评价"和"人才激励"的文献检索,共检索到期刊文章1 993篇。且近年来有关人才工作各个方面的发文量逐年提升,可见对人才工作的重视和关注。

人才工作领域高频词代表人才工作方面的研究重点。即在人才工作领域,研究主题主要集中在人才管理、人才流动、人才引进、人才开发、人才评价以及人才激励和人才培养方面,研究对象主要集中在科学技术人才、创新型人才、高层次人才(图1)。

为了进一步了解人才工作各研究主题之间的内容关系结构,本研究通过共词分析法来揭示这一关系,通过对共词网络进行主题聚类。

在人才引进方面,研究主要集中在通过人才计划、人才工程、人才战略和人才政策等对高层次人才、海外人才以及科技人才的引进,同时注重人才竞争、创新以及激励等方面(图2)。

在人才流动方面,已有研究主要集中在对人才流动机制、人才回流、职业流动等方面的研究,关注科技人才、高层次人才、国际人才和科研人员的流动,同时探讨人才流动的影响因素,如地区经济、人才政策、"一带一路"等(图3)。

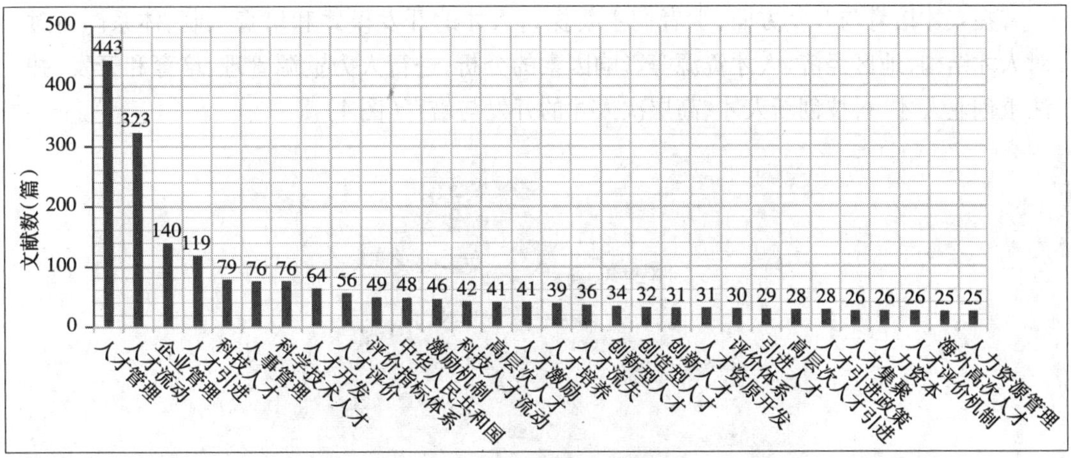

图1 人才工作领域高频词

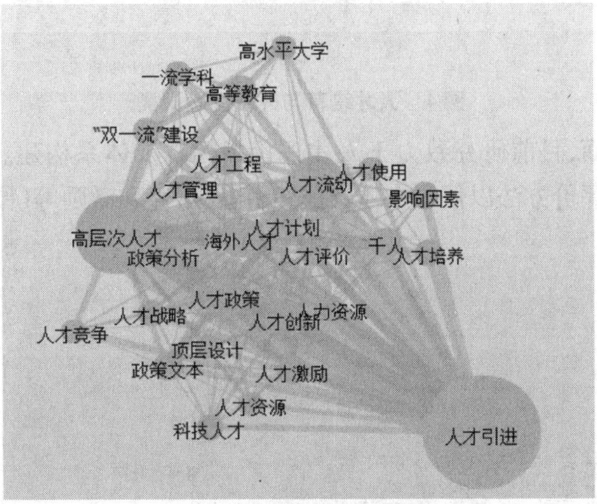

图2 人才引进主题聚类

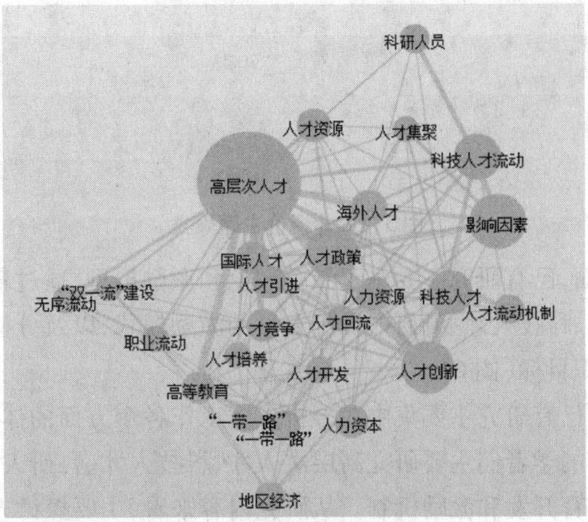

图3 人才流动研究主题聚类

在人才培育与开发方面,学者们主要探讨人才的开发模式和培育机制、体系。通过对人才结构、地区经济、人才资源等影响因素的分析,进行人力资源管理、培育和开发,并注重创业人才、科技创新人才、高层次人才的开发与培育(图4)。

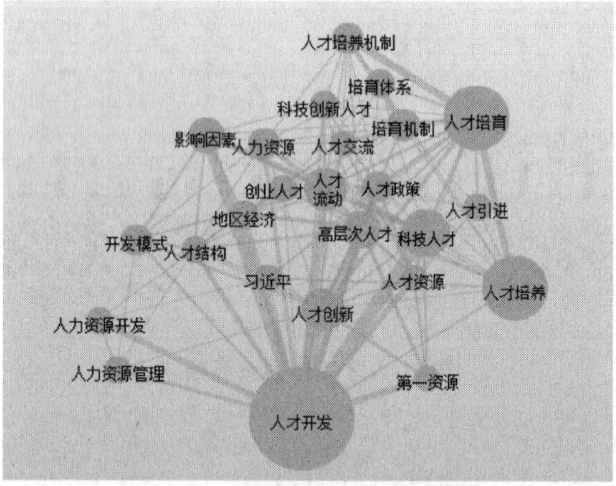

**图4　人才培育与开发主题聚类**

在人才评价方面,目前研究致力于人才评价指标以及体系构建。此外,学者们探究人才评价的标准和评价方法以便于人才选拔和引进、培养和激励等(图5)。

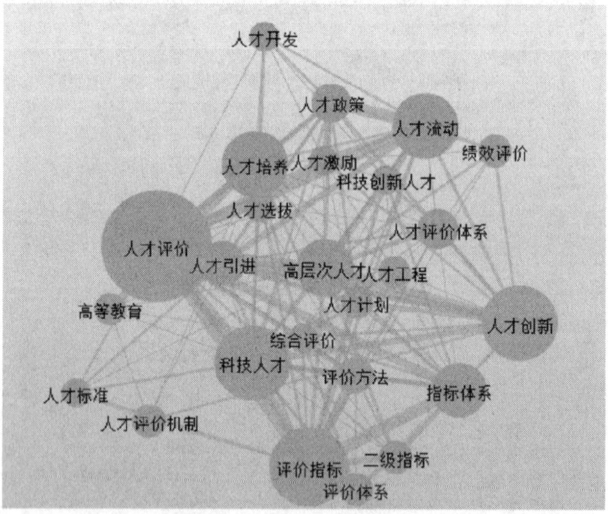

**图5　人才评价主题聚类**

在人才激励方面,已有研究主要基于激励理论和激励模型,通过薪酬福利、人才政策等,探究高层次人才、科技人才、科研人员等人才的激励模式,以及分析人才激励效果,促进人才使用达到组织目标(图6)。

由此可知,目前已有研究主要集中在分析人才工作各个方面的体系和机制研究。从研究对象来看,目前的学者们主要研究高层次人才、科技人才、科研人员、国际人才、创新创业人才的引进、培育开发和激励机制。从研究内容来看,主要探讨人才的引进、集聚与

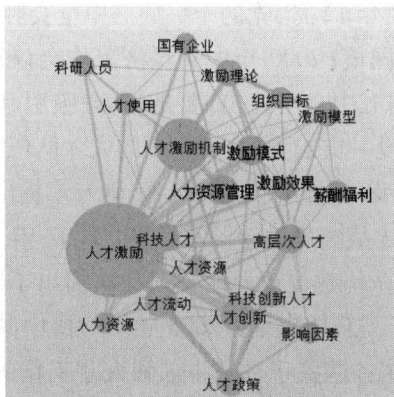

**图6　人才激励主题聚类**

流失,以及相应的引进政策和激励机制,通过人才评价机制和评价体系促进人才的开发和培育。

# 二、人才工作立法的内涵与现状

## (一)人才工作立法的内涵

人才工作立法是指国家立法机关根据立法权限对人才的培养、选拔、使用、评价、引进等管理工作制定法律规范,提供制度保障,实现人才资源有效配置和充分发挥人才作用的法律机制与法治环境。按照立法层次,可以划分为法律、行政法规、党内法规、部门规章、地方性法规和政府规章。规范性文件不属于人才工作立法,人才工作立法是国家立法机关依照法定程序制定、修订或废止的。

人才工作法治化,是指将法治思维和法治方式运用于人才领域,依据相关的人才法律,将人才的培养、引进、使用、激励、交流、保障、纠纷解决和权利救济等全过程纳入法治轨道,包括人才工作的立法、执法、司法和法律监管,是一个人才工作全面治理的系统工程。

人才工作法制化是人才工作法律制度化的简称,相对于法治是较低层次,处于相对静止的状态。人才工作的法制化,需要建立人才工作相应的法律制度,使人才工作有法可依。人才工作法制化是法治化的基础和前提,人才工作法治化是法制化的立足点和归属,法制规定是否健全,关系到法治能否真正实现。

## (二)国家层面人才工作立法的现状

我国人才工作的立法意识是逐步形成的。改革开放以后,我国对人才工作逐步重视,并将人才强国战略作为中国特色社会主义的基本战略之一,在此背景下,人才工作立法逐渐提上议事日程。1978年12月,党的十一届三中全会胜利召开之后,中共中央确立了"尊重知识、尊重人才"的国策;2000年中央经济工作会议首次提出"要制定和实施人才战略"。同年,党的十五届五中全会提出,要把培养、吸引和用好人才作为一项重大的战略任务切实抓好,努力建设一支宏大的、高素质的人才队伍。2001年发布的《中华人民共和国国民经济和社会发展第十个五年计划纲要》则专章提出"实施人才战略,壮大人才队伍"。这是中国首次将人才战略确立为国家战略。2002年,中共中央、国务院制定下发了《2002—2005年全国人才队伍建设规划纲要》,首次提出了"实施人才强国战略",对新时期中国人才队伍建设进行了总体谋划。2003年12月,中共中央首次召开中央人才工作会议,下发了《中共中央 国务院关于进一步加强人才工作的决定》,将人才强国战略定为21世纪人才工作的根本任务。此后,全国各省区市先后成立了人才工作领导或协调机构,并在党委组织部门普遍设立了人才工作机构。2007年,人才强国战略作为发展中国特色社会主义的三大基本战略之一,写进了《中国共产党章程》和党的十七大报告,人才工作的地位进一步提升。2010年,《国家中长期人才发展规划纲要(2010—2020年)》提出了"研究制定人才开发促进法",尽管目前该法尚未出台,但广东珠海、深圳等地先后出台了地方人才工作条例。

虽然我国统领人才工作全局的综合性人才法律还是空白,但是我国的诸多法律法规已经涉及了人才工作。这些法律法规主要源于两个方面:一是人才政策,包括指导人才工作的规范性文件,也包括针对某一环节制定的具体政策文件。人才政策的制定主体比较广泛,人才政策既有党中央及各部门制定的人才政策,也有国务院及其相关部门制定的人才政策,有党中央与国务院及其相关部门联合出台的政策,还有各级党委和政府制定的人才政策。二是人才法律法规,包括全国人大及其常委会制定的法律,国务院制定的法规及有关部门制定的规章,还有地方人大和政府制定的法规和规章。

从国家层面来看,《中华人民共和国宪法》界定了人才的根本地位,"国家培养为社会主义服务的各种专业人才,扩大知识分子的队伍,创造条件,充分发挥他们在社会主义现代化建设中的作用"。我国当前的人才法律法规,按照人才工作环节,可分为人才培养、人才保护、人才评价、人才激励、人才流动以及各领域专门人才的法律制度。

### (三)地方层面的人才工作立法状况

从各地的实践来看,一些地区把人才工作纳入立法范围,使人才工作步入规范化、程序化、法制化轨道。云南省自2007年1月1日起施行《云南省人才资源开发促进条例》,这是我国第一部人才资源开发方面的地方性法规。条例从人才预测与规划、人才培养与引进、人才评价与使用、监督和奖惩等方面做出了相关规定。此后,宁夏回族自治区、珠海市、深圳市、石家庄市、广东省、山东省分别出台了各自的人才发展条例。"人才发展促进条例"也作为调研项目列入北京市政府2017年立法工作计划。以上各地的立法时间不同。由于近年来人才发展的宏观环境已经有了很大的变化,本课题选用2015年以后立法的地方人才工作条例,包括广东省、深圳市、山东省、石家庄市的人才工作条例进行对比研究。

从人才工作立法依据来看,深圳市、广东省、山东省、石家庄市的人才工作立法都遵从《中华人民共和国劳动法》《中华人民共和国劳动合同法》《中华人民共和国就业促进法》等国家有关法律和行政法规,其人才工作立法的核心目的均是促进人才发展、集聚人才、满足本地经济发展需要、优化人才服务环境。其中,石家庄市强调构建人才友好型城市,关注人才服务环境优化,促进京津石合作;山东省强调激发人才活力,推进新时代现代化强省建设;广东省强调集聚各方面优秀人才,引领经济社会发展;深圳市强调人才发展与特区经济社会协同发展,为创新型城市建设提供智力支持。

从条例的业务管辖范围来看,主要包括人才培养、引进、流动、评价、激励、服务和保障等工作。从条例的具体构成来看,都是根据人才资源管理理论中人才的“选育用留”来构建章节体系,其中深圳市、山东省、广东省的人才工作(发展)条例都包括总则、人才培养、人才引进与流动、人才评价、人才激励、人才服务与保障、附则等7部分;石家庄市的人才发展条例则由总则、事业支持、素质提升、奖励激励、服务保障、权益保护、附则等7部分组成。

总则是人才工作立法的序言,各省市总则部分基本包括立法目的、条例的适用范围、立法原则、纳入规划、职责分工、配合部门。其中,石家庄市和山东省对用人单位的职权职责进行了阐述;石家庄市和深圳市设立了人才日;广东省在部分地区先行先试;山东省强调对部分人才工作突出的单位和个人给予奖励;石家庄市强调人才工作部门可以聘请第三方机构对人才工作进行评估;深圳市在立法原则的基础上,再次强调了人才工作遵循开放、市场导向的理念,提出了人才工作需要定期进行情况总结和人才政策修订。

人才培养和开发,从4个省市的条例来看,可以分为3个板块:①人才培养的基本要求;②发挥教育培养人才的基础性作用;③细化各类人才的培养开发。在人才培养开发的基本要求方面,广东省、深圳市、山东省的条例都规定人才培养开发应当遵循人才成长规律,坚持德才兼备,培养科学精神,提升综合素质,提高技术技能水平和创新创业能力。各类人才的培养主要涉及现代产业人才、创新型人才、企业人才、技术技能人才、乡村实用人才、社会发展领域的人才、青年人才以及用人单位的人才培养开发要求。

在人才引进和流动方面,各省市的条例可以分为3个板块:①人才引进;②人才流动;③人事档案管理服务信息化建设。人才引进方面,强调应当结合当地经济社会发展需要,开展人才引进工作,其中山东省重点突出引导用人单位精准引进人才和高水平创新团队,充分发挥市场在人才资源配置中的决定性作用;深圳市重点突出要制定和实施中长期海内外人才和团队引进计划;山东省提出要引进具有国际一流水平的领军人才和创新团队。但三地都强调人才的引进要坚持以经济社会发展为导向,实施精准政策、靶向引才,打破地域、户籍、身份、学历、人事制度的约束,增强和释放人才活力。

人才激励与评价,各省市的条例内容可以分为 3 个板块:①人才评价和激励的基本要求;②人才评价;③人才激励。广东省、山东省、石家庄市和深圳市人才激励与评价的基本要求都强调德才兼备,以人才的品德、能力、业绩和贡献为导向,注重标志性成果的质量、贡献、影响,克服唯论文、唯职称、唯学历、唯奖项等倾向,发挥政府、市场、专业组织、行业协会等多元评价主体作用,建立科学化、社会化、市场化的人才评价机制及评价责任、信誉制度,建立健全科学化、社会化、市场化的人才评价机制,发挥政府部门、用人单位、专业组织、行业协会等多元评价主体作用。

人才服务与保障,从 4 个省市的内容来看,可以分为 4 个板块:①人才服务与保障的基本要求;②人才生活便利服务;③人才工作便利服务;④违法惩戒。各省市的条例均强调应当建立健全人才综合服务保障体系,推动市场有序承接政府转移的人才服务职能,提高人才服务水平,营造有利于人才发展的社会环境;均强调为高层次人才提供便利。

## 三、重庆市人才工作政策现状及立法的必要性研究

### (一)重庆市人才工作政策现状

习近平总书记指出:"发展是第一要务,人才是第一资源。"

党的十八大以来,重庆紧紧围绕人才工作的目标,积极开展人才培养、人才引进与流动、人才激励、人才评价、人才服务与保障等工作,人才状况越来越符合经济社会发展的需要。截至 2018 年年底,全市人才总量达到 527.6 万人,占人力资源总量的 29.6%;中高级专业技术人才 86.7 万人,占专业技术人才的 50%;高技能人才 99.7 万人,占技能人才的 27.7%。其中"两院"院士 16 人,海外高层次人才计划入选者超过 200 人,百千万人才国家级人选 110 人,有突出贡献中青年专家 98 人,享受国务院政府特殊津贴专家 2 644人,中华技能大奖获得者 10 人。近年来,重庆市深入贯彻习近平总书记关于人才工作重要论述和视察重庆重要讲话精神,按照市委部署,始终把人才工作放在更加突出的位置,加快推进《重庆市科教兴市和人才强市行动计划(2018—2020 年)》,着力推进各项人才工作,坚持以事业用才、政策引才、平台聚才、环境留才,努力营造"近悦远来"的人才环境,健全工作机制、深化人才改革、强化人才引育、创新人才平台、优化人才生态等,诸多政策强力实行,为打好"三大攻坚战"、实施"八项行动计划"提供重要的人才支撑,促进了经济社会的和谐均衡发展。主要人才工作政策包括:

#### 1.人才引进与流动政策

长期以来重庆市相关部门都高度重视促进优秀人才的引进工作,制定了诸多政策,分别从引进待遇、引进方式、引进机制、服务和保障等方面不断优化人才的引进工作,具

体的文件主要包括：

①1998 年，为进一步壮大各类人才队伍，提高科技在经济中的含量和贡献率，更好地为科教兴渝和可持续发展战略提供人才保障，重庆市出台了《重庆市引进人才优惠政策规定》（渝委〔1998〕169 号）和《重庆市引进人才优惠政策实施细则》（渝府发〔1999〕61 号），将引进的形式分为人才引进和智力引进两类，明确了人才引进对象、引进待遇、引进人才经费来源。

②2009 年，重庆市出台了《重庆市引进高层次人才若干优惠政策规定》（渝府发〔2009〕58 号），明确了引进对象、引进方式、引进机制、引进待遇、经费来源、经费发放、保障服务等事宜。

③2009 年，重庆市出台了《重庆市百名海外高层次人才集聚计划实施办法》（渝委人才办〔2009〕17 号），明确了引进任务的推进计划、引进对象、工作机制、引进待遇、保障服务等内容。

④2017 年 4 月，重庆市政府出台了《重庆市引进海内外英才"鸿雁计划"实施办法》（渝府发〔2017〕14 号），明确了引进目的、引进机制、引进对象、引进待遇、服务保障、引进人才评估、经费来源等内容。

⑤2018 年，重庆市委、市政府发布了《重庆市科教兴市和人才强市行动计划（2018—2020 年）》，对引进对象、引进待遇给予了明确规定。

⑥《重庆市高校毕业生基层成长计划实施方案》（渝人社发〔2018〕263 号）提出，通过专业培训、岗位锻炼、评价激励、待遇提升、服务引领等措施，引导青年人才在基层成长锻炼。

⑦《推进全市乡村人才振兴若干措施的通知》（渝人社发〔2019〕44 号）规定：加大科技特派员选派力度，推动实施"乡村振兴百千万人才工程"，深入实施"首席规划师"选派项目，深入贯彻实施"高素质教育人才培养培训工程""全民健身卫生人才保障工程""现代农业人才支撑计划""边远贫困地区、边疆民族地区、革命老区人才支持计划"等项目，引导各类优秀人才向基层一线集聚。

2.人才培养开发政策

①2010 年根据国家人才的发展规划，重庆市政府出台的《重庆市中长期人才发展规划纲要（2010—2020 年）》（渝委人才办〔2010〕8 号）提出，构建终身教育体系，完善合作培养政策，优化教育培训资源。

②《重庆市工业重点产业人才队伍建设中长期规划（2011—2020 年）》（渝经信发〔2011〕72 号）提出，构建人才集聚发展战略高地，打造人才成长成才基地，建立人才创新创业平台及其保障措施。

③2013 年，重庆为对接《国家高层次人才特殊支持计划》，印发了包括"重庆市青年拔尖人才培养计划""哲学社会科学领军人才特殊支持计划""教学名师培养计划""科技

创新创业人才支持计划""百千万工程领军人才培养计划"等 5 个子计划在内的《重庆市高层次人才特殊支持计划》，由相关部门进行考核。考核方式采取年度报告、中期评价、终期考核方式进行。第二年进行中期评价，第三年进行终期考核，根据终期考核结果决定是否进行第二个周期支持。

④《重庆市科教兴市和人才强市行动计划（2018—2020 年）》提出，培养技术技能人才。

⑤《重庆市高校毕业生基层成长计划实施方案》（渝人社发〔2018〕263 号）明确，通过专业培训、岗位锻炼、评价激励、待遇提升、服务引领等措施，引导青年人才在基层成长锻炼；提出为艰苦边远地区农村定向订单培养全科医生、小学全科及学前教育公费师范生，引导退休人员参与乡村振兴，加强农业技术推广体系建设，引导各类人才向乡村聚集。

⑥重庆市政府印发了《关于推行终身职业技能培训制度的实施意见》（渝府发〔2019〕3 号）。目标是培养造就数量充足、结构合理、技艺精湛的高素质劳动者队伍。具体措施包括构建终身职业技能培训体系、不断完善职业技能培训机制、提升职业技能培训基础能力。

⑦中共重庆市委组织部、重庆市人力社保局、重庆市农业农村委员会、重庆市教育委员会、重庆市财政局联合印发了《推进全市乡村人才振兴若干措施的通知》（渝人社发〔2019〕44 号），提出大力提高乡村人才培养培训和农村教育水平。

⑧《巴渝工匠 2020 计划实施方案》实施紧缺高端技能人才开发工程，实施匠心逐梦工程等 6 项工程，目的是"十三五"期间，围绕"6+1"支柱产业、十大战略性新兴产业、十大战略性新兴服务业和七大特色效益农业等重点产业领域，创新机制，优化环境，加大紧缺高端人才培养、优秀技能大师激励、海外高层次技能人才引进力度。

### 3. 人才评价和人才激励政策

①《重庆市中长期人才发展规划纲要（2010—2020 年）》（渝委人才办〔2010〕9 号）提出，建立以岗位职责为基础，以品德、能力和业绩为导向，科学化、社会化的人才评价机制。

②《重庆市特殊人才职称评定办法》（渝人社发〔2017〕202 号）规定，市职称改革办公室负责重庆市特殊人才职称评定工作。专家组或受委托的评委会负责根据申报人提交的申报材料、单位考核推荐意见组织答辩，也可根据需要增设实地考察环节，同时，参照相关系列专业技术资格申报条件，对申报人的学术技术水平、业务能力、实际工作业绩、成果和贡献进行评价，实名投票表决。

③2018 年，重庆市科学技术协会发布了《全市科协系统认真实施科教兴市和人才强市行动计划的若干举措》（渝科协发〔2018〕72 号），提出支持学会有序承接政府转移职能，协助开展非公有制企业评定职称工作。

④2018 年，《重庆英才计划实施办法（试行）》提出，设优秀科学家、名家名师、创新创

业领军人才、技术技能领军人才、青年拔尖人才5个专项。2019年8月,重庆细化了该实施办法,公布了《重庆英才·优秀科学家项目实施方案(试行)》《重庆英才·名家名师项目实施方案(试行)》《重庆英才·创新创业领军人才项目实施方案(试行)》《重庆英才·技术技能领军人才项目实施方案(试行)》《重庆英才·青年拔尖人才项目实施方案(试行)》等重庆英才计划5个子项目的实施方案。这些方案的内容涉及筛选领域、筛选程序、筛选条件、人才奖励金、科研支持经费、课题和实验室申报、人才服务等方面。

⑤2019年1月,中共重庆市委办公厅、重庆市人民政府联合下发《关于提高技术工人待遇的实施意见》(渝委办〔2019〕3号),完善了技术工人和高技能领军人才的评价方法。

⑥重庆市政府印发《关于推行终身职业技能培训制度的实施意见》(渝府发〔2019〕3号),提出建立多元评价机制,建立以职业能力为导向、以工作业绩为重点、注重工匠精神培育和职业道德养成的技能人才评价体系,统筹完善职业资格评价、职业技能等级认定、专项职业能力考核等多元化评价方式,引导和支持企业自主开展技能评价并落实待遇。

⑦《重庆市社会工作专业人才分类评价实施方案》(渝民发〔2019〕13号)提出社工人才分类与评价标准。社会工作专业人才分为社会工作管理人才、社会工作教育与研究人才、社会工作服务人才3类。评价标准:政治素质、职业能力、服务绩效。人才评价的方式与方法:采用职业水平评价、岗位评价和社会评价相结合的方式进行。

⑧《关于印发重庆市医疗卫生人才分类评价实施方案的通知》(渝卫发〔2019〕33号)明确医疗卫生人才分类:按照医(临床、口腔、公卫、中医)、药、护、技专业分为6个类别的评价标准、人才评价方式和方法。

⑨2019年,《推进全市乡村人才振兴若干措施的通知》(渝人社发〔2019〕44号)提出,健全乡土人才分类评价认定指导标准,健全乡村人才分类评价认定指导标准,完善基层专业技术人才职称评审办法。

⑩《重庆市分类推进人才评价机制改革的实施方案》(渝人社发〔2019〕60号)对人才评价机制采取了以下改革措施:分类健全人才评价标准,以职业属性和岗位要求为基础,健全人才分类评价体系,建立涵盖品德、知识、能力、业绩和贡献等要素,科学合理、各有侧重的人才评价标准。完善人才评价诚信体系,科学设置评价标准,改进和创新人才评价方式,丰富评价手段,健全重庆市高层次人才评价机制,完善专家数据库,明确评价专家责任和信誉制度,实施退出和问责机制。

除此以外,重庆市还实施了以下人才激励政策:重庆市推进科技成果初始权益分配改革试点,将科研项目决定权、技术路线选择权、科研经费使用权与研发成果收益权赋予企业或产学研协同创新团体。探索实施国有企事业单位薪酬制度改革,实行人才特殊报酬单列管理。推进事业单位工资制度改革,明确了高层次人才激励性报酬、市外财政科研项目资金、绩效支出、引进博士学位一次性人才补助收入等项目不纳入事业单位绩效工资总量管理。建立绩效工资动态调整机制,提高事业单位人才干事创业积极性。在高校、科研院所和公立医院中选取部分单位开展岗位聘用考核试点,在岗位聘用中实现"能上能下"。

**4.人才服务与保障政策**

①2019年1月,中共重庆市委办公厅、重庆市人民政府印发了《关于提高技术工人待遇的实施意见》(渝委办〔2019〕3号),明确要求在重庆市人力社保局人才交流服务中心设立高技能领军人才服务窗口,落实相关待遇政策。

②2019年4月,《推进全市乡村人才振兴若干措施的通知》(渝人社发〔2019〕44号)明确要求切实提高乡村人才服务水平,建立区县、乡镇领导班子成员联系乡村人才制度,保持与在乡人才、返乡人才、下乡人才的密切联系。鼓励区县设立人才"一站式"服务平台,建立人才服务证制度,为乡村人才提供优质、高效、便捷的服务。

除此以外,重庆市还实施了以下人才服务和保障政策:实施人才服务证制度,针对高端人才住房、子女优先入学、家属优先就医和就业等方面提供服务。建立"基数不变、存量整合、精准投放、保障急需"的编制管理新模式,盘活市属高校周转编制。加强人才安居保障,出台人才安居政策。建立人才"近悦远来"的服务机制,构建多级联动的人才服务体系。建成市、区县"一站式"人才服务平台,为人才提供"一对一"服务。

以上这些政策,让重庆市的人才工作从人才引进与流动、人才培养与开发、人才评价与激励、人才服务与保障方面得到了长足的发展,增进了重庆市的人才质量、人才数量和人才管理水平,使重庆市的人才竞争力不断得以提升,有效地支撑了重庆市经济社会的发展。

## (二)重庆市人才工作存在的不足

### 1.重庆市人才发展存在的不足

①人才总量偏少,人才结构不优。目前,重庆市人才总量偏少,且在渝"两院"院士、海外高层次人才引进计划与周边的陕西、四川、湖北等省份差距较大,高端人才还不能适应经济社会高质量发展需要。每个市级重点实验室和工程技术研究中心的国家级人才平均不足1人。核心技术的创新人才、技术类创新型复合型人才缺乏,据测算,2019年大数据智能化等重点产业人才缺口达5.8万人。

②人才平台不够多。受历史原因和经济条件影响,重庆市大校、大院、大所较少,截至2019年年底,"双一流"高校和学科分别只有2所、4个,中央部门所属在渝院所3家,国家级重点实验室8个,国家级工程技术研究中心10个,国家级高新技术产业开发区4个,均少于陕西、四川、湖北等省份。优质高新技术企业总量偏小,居全国第17位。

③人才服务体系横向联动不够且体系不健全。市、区县、企业三级人才服务体系没有完全建立。部分区县人才工作力量薄弱,尚未建立人才"一站式"服务平台,个别区县没有专门的人才工作经办部门,人才服务无法落地兑现。部门联动协同服务人才能力不

强,部分单位不清楚人才政策,市级部门间、处室(单位)间仍未完全实现信息互通,少数部门、单位执行政策打折扣、搞变通,没有真正落实兑现。如高层次人才子女择校问题,由于受区域教学资源的限制,不能完全满足人才需求。

④人才工作的落实力度、信息交流工作质量和效率有待提高。人才工作的落实机制不够健全,人才工作联络员制度尚待深入落实,人才工作信息化建设还需要进一步构建平台—网络—数据库体系,从而提高人才工作的质量和效率。

### 2. 人才政策存在的不足

（1）人才政策碎片化问题

当前,重庆市人才管理工作碎片化问题比较突出,人才职能"九龙治水",人才政策政出多门、人才项目名目繁多等,人才政策分布在各类文件中,内容零散,效力层级不高,没有一个统一的法律法规来统筹这些人才工作内容,这使用人单位、劳动者难以通过一个窗口了解重庆市的人才政策和人才待遇,也为人才工作的执法与监督带来了困难。

（2）人才引进和流动政策存在的不足

①人才引进政策重点关注的是高层次人才(包括海外高层次人才),对于一般人才的引进政策关注度低。2017 年年初以来,各地不断推出新规新政,武汉、西安、长沙、成都、郑州、济南等约 60 城先后出台具有竞争力的人才引进政策,可以缓解城市家庭年轻人口断崖式下跌、人口快速老化的问题,从而增加地产需求,支撑土地财政,增加城市的消费。引进的对象以本科以上青年大学生为主体。与此前多数城市的高层次人才引进计划相比,本次引才范围广、规模大、门槛低、年纪轻。但京沪户籍政策放宽仍仅针对顶尖人才。引才政策优惠:"零门槛落户"及家属随迁、人才公寓、租房购房补贴、创业补贴和优惠贷款等。比如,武汉市承诺大学生八折买房;杭州市给本科生、研究生、博士分别补贴 1 万元、3 万元、5 万元。而重庆市吸引青年人才的政策较少。

②重庆市人才引进待遇的吸引力相比其他地区存在不足。重庆市的高层次人才引进政策主要是 1998 年、1999 年、2009 年、2017 年制定的,很多政策内容对当前的人才发展需要并不具有太强的吸引力。人才政策含金量有待进一步提升。以长江学者为例,深圳的奖励标准为 300 万元,云南为 100 万元,而重庆市只有 30 万～50 万元,无法对优秀人才产生有效的吸引力。再如,广州对在大湾区工作的境外高端人才和紧缺人才,其部分个人所得税由政府给予财政补贴,该补贴免征个人所得税。

③人才引进的渠道需要建立长效机制。按照国家就业促进法的要求,营造公平竞争、个人自主择业、单位自主用人、人力资源机构诚信引才、英才大会招揽人才以及设立海外引才联络站、海智工作站的多渠道引才格局,促进人才有序流入。但是这些人才引育主要靠政府引导,用人主体引育人才积极性不高,市场主导作用发挥不够,这种短期的人才引进方法不能形成畅通的、长效的人才引进机制。此外,目前重庆市知名的猎头公司还比较少,用人单位外包人才寻访业务的意识还不是很强。重庆市应充分发挥企业主

体招才引智作用,充分发挥群团和社会组织招才引智作用。

④人才向基层流动的政策支持不足。目前重庆市人才引进和流动的政策主要倾向于人才引进政策,对人才流动,特别是向基层流动、向偏远和艰苦地区流动,政策主要体现在《推进全市乡村人才振兴若干措施的通知》(渝人社发〔2019〕44号)上,但是缺乏相关的配套、细化政策。

⑤人才编制制约人才的引进和流动。一些高校、医院等事业单位的编制和职称未能与人才的引进同步增长,国有企业受人才编制的制约,人才引进难度大。

⑥人才政策重"引"轻"管"。重庆市制定了很多高层次人才引进政策,但是人才到一个城市关键是做事业,政策上应该创造这些引进人才做事业的机会,改变重"引进"轻"使用"、重"引进"轻"管理"、重"引进"轻"考核"的现状。

(3)人才培养和开发工作存在的不足

①重庆市在人才学历教育阶段的教学质量尚待提高。幼儿教育机构偏少,中小学教育中创新教学、科学技术教育、英语听说教育的质量与沿海地区相比有一定差距。2019年深圳市通过提高人才待遇方式大力提升中学教师质量,从北大、清华等高校引入大批人才。教育不仅助力人才成长,而且也解决了家长们的后顾之忧,提高基础教育质量,有助于吸引人才。高等教育机构较少,学科、专业、层次等尚待进一步完善,境外优秀教师引进的吸引力不足。

②金融产业是重庆市大力发展的产业之一,既是城市发展现代化水平的重要体现,也是实体产业发展的重要支撑,但是现有的人才培养开发政策中很少针对这类人才,其培养主要依赖于金融机构的自主培养。上海作为金融中心,实施了上海优秀会计人才培养计划、注册会计师行业优秀人才培养计划、会计高级人才后续能力提升计划、会计高级(后备)人才培养计划、大中型企事业单位总会计师素质提升计划。

③重庆市注重技能人才的培养,但是对企业新型学徒的重视不够。技术进步飞速,应该加强新时代掌握先进技术年轻后备工人队伍的培养。可以借鉴德国"双元制"职业教育先进经验,构建"招工即招生、入企即入校、企校双师联合培养"的技能人才培养新模式。也可如深圳采取"企校双师带徒、工学交替培养"方式,共同承担员工职业技能培训任务的技能人才培养模式。

④重庆市人才培养政策倾向于人才培养的具体举措,对人才培养的载体建设重视不够。目前重点学科、重点技能、重点实验室等发展不足,博士后流动站等高科技研究平台较少。重庆市应该加大政策扶持力度,从资金、场地、租金、配套服务等方面促进人才培养基地的发展,创业园区、产业园区作为人才培养的重要基地,鼓励创业创新企业入园发展。

(4)人才评价和激励工作存在的不足

①人才评价政策主要支持政府主导开展人才评价工作,市场在人力资源配置中的作用还不强,未能充分利用市场化的人才评价体系,社会组织难以参与人才评价工作,一些层次的人才难以享有人才评价的资格。

②人才评价标准分层细化不够,很多评价标准多年未修订,人才评价标准已经不能满足当前的人才发展评价需要。

③人才引进缺乏系统的评价体系。《深圳市人才引进综合评价分值表(2017 年)》主要从个人素质(文化程度及技术技能水平、技能竞赛、发明创造)、纳税情况(个人所得税,其所在企业纳税,深圳市依法登记注册个人独资企业的投资人、分摊企业已缴纳税额,个体工商户的经营者纳税)、参保情况、年龄情况(18～35 周岁)等指标进行评价。重庆市的人才引进政策可以借鉴此类做法,细化引进人才的等级。

④人才激励政策,主要是对引进人才的奖励、科研资助,对高层次人才及其团队的激励,以及事业单位绩效分配政策的调整,对科技成果的转化、收益权的分配、知识产权价值的实现等方面涉及较少,对其他层次人才的激励不足。

(5)人才服务与保障工作存在的不足

①人才服务和保障内容主要体现在为高层次人才提供人才服务证,为其提供保障居住、就学、就业、就医等服务,没有针对人才类型的差异性,提出差别化、精细化的人才服务举措,针对其他层级人才的服务和保障政策不足。

②人才服务政策中较少考虑引入社会力量来加强人才服务,主要依靠政府的力量来施行。当前通过借助社会力量,可以从资金、人才引进、人才培育、人才评价、人才服务等方面提高人才工作的质量和效率。

③人才服务的内容不具有竞争力。重庆市的人才服务和保障工作内容主要是为人才提供便利化服务,服务的层级较低,人才需要的法律服务、金融服务等目前政策尚未涉及,而且人才服务主要针对个人,尚未针对创业团队。

### (三)重庆人才立法的必要性研究

论证人才立法的必要性,可以从两个方面考虑:一是论证人才工作立法的对象基本稳定;二是综合比较法律手段与其他手段的优劣,论证立法比其他社会关系调整方式更为合理有效。

#### 1.人才立法所调整的法律关系基本清晰

人才立法主要调整国家在人才开发活动中所发生的各种社会法律关系,人才立法所调整的法律关系基本清晰。具体而言,政府、用人单位、社会组织、人才等主体在人才工作或人才相关活动中发生的权利义务关系,包括人才工作中的行政管理关系、人才活动中的经济协作关系、人才活动中的民事关系等。

#### 2.立法可以更好地解决重庆人才工作问题

重庆市始终把人才工作放在更加突出的位置,市委、市政府成立科教兴市和人才强市工作领导小组,由市长任组长,市委常委和副市长任副组长,统筹推进人才强市工作。

除了行政手段外,人才工作中人才及各用人主体之间的社会关系调整还可采用市场机制、立法手段等。其中立法手段,由于能够给予人才更强的预期和保护,很多人才工作中的根本问题,能够通过立法得到更好的解决。

(1)人才工作立法有助于建立长期、稳定的人才政策

人才政策变动性大,政策的连续性、透明性和可预期性差,人才工作政策的变动导致用人单位和劳动者难以形成有效的预期。人才工作立法,可以为人才发展提供更加具有稳定性和可信赖性的保障,有助于增强人才的安全感。奉法者强则国强,奉法者弱则国弱。通过人才立法,可以使重庆市的人才工作形成统一的、长远的、注重法治的人才治理格局,形成开放、包容、合理、科学的人才政策体系,增强人才、用人单位和人才工作者的安全感。

(2)人才工作立法有助于增强重庆市的人才吸引力

面对新一轮人才竞争,重庆市在人才制度供给、用人单位自主权发挥、人才发展环境等方面,都存在不少的差距和不足,重庆市人才政策含金量也有待进一步提升。通过立法,可以对各层次人才的发展进行统筹规划;通过立法,人才的奖励标准可以建立科学的奖励机制;通过立法,人才的评价机制和激励机制可以得到优化,从而有利于重庆市提升人才引进的吸引力。重庆市急需搭建一个体系完整、内容充实、效力层级较高的人才工作地方性法规来统筹引领重庆市的人才工作,为人才工作提供法律依据和保障。

(3)人才工作立法有助于引导用人单位重视人才建设和合法用才

构建人才工作的大格局、大平台,实现从关注人才数量到人才质量的转变,需要把组织部门、职能部门、用人单位等方方面面的积极性充分调动起来。用人单位主体作用发挥不够,部分用人单位,特别是企业存在"引进人才不如引进设备、企业发展靠人才不如靠技术"等急功近利的观念,人才投入不大,人才发展平台较少,引才、育才竞争优势不明显。人才工作立法向用人主体放权,为人才松绑,可以激发人才创新创造创业的活力。健全人才工作法规,增强针对性、时效性,完善股权激励、知识产权评估等机制,保护人才各项合法权益特别是加强知识产权保护。

(4)人才工作立法有助于建立动态的人才发展体制机制

灰色马尔科夫法和回归模型预测法预测分析,到2025年,重庆市科技人力资源供给总量在332万人左右,但需求总量超过350万人,供需缺口超过18万人。从人才的质量来看,重庆市一流科学家、科技领军人才极为匮乏,科技人才学历偏低、层次偏低,高学历、高层次人才数量与北京、上海等直辖市和四川、陕西等西部周边省份差距较大。从学历上看,以2016年R&D人员为例,博士生占比仅为7.27%,硕士生占比仅为14.38%,本科生占比达到47.27%。人才的引进、培育、使用、评价,通常随着人口规模、人口结构、经济发展需要等因素的发展而变化,人才发展体制和机制不是静态的、固定的,而是不断动态地调整。通过人才工作立法,有助于建立动态的人才发展体制机制,建立人才培养、使用、成长和发展的法律制度,有助于支撑重庆市经济社会的健康发展。

### 3.立法可以提升人才工作的治理能力

人才工作法制化和法治化,是人才工作的本质要求,也是人才体制改革的重要目标。党的十七大报告明确指出:要更好实施科教兴国战略、人才强国战略、可持续发展战略,推动我国由人口大国转向人力资本强国,人才问题已经上升到国家战略高度。《中共中央 国务院关于进一步加强人才工作的决定》(中发〔2003〕16号)明确指出:只要具有一定的知识或技能,能够进行创造性劳动,为推进社会主义物质文明、政治文明、精神文明建设,在建设中国特色社会主义伟大事业中做出积极贡献的,都是党和国家需要的人才。要坚持德才兼备原则,把品德、知识、能力和业绩作为衡量人才的主要标准,不唯学历、不唯职称、不唯资历、不唯身份。2016年,中共中央印发《关于深化人才发展体制机制改革的意见》(中发〔2016〕9号),提出要构建科学规范、开放包容、运行高效的人才发展治理体系,形成具有国际竞争力的人才制度优势,要加强人才管理法制建设,研究制定促进人才开发及人力资源市场、人才评价、人才安全等方面的法律法规,形成与社会主义市场经济体制相适应、人人皆可成才、人人尽展其才的政策法律体系和社会环境。由此可见,人才工作是一个涉及范畴广泛的、涉及对象众多的工作,人才工作需要站在战略的高度结合各地的实际情况统筹开展;需要各部门在人才战略的引导下,通过人才工作法律赋予的权力和责任规范化、阳光化地开展工作,使各部门的工作目标明确、工作分工科学、工作责任明晰,决策过程有规可循,权力运行公开阳光,执法行为审慎依法。2019年重庆市政府《关于人才强市工作情况的报告》中明确提出推进"重庆市人才工作条例"立法,提升人才工作科学化、法制化水平。

立法可以引导改革。人才工作法治化,有助于保障人才发展体制机制改革于法有据,破除制约创新发展的体制机制障碍,更好地推动和促进人才发展体制机制改革。在人才工作领域坚持运用法治思维和法治方式,可以推动、引领、统筹重庆市人才领域的改革和实践,能够提升重庆市人才发展工作的治理能力,促使人才培养开发、引进和流动、评价和激励等管理工作在各区县、各部门规范有序开展,优化重庆市人才发展的法治环境。

人才工作立法有助于人才工作队伍明确目标,提升人才管理服务的质量和水平。人才工作点多、面广、周期长,要避免出现谁都管或谁都不管、说起来重要做起来次要、眉毛胡子一把抓等问题,通过立法,可以明确各部门的人才工作目标、人才工作任务、人才工作责任。

## 四、重庆市人才工作条例立法框架的建议

"重庆市人才工作条例"(以下简称"条例")的制定,从本质来看是人才市场政策的法律化。它是一部以重庆市人才市场实际情况为基础,以解决切实问题为导向,依据有

关法律的相关内容,贯彻"放、管、服"有关要求,秉承合法、公平、诚实信用的原则在重庆市行政辖区内通过对人才"选、育、用、留"等活动进行规范,以促进人才培养和开发、加强人才引进与流动、完善人才评价与激励、健全人才服务与保障为目标的地方性法规。坚持把引进人才与培养人才通盘谋划,将留住人才与用好人才统筹考虑,放活人才管理与激发人才活力并重,大力推进人才制度创新、流程再造,着力突破制约人才发展的难点,打通束缚人才创新创业的堵点,努力让广大人才来得安心、留得放心、干得舒心,促进重庆市人才工作规范化、专业化和国际化发展和运行。为此,在研究重庆市人才政策现状和人才发展现状的基础上,本课题组在立法框架上拟提出如下建议:

### (一)条例的总体框架

人才工作条例不仅要关注人才工作的选育用留,还要关注人才工作的管理机制。2010 年,《国家中长期人才发展规划纲要(2010—2020 年)》明确提出了我国人才发展的指导方针是服务发展、人才优先、以用为本、创新机制、高端引领、整体开发,创新机制是人才发展的主要内容。2003 年,《中共中央 国务院关于进一步加强人才工作的决定》提出,人才工作内容涉及人才培养、人才评价和使用、人才流动、人才激励和保障、高层次人才队伍建设,也包括人才工作协调发展。

人才评价是对人才的素质、能力水平进行衡量,而人才激励主要是提高人才工作的积极性、主动性、能动性,两者是完全不同的工作内容。为了让条例结构更加明晰,建议重庆市的人才工作条例将人才评价和人才激励分为两个独立的部分。

另外,本条例作为立法,应该对违反本条例的行为进行一定的处罚,建议重庆市立法给出罚则,建议拟为惩戒。

由此,重庆市人才工作条例的框架可以由以下 9 个部分组成:总则、人才工作的管理体制、人才培养与开发、人才引进与流动、人才评价、人才激励、人才服务与保障、惩戒和附则。

### (二)条例各部分的框架

#### 1. 总则的立法框架

总则部分包括立法目的、适用范围、立法原则、纳入规划和纳入财政预算,共 5 条,主要是以明确本法的意图、适用的行政区域和业务范围、立法遵循的指导思想和基本方针,同时强调人才工作要纳入政府工作规划,并且有经费来源。

#### 2. 人才管理体制的立法框架

人才管理体制,将人才工作的宏观管理、政策制定、协调沟通、队伍建设等工作纳入此部分,明确人才工作的管理方向、管理机构、管理职能分工、工作方式等内容。其主要内容包括人才管理体制优化方向、领导机构、主要工作分工、配合部门、保障和落实用人主体自主权、推进人才工作联络员制度、人才工作情况报告和政策定期评估、人才工作优秀单位或个人的表彰8个板块。坚持科学的人才观，积极实施人才优先发展战略，破除束缚人才发展体制机制障碍，构建规范、高效、开放、创新的人才发展治理体系，形成具有国际竞争力的人才发展体制优势。市、区（县）设立人才工作领导机构，负责本行政区域内人才工作建设的宏观指导、协调督促、服务保障等工作，统筹推进各类人才工程项目和人才队伍建设。区（县）以上人力社保局负责人才的引进、流动、评价和激励工作的落实，区（县）以上财政部门负责人才资金预算、决算和资金执行监督工作，指导开展专项资金绩效评价；区（县）以上住房建设部门负责落实人才的住房优惠政策。工人联合会、共产主义青年团、妇女联合会、工商业联合会、文学艺术界联合会、科学技术协会、社会科学界联合会、文学艺术界联合会等人民团体以及行业协会等应当发挥自身优势，联系服务各类人才，做好人才的沟通、联络和促进发展工作。根据政社分开、政事分开和管办分离要求，推动人才管理部门简政放权，消除对用人主体的过度干预。发挥用人主体在人才培养、吸引和使用中的主导作用，全面落实用人单位的用人自主权。落实人才工作联络员制度，加强与各类人才的联系和交流，畅通人才工作的信息沟通渠道。重庆市人才工作综合主管部门应当定期发布重庆市人才工作情况报告，及时对人才政策、人才工作制度、人才工作资金使用、人才队伍建设等进行评估，及时完善人才工作，切实提高人才投入产出效益。鼓励区（县）以上人民政府建立人才工作奖励办法，对人才工作中具有突出业绩的单位和个人，按照规定给予表彰和奖励，让举才、荐才、育才、重才成为社会风尚。

**3. 人才培养与开发的立法框架**

为加强重庆市人才培养和开发，主要从人才培养开发的基本方向、基本途径以及根据人才类型分类培养3个方面构建条例内容。人才培养开发的基本方向是明确人才培养的方向；人才培养基本途径主要从基础性教育、职工培训教育、科研培养人才、非学历教育4个方面搭建体系；人才分类培养，是指根据创新型人才、高层次人才、青年人才等人才类型的不同，分别制订具体的培养方式。遵循人才成长规律，加强政治引领和政治吸纳，整体开发，高端引领，培养符合经济社会发展需求的德才兼备型人才。优先发展基础教育，加强基础教育人才队伍建设，建立健全基础教育体系，设置科学技术等创新能力培养课程，优化语言应用能力教育，提高基础教育水平。根据人才成长的基本规律，幼儿教育、中小学教育、高等教育、职业教育是人才培养与开发的基础。鼓励国内外优质高等学校在重庆独立办学、联合办学或设立研究机构，支持高等学校学科专业、类型、层次的动态调整，鼓励发展重庆市重点产业需求的专业，加快培养符合经济社会发展需求的人才。鼓励职业教育教学和人才培养模式创新，推动职业院校、技工院校与企业多种方式的合作，提升技术技能人才培养质量。促进两群地区教育发展，鼓励重庆市教育资源与两群地区共享，通过送教下乡、集中研修、网络培训等方式，提升两群地区教学质量，促进两群地区的教育发展。依法赋予企事业单位劳动人事自主管理权,鼓励企事业单位优化人力资源管理,加大职工培训力度,提高职工的职业素养,促进职工职业生涯发展。依托国家级开发平台,加快建设国家(西部)科技创新中心。支持高等院校、科研院所、企事业单位建设国家实验室、国家重点实验室、国家技术创新中心、国家产业创新中心、国家工程研究中心,设立院士工作站、院士专家工作站、博士后流动站、专家服务基地等平台,建立工程实验室、工程中心、技术中心、创新实践基地,加大专家工作室、技能大师工作室等的建设力度。发挥各类科研平台的人才培养作用,鼓励高等学校、科研机构以及其他企事业单位培养科技人才和创新团队。设立非学历教育的职业培训机构需向人力资源部门登记备案,通过规范内部管理和提高师资水平,提升办学质量,积极开展新兴职业教育,满足新兴产业的人才需求。鼓励高等学校、科研机构以及其他企事业单位组建科技创新团队。继续实施巴渝学者等高层次人才特殊支持计划,建立产业领军人才工程,培养开发自然科学、工程技术和哲学社会科学等领域的杰出人才、领军人才,推动各产业高端人才的培养、集聚。支持青年人才成长,鼓励用人单位建立青年人才成长规划,设立巴渝青年学者计划,鼓励各类人才培养计划、研修计划、人才工程、项目支持计划,科技表彰中安排一定名额支持青年人才。围绕产业发展的人才需求,加强重点行业、重要领域、战略性新兴产业的人才培养开发,推动产业发展与人才培养相衔接。深入实施"巴渝工匠"计划,鼓励设立技能大师工作室、技师工作站、劳模和工匠人才创新工作室等技能人才培养基地,支持实施专业技术人才知识更新、技术改造、技艺交流等活动。整合资源,建立健全农村实用人才培训体系;引导农村高技能人才"传帮带",建立现代农业人才支持计划,培养开发服务农村经济社会发展的实用人才。加强对渝东南、渝东北地区人才培养开发的帮扶,通过挂职锻炼、对口支持、交流学习等方式提升渝东南、渝东北人才工作队伍素质,通过职业技能培训、专业培训、送培计划等提升渝东南、渝东北人才知识和技术技能水平。

4.人才引进与流动的立法框架

为集聚优秀人才,建立人才引进的长效机制,条例将从人才引进和流动的基本要求、人才引进、人才流动和保障措施4个方面着手构建,从而促进重庆市人才引进和流动工作规范、有序开展。人才引进包括人才引进的主要类型、主要方式、引进渠道;人才流动主要包括人才流动的各种方式;人才引进和流动的保障措施主要包括人事档案管理信息化建设、资格认定等内容。人才引进与流动应当充分发挥人力资源市场在人才资源配置中的作用,破除户籍、地域、身份、学历、人事关系等制约,坚持市场公平竞争、单位自主用人、个人自主择业、人力资源服务机构诚信服务,促进人才顺畅、有序、合法引进和流动。坚持以经济社会发展需求为导向,制订中长期海内外人才和团队引进计划,深入开展引才工作。定期发布紧缺人才需求目录,搭建紧缺优秀人才引进平台,优先引进高层次创新创业人才和紧缺急需人才。支持大学生和留学人员在渝就业创业,留学生创业享受大学生创业同等的优惠政策,留学人员所在企业按照规定享受相应的专项资金扶持和土地供应政策。鼓励高校、科研院所和其他企事业单位采用特聘岗位、流动岗位等柔性引才方式引进人才,支持高等院校、科研院所及企业等在海外创办或者共建研发机构,使用海外优秀人才。发挥用工单位招才引智的主体作用,发挥群团组织联系人才的桥梁纽带作用,鼓励人力资源服务机构等社会力量以多种形式参与人才引进工作。依照有关规定,政府可以吸引非公有制经济组织和社会组织中的优秀人才进入国家机关、国有企事业单位。按照有关规定,高等院校、科研院所等事业单位可以聘请具有创新实践经验的企业家、科研和技术技能人才担任兼职教师或者兼职研究员。依照相关规定,高等院校、科研院所等事业单位工作人员可以在规定期限内离岗或者兼职创办科技型企业,离岗期间取得的业绩可以作为专业技术人员职称评审、岗位竞聘的重要依据。在规定期限内返回原单位的,接续计算工龄,并按照所聘岗位等级不降低的原则,结合个人条件及岗位空缺情况聘用至相应等级岗位。促进人才向基层和艰苦岗位流动,鼓励和支持重庆市优秀人才到基层一线、小微企业创新创业、提供专业服务,提高基层一线人才保障水平。加快人事档案管理服务信息化建设,建立动态化档案管理机制,落实档案转移接续办法,为人才跨地区、跨行业、跨体制流动提供便利条件。重庆市委人才工作领导小组根据经济社会发展情况对人才引进政策进行动态调整,对"高精尖缺"人才或人才团队的引进,可以在引进程序和支持政策等方面一事一议,实施精准靶向引才。人才来渝就业创业的,按照有关规定对其原在市外获得的专家称号和专业技术职务任职资格予以承认;市属、区(县)属事业单位中、高级专业技术人才流动到乡镇基层事业单位,相应等级岗位无空缺的,可按规定使用特设岗位聘用。加强人才服务体系建设,为海内外人才赴渝创业就业提供优质服务。外籍人才来重庆工作,要加大其在华工作许可、永久居留申办、签证证件办理、执业资格认证等方面的创新力度,加快重庆国际人才集聚高地建设。

### 5.人才评价的立法框架

人才评价主要包括基本导向、评价流程、职称评价、人才工程项目评价和人才评价专家管理措施5个方面,构建系统的人才评价体系,满足重庆市当前的人才发展评价需要。通过明确开展人才评价的时间、方法和标准来确定评价流程;通过明确职称制度改革、评价主体、评价形式、资格互通等内容来确定职称评价的要求。人才评价应当坚持职业道德、工作能力、工作业绩导向,注重代表性工作成果的质量、贡献和影响,不唯论文、职称、学历、奖项,发挥政府、用人单位、行业协会等评价主体作用,分类建立人才评价机制。人才评价应当科学合理设置周期,坚持过程评价和结果评价、短期评价和长期评价相结合,对产出成果周期较长的,可以采用后评估方式,适当延长基础研究人才、青年人才等评价周期。人才评价内容和标准要结合岗位特征和行业特征分类设置,应当将同行评价、市场评价和社会评价等纳入评价要素。深化职称制度改革,按照分类评价标准,完善社会和行业认可的职称评审方式,突出用人单位在职称评审中的主导作用,畅通非公有制经济组织和社会组织人才申报参加职称评审渠道。符合条件的高等学校、科研机构、医院、新型研发机构、国有企业、高新技术企业、大型骨干企业可以自主制定职称评审标准、组建评审机构及评审专家库、开展职称评审。经重庆市人力资源主管部门批准,具有较强代表性和影响力的行业协会、学术团体等,可以承接专业技术人员水平评价类职业资格评定工作,重庆市人力资源主管部门应当对其职业资格评定工作进行指导监督。建立"定向评价、定向使用"的基层职称制度,深化基层岗位设置改革,在基层增设高级岗位,打通基层人才晋升通道。重庆市人力社保部门及相关职能部门应当推进水平评价类职业资格社会化管理,推进职业资格与职称制度衔接、技能人才与专业技术人才职业资格互通,取得高级工以上职业资格的技能人才可申请评定工程技术员以上专业技术资格,具有专业技术资格的人才可申请鉴定高级工以上的职业资格。组织实施人才工程项目的部门应当健全评选机制,注重分类评价,建立人才动态考评调控机制。区(县)以上人力资源主管部门应当加强人才认定和评价的专家数据库建设,建立并落实专家评价责任和信誉制度。

### 6.人才激励的立法框架

人才激励部分,强调对高层次人才等各个层次人才及其团队的激励,突出科技成果的转化、收益权的分配、知识产权价值的实现等方面,使人才的价值得到最大的尊重和实现,为人才带来更多的经济价值。主要内容包括人才激励的基本导向、荣誉和奖励、科技成果管理、绩效工资和绩效支出、支持人才工程项目的激励举措,共5个方面。科研成果的管理包括成果转化奖励、奖励的税收规定、收益权分配、知识产权价值的实现。人才激励应该坚持以尊重和实现人才价值为导向,最大限度地激发和释放人才创新创业活力,容忍失败、鼓励创新,加大对人才的奖励力度,让人才价值得到充分的实现。区(县)以上人民政府应按照相关规定制定人才激励政策,建立人才荣誉和奖励制度,对有重大贡献的各类人才授予荣誉称号,并给予奖励。重庆市政府发布"科技成果转化奖励指引",用人单位依照指引制定本单位奖励和报酬制度。鼓励、支持用人单位通过股权、期权、分红等中长期激励方式,或者采用年薪制、协议工资制和项目工资制等分配方式,激发人才创新创业活力。高新技术企业转化科技成果,以股份等股权形式给予本企业相关科研人员奖励,科研人员可以按照规定递延或者延期缴纳个人所得税。除涉及国防、国家安全、国家利益、重大社会公共利益外,由市、区(县)财政性资金资助的研究项目所产生的科技成果,可由研究项目所在单位自主决定科技成果的使用权、收益权和处置权。严格实行知识产权保护,鼓励知识产权证券化,加强知识产权代理、咨询、鉴定、评估、质押等专业服务,创新知识产权投融资产品,完善知识产权信用担保制度,促进知识产权价值实现。根据绩效工资相关制度的规定,事业单位可以自主制定激励人才的绩效工资内部分配办法。利用财政资金设立的科研项目,劳务费预算不单设比例限制,科研人员绩效支出不单设比例限制,不纳入单位绩效工资总量调控管理。区(县)以上人民政府应当采取人才津贴、科研补助、贷款贴息等方式支持重点人才工程。

### 7. 人才服务与保障的立法框架

为提高重庆市人才服务的竞争力,差别化、精细化的人才服务和保障举措有利于优化重庆市的人才发展环境。主要包括:人才服务和保障的基本要求、支撑体系、落实人才服务和保障的举措、社会力量参与,共4个方面,从而将人才服务和保障落到实处。其中支撑体系包括服务权利和责任清单、服务信息建设、人力资源服务业发展;落实人才服务和保障的举措包括人才便利服务、住房保障、法律援助服务、人才金融服务、创业场地补贴等;社会力量参与包括吸引优秀项目和科技成果落地实施、加强人才工作信息化建设、鼓励社会资本参与、设立人才创新创业基金等。建立"近悦远来"的人力资源服务和保障机制,构建多级联动的人才服务和保障体系,通过"线上+线下"方式打造"一站式"人才服务平台,为人才发展营造良好的环境。制定并实施人才分层分类服务管理办法,推动人才服务工作可持续、精细化、差异化发展。区(县)以上人民政府应当建立人才管理服务权力清单和责任清单,规范人才培养与发展、人才引进与流动、人才评价、人才激励、人才服务与保障等环节的行政审批和行政收费事项。区(县)以上人民政府应当积极宣传人才发展政策、法规,开通人才服务专线,畅通人才信息沟通渠道,对人才提出的要求建立按责转办、限时办结、回访督察机制。积极培育各类专业社会组织和人力资源服务机构,培养人力资源服务业人才,鼓励其有序承接政府转移的人才培养、评价、流动、激励等职能。区(县)以上人民政府及其公安、人社、教育、外事、税务等主管部门应当按照各自职责,按规定在人才落户、出入境、长期居留、永久居留、医疗、配偶随迁、子女入学、社会保险、职称等方面提供便利化服务,落实相关人才待遇。为持有"外国人永久居留证"并在重庆市工作的外籍人士提供便利化服务,完善国际学校、国际医院、国际社区建设,提升人才环境国际化水平。区(县)以上人民政府可以通过货币补贴、人才公寓、公租房等方式,建立多层次、多样化、广覆盖的人才安居保障。人才因知识产权保护等需要相关法律服务或者法律帮助的,可以依照有关规定申请法律援助机构安排法律援助人员提供法律服务或者法律帮助。健全并实施"人才贷"金融政策,完善人才创业贷款风险补偿机制,创新、优化人才金融服务。获得市级人才工作主管部门认定的创业资助、团队资助和重庆市创新科研团队资助的企业,政府鼓励其入驻相关创业产业园,并按照企业实际支出的场租给予创业场租适当补贴。鼓励举办创新创业大赛、提供创新创业服务等方式,吸引优秀项目和科技成果在重庆市落地转化,区(县)人民政府可以按照有关规定给予各方一定奖励。加强人才工作信息化建设,完善人才数据库和人才工作网,提升人才工作管理和服务效能。鼓励社会资本投资建设人才公共服务和保障平台,经批准的项目,可按有关规定申请政府财政性资金补贴。市、区(县)人民政府可以发挥政府投资资金的引导作用,吸引社会资本参与。设立人才创新创业基金,支持海内外创新创业人才赴渝创新创业。

8.惩戒的立法框架

人才工作要有法可依,更要有法必依。本部分包括人才工程项目的惩戒、人才失信的惩戒、用人单位弄虚作假行为的惩戒和行政人员违规的惩戒,共4个方面。这些规定可以让人才工作的参与单位、个人坚守诚信,合规、合法地从事人才工作,为人才工作合法合规开展提供保障。

**课题负责人:**唐雪梅
**课题组成员:**胡大武　熊　辉　朱利丽　张红涛　袁　熳

此课题为2020年重庆市人力社保局"人力资源服务标准化服务指南及重点课题研究"重点课题项目,2020年7月结题。

# 第二章 队伍篇

# 重庆市科技创新人才发展研究

　　**摘　要**:党的十九大以来,重庆市人才事业发展驶入快车道,但对标建设具有全国影响力的科技创新中心的目标要求,还存在一定差距。站在新的历史起点上,重庆市要实行更加精准灵活的人才集聚政策、培养造就高水平科技创新人才队伍、激发科技人才创新创业活力、持续营造科技创新人才"近悦远来"发展生态,为科技创新中心建设提供人才保障和智力支撑。
　　**关键词**:重庆　科技创新　人才　发展

## 一、重庆市科技创新人才发展现状

　　党的十九大以来,全市大力实施科教兴市和人才强市行动,深入实施重庆英才计划,高水平举办重庆英才大会,营造"近悦远来"人才生态,全市人才资源新增52.93万人、总量突破565万人,新增国家级人才计划等高层次人才2 780人次,引进紧缺急需人才2.7万名,取得月球上第一株嫩芽、世界首个新冠肺炎病理样本库、中国第二座汽车风洞等重大科研成果。总的来看,建设具有全国影响力的科技创新中心,重庆市在人才创新发展方面具备一定基础和优势。

### (一)科技创新人才工作领导机制不断健全

　　成立重庆市科教兴市和人才强市工作领导小组,由市政府主要负责同志担任组长,相关市领导担任副组长,"三位一体"推进科技、教育、人才工作。成立市科技领导小组、市科技体制改革专项小组,由相关市领导担任组长,统筹推进科技创新人才工作。市人大、市政协定期听取人才强市建设情况汇报。各区县对应成立领导小组,各级各部门协同推进科技创新人才工作的局面加快形成。

### (二)科技创新人才数量增长较快

加快建设科技创新人才培育引进优质平台,持续举办智博会、重庆英才大会、"一带一路"国际技能大赛、"百万英才兴重庆"引才活动等,大力集聚科技创新人才。2015—2019年,重庆市R&D人员年均增长11.8%(图1)。党的十九大以来,重庆市新入选"两院"院士3名,实现连续14年本土院士"零入选"的突破。

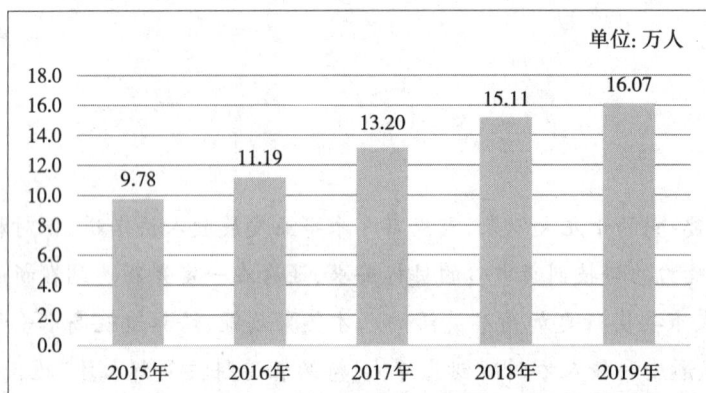

图1　近年全市 R&D 人员数量

### (三)育才引才用才政策体系基本建立

目前,初步形成了以"重庆英才计划"为品牌的"1+N"政策体系,先后推出院士带培、博士后创新支持等育才政策,《重庆市引进高层次人才若干优惠政策规定》、"鸿雁计划"、留学回国人员创业创新支持计划等引才政策。探索事业单位编制周转制度,推进事业单位岗位管理、高层次人才薪酬激励、高校和科研院所职称自主评审等人才发展体制机制改革,建立特殊人才、海外人才、博士后人才职称评审"绿色通道"。首次面向人才设立以市委、市政府名义表彰的"重庆市杰出英才奖"。

### (四)科技创新人才服务持续优化

出台人才安居、"人才贷"等政策,着力解决人才住房和融资难问题。出台重庆英才服务管理办法,发放"重庆英才服务卡"4 100张,累计提供子女教育、医疗、交通、旅游等服务保障6万余人次。成立市院士工作服务中心,建立"重庆英才网",打造市、区县两级"一站式"人才服务平台,组建1 600人规模的服务专员队伍,定期举办专家智汇沙龙和专家休假疗养活动,线上线下人才服务质量和水平不断提高。

## 二、科技创新人才发展存在的主要问题

虽然重庆市科技创新人才发展具有一定基础，但对照建设具有全国影响力科技创新中心的目标要求，还存在明显短板。一方面，优质科研平台偏少，对人才的吸纳能力偏弱；另一方面，从软实力看，引才政策、培养机制、激发活力、服务保障、责任落实等方面系统集成不够。

### （一）引才政策实效性不够，对人才的吸引力不强

一是引进对象不够精准合理。2009 年出台的《重庆市引进高层次人才若干优惠政策规定》沿用至今已超过 10 年，人才分类不够精细的矛盾越发突出，且主要聚焦职称、头衔、所获奖项、工作经历等，与创新发展需求不适应。2017 年制订的"鸿雁计划"主要支持企业引进人才，没有覆盖科技创新人才密集的高校、科研院所、医院等事业单位，且仅以薪酬为标准认定人才，行业领域划分宽泛，房地产企业高管等高收入群体入选较多。上述两项政策主要支持高层次人才、成熟型人才，对在科技创新中发挥中坚作用的青年人才覆盖较少。相比而言，杭州市高层次人才分类目录分为 5 个层次，对社会民生和产业发展细分领域人才的关注度及重视度都高于重庆。比如，在产业发展细分领域人才方面，分类目录纳入了助推军民融合产业发展、军队的科技进步奖、军队高层次专业技术人才等内容，同时还将网络作家、民航飞行员、集成电路人才等一并纳入。

二是对引进人才的支持力度偏弱。66% 的调研对象反映重庆市现有引才政策没有比较优势（图 2）。重庆市对引进人才，由用人单位提供住房，安家补助费最高为 200 万元，但需要用人单位承担至少 50%；"鸿雁计划"入选人才，市、区县财政最高补助 200 万元。实际执行中，用人单位往往未能全面落实人才住房或安家补助。政府为人才提供的服务和资助偏于生活保障，在科研项目、平台配套方面较为缺乏，且个税奖励、配偶随调等政策落实力度还需加强。相比而言，合肥、成都、武汉、西安、深圳等引才政策力度普遍较大，例如多个地区对引进的高层次和急需紧缺人才提供人才公寓，工作满 5 年以上，按其贡献可以不高于入住时市场价格购买或者赠予产权。上海在光子科学与技术等 13 个重点领域，可根据高层次人才需要定制实验室。广东、浙江对引进的高层次人才和团队，给予最高 1 亿元资助，深圳、杭州、合肥等地在省级支持的基础上，还可提供最高 1 亿元的配套支持，人才虹吸效应较强。

三是市场化引才机制不健全。政府和用人单位在引才工作中，运用市场发现、市场评价、市场认可的手段方法偏少。2018—2020 年，重庆市使用过猎头服务的用人单位不足 40%。市级引才政策中，仅有"鸿雁计划"规定，对入选人才的用人单位按照引进人

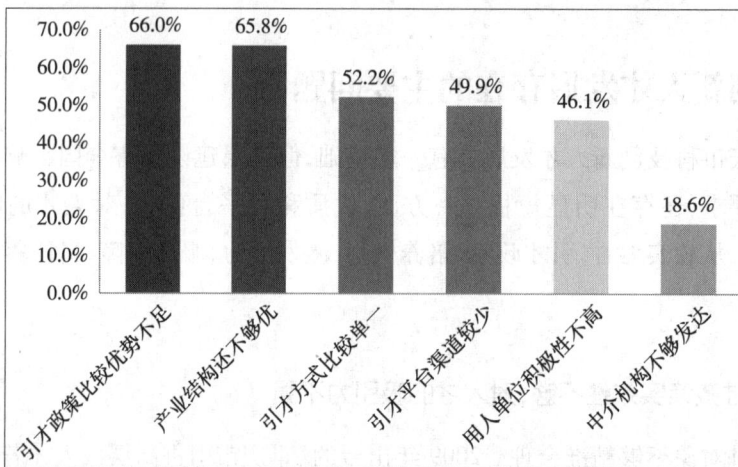

图2 重庆市在引才方面存在的主要问题调研结果

才年薪的5%给予经费补助,且奖励的比例较低、申报的门槛较高、兑现落实较难,全市缺乏对猎头机构的专项奖励。从人力资源服务产业看,多以招聘、派遣、培训、人事代理等为主,低端化、同质化现象较为突出,人才测评、高级人才寻访、管理咨询等中高端服务产品供给不足,全市高端猎头机构偏少,对猎头行业的培育力度不大。相比而言,西安对用人单位及中介机构每引进落户1名A、B、C类人才,分别给予100万元、50万元、20万元奖励;人才中介机构引进D类人才按每名1 000元给予奖励,在推动开放引才中成效明显。

### (二)人才培养机制不健全,领军人才涌现较少

尽管重庆市人才资源总量增长较快,但国内外一流创新团队和领军人才缺乏。目前在渝"两院"院士数量远不及湖北、四川、陕西等周边省份。在国家自然科学基金中,重庆市承担的重大项目数偏少,杰出青年基金获得者偏少,国家级人才增长缓慢。

一是产教融合培养不够深入。高校专业设置与产业对人才的需求分析衔接不够紧密,专业设置的适应性不足,不能及时跟上产业升级速度。高校对产业人才的学科专业及需求规模缺乏深入调研,有的专业设置重复率较高,课程设计对产业的针对性、适用性不强。如早年的工商管理、计算机应用等专业的人才培养规模过大。2020年,全市理工农医类本科在校生占比仅为48.4%,预计2022年大数据智能化类专业博士、硕士毕业生仅有5 000人,届时智能产业集群人才供需矛盾将更加突出。相比而言,上海探索校企联合招生、联合培养模式,鼓励不同类型高校差别化发展,建设若干标志性学科,同时建立高校学科专业动态调整机制,推进部分普通本科高校向应用型高校转变,促进人才培养更加符合产业发展需要。

二是人才培养缺乏统筹和稳定支持。重庆市现行的科技创新人才培养和科研活动

支持渠道仍以申报为主,培养对象、资助方式、功能定位同质化现象突出,支持力度较弱,考核周期短,存在"重评审、轻培养""有遴选、无跟踪"的现象。部分项目集中于少数专家,部分青年人才获得支持机会相对较少,有的专家多头申报,导致人才"不是在申报就是在申报的路上""不是在评审就是在评审的路上",真正用于科研的时间不够。2019年重庆R&D经费支出为469.6亿元,而全国有6个省市R&D经费投入超过千亿元(图3),分别是广东(3 098.5亿元)、江苏(2 779.5亿元)、北京(2 233.6亿元)、浙江(1 669.8亿元)、上海(1 524.6亿元)、山东(1 494.7亿元)。

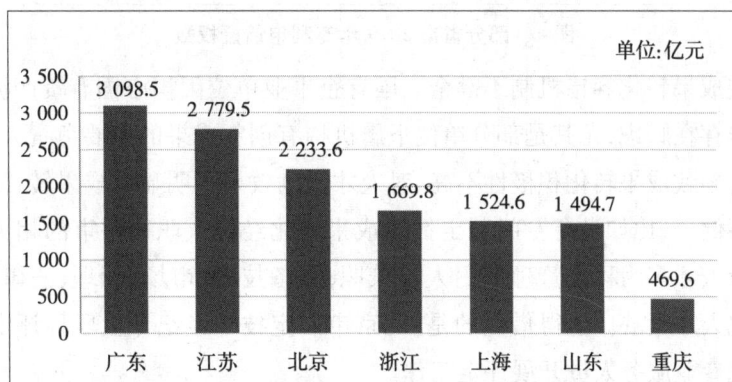

图3　部分省市2019年R&D经费投入比较

三是成果转移转化人才培养不足。2020年实施的《重庆市促进科技成果转化条例》虽从立法层面上鼓励引进培育提供科技中介服务的技术经纪人,但缺乏具体支持内容,现行成果转化支持政策多集中在"建设服务平台""建立考核评价体系"等方面,直接对成果转移转化人才的支持很少,导致转移转化人才特别是高端群体较为匮乏。以企业为例,2019年重庆市6 691家规模以上工业企业中,拥有知识产权管理人员的企业占比仅30.79%,平均每家企业拥有知识产权管理人员仅1.14人。知识产权服务从业人员2 400名中拥有执业专利代理师仅346名,获得律师、资产评估等资格人才仅60人。北京注重培养专业化机构和人才,建设创新网络服务平台,培育第三方服务市场,为创新型企业全生命周期提供优质服务;成都将国际化技术转移人才纳入"蓉漂计划"支持范围,值得借鉴。

### (三)人才激励机制不完善,创新活力激发不够充分

重庆市科技创新人才取得的重大原创性成果和达到前沿技术水平的发明专利产出不多。2019年全市专利申请授权数4.39万件,跟发达地区差距较大(图4)。每万人口专利申请受理数为21.53件,与全国平均水平29.96件相比存在差距。每万人口有效发明专利量为10.38件,低于全国13.76件的平均水平。

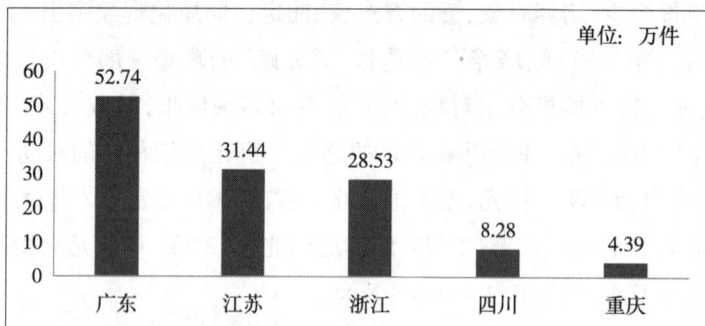

图4 部分省市2019年专利申请授权数

一是科技成果转化容错机制不健全。国有企事业单位因担心国有资产流失,对开展成果转化工作存在顾虑,尤其是部分单位下属机构有创新成果的主要负责人担心受人议论,顾虑更深,导致成果转化积极性不高,对人才激励效果不明显。成果转移转化人才职称评定制度不健全,比如没有专门制定针对成果转化经纪人职称评审的相关政策,高校成果转化专业人才多为科技管理部门人员兼职,具备技术、市场、管理、法律等综合能力的复合型转化人才紧缺。值得借鉴的是,北京市制定技术经纪专业职称评定规范,面向技术转移转化专业服务人员开展评定工作。

二是科研和人才项目激励力度不够大。在科研项目上,《重庆市科研项目及经费管理改革试点方案》明确的经费用途、经费使用、项目实施"三包干"制度改革,目前只针对部分市属高校、科研院所,试点项目仅包括市自然科学基金面上项目、杰青项目和少量紧急重大专项,涵盖面还不够广。在人才项目上,部分人才培养支持经费(除政府奖励金和科研经费外)资金使用办法不够明晰,有的单位账上资金结余较多,存在审计、纪检等方面的违规风险。人才项目经费用途不够灵活,范围比较狭窄,经费用途大多为人才日常活动开支,如外国专家项目支持经费用于补贴专家来渝的机票、工资、住宿费、伙食费等支出,按发票核销,科目间调剂需履行报批手续,管理较为复杂。

三是事业单位科研人才激励机制亟待改革。高校、科研院所绩效工资考核体系不够完善,部分单位对科研人员考核指标没有充分体现创新创业的评价导向。有的高校绩效分配方式较为传统,尚未对高层次人才、急需紧缺人才和工程应用型(或应用服务型)人才采用年薪制、协议工资、项目工资等灵活多样的分配形式。科技创新人才大量集聚在高校和科研院所,鼓励科技创新人才在高校院所与创新企业之间流动机制不活,特别是高校教师担心离岗创业返回后发展受影响,导致离岗创业积极性不高。

四是科技创新人才约束制度仍需加强。跨部门、跨地区、跨行业的科技诚信信息共享机制、联合调查惩戒机制有待优化。高等院校、科研院所、企业等尚未完全建立科技计划项目诚信常态化监督管理机制,用人单位开展科研诚信监督的主体责任落实力度有待加强。相比而言,北京市开展了首批"北京市科技计划项目经费监督诚信典型管理单位"

申请及备案工作,纳入"诚信典型"管理的单位,其内部审计机构出具的科技计划项目经费审计报告或经费总决算表可作为验收(结题)依据,在两年内免于本市科技计划项目验收(结题)经费审计。

### (四)服务保障不够精准有力,人才获得感不强

一是事业服务偏少偏弱。《重庆英才服务管理办法(试行)》确定的17项服务中,直接涉及事业发展的仅有金融支持、税费优惠、企业注册登记3项服务,风险投资、成果转化、创业辅导等服务供给不足。相比而言,合肥对引进的领军人才和创业团队,最高给予500万元资助和2 000万元创业引导基金支持;吸纳优质第三方科技服务机构,分创新创业辅导、商业管理咨询、科技成果转移转化、人才引进与人力资源管理咨询、财务管理、投融资及资本运作、市场营销及宣传、法律服务8个模块,服务高层次人才创新创业。

二是生活服务供给不优。人才住房保障房源结构不平衡,现有人才住房约9万套,中低端房源多、高端房源少,定向配租住房占67%,人才公寓占33%,有的是将低端闲置房源作为人才公寓,存量住房改造提升占76.7%,新建占11.1%,配建占1.8%,且位于辖区核心地段的较少(图5)。相比而言,深圳、西安等城市专门成立人才安居平台公司建设人才住房。杭州实行人才专项租赁住房用地出让供应,招标优质开发商建设人才住房,人才满意度较高。医疗服务质量不高,针对人才提出的"专家看病、随到随诊、检查拿药不排队"等要求还不能完全满足。北京、四川、安徽等地设置干部门诊,高层次人才参照当地厅局级干部标准,可在干部门诊就诊、入住干部病房。由于主城区公办学校学位紧张,人才子女入学难以制度化安排,成都市规定高层次人才子女在成都市就读幼儿园到普通高中期间有一次选择公办学校(幼儿园)的机会。

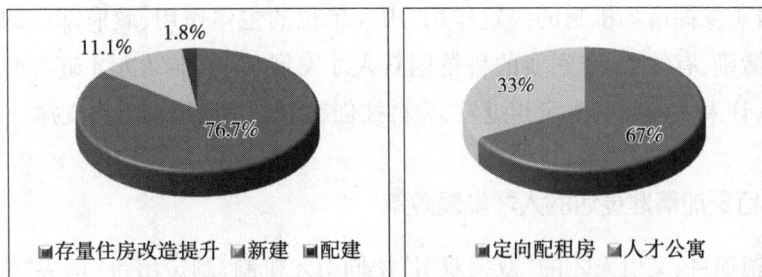

图5　全市人才住房筹集渠道和安居方式分布

三是人才服务模式有待创新。社会化、市场化、专业化人才服务中介机构不够发达,政府购买专业服务机构的创业指导、成果转化、人事托管等创业服务的机制尚不完善,缺少集人才发展政策和生活服务信息于一体的权威人才服务平台,以及风险投资与科研项目对接平台。相比而言,中关村将天使投资、知识产权服务机构、产业服务机构等认定为创新型孵化器,给予政策扶持,并为"瞪羚企业"提供全生命周期的政策支持。

### （五）工作责任夯实不够，齐抓共管合力不足

一是人才工作机构不健全。相关行业主管部门还没有建立专门的人才工作机构，全市科技创新人才工作力量、研究力量、服务保障力量不足，尤其区县的人才工作机构力量薄弱，人才工作者队伍能力素质有待提升。部分省市整合设立高规格人才工作机构，加强了人才工作力量。北京市将市委组织部、市人力社保局的人才工作相关职责整合，组建市人才工作局，作为市委组织部管理的机关。海南省将省人才工作领导小组办公室的职责、省人力社保厅的专业技术人才管理职责整合，组建省委人才发展局。

二是人才工作目标考核体系不健全。人才工作目标考核细化分解不够，督查考核不严，一些部门、区县、单位缺乏抓科技创新人才工作的主责意识，"就人才抓人才"的现象较突出，没有形成"围绕创新抓人才，抓好人才促创新"的良性循环。四川、山东、浙江等省市实行人才工作目标责任制，对地方党政领导班子和人才工作领导小组成员单位进行考核。浙江、辽宁、广西等地实行人才工作述职评议考核，对人才工作完成情况进行民主测评，考核测评结果纳入单位年度绩效考核或领导班子评价内容。

## 三、科技创新人才发展的总体思路及对策建议

深入贯彻习近平总书记关于科技创新"四个面向"的总要求，着眼于重庆市科技创新中心"一心两园多点"建设布局，以数字科技、生命科技、材料科技、装备科技、能源科技等为重点领域，以"高校+科研院所+创新型企业"为主引擎，以"西部（重庆）科学城+两江协同创新区"为主阵地，以"智能人才+技能人才"为重要生力军，以"博士+博士后"为创新骨干力量，着重发挥市场机制的决定作用、用人单位的主体作用、政府部门的推动作用，营造更加重激励、有约束、守底线的科技创新人才发展环境，推动人才链与产业链、创新链有机衔接，让人才创新活力竞相迸发，为科技创新中心建设提供有力支撑。

### （一）实行更加精准灵活的人才集聚政策

建立既招项目、又引人才的"双招双引"协同引才机制，制定出台"塔尖""塔基"人才政策，整合实施重庆英才集聚工程，加快集聚更多科技领军人才及创新团队。

**1. 出台重大科技平台人才集聚支持政策**

聚焦大科学装置、国家重点实验室等国家级平台人才需求。一是建立科技平台人才协同共享机制，在全市范围内择优选派相应学科专业人才参与平台工作，支持面向海内外柔性引才。二是对设在事业单位的重大科研平台，招聘急需紧缺人才可探索实行备案

制管理,纳入考核招聘"绿色通道"。三是建立长期稳定投入机制,每年定向给予科研经费支持,每年向平台定向投放一批市级科研项目,将平台设置的开放课题纳入市级科研项目进行管理,赋予科研经费使用自主决策权,不设比例限制。四是配套设立市级博士后科研工作站,优先推荐设立国家级博士后科研工作站,在重庆市博士后创新支持计划中拿出不低于20%的名额比例予以支持,在博士后研究项目特别资助中设立"重大科技平台专项",实行单独分组、单独评审。

### 2. 发挥住房在科技创新人才集聚中的重要作用

支持人才公寓规划建设与产业布局、高校和科研院所分布、人才结构相匹配,按照距离适中、交通便捷、环境优美的要求选址,同步配套完善商业、教育、医疗、文化、体育等公共服务设施。一是在西部(重庆)科学城打造"科学家小镇",为在科学城工作的"两院"院士等顶尖人才提供240平方米左右的高品质专家公寓,全职工作满5年可按成本价购买,全职工作满10年可无偿获赠住房产权。二是在重庆高新区、两江新区建设科技创新人才公寓房,为符合条件的高层次人才提供180平方米左右的高品质人才公寓,全职工作满5年后,可按成本价购买或享受租金半价减免继续入住。三是各区县根据人才需求筹建人才住房,符合条件的青年人才可申请租住并享受租金减免,在渝工作且租住满5年的,可按有关规定以成本价购买。四是在渝工作经认定的高层次人才,购买首套商品住房缴纳的契税给予全额补助,购买首套普通商品住房的不纳入个人住房房产税征收范围。

### 3. 健全高端人才及团队个性化支持政策

一是出台顶尖人才"一事一议"引进办法。聚焦战略性新兴产业和"卡脖子"领域,依托高能级创新平台,在科研平台、科研项目、团队建设、薪酬待遇、人才服务等方面提供全方位、个性化支持,大力引进能突破关键技术、发展高新产业、带动新兴学科的诺贝尔科学奖、发达国家院士、"两院"院士等国内外顶尖科学家及团队。二是出台领军人才集聚专项政策。推出一批市属国有企事业单位领导岗位,动态投放事业单位专业技术二级岗位,定向给予个税奖补、科研项目、科研平台、团队配备、人才服务等方面倾斜支持,面向全球招聘科技创新领军人才。三是制定科技创新人才团队支持政策,从科研项目申报、人才平台配置、薪酬激励、创业扶持、住房医疗教育保障等方面进行综合资助,实行"打包"支持。

### 4. 发挥市场化引才机制作用

一是构建"单位出榜、中介揭榜、政府奖补"的市场化协同引才机制,聚焦重点领域急需紧缺人才,由用人单位发布科技创新人才"求贤榜",人社部门为其在海内外贴榜张榜,猎头机构及个人"揭榜"招才荐才,财政部门给予引才奖励。二是制订"引才伯乐奖"实施办法,将用人单位自主引才纳入奖补对象,对第三方引才奖补范围由中介机构、用人主体拓展到重庆市各级机关企事业单位人员(不含从事组织人事人才工作人员),推动以才引才。三是成立重庆市引才联盟,发挥用人单位、人才中介机构、行业主管部门、海外引才机构等各自优势,实施"塔尖"人才全球寻访计划。

**(二)培养造就高水平科技创新人才队伍**

深入实施"院士带培计划",优化实施"重庆英才计划",培养造就更多国际一流科技领军人才和创新团队,培养具有国际竞争力的青年科技人才后备军,形成基础研究人才和创新型、应用型、技能型人才梯次培养格局。

**1.强化学科建设对人才培养的牵引作用**

一是加快新兴交叉学科建设,强化基础研究、关键核心技术领域人才培养。按照规模适度、超前布局的原则,重点强化量子科学、脑科学、纳米科学等基础前沿交叉领域及大数据、人工智能、集成电路、先进制造等新兴交叉学科建设,稳步扩大新兴领域人才培养规模。二是建立适应产业需求变化的高校学科专业动态调整机制,实行高校自主调、市场机制调、国家引导调相结合,不断优化学科专业结构。三是强化研究生教育。立足重庆市重大战略、关键领域和社会重大需求,争取设立更多硕士、博士学位授权点,稳步发展学术学位研究生教育,大力发展专业学位研究生教育,完善科教融合和产教融合机制,支持高校对研究生加强系统科研训练,以大团队、大平台、大项目支撑高质量研究生培养。

**2.实施青年创新型人才培养工程**

一是建立创新人才早期跟踪培养机制,聚焦西部(重庆)科学城重点建设的基础学科及前沿交叉学科,每年遴选一批有志向、有兴趣、有潜力的"本、硕、博"理工科拔尖学生,与科研平台签订"订单式"培养协议,可减免学费或提供生活补助,实行"定向培养、定向使用"。二是实施"博汇巴渝·智创未来"博士后培养专项,市级站实行"先招后设"备案制管理,高水平建设博士后创新创业园。优化博士后"日常资助",对大科学装置、国家重点实验室等平台的全职博士后,最长可稳定支持 6 年。三是对新入职从事科研工作的博士和新进站的博士后,可直接配套市级科研项目,并全力支持其加入各类创新创业团队,强化在使用中培养青年人才。

**3.实施战略性新兴产业人才提升工程**

一是出台中小企业"百千万"人才支持政策,带动培养 100 名左右高端研发领军人才、1 000名左右经营管理人才、10 000名左右技术技能人才,为"专精特新""小巨人""隐形冠军"中小企业提供人才支撑。二是从高校、职业院校与科研院所选派创新人才到科技型企业担任"科技副总",建立企业科技特派员选派制度,助力企业创新发展和人才队伍建设。三是培养造就科技创业人才团队,强化高校创业教育,引导创业人才与知名创投、企业家和科学家合作,从海内外筛选推介符合重庆市产业方向的科技成果转化意向投资。四是制定实施"巴渝工匠2025"行动计划,探索部市共建"智能+技能"人才培养综合改革试验区,建设一批"智能+技能"创新孵化空间,实现技术技能人才双向贯通、融合发展。对企业技能人才在发明创造、工艺革新等方面取得突出成绩的给予奖励,鼓励高技能人才申报应用型科研项目。

### 4.实施科技成果转移转化人才培养工程

一是鼓励高校组建科技成果转移转化专门机构,配齐配强转移转化人才队伍。二是鼓励风险投资到高校设立驻场岗位,派驻专人协同风投机构和高校科技转化部门推进创新成果转化。三是资助举办技术经理人高级研修项目,建设技术经理人学院,组建市场化运营的技术经理人行业协会,加快培养既懂技术又懂市场的复合型科技成果转移转化专业人才。四是研究制定全市技术转移转化人才职称评价标准,最高设正高级职称,引导人才持续提升专业技术水平。五是将技术经理人、经纪人、知识产权师等纳入重庆市急需紧缺人才引进目录和人才分类认定目录。

### 5.建立基础研究长期稳定支持机制

一是建立科研机构基本科研业务费稳定增长机制,扩大自然科学基金规模,支持小众科学、自由探索性研究,对尽全力攻坚但未取得成果的,可在不影响单位和个人科研诚信记录基础上申请中止项目,且不影响继续申请项目支持。二是延长市级人才项目、科研项目支持周期,聚焦关键技术领域遴选一批创新领军人才或组建一批高水平研究团队予以资助,免除中期检查,评估优秀的可再滚动支持。三是在基础研究领域建立科技创新人才长聘制度,支持高校、科研院所参照国际学术界通行的终生教职制度,探索对新招聘的青年科技人员建立相对长的初始聘期,形成良好的科研环境。

### 6.实施科技管理干部能力提升工程

计划5年内从东部发达地区引进50名高素质专业化干部来渝任(挂)职,从重庆市党政机关、高校、科研院所遴选100名发展潜力较大的科技干部赴国家部委和发达地区挂职锻炼,选派1 000名企事业单位科技管理人员赴市外培训研修,加快打造一支敢担当、懂科技、善管理的科技管理干部队伍。

### （三）激发科技人才创新创业活力

深化职务科技成果所有权、处置权和收益权改革,完善事业单位绩效工资水平动态调整机制。支持事业单位专业技术人员离岗创业,引导人才创新创业活力充分迸发。

#### 1. 建立优秀科技人才"直通车"支持机制

一是建立优秀科技创新人才举荐制度,每年从重庆英才计划、重庆英才集聚工程拿出一定名额,由"两院"院士、重庆英才·优秀科学家等高端人才、人才引进培养效果较好的企业和新型研发机构等,举荐优秀人才直接入选。二是对技术达到国内外领先水平、打造名牌产品、实现国产化替代,或突破技术壁垒进入国际市场、市场份额(技术推广)和产业化绩效在国内同行业中排名前列的标志性科技成果,主要完成人可直接提名市级科技进步奖。三是建立项目立项"绿色通道",对申报国家级科研或人才项目、进入最后一轮评审环节但未最终立项的,在申报相应市级科研或人才项目时,可直接认定立项支持。

#### 2. 加大新型研发机构及企业人才支持力度

一是全职在新型研发机构和企业工作的人才,在申报科研项目、人才项目、表彰奖励、成果转化、公共服务等方面,可享受与本土人才相同的资格待遇和扶持政策。二是民营企业人才申报职称评审不受户籍、地域、身份等制约。三是允许事业单位设立流动岗位,吸引有创新实践经验的企业管理人才、科技创新人才和海外高水平创新人才兼职,在研究生招生指标、"双师"职称评审等方面给予支持。

#### 3. 推行重大关键核心技术攻关"揭榜挂帅"制

一是探索构建"市场出题、政府立题、人才破题"的协同机制,对"揭榜"的人才充分信任、放手使用、加强服务,赋予人才在团队组建、科研经费、技术路线选择等方面的充分自主权。二是对"揭榜挂帅"领衔科学家不做国籍限制,深化项目经费使用"包干制"改革,开展基于信任的首席科学家负责制等试点,赋予领军人才技术路线决策权、项目经费调剂权、创新团队组建权。三是建立健全遴选模式,强化监督评估,完善揭榜合作存在的诚信、科研、法律等政策体系,减少法律风险。

#### 4. 建立科技人才容错纠错机制

一是对科技创新中出现的一些偏差失误,不违反法律法规,能够及时纠错改正的,不做负面评价,免除相关责任或从轻减轻处理。对财政资助的探索性强、风险性高的科技项目,原始记录证明承担项目的组织和科技人员已履行勤勉义务仍不能完成的,可予以结题,承担该项目的,可继续申请科技项目不受影响。二是对创新创业项目进行经费资助或风险投资,符合规定条件、标准和程序,但资助项目未达到预期发展效果的,在勤勉尽责、没有获取非法利益的前提下,免除决策责任。三是在高校、科研机构科技成果转让、许可或者作价投资过程中,单位负责人已按照规定履行勤勉尽责义务且没有获取非法利益的,不承担因科技成果转化后续价值变化产生的决策责任。四是加强科研诚信建设,进一步健全部门联合的信息共享、联合惩戒机制。

### 5. 健全高层次人才薪酬激励机制

一是对引进的科技领军人才按市场化方式确定薪酬水平,对引进的优秀创新团队,可按照"一事一议"的方式确定团队成员薪酬激励方案,所需绩效工资总量实行单列追加,并相应增核用人单位绩效工资总量。二是高校和科研院所绩效工资分配向关键创新岗位、做出突出贡献的科研人员、承担财政科研项目的人员、创新团队和优秀青年人才倾斜。三是加大高校和科研院所人员科技成果转化股权期权激励力度,科研人员获得的职务科技成果转化现金奖励、兼职或离岗创业收入不受绩效工资总量限制,不纳入总量基数。四是探索对境外高层次人才和紧缺人才实施税收政策激励。

### 6. 开展科技创新人才管理改革试点

优化实施重庆英才计划、重庆英才集聚工程,进一步健全人才引育政策体系。发挥"自创区""自贸区"政策叠加优势,在西部(重庆)科学城探索人才评价、外籍人才引进等方面先行先试。制定完善高层次人才分类标准,建立定期发布制度。探索实施符合条件的外籍人才担任事业单位性质新型研发机构和民办非企业单位法定代表人。

### (四)持续营造科技创新人才"近悦远来"发展生态

充分发挥政府"有形之手"和市场"无形之手"的重要作用,把服务保障作为人才集聚的基础性工作抓好抓实,以强化生活保障、助力事业发展为关键切入点,为人才在渝创新创业解除后顾之忧。

### 1. 优化事业单位科技创新人才编制岗位配置

一是统筹高校编制资源,用好编制周转制度,重点用于集聚战略科技人才、科技领军人才、青年科技人才。二是支持事业性质科研机构编制用于博士后人才引进,余编不足时通过"一事一议"方式,给予专门的编制支持。三是对建立岗位能上能下、人员能进能出灵活用人机制的事业单位,支持适当提高专业技术高级岗位占比。

### 2.打造科技创新人才国际交流合作平台

一是注重发挥"会展赛论"的引才窗口作用,高质量办好"一带一路"科技交流大会、"一带一路"国际技能大赛、重庆英才大会。二是支持高校、科研院所、科技社团等承办国际学术会议,吸引海内外人才来渝合作交流落户,持续加大国际组织人才培养推送力度。三是依托智博会、中新金融峰会、西洽会等,展示重庆良好人才生态,建立有来渝意向人才储备库,定期向企事业单位发布,建成一批具有国际影响力的集人才对接、项目合作、成果展示、智慧交流于一体的综合性平台。

### 3.健全专业化社会化人才工作机构

一是探索成立人才发展集团,实行市场化运作、专业化运营,向用人单位提供人才对接引进、人才项目运营、人才创业投资等服务,强化人才安居、子女入学、看病就医、人才寻访等服务保障。二是在西部(重庆)科学城设立"重庆科创人才服务平台",打造符合科技创新人才需求的"一站式"服务专窗。三是大力扶持人力资源服务产业发展,支持猎头公司等中介机构参与科技创新人才服务,提升全市人才服务市场化、专业化水平。四是在教育、科技、产业等行业主管部门强化承担科技创新人才工作的机构,配备精干力量,推进科技人才战略研究、政策制定和统计监测等工作。

### 4.组建科技创新人才发展基金

发起成立一定规模的科技创新人才发展专项基金,联合有合作意向的银行、融资担保机构,形成"基金+基地"和"投保贷"联动的人才创新创业投资基金运作模式。基金通过专业化人才发展投资公司,以股权投资、风险投资等市场化手段,主要投向在渝工作的国家级人才和重庆英才计划等市级人才项目认定的各类创新人才及创新团队,支持其在渝直接参与处于初创期或早中期的企业。

### 5.实施重庆英才"愉快办"

依托"渝快办"服务平台,建立市级部门、区(县)、用人单位三级联动的人才线上服务体系,打造重庆英才掌上服务 App,通过教育、科技、公安、人社、市场监管、医保等部门数据共享,推动关联事项"打包办"、高频事项"提速办"、所有事项"简便办",打通银行支付系统,进行流程再造,将办理时限缩至最短,让人才实现"进一张网、办所有事"。

**执笔人:**钟建川　吴云和　屈杨阳　杨明元　丁林华　邹　桥

# 重庆市数字经济人才发展研究

◎重庆邮电大学课题组

**摘　要:**千秋基业,人才为本。人才资源是经济社会发展的第一资源,当今时代,必须加快实施人才强国战略。本课题首先分析数字经济学术研究热点及国家层面政策供给,然后通过采集 2019 年 9 月至 2020 年 7 月重庆市数字经济供需人才数据,调研企业人才需求,进行重庆市数字经济供需人才画像,分析重庆市人才发展形势。调查结果显示,2020 年重庆市数字经济人才政策体系建设良好,人才发展势头向好,但政策环境、人才供需等方面仍存在不足,造成人才供给与人才需求存在一定的失配。为此,本研究从政策供给、产业培育、人才培育及评价机制等方面提出了重庆市数字经济人才发展思路。

**关键词:**数字经济　政策分析　人才画像　人才供需

# 一、研究背景

## (一)数字经济发展现状与趋势

### 1.国际数字经济发展现状与趋势

大数据智能化和数字经济蓬勃发展,深刻改变着人类生产生活方式,对各国经济社会发展、全球治理体系、人类文明进程影响深远。数字技术呈现爆炸式增长,数字资源成为生产活动关键要素,数字经济成为世界经济主流发展方向,国际竞争正全面转向数字经济领域。美国 2016 年起先后发布《联邦大数据研发战略计划》《国家人工智能研究和发展战略计划》《美国机器智能国家战略报告》;德国 2014 年发布《数字议程(2014—2017)》;英国 2015 年发布《英国 2015—2018 年数字经济战略》,2017 年发布《英国数字经济战略》；日本 2018 年起先后出台《日本制造业白皮书》《综合创新战略》《集成创新战略》《第 2 期战略性创新推进计划（SIP）》；法国颁布《数字法国 2018 计划》，着力推进大数据、人工智能、智能机器人、先进制造等数字经济战略性产业，数字经济已经成为国际竞争的制高点。

2. 国内数字经济发展现状与趋势

互联网及其相关技术飞速进步且广泛运用，正在塑造以数字经济为基础的新的产业形态和商业模式。2019 年中央经济工作会议明确提出"大力发展数字经济"，2020 年以来，中央和地方开始频繁出台有关"新基建""数据要素"和"数字平台监管"等政策措施，将数字经济的顶层设计逐步落实到具体举措。《中共中央关于制定国民经济和社会发展第十四个五年规划和二〇三五年远景目标的建议》再次提及发展数字经济，推进数字产业化和产业数字化，推动数字经济和实体经济深度融合，打造具有国际竞争力的数字产业集群。

2020 年 1 月 3 日，习近平总书记在中央财经委员会第六次会议上发表重要讲话，专题部署成渝地区双城经济圈建设，将其上升为国家战略。人才作为经济高质量发展的关键要素，是推动成渝地区双城经济圈建设的重要支撑。如何促进成渝两地人才资源有效整合，打破体制机制壁垒，更好地发挥成渝地区人才集聚效应，促进两地科技创新和建设现代化的产业体系，是成渝两地建设双城经济圈亟待解决的重要问题。2020 年 6 月 22 日，重庆市发展数字经济推进大会召开，市委书记陈敏尔出席会议并讲话，要打造一批数字经济发展战略平台，抓好新型基础设施建设，集中力量建设"智造重镇"，加快建设"智慧名城"，深化与大数据智能化领军企业战略合作，培育大数据智能化专业人才队伍，加速数字经济发展。

近年来重庆市不断加快人才引培布局，着力完善人才政策体系，加大人才引进与培养。如何科学系统地研究重庆市数字经济人才的供给现状、需求分析、评价指标和政策体系，对重庆市更好地引进及培养人才，促进成渝地区人才聚集效应的形成，引导产业和科技创新发展，加快推动成渝地区双城经济圈和西部科学城建设具有重要意义。

### （二）数字经济及数字经济人才界定

人才作为数字经济发展的基础和主体，是推动生态体系创新和产业发展的第一资源，是驱动数字经济发展的关键要素。因此，数字经济人才供需情况也成为政府、高校、企业及人才本身等多方关注的焦点。但是由于数字经济概念还没有统一的定义，因此数字经济人才的定义也急需探索。

从 2016 年 G20 杭州峰会《二十国集团数字经济发展与合作倡议》定义数字经济，再经过中国信息通信研究院近年的《中国数字经济发展白皮书》探讨,基本上形成了对数字经济特征的共识。数字经济的关键点是数据成为重要的生产要素,以数字化技术为驱动力,信息技术网络为载体,产生新型经济形态。

目前,数字经济人才没有一个标准的定义。赛迪顾问电子信息产业研究中心总经理杨桄永认为数字经济人才是"服务于数字经济领域,负责数字产业化和产业数字化发展的中高层管理人才,以及具有ICT专业技能的人力资源的统称",并将数字经济划分为三个层次,分别归类于数字经济核心产业、数字经济关联产业以及其他产业;《贵州省数字经济人才发展白皮书(2019)》认为数字经济人才分为数字产业化人才与产业数字化人才两大类;BCG(波士顿咨询)在《迈向2035:攻克数字经济下的人才战》中认为数字经济人才为行业业务与数字技术加网络的跨界人才;清华大学和领英相关报告认为数字经济人才需具备ICT专业技能和ICT补充技能。

总体来说,数字经济及数字经济人才的定义仍然在发展变化之中。综合借鉴前述研究结论,并考虑到数字经济的技术、网络特性,本研究认为数字经济人才应具备ICT相关专业技术,并能为产业数字化提供重要支撑。具体来看,本研究定义数字经济人才为具备数字经济核心产业领域大数据智能化12个智能产业的32个相关专业[1]及涉及市场营销、电子商务、行业信息化等相关专业背景的人才。

### (三)研究方法和数据来源

本研究首先分析数字经济人才研究热点,然后分析国家整体层面政策供给,最后分析重庆市数字经济人才产业、政策、人才供给侧、企业需求侧等特征。

运用用户画像的方法对重庆市数字经济人才供需状况进行分析,结合传统问卷调查及访谈调研,深度挖掘政府、企业和高校在数字经济人才建设中所面临的问题,并针对性地提出人才供需平衡发展建议。用户画像的构建一般包括用户基本属性、用户兴趣以及结合具体应用场景下的属性,不同领域场景下的构建维度也不一样。本研究主要从供给和需求两个方面对重庆市数字经济人才的发展现状进行画像分析。

首先,重庆市数字经济供给人才指重庆市各高等院校、高职院校围绕数字经济核心产业领域大数据智能化12个智能产业的32个相关专业以及市场营销、电子商务、行业信息化等相关专业所培养的2020届博士、硕士、本科、专科等各层次应届毕业生;供给人才数据来源于重庆市大学中专毕业生就业指导服务中心,包括学历层次、专业类别、就业流向等12个维度,共计63 603条数据。其次,重庆市数字经济需求人才指重庆市各高校院

---

[1] 《重庆市教育委员会关于开展本科高校大数据智能化类特色专业建设项目申报工作的通知》(渝教高函〔2018〕41号)。

所、科研机构等事业单位以及企业单位对数字经济人才的需求,以各企、事业单位招聘数据来反映需求;事业单位数据来源于重庆市 2019 年 9 月至 2020 年 7 月期间 65 所高等、高职院校以及各区县事业单位招聘考试网公布的人才招聘信息;企业数据是借助 Python 语言抓取 2019 年 9 月至 2020 年 7 月期间智联招聘、前程无忧、BOSS 直聘等网站发布的现代信息技术相关岗位的人才招聘信息①,抓取字段包括岗位名称、经验要求、学历要求等 9 个维度,并经过数据清洗最终得到有效数据 39 869 条。

此外,基于重庆市以大数据、智能化为引领的创新驱动发展战略行动计划和本科高校大数据智能化特色专业划分等政策文件,参考肖俊夫、盛楠、赵伟等学者对科技创新型人才的分类标准,结合数字经济人才的专业背景及职业属性,并体现现代数字网络技术的核心驱动作用,将数字经济人才划分为核心数字技术类人才、数字融合类人才、数字化营销人才和数字化运营人才②,分析不同岗位类别的人才发展情况。其中,核心数字技术人才指从事现代数字信息技术研发、基础理论研究等方面的人才;数字融合类人才指在行业中引入核心数字技术,研发行业领域新方法、新技术、新应用、新产品的人才;数字化营销人才推广行业领域新方法、新技术、新应用、新产品,并提供实际解决方案;数字化运营人才指以数字网络技术为基础,提升企业运营效率的应用型、复合型管理人才。

# 二、研究分析与结果

## (一)国内数字经济人才总体分析

### 1. 国内数字经济人才研究热点分析

(1)数据来源及研究方法

本研究组选取数据来源于 CNKI,以"数字经济"为主题,以南京大学"中文社会科学引文索引(CSSCI)来源期刊"和北京大学图书馆"中文核心期刊"收录为范围进行了高级搜索,发文时间为 1992—2020 年,最终筛选得到有效文献 293 篇。

(2)数字经济人才研究热点分析

①核心机构分析。通过国内各高校数字经济相关文献的发文量对比分析可知,国内

---

① 时间为 2019 年 9 月至 2020 年 7 月每月 5 日、15 日和 25 日的招聘数据。
② 由于企业的财务、法务、党群、后勤保障等岗位的人员具有较强的跨行业适用的特点,因此在本研究中将这些岗位的人员剔除。

以东中部中心城市的高校为主导,高校之间发文量差距相对不大,体现了数字经济人才研究成果产出受数字经济发展水平和科研能力约束的特点,且还没有形成绝对意义上的理论创新高地(表1)。

表1 数字经济研究核心机构发文量

| 机构 | 中国人民大学 | 武汉大学 | 北京大学 | 郑州大学 | 南京大学 | 复旦大学 | 四川大学 | 对外经济贸易大学 | 中国社会科学院研究生院 | 上海财经大学 |
|---|---|---|---|---|---|---|---|---|---|---|
| 发文量 | 13 | 11 | 9 | 9 | 8 | 7 | 7 | 6 | 6 | 6 |

②关键词分析。通过国内数字经济人才研究文献中高共词词频(表2)可以发现,一方面,人才研究的热点主要集中在"人才培养""大数据""信息技术""物联网""人工智能"等方面;另一方面,人才研究的高中心度关键词同样主要集中在"信息技术""人才培养"等方面。这表明这些关键词在研究中起到"桥接"的作用。

表2 国内数字经济人才研究领域关键词频次表

| 序号 | 关键词 | 频次 | 中心度 |
|---|---|---|---|
| K01 | 人才培养 | 793 | 0.31 |
| K02 | 大数据 | 567 | 0.06 |
| K03 | 信息技术 | 477 | 0.47 |
| K04 | 物联网 | 308 | 0.07 |
| K05 | 人工智能 | 206 | 0.11 |
| K06 | 人才培养模式 | 195 | 0.10 |
| K07 | 大数据时代 | 178 | 0.04 |
| K08 | 数字产业 | 135 | 0.10 |
| K09 | 云计算 | 107 | 0.06 |
| K10 | 高职院校 | 101 | 0.07 |
| K11 | 教学改革 | 97 | 0.08 |
| K12 | 应用型人才 | 81 | 0.08 |
| K13 | 培养模式 | 79 | 0.04 |
| K14 | 校企合作 | 73 | 0.04 |
| K15 | 专业建设 | 70 | 0.06 |
| K16 | 数字经济 | 68 | 0.13 |
| K17 | 物联网工程 | 65 | 0.04 |

续表

| 序号 | 关键词 | 频次 | 中心度 |
|:---:|:---:|:---:|:---:|
| K18 | 创新 | 55 | 0.09 |
| K19 | 创新人才 | 54 | 0.08 |
| K20 | 管理会计 | 51 | 0.01 |

③热点词聚类分析。聚类图谱的模块度(Modularity)为 0.593 3,聚类内部指标值(Mean Silhouette)为 0.491 1,表明聚类效果较好(图 1)。各聚类群具有群内相似度高而群间差异度大的显著特征,各聚类图谱呈现出各类发散,并且与周边各个节点相连。"新工科""应用型人才""创新创业"是"数字经济"人才未来发展的方向。

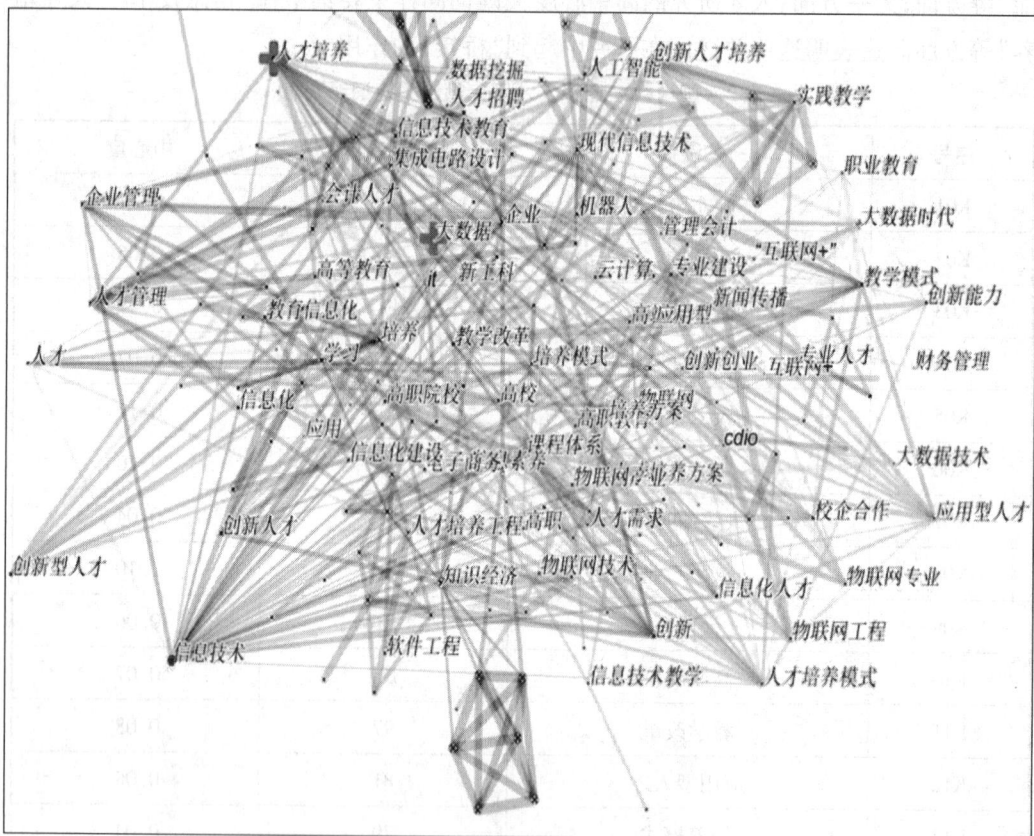

**图 1 关键词聚类图**

④突现词分析。我国关于数字经济人才最初研究起源于对"知识经济"和"现代信息技术"的拓展,基于"学习"和"人才培养"之间的交叉融合,产生了"创新型人才"的概念(图 2)。此后,随着全球创新网络的兴起、我国数字经济产业发展的突破,以及创新驱动发展战略等政策方针的相继提出,我国人才领域研究视角逐渐聚焦到 IT 产业、人工智能

上,提出了创新科技人才培养开发机制,改革高等教育人才培养模式,提高创新能力培养水平。

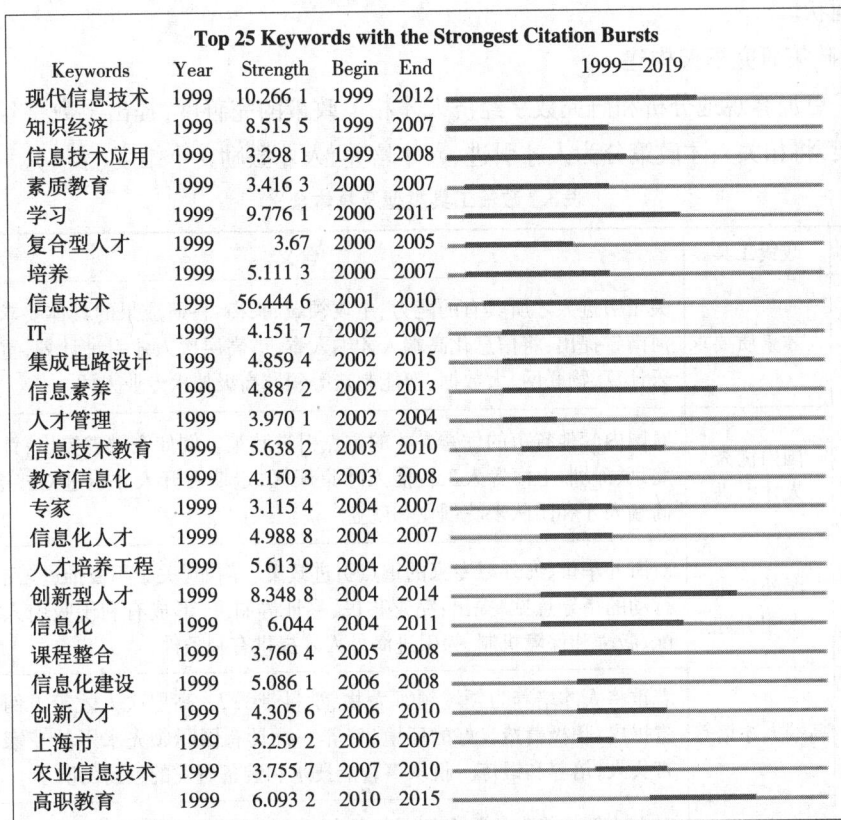

**Top 25 Keywords with the Strongest Citation Bursts**

| Keywords | Year | Strength | Begin | End | 1999—2019 |
|---|---|---|---|---|---|
| 现代信息技术 | 1999 | 10.266 1 | 1999 | 2012 | |
| 知识经济 | 1999 | 8.515 5 | 1999 | 2007 | |
| 信息技术应用 | 1999 | 3.298 1 | 1999 | 2008 | |
| 素质教育 | 1999 | 3.416 3 | 2000 | 2007 | |
| 学习 | 1999 | 9.776 1 | 2000 | 2011 | |
| 复合型人才 | 1999 | 3.67 | 2000 | 2005 | |
| 培养 | 1999 | 5.111 3 | 2000 | 2007 | |
| 信息技术 | 1999 | 56.444 6 | 2001 | 2010 | |
| IT | 1999 | 4.151 7 | 2002 | 2007 | |
| 集成电路设计 | 1999 | 4.859 4 | 2002 | 2015 | |
| 信息素养 | 1999 | 4.887 2 | 2002 | 2013 | |
| 人才管理 | 1999 | 3.970 1 | 2002 | 2004 | |
| 信息技术教育 | 1999 | 5.638 2 | 2003 | 2010 | |
| 教育信息化 | 1999 | 4.150 3 | 2003 | 2008 | |
| 专家 | 1999 | 3.115 4 | 2004 | 2007 | |
| 信息化人才 | 1999 | 4.988 8 | 2004 | 2007 | |
| 人才培养工程 | 1999 | 5.613 9 | 2004 | 2007 | |
| 创新型人才 | 1999 | 8.348 8 | 2004 | 2014 | |
| 信息化 | 1999 | 6.044 | 2004 | 2011 | |
| 课程整合 | 1999 | 3.760 4 | 2005 | 2008 | |
| 信息化建设 | 1999 | 5.086 1 | 2006 | 2008 | |
| 创新人才 | 1999 | 4.305 6 | 2006 | 2010 | |
| 上海市 | 1999 | 3.259 2 | 2006 | 2007 | |
| 农业信息技术 | 1999 | 3.755 7 | 2007 | 2010 | |
| 高职教育 | 1999 | 6.093 2 | 2010 | 2015 | |

图 2    国内数字经济研究突现词图

总体而言,目前研究的热点为"创新人才""大数据""复合型人才"等。创新人才培养和 IT 产业等研究点从后期被研究者们关注,培养交叉复合型跨学科创新人才,既是国家和区域经济社会发展的需要,也是适应新工科、新医学和新经济的需要,更是高校人才培养使命的重要体现。

### 2. 国内数字经济人才政策研究

近年来,各级地方政府陆续出台数字经济人才相关政策,推进数字经济的持续发展。本研究选取了近 3 年来国内出台的数字经济人才相关政策共 238 项,其选取的政策文本均来自公开的数据资料,主要从各省市的人民政府网站上搜集,并查询其他资料进行补充。根据当前全国数字经济人才政策数量分布情况来看,西部与东部地区的人才政策数量差距明显,广东、浙江、上海、安徽、北京相关人才政策数量占比较大,重庆市数字经济人才相关政策数量较为适中。

本研究运用质性分析软件 Nvivo 对政策文本进行编码分析,并将一个完整的政策文件设定为一个分析单元,最终得出各政策维度的编码情况,以及国内数字经济人才相关政策的现状。

(1)政策研究框架构建

为了更加客观地分析和研究数字经济人才相关政策的完善度,提出了数字经济人才分析框架,将相关人才政策分为人才引进、人才培养、人才激励 3 个维度(表3)。

表3　政策工具类型及具体含义

| 政策类型 | 政策工具 | 含义 |
|---|---|---|
| 人才引进 | 人才素质要求 | 关于引进人才所具有的能力、主攻领域、头衔、科研成果的具体要求。例如河南省提出:将信息化高端人才纳入省、市高层次人才引进计划,重点引进云计算、物联网、大数据、智能制造等领域高级技术专业人才 |
| | 国内优秀人才引进 | 对国内其他省市的优秀人才的重点引进政策。例如安徽省提出:针对国内北京、深圳、上海等人工智能人才集聚区,定期召开人才引进对接会,吸引高端人才和团队来皖创业和就业 |
| | 海外优秀人才引进 | 对海外华侨、海外籍专家的重点引进政策。例如《关于积极推进"互联网+"行动的指导意见》提出:完善移民、签证等制度,形成有利于吸引人才的分配、激励和保障机制,为引进海外人才提供有利条件 |
| 人才培养 | 高端人才培养 | 着重将人才培养为领域领军人物、学科带头人、高层次人才等。例如广东省提出:积极营造良好的环境,培养一批具有国际领先水平的专家和学术带头人,培养和锻炼一批从事智能技术和装备研发的创新团队 |
| | 创新人才培养 | 对人才创新能力的重点培养。例如成都市双流区提出:以高层次、创新创业型和高技能人才为重点,建设一支规模宏大、富有创新精神、敢为人先的创新创业人才队伍 |
| | 青年人才培养 | 对现有人才中青年梯队的重点培养。例如《"十三五"国家科技创新规划》提出:加大对优秀青年科技人才的发现、培养和资助力度,建立适合青年科技人才成长的用人制度,增强科技创新人才的后备力量 |
| | 产学研结合 | 结合产业部门、高校院所、知名企业对相关人才进行培养。例如《成都市引进培育大数据人才实施办法》鼓励政府大数据产业部门、高校院所、知名大数据企业采取双向交流的方式互派人员任(挂)职锻炼 |
| 人才激励 | 股权激励 | 采取股权激励等方式,激励企业、高校和院所中重要的技术人员和经营管理人员。例如成都市提出:鼓励企业以股票期权、限制性股票等方式对科技人员给予股权激励,使企业科技收益与研发人员个人收益有机结合 |
| | 人才奖励 | 对顶尖人才引入、做出巨大科研贡献的人才的奖励政策等。例如合肥市提出:深化科技奖励制度改革,修订市科技奖励办法及实施细则,逐步完善奖励机制,加大对经济社会发展做出重大贡献的人才(团队)以及创新型企业家的奖励力度 |

续表

| 政策类型 | 政策工具 | 含义 |
|---|---|---|
| 人才激励 | 人才评价 | 对职称评定制度的规划完善等。例如成都市提出:对从事基础和前沿技术研究、应用研究、成果转化等人员建立分类评价制度,建立适应不同行业领域、不同用人主体和不同岗位需求的职称评定办法 |
| | 成果转化利益分配 | 通过完善科技成果转化"利益共享"分配机制,进一步提高单位和科研人员积极性。例如江西省提出:积极完善科技成果转移转化机制,努力畅通渠道、提高效率,推动重大自主创新成果产业化 |
| | 人才保障 | 对人才的服务保障措施等。例如《广州市高层次人才服务保障方案》提出对人才的住房、医疗、子女入学、配偶就业、创新创业服务5方面的保障措施 |

X维度——人才激励。人才激励政策的作用是明确对人才科研活动的支持以及个人所获得的科研成果的奖励,以此吸引人才。人才激励主要包括股权奖励、职称评定等。

Y维度——人才培养。人才培养政策的作用是明确对人才培养的具体展望,明确培养发展方向。人才培养主要包括高端人才培养、创新人才培养、青年人才培养以及产学研联合培养。

Z维度——人才引进。人才引进政策的作用是明确所需引进人才的具体类型,提出引才计划,表明人才需求。人才引进主要包括国内优秀人才、海外优秀人才、人才素质等方面的要求。

(2)政策编码结果

使用Nvivo质性分析软件对选取的238份数字经济人才相关政策进行分析,依据数字经济人才相关政策分析框架设立节点进行编码,得出各个政策中人才政策相关情况的量化结果。根据编码显示所设置的节点、编码材料来源数及编码参考点数量可以得到表4的结果。

表4 政策工具节点编码情况

| 名称 | 节点类型 | 材料来源 | 参考点 |
|---|---|---|---|
| 人才激励 | 父节点 | 136 | 420 |
| 人才评价 | 子节点 | 56 | 108 |
| 个人奖励 | 子节点 | 68 | 111 |
| 股权激励 | 子节点 | 20 | 22 |
| 成果利益转化 | 子节点 | 38 | 51 |

续表

| 名称 | 节点类型 | 材料来源 | 参考点 |
| --- | --- | --- | --- |
| 人才保障 | 子节点 | 76 | 128 |
| 人才培养 | 父节点 | 79 | 208 |
| 青年人才培养 | 子节点 | 31 | 49 |
| 高端人才培养 | 子节点 | 42 | 75 |
| 创新人才培养 | 子节点 | 35 | 50 |
| 产学研结合培养 | 子节点 | 29 | 34 |
| 人才引进 | 父节点 | 144 | 383 |
| 国内优秀人才引进 | 子节点 | 85 | 195 |
| 海外优秀人才引进 | 子节点 | 50 | 80 |
| 人才素质要求 | 子节点 | 62 | 108 |

表5 人才政策父节点编码情况

| 父节点 | 材料来源 | 参考点 |
| --- | --- | --- |
| 人才引进 | 144 | 383 |
| 人才培养 | 79 | 208 |
| 人才激励 | 136 | 420 |

从人才政策的总体编码情况来看(表5),我国基本上形成了国内外人才引进、优秀人才培养、人才激励,包括人才评价、人才流动、人才保障等各个环节的制度规范,说明我国在发展数字经济产业方面意识强烈、布局深远,各项政策完备且各具创新点,从国家层面的"顶层推动"到各省市人才政策的因地制宜,在不断完善的过程中搭建了较为全面的数字经济战略实施框架,以构建完备的不同层次的人才梯队。

数字经济人才相关政策在人才引进、人才培养、人才激励3个环节的侧重点各有不同,我国更多地侧重于人才激励,人才培养相关政策数量与其相比较少。这说明我国数字经济人才政策体系中较少注重中间机制,没有形成较为连贯的人才政策体系,不仅要注重人才的引进与激励,还要将更多精力投入人才的培养上,特别是对所拥有的人才进行分类培养以顺应数字经济的发展对人才的高水平要求。

①人才引进政策分析。从数字经济人才政策的人才引进编码分析来看(表6),我国

从侧重国内优秀人才的引进,到大规模鼓励海(境)外优秀人才来我国创业以及外籍高层次人才的引进,表明我国人才引进逐渐向全球人力资源扩展,人才引进相关政策在不断地优化更新。

表6  人才引进子节点编码情况

| 子节点 | 材料来源 | 参考点 |
|---|---|---|
| 国内优秀人才引进 | 85 | 195 |
| 海外优秀人才引进 | 50 | 80 |
| 人才素质要求 | 62 | 108 |

从数字经济相关人才政策中可以发现,无论是各类人才的引进、人才的评价还是人才的培养选拔都提到了对人才的素质要求,这表明我国越来越重视对数字经济人才的素质要求。

②人才培养政策分析。从数字经济相关人才政策的人才培养编码分析来看(表7),我国在人才培养方面的政策比较匮乏,但各类人才的培养比较均衡,对高端人才的培养较为侧重,从青年人才、创新人才到高端人才形成了一个较为合理的梯度比例,且从产学研结合培养的编码情况来看,我国对科研院校、企业联合培养人才方面越来越重视。相关政策文本分析可知,我国只有几个地区出台了培养大数据、人工智能产业人才的专有政策,为顺应数字经济的发展,我国应加大对数字经济产业人才培养的投入。

表7  人才培养子节点编码情况

| 子节点 | 材料来源 | 参考点 |
|---|---|---|
| 青年人才培养 | 31 | 49 |
| 创新人才培养 | 35 | 50 |
| 高端人才培养 | 42 | 75 |
| 产学研结合培养 | 29 | 34 |

③人才激励政策分析。从数字经济人才政策的人才激励编码情况来看(表8),在人才激励方面,我国更多的是注重对人才的保障服务,既致力于保障人才的基础需求,又努力满足人才更深层次的发展需要和层次需要。在个人激励以及个人评价方面也有所侧重,但对人才激励形式中的股权激励、成果利益转化重视度不够。为了更好地激励人才、用好人才,我国应更加重视对人才的成果转化利益的分配以及薪酬形式的丰富。

表8　人才激励子节点编码情况

| 子节点 | 材料来源 | 参考点 |
|---|---|---|
| 个人激励 | 68 | 111 |
| 股权激励 | 20 | 22 |
| 人才保障 | 76 | 128 |
| 人才评价 | 56 | 108 |
| 成果利益转化 | 38 | 51 |

（3）政策分析小结

①人才引进政策更加重视海外高端人才。我国从侧重国内优秀人才的引进到鼓励海（境）外优秀人才来我国发展，表明我国人才引进逐渐向全球人力资源扩展，人才引进相关政策正在不断优化更新。无论是各类人才的引进、人才的评价还是人才培养选拔都提到了对人才的素质要求，这表明我国越来越重视对数字经济人才的素质要求。数字经济人才政策应充分考虑地区发展需要，致力于吸引不同层次、不同领域的人才。

②人才培养政策更注重高端人才，对青年人才关注度不够。首先，我国数字经济产业的发展需要高端人才来克服"卡脖子"的技术难题，为实现高端人才的指数型增长和数字经济产业关键核心技术的攻关突破，需要利用好人才资源和已有的平台来指导高端人才自我培养模式的改革。其次，创新型人才是科学研究的活力源泉，是人才培养中重要的方向，对国家和各省市来说，各类科技创新人才能使科学技术的发展具有巩固的基础和足够的技术储备。最后，青年人才的培养是数字经济产业发展重要的人力支撑，要牢牢抓住青年人才这支数字经济产业的主力军，尊重人才的成长规律，结合产学研联合培养。人才培养相关政策相较于其他类型政策较少，对引进的人才以及本地人才的合理利用有所不足。

③人才保障服务政策体系较为完善，股权激励、成果利益转化重视度不足。在人才激励方面，我国更多的是注重人才的保障服务，既致力于保障人才的基础需求，又努力满足人才更深层次的发展需要和层次需要。在个人激励以及个人评价方面也有所侧重，但对人才激励形式中的股权激励、成果利益转化重视度不够，激励形式较为单一。为了更好地激励人才、用好人才，我国应更加重视对人才的成果转化利益的分配以及薪酬形式的丰富。在人才政策的制定上，各地应注意因地制宜，激励方式更多样化，力度趋于合理。注重人才的成果转化利益分配，应积极为高层次人才的知识产权保驾护航，出台专项政策加以细化，调动人才的积极性。

### （二）2020年重庆市数字经济整体分析

数字经济整体分析主要包括产业现状和人才现状两个部分，其中产业现状反映了重庆市数字经济人才的就业环境、市场规模等,人才现状反映了重庆市数字经济人才政策环境、人才培育和人才引进现状。

### 1. 产业现状

2019 年 10 月 20 日,《国家数字经济创新发展试验区实施方案》正式确定重庆市为首批"国家数字经济创新发展试验区"之一。重庆市坚持把大数据智能化创新作为推动高质量发展的战略选择,深入实施以大数据智能化为引领的创新驱动发展战略行动计划,加快数字产业化、产业数字化,推动数字经济和实体经济深度融合,集中力量建设"智造重镇"和"智慧名城"。

整体来看,2019 年重庆市数字经济增加值达到 5 250 亿元,同比增长 15.9%,相关企业达 15 000 余家,高技术制造业和战略性新兴产业增加值分别增长 12.6% 和 11.6%,实施智能化改造项目 1 280 个,建成数字化车间和智能工厂 140 个。预计到 2022 年年末,数字经济核心产业增加值年均增长 20% 以上,跻身全国数字经济第一方阵前列。2020 年上半年,数字经济加速壮大,新经济新业态逆势增长,经济结构出现积极变化,新旧动能转换速度加快,传统产业转型升级提速,线上业态、线上服务、线上管理加快发展,涌现出一批直播带货等新业态、"无人银行"等智能化应用新场景以及区块链工程师、互联网营销师、在线学习服务师等新职业。疫情防控助推数字经济、生物医药等产业发展壮大,5G、工业互联网等新型基础设施加速传统产业数字化转型,产业高端化、绿色化、智能化、融合化发展趋势更加明显。战略性新兴制造业增加值增长 7.7%,数字经济增加值增长超过 10%①。

### 2. 人才现状

人才政策环境方面,为加强海内外优秀人才集聚,在过去的 4 年里,重庆市相继出台了一系列人才政策,形成了较为完备的人才政策体系,如 2017 年的《重庆市引进海内外英才"鸿雁计划"实施办法》,2018 年的《重庆市以大数据智能化为引领的创新驱动发展战略行动计划(2018—2020 年)》,2019 年出台了《重庆英才计划实施办法(试行)》等相关人才优惠政策,2020 年的《重庆市支持大数据智能化产业人才发展若干政策措施》《重庆市大数据智能化人才分类评价实施方案》等(表9)。近年来全国数字经济发展迅速,现有人才不能满足数字经济发展的需要,各地对数字经济人才竞争激烈。

---

① 《重庆市以大数据智能化为引领的创新驱动发展战略行动计划(2018—2020 年)》《重庆市人民政府关于 2020 年 1—6 月国民经济和社会发展计划执行情况的报告》《2019 年重庆市经济运行情况》。

表9　2017—2020年重庆市发布的人才引进优惠政策

| 年份 | 重庆市人才政策 |
|---|---|
| 2017 | 《重庆市引进海内外英才"鸿雁计划"实施办法》 |
| | 《重庆市院士专家工作站建设管理办法》 |
| | 《重庆市特殊人才职称评定办法》 |
| 2018 | 《重庆市科教兴市和人才强市行动计划(2018—2020年)》 |
| | 《重庆市以大数据智能化为引领的创新驱动发展战略行动计划(2018—2020年)》 |
| | 《重庆市留学人员回国创业创新支持计划实施办法》 |
| 2019 | 《关于开辟"绿色通道"引进事业单位高层次紧缺人才的通知》 |
| | 《"巴渝工匠2020"计划实施方案》 |
| | 《重庆市分类推进人才评价机制改革的实施方案》 |
| | 《重庆英才计划实施办法(试行)》 |
| | 《重庆英才·优秀科学家项目实施方案(试行)》 |
| | 《重庆英才·名家名师项目实施方案(试行)》 |
| | 《重庆英才·创新创业领军人才项目实施方案(试行)》 |
| | 《重庆英才·技术技能领军人才项目实施方案(试行)》 |
| | 《重庆英才·青年拔尖人才项目实施方案(试行)》 |
| | 《重庆市引进科技创新资源行动计划(2019—2022年)》 |
| 2020 | 《进一步加快博士后事业创新发展若干措施》 |
| | 《关于在工程技术领域实现高技能人才与工程技术人才职业发展贯通的实施意见(试行)》 |
| | 《重庆市支持大数据智能化产业人才发展若干政策措施》 |
| | 《重庆市大数据智能化人才分类评价实施方案》 |
| | 《重庆英才服务管理办法(试行)》 |

　　人才培养方面,重庆市教育委员会重点围绕机器人、大数据、人工智能、物联网等12个智能产业对人才培养的需求,针对大数据智能化本科专业进行立项建设[1],推动大数据智能化专业设置、人才培养与产业岗位群(链)对接,培养符合地方经济社会发展需要的高素质人才。"重庆数字经济产教融合人才发展联盟"则致力于通过产教融合升级、人才服务升级,促进重庆数字经济产业不断聚集、发展、升级和进阶。重庆市政府组织实施

[1] 《重庆市教育委员会关于开展本科高校大数据智能化类特色专业建设项目申报工作的通知》(渝教高函〔2018〕41号)。

"匠心逐梦工程""技能培训重点平台建设工程""技师国际交流工程"等人才培育项目,不断创新体制机制,加大人才培养力度。

人才引进方面,重庆市近年来重点引进"两院"院士、"长江学者"、"杰青"以及各类国家级人才奖项、国家级人才计划入选者,其中,在海外高层次人才引进方面,主要为海外取得博士学位并在知名高等院校、科研机构、金融机构、世界500强企业等单位具备两年以上工作经历的高层次人才,以及国(境)外经济金融、科教文卫知名专家。截至2019年年底,重庆市引进海外高层次人才18人、科睿唯安全球高被引科学家10人、爱思唯尔中国高被引学者53人、科技部创新人才推进计划3人、博士后创新人才支持计划7人[①]。

### (三)2020年重庆市数字经济供给人才大数据分析

供给人才数据分析主要围绕2020年重庆市数字经济供给人才的学历分布、专业对口就业转化率、各类人才热点专业以及供给人才就业去向4个方面进行分析。

总体来看,2020年重庆市数字经济相关专业毕业学生63 603人,实际就业人数为41 428人。重庆市数字经济相关专业的高校毕业生中,本、专科生学历占比达92.6%,远高于硕士及以上学历的供给人才。具体来看,在实际从事4类领域工作的人才中,核心数字技术人才仅占2.83%,远低于其他3类人才(图3);核心数字技术供给人才中,本科生占30.82%,硕士及以上学历供给人才占66%左右,学历结构本科学历占比偏高,且数据表明博士学历人才绝大多数进入高校就业,因此企业中博士层次人才太少,这对重庆市数字经济领域中核心数字技术研究顺利推进较为不利;数字化营销人才和数字融合类人才中本科学历占主要部分,而数字化运营人才中,专科占比达到63.98%,说明实际就业中,参与运营管理服务的人才层次偏低(图4)。

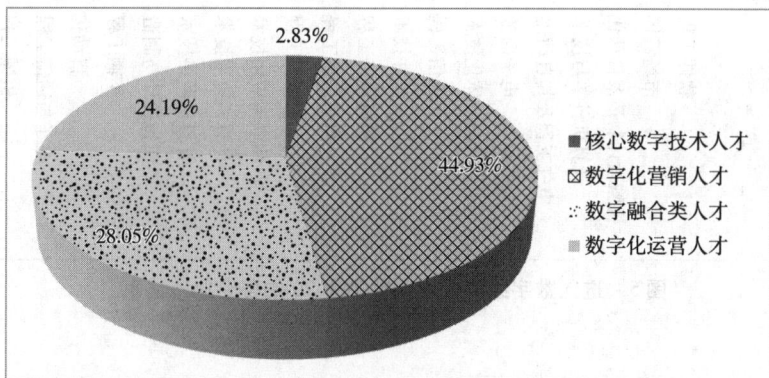

2.83%
24.19%
44.93%
28.05%

- ■ 核心数字技术人才
- ▨ 数字化营销人才
- ⁙ 数字融合类人才
- ▦ 数字化运营人才

图3　重庆市数字经济供给人才4类领域分布

---

① 青塔全景云数据平台。

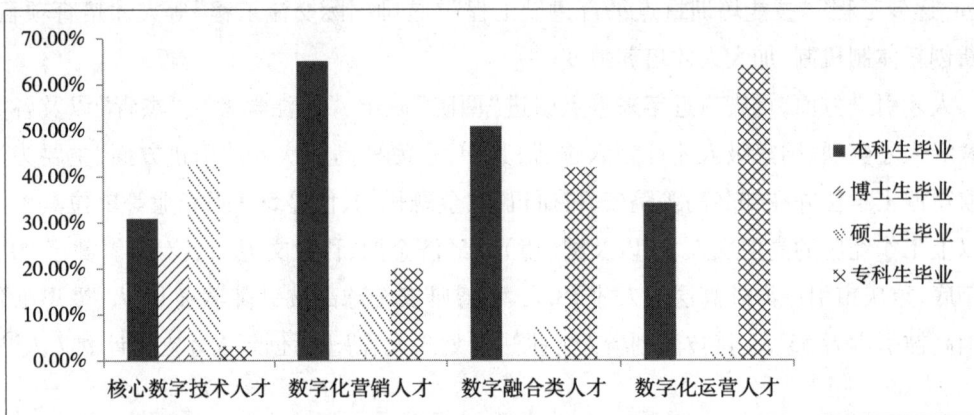

**图4　重庆市数字经济供给人才学历分布**

　　大部分数字经济专业毕业生就业转化率低于50%①。从数字经济相关专业就业人数TOP 20的专业以及各专业的就业转化率可以看出,仅有电子与通信工程和机械工程专业转化率大于50%(图5)。毕业人数大于50人的相关专业中,就业转化率TOP 20的专业情况,如图6所示,其中,控制科学与工程、控制工程、信息与通信工程、电子与通信工程、仪器科学与技术、机械工程、计算机技术等专业转化率大于70%。

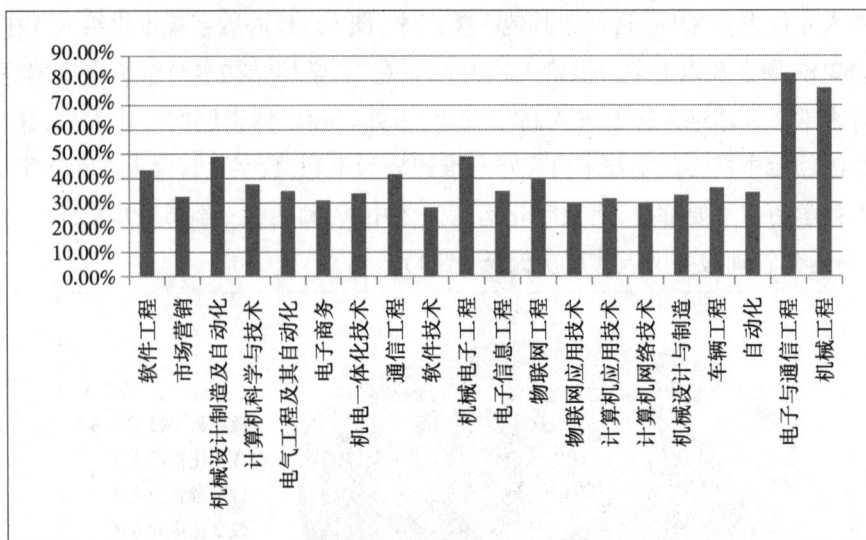

**图5　进入数字经济企业人数TOP 20 的各专业转化率**

---

① 转化率=该专业中进入数字经济企业人数÷该专业总毕业人数。

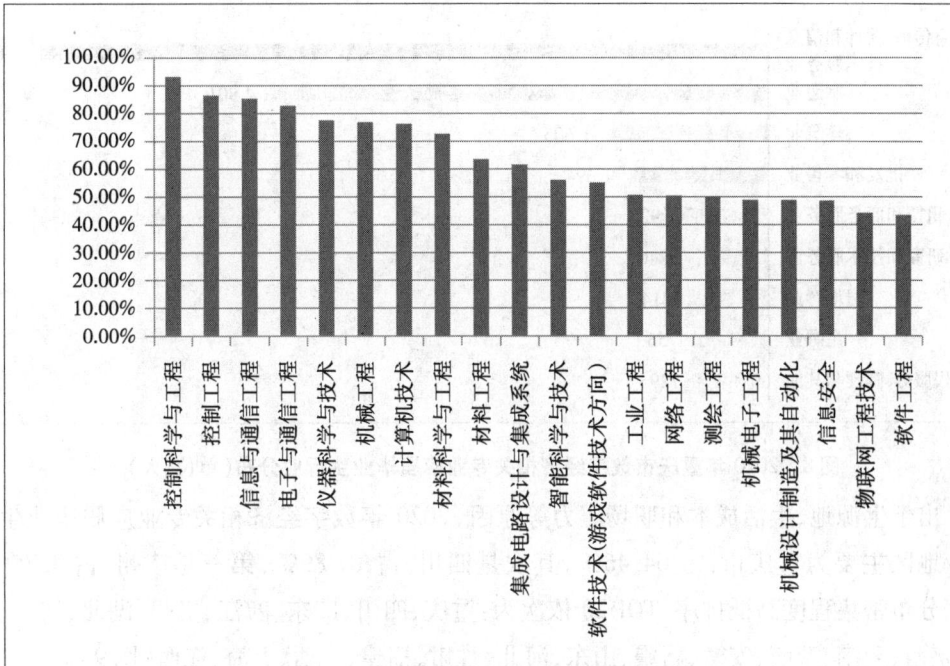

图 6　进入数字经济企业专业转化率 TOP 20

从各类人才 TOP 5 分布来看（图 7），重庆市数字经济人才涵盖的专业相对集中，4 类供给人才主要分布在计算机科学与技术、软件工程、机电类等专业，这充分展现人才培养与重庆市作为老工业基地的重点产业分布情况相吻合的特点。

图 7　各类人才专业分布 TOP 5

从 2020 年重庆市数字经济相关专业应届毕业生行业分布来看，信息传输、软件和信息技术服务业，制造业和建筑业位居前三。此外，人才流向由第二产业逐渐过渡至第三产业，建筑业吸引力有所下降，新兴服务业对人才的吸引能力显著增强（图 8）。

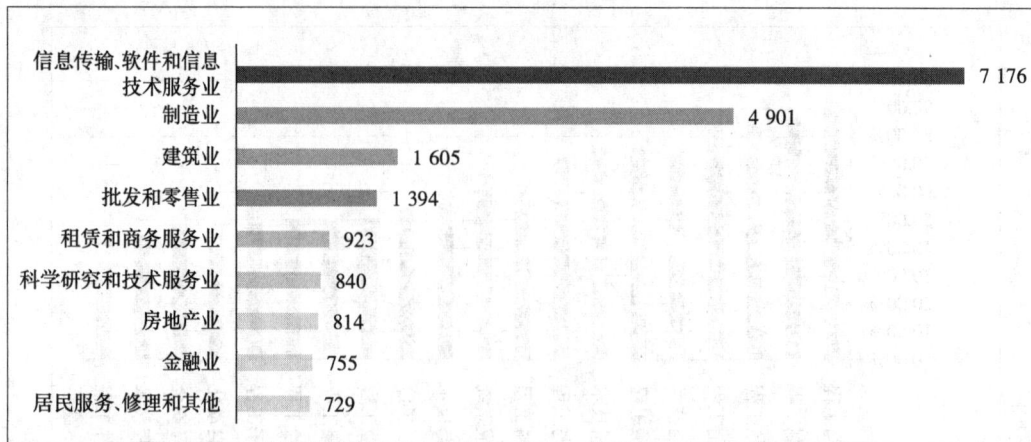

图8　2020年重庆市数字经济相关专业应届毕业生行业分布（单位：人）

出于生源地、生活成本和职场压力等原因，2020年数字经济相关专业应届毕业生的就业地区主要为重庆市，占64.46%，其次是四川，占10.89%，第三是广州，占3.75%。依据分布密集程度高低排序，TOP 20 依次为：重庆、四川、广东、浙江、贵州、湖北、江苏、河南、陕西、云南、湖南、安徽、新疆、山东、河北、甘肃、福建、广西、上海、江西（图9）。

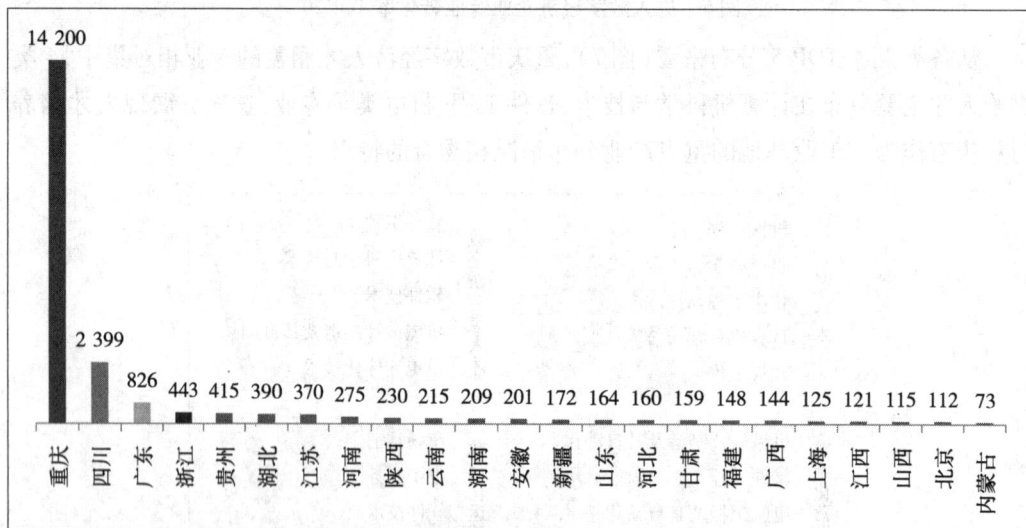

图9　重庆市数字经济供给人才就业去向（单位：人）

数据显示，在重庆市数字经济相关专业的毕业生中，15 319名重庆籍生源毕业生进入数字经济相关岗位，其中有10 551名学生留在重庆，留存率达68.88%；6 711名非重庆籍生源毕业生进入数字经济相关岗位，其中1 870名学生留在重庆，留存率为27.86%（图10）。重庆本地生源留重庆就业学习意愿更高，由此可见，近年来重庆相继出台的一系列人才优惠政策效果显著。在就业领域方面，除机械制造、建筑、交通等重庆支柱产业外,互联网、大数据、智能装备、新能源汽车等数字经济产业,也受到越来越多毕业生的青睐。

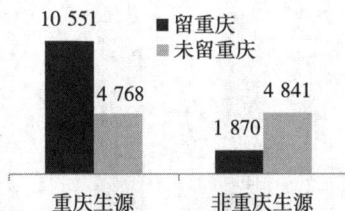

图10　重庆本地生源及外地生源数字经济供给人才留存对比(单位:人)

综合来看,重庆市本科毕业生和博士毕业生留渝就业意愿较高,而硕士毕业生留渝意愿较低(图11)。主要存在两方面原因:一是重庆市企业对数字经济人才需求多为本科学历,即本科专业毕业生就能满足企业用工所需;二是重庆市人才的政策偏向"塔尖人才"和"强基人才",在落户条件、福利引进、薪资水平等方面对如硕士研究生学历等中层人才吸引力还有较大的提升空间。

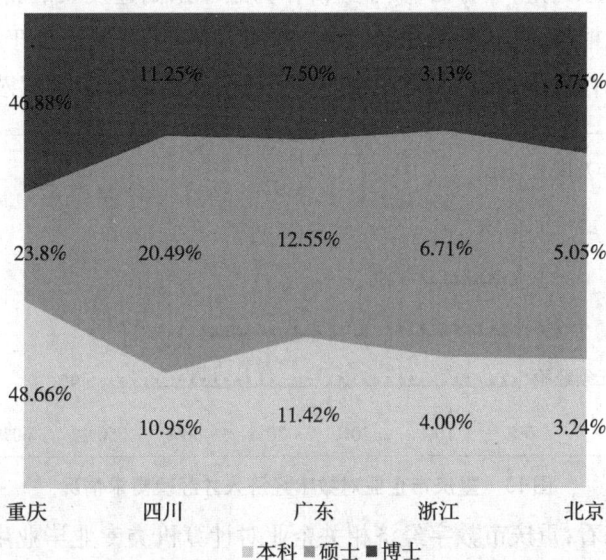

图11　重庆市高校毕业生不同学历就业地区分布情况

### (四)2020年重庆市数字经济需求人才大数据分析

需求人才数据分析主要围绕重庆市企业对数字经济人才的学历要求、专业要求、工作经验要求以及对人才能力和技能的要求,为教育机构进行人才培育提供借鉴。

从重庆市企业对数字经济人才的学历需求分布情况(图12)可以看出,学历不是主要门槛,超过半成企业对数字经济人才学历要求为本科。企业以对本科学历需求为主,大专学历需求其次,对高中及以下学历需求较少。这表明数字经济领域学历不是主要门槛,大多数企业对人才学历要求不高,更看重人才实际操作能力,相关企业在高新技术产品研发及应用方面有进一步提升空间。

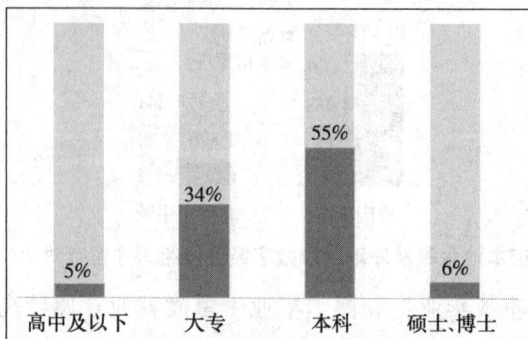

**图 12 重庆市企业对数字经济人才的学历需求分布**

从重庆数字经济人才的工作经验(图13)可以看出,企业对数字经济人才的工作经验要求普遍在两年以内。49%的企业对工作经验没有要求,38%的企业有1~2年的工作经验要求。可能的原因是,一方面,数字经济作为近年来高速发展的新兴产业,更需要人才脱离原有的传统框架,具有创新思想;另一方面,数字化转型尚处于初级阶段,具有丰富工作经验的人才存量本身较少,因此企业对工作经验的要求相对宽松。

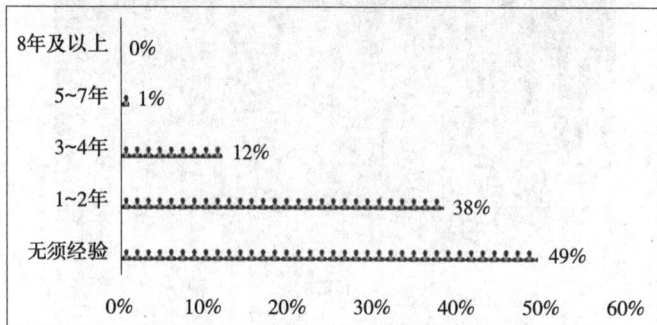

**图 13 重庆市企业对数字经济人才经验需求情况**

从专业需求来看,重庆市数字经济相关企业对计算机类专业毕业生需求较大。企业更加偏好计算机类专业的人才,其次为通信、电子信息、机械、电气工程专业的人才(图14)。

从企业对数字经济人才的能力要求看,数据分析能力和系统开发、管理能力是企业最看重的能力(图15)。近四成的企业需要相应人才具有系统开发管理能力和数据分析能力。从岗位核心技能需求来看,企业最为看重数据分析能力。而计算机技术、产品、经验、设计等都是数字经济相关人才应具备的基本能力。此外,部分岗位还需要相关人才具有一定的销售、沟通、团队协作和文档处理等基本能力。

重庆市数字经济相关企业对数字融合类、数字化运营、数字化营销和核心数字技术4

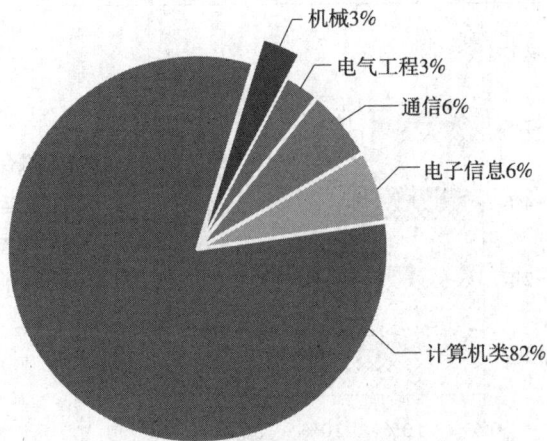

图14　重庆市企业对数字经济人才专业需求分布

图15　重庆市企业对数字经济人才能力需求情况

类人才工作经验均以1～4年为主;学历需求方面,4类人才中本科需求占比均最高,数字融合类人才、数字化营销人才、数字化运营人才中专科层次人才需求占比较高,而核心数字技术人才要求硕士研究生、博士研究生学历的比例在四类人才中最高,达31%(图16)。

　　能力需求方面,核心数字技术人才需求主要以研究能力、开发能力为主,并且需要掌握算法设计、数据分析、系统开发等专业能力,加强基础研究和技术研发,有助于增强原始创新能力。核心数字技术人才注重专业的理论知识和科学方法的结合,不仅要掌握相关理论知识和研究工具,也需要具备一定的实践技能,主要分布在自动化、人工智能、机器学习、计算机、互联网、区块链、金融等领域。

　　数字融合类人才在能力方面不仅注重软件开发能力,对沟通协调能力也有一定要求。数据分析能力、开发能力、设计能力是对数字融合类人才能力的主要要求,在此基础上,数字融合类人才需要熟练掌握数据处理、系统的开发维护管理以及计算机语言编程。数字经济领域的数字融合类人才的特征表现为,在相关的应用中,能够熟练使用数据库软件,进行研发优化维护、产品开发和项目运营。

　　数字化营销人才对维护管理、测试运维能力以及沟通协调、团队合作能力的综合性要求较高。数字经济领域的数字化营销人才的特征表现为,将研究出来的新技术、新产品等运用于工程实践中,要求其具备数据处理、系统开发、产品设计维护等专业能力。目前,在计算机、软件、物联网等领域对数字化营销人才需求较多。

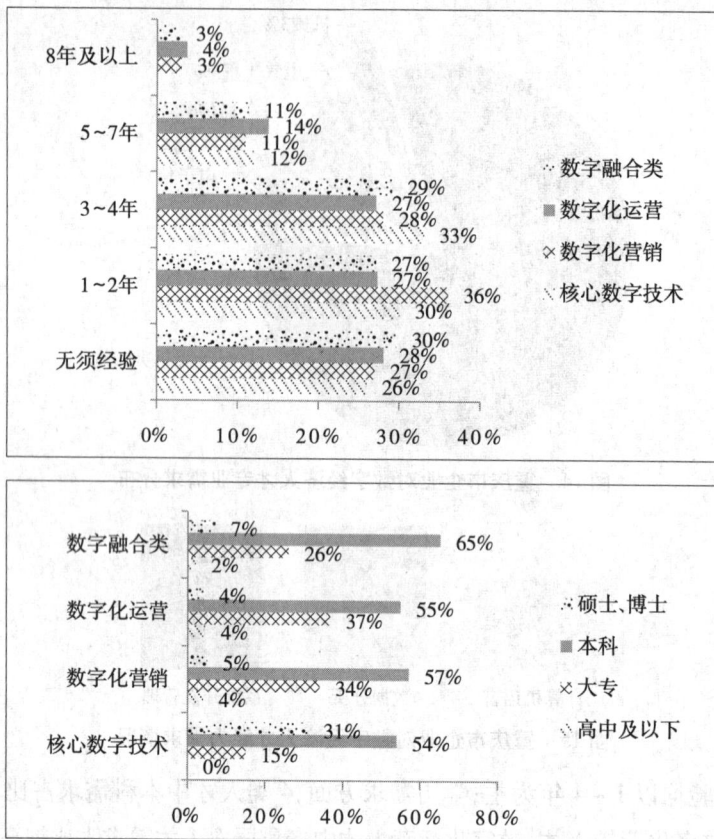

图16　重庆市企业对四类数字经济人才的工作经验及学历需求

对数字化运营人才,首要的是管理能力。数字经济领域的数字化运营人才主要是具有开拓创新精神和指导实践能力的应用型、复合型管理人才,强调注重组织能力、协调能力和沟通能力,以做好沟通与团队的协调工作,同时对数据处理和分析、系统开发和维护等专业能力也有一定要求,掌握信息化分析和智能处理相关的技能。

选取在重庆市15 000余家数字经济相关企业中占总体产值约三分之二的60家企业,分析它们所招聘热门岗位的专业需求,排名前十的专业需求关键词依次为:工程、机械、电子、自动化、计算机、材料、电气、设计、车辆、工业;对标重庆市高校培养的数字经济毕业生专业,高校专业关键词排名前十为:工程、计算机、电子、自动化、机械、材料、设计、电气、车辆、工业①,可以看出重庆市高校在着力培养多层次、高素质的实用型工程技术人才,并以企业需求为导向,其中工程、计算机类专业人才存量较为充足,能较好匹配需求,其他的专业人才供给能力存在一定的失配(图17)。

---

① 数据来源于重庆市大学中专毕业生就业指导服务中心。

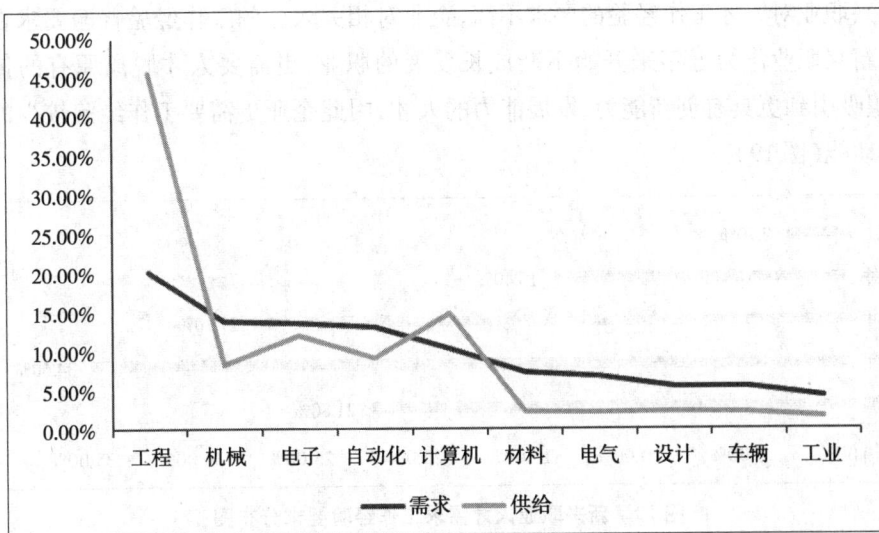

图 17　数字经济人才供需匹配图

## （五）新兴职业需求分析

### 1. 总体数据分析

根据 2019 年人力资源和社会保障部、国家市场监督管理总局、国家统计局公开发布的新兴职业,包括人工智能工程技术人员、物联网工程技术人员、大数据工程技术人员、云计算工程技术人员、数字化管理师、建筑信息模型技术员、电子竞技运营师、电子竞技员、无人机驾驶员、农业经理人、物联网安装调试员、工业机器人系统操作员、工业机器人系统运维员等 13 个职业,使用 Python 开发语言抓取智联招聘等网站发布的人才招聘信息,共抓取到 1 999 条招聘数据,进行进一步分析。

新兴职业主要集中在高新技术领域,产业结构的升级、科学技术的提升、信息化的广泛应用催生了新职业的产生,需求的人才也要求具备一定的专业能力,因此新兴职业对人才学历的要求主要围绕在本科,硕士、博士及大专需求相当(图 18)。

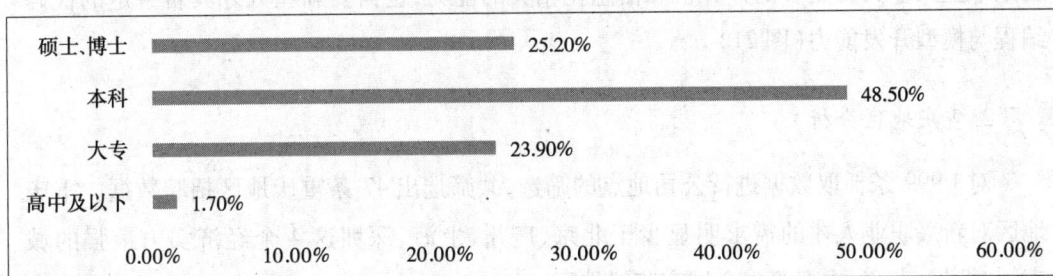

图 18　新兴职业人才需求学历要求分布图

新兴职业对人才工作经验的要求不高,企业对相关人才的工作经验普遍要求在4年以内。新兴职业作为近年来开始不断成长发展的职业,更需要人才脱离原有的传统框架,希望吸引到更具有创新能力、发展能力的人才,因此企业更需要工作经验较少的人来发挥新动能(图19)。

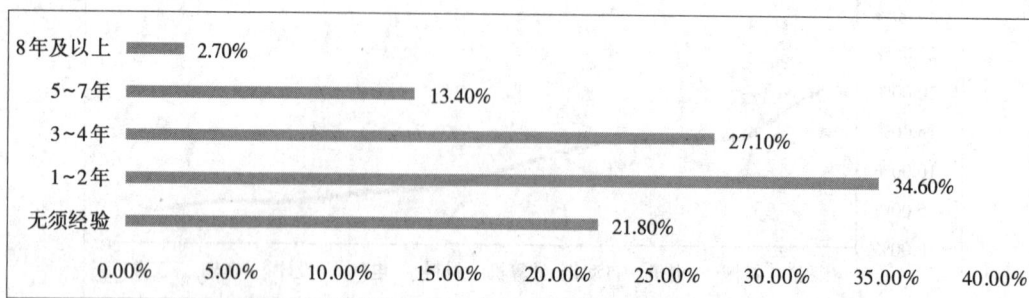

图19　新兴职业人才需求工作经验要求分布图

新兴职业主要围绕人工智能、大数据、物联网、云计算、建筑工业信息化等领域,因此对人才专业的要求也主要围绕相关专业,计算机专业作为涉及多个领域的知识和技能专业,新兴职业对这类人才的需求明显更多,而在新兴职业中包括的电气、建筑、通信、工业等专业领域,也要求人才具有相匹配的专业(图20)。

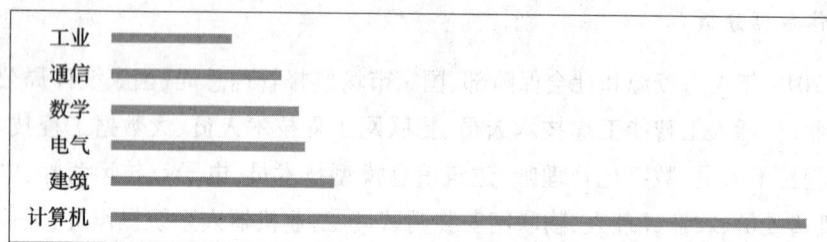

图20　新兴职业人才需求专业要求分布图

针对抓取数据中的岗位描述信息对词频和权重进行分析,可以看出大数据、人工智能、算法、BIM(建筑信息模型)、开发、设计等专业能力对新兴职业来说更为需要,无论是在建筑工程、无人机、电气、机器等领域,还是在大数据、人工智能、云计算等领域,都需要新兴职业人才具备更多的计算机和信息化相关的能力,也需要新型人才具备一定的代码编程与模型开发能力(图21)。

## 2.重庆地区分析

对1999条抓取数据进行公司地点的筛选,共筛选出47条重庆地区招聘数据。重庆地区对新兴职业人才的需求明显少于北京、广州、上海、深圳这4个经济实力最强的城市,与杭州、南京、成都等省会城市相对持平。

比较13个新兴职业,重庆对新兴职业人才的需求仍然主要围绕在人工智能、大数

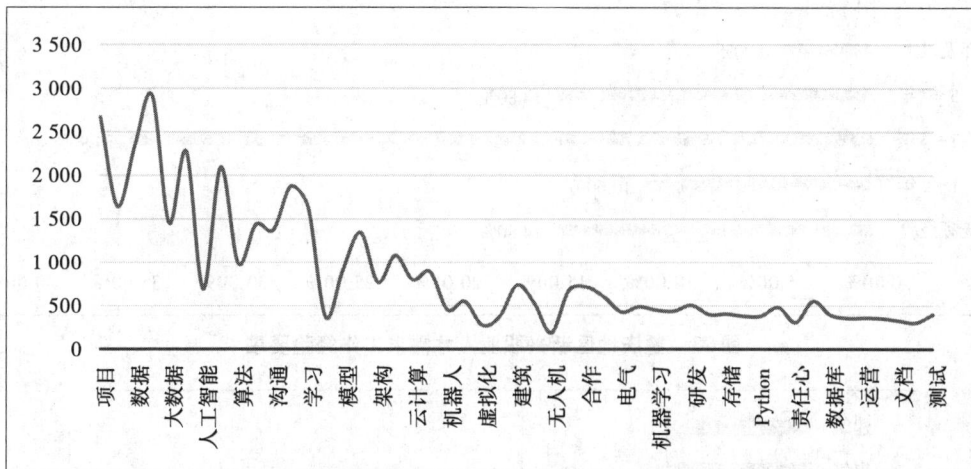

**图21 新兴职业人才需求能力和技能要求词频图**(单位:频次)

据、建筑信息模型、云计算这四个领域,对电子竞技、无人机、农业经理人等新兴职业需求较少,也主要是由于重庆近年来大力发展数字经济,因此对相关人才需求较多,而像电子竞技、无人机等领域目前也主要在北上广深这类超一线城市进行发展,在重庆地区的发展空间尚需开拓。

重庆地区对新兴职业人才的学历要求主要在大学本科及以上,表明相关新兴职业对人才学历要求相对偏高的现状,需要更多符合领域专业的人才,也更需要掌握科学技术的人才(图22)。

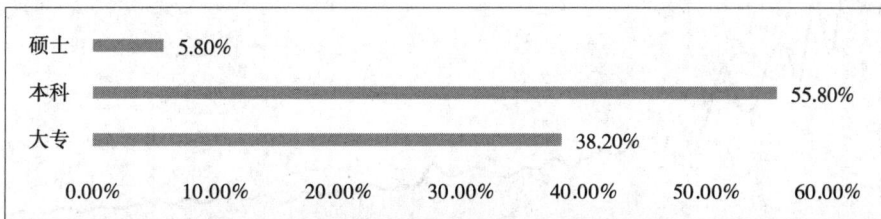

**图22 重庆地区新兴职业人才需求学历要求**

重庆地区对新兴职业人才的主要工作经验要求在4年内,一方面是由于新兴职业本身发展时间相对来说还不够长,行业内的人才基础数量较少;另一面也是由于新兴职业更需要人才具有创新力,也更需要年轻的力量来焕发行业活力(图23)。

由于重庆地区对新兴职业人才的需求主要围绕在人工智能、大数据、建筑信息模型、云计算这4个领域,因此重庆地区对人才的专业要求以计算机相关专业占据多数。而在建筑、电气、工业、数学、通信等专业上,重庆地区的需求目前看来较为平均(图24)。

重庆地区要求人才具有大数据分析、系统开发、计算机语言算法与编程等方面的能力(图25)。

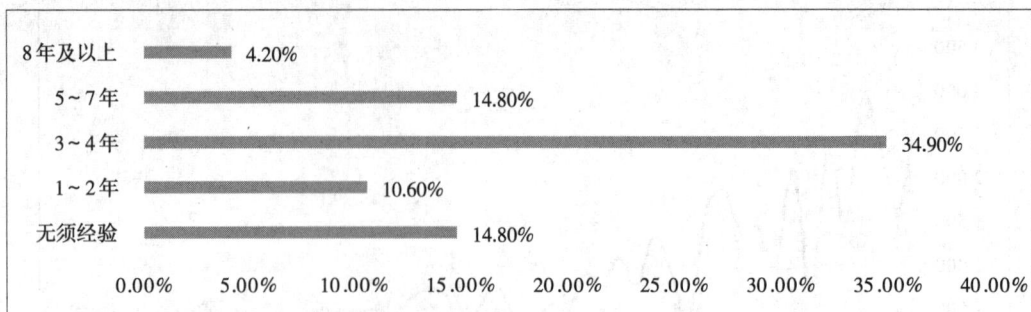

**图 23　重庆地区新兴职业人才需求工作经验要求**

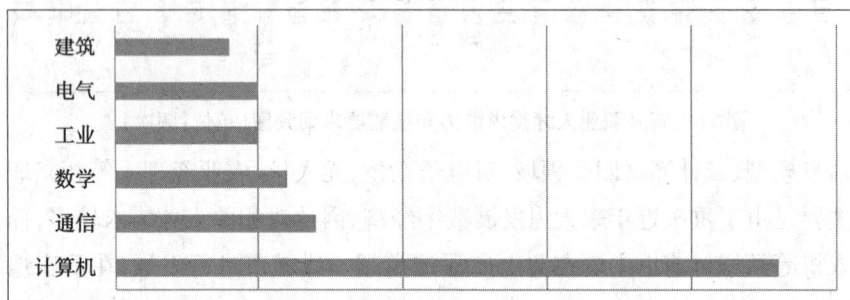

**图 24　重庆地区新兴职业专业需求**

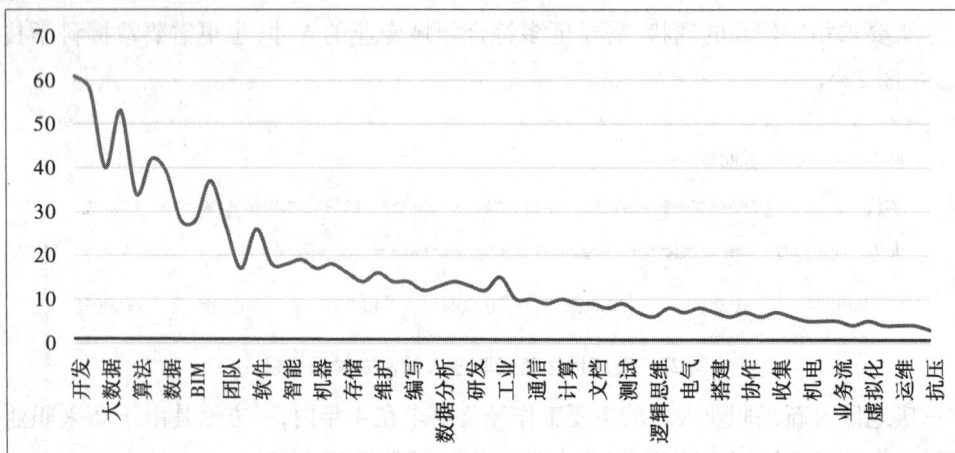

**图 25　重庆地区新兴职业能力和技能要求**（单位：频次）

## （六）人才需求定量预测

2018 年、2019 年重庆市数字经济从业人数分别为 71.93 万人、74.08 万人。具体测算方法为：①根据 2017—2019 年全国数字经济劳动生产率，按照重庆市在全国经济发展水平配置权重，推测出重庆市数字经济产业劳动生产率；②按照规模—劳产率的通用计算方法，采取数字经济从业人数＝数字经济产业经济增加值÷数字经济劳动生产率的公式,测算出重庆市数字经济从业人数(表10)。

表10 数字经济产值规模、增加值、从业人数详细表

| 年份 | 重庆数字经济产业规模/亿元 | 重庆数字经济产值增加值/亿元 | 全国数字经济产业规模/亿元 | 全国数字经济从业人数/万人 | 全国数字经济劳动生产率/(元·人⁻¹) | 重庆数字经济劳动生产率推测值/(元·人⁻¹) |
|---|---|---|---|---|---|---|
| 2017 | 4 360 | — | 271 737 | 1.71 | 158 910 | 200 646 |
| 2018 | 6 502 | 1 500 | 312 934 | 1.91 | 163 839 | 208 532 |
| 2019 | 7 138 | 1 605 | 358 402 | — | 168 921 | 216 663 |
| 2022 | 10 000 | — | — | — | — | — |

预测2021年和2022年年末重庆市数字经济从业人数分别为95.52万人和106.25万人。具体测算方法为:①以弹性分析法分析2017—2019年重庆市数字经济产业规模与就业人数两个变量间数量关系、变化特征和规律,其增减率的比值为弹性系数,得到弹性系数 $E=0.31$,即当重庆市数字经济产业规模增加1%时,重庆市数字经济从业人数将增加0.31%。②根据重庆市政府机构等发布的对重庆数字经济产业规模的预测,预计2022年全市数字经济近万亿规模,使用弹性分析计算出的弹性系数预测届时数字经济产业就业人数。

## 三、面临问题

综合前述,2020年重庆市数字经济人才政策体系建设更加完善,人才发展势头向好,但通过相关数据分析及访谈调研相关部门、园区、高校、培训机构及企业,发现重庆市数字经济人才供给与人才需求、人才发展等方面存在一定不足。

### (一)具有显著影响力的数字人才载体欠缺

一是数字经济产业生态尚未形成。由于重庆市本土数字经济产业主要集中在传统的汽车、电子信息等制造业,产业数字化程度推进相对缓慢,特别是中小企业数字化程度不高,龙头企业、大型企业与中小型企业数字经济发展水平参差不齐,生态企业帮扶、借助生态力量营造优质产业的氛围不浓。因此,除龙头企业外,大多数企业的数字化、智能化应用场景并不充分。据重邮信科、阿里巴巴、仙桃大数据学院座谈反馈意见,大部分企业特别是制造业项目数量不足、项目质量偏低,难以持续性地留住高端人才,企业的核心需求仍然为大量的中层人才和基层人才,形成锁定效应,难以突破。

二是人才战略平台缺乏。当前重庆市各细分行业都有为数不少的科研机构、研发平

台,但科研机构规模较小、人才集中度低,且这些战略平台大多属于国有企业较为集中的传统制造业,而新一代信息技术、智能制造、生物医药、新材料、新能源等领域的科研平台、培训项目发展滞后,对优质人才资源的聚集能力较弱。此外,科研平台及高端人才配置条块分割严重,没有形成跨地区、跨行业的人才共享机制,而在上海、福建和广东有较多的产业技术研究机构、高校、重点园区、重点企业联合建立的工程师学院,能够大力培育核心人才。

三是本地龙头企业影响力不足,本土企业发展空间被引进企业挤压。"筑巢引凤"更加侧重于外地企业的招商引资,本土企业与引进企业在竞争中处于劣势,项目资源较少,人才培养环境缺乏。引进企业在重庆没有成熟的项目团队和发展根基,在享受完政策优惠、项目补贴后可能出现不愿在重庆市继续经营的情况,引进企业到促进产业发展再到壮大人才队伍的良性循环圈并未形成,反而对本土企业造成挤出,不利于本地人才引进和培养。

### (二)在渝企业间人才竞争态势加剧

一是中层人才留渝优势不显著。现有人才计划中,"鸿雁计划"偏重海外高端人才引进,信产招工等政策偏重强基人才招聘,对发挥关键作用的中端业务骨干人才缺乏相应政策支持,硕士层次的中层人才出现"两头不靠"现象,造成企业内部业务骨干人才严重供给不足。据高校人才供给数据,留渝人才中本科生和专科生占比超过90%,极少量中层人才留渝。由于中层人才需求基数较大,仅靠政策手段难以满足中层人才的资金支持,其引进主要依靠市场化的利益机制,而受制于重庆自身固有的产业结构,企业利润率普遍较低,在薪酬、福利等方面与北京、上海、广州、深圳和成都等城市存在明显差距,因中层人才大部分为硕士研究生学历,具备一定竞争力,不愿留在重庆。

二是人才存在严重的同质化竞争。重庆本地企业的人均薪资与北上广深等城市数字经济企业存在较大差距,同时与引进企业的薪资水平也存在较大差距,导致数字经济关键核心人才从大趋势上外流。而在渝关键核心人才总量不足,企业之间急需人才同质化竞争严重,出现相互挖人现象,导致数字经济人才频繁跳槽,形成了不合理的人才流动。根本原因是重庆市产业发展的土壤没有达到高精尖、关键核心人才的要求,缺乏具有显著影响力的数字经济企业,使本土企业为全国培养了数字经济人才,并没有为重庆留住数字经济人才。

### (三)人才政策效果不佳不够健全

一是人才交流不畅,人才政策未形成合力。当前,各项引才政策、人才政策、创新政策散落在各个部门,政府相关信息系统集成不够,导致聚焦重点产业和薄弱环节不够,政策措施协调配合不够,配套措施和实施细则完善不够,职能部门之间信息交流不畅,全方位的人才交流平台尚未完全建立,削弱了人才政策的效果。例如,在专业人才管理上,重庆市开发的重庆市科技人才库网站只针对科技人才,并且网站中只能了解一些基本的信息和政策。

二是人才引进政策重引进轻服务。近年来,重庆依托"鸿雁计划"等引进了大量高端人才,引进人才的政策体系趋于完善,但政策存在缺少配套机制、注重资源优势的引才模式缺乏可持续性等问题,仍然在强调发现人才的重要性,而对人才的使用和服务机制并不完善,在人才的居住、医疗、子女教育、配偶工作等实际问题解决上存在困难,且部分地方和用人单位的服务意识不强,主动、切实为高层次人才排忧解难的意识有待增强。

三是人才政策执行不到位以及灵活性差。重庆市虽然出台了一系列人才服务政策,但在具体执行与落实的时候,还没有能够做到有效整合政府各相关部门和社会化资源,未能实现一站式的服务。重邮信科、云日集团在调研中提及,人才在引进后前5年的个税返还以及首套房的契税减免,本是政府对高层次人才重视的体现,而执行的情况并不理想,特别是由于信息不对称,一些高层次人才并不知晓,或由于程序较烦琐而选择放弃办理。重庆市人才管理方面的系统未能实现对各类人才的有效管理,在某种程度上易形成信息孤岛,导致人才间缺乏交流,人才统计数据浪费,人才需求无法得到反馈。

### (四)现有学科布局与产业人才需求不够匹配

一是重庆市人才存量基数及供给能力存在固有短板。相较于北京、上海、成都等地区,重庆市人才高校毕业生的总量不足,硕士点、博士点较少。就毕业生数量上来看,北京的博士毕业生人数为 18 653 人,硕士毕业生人数存量为 79 242 人,而重庆本地人才培养博士、硕士毕业生人数分别为 998 人和 17 382 人,毕业生学历层次主要布局在本科及以下。硕士点和博士点的不足,造成引进企业、本土企业在重庆本地的人才招聘异常困难,企业在重庆本地挖掘所需人才所耗成本甚至高于北上广深地区,造成一部分企业只需求中低端人才,少部分高端企业只招聘外来人才,又加剧了人才竞争的同质化竞争,直接影响了重庆市产业的需求层次,对本土的中高端人才造成挤出,不利于人才培养。

二是重庆市高校教育存在"学非所用、用非所学"现象。受制于高校课程专业设置的通识性,学校的教育模式与企业的人才需求脱节,学校培养的学生无法适应数字经济企业的用人要求,企业具有明确的利润导向,需要具备充足的专业知识和一定的行业知识,能够迅速适应工作任务的人才,尽可能地减少员工培养成本,多数企业不愿意二次投入去花费时间和资金对刚刚走出校园的学生进行综合性的培训与培养。在对企业的调研中发现,由于高校毕业生整体上存在能力与企业需求不适配的现象,阿里巴巴、重邮信科等企业更倾向于直接招聘有 3~5 年工作经验的数字运营人才和基础研发人才。

### (五)政产学研协同机制不够完善

一是政府企业协同存在信息壁垒。政府对人才引进和培育政策的制定较为通用和粗放,难以准确把控企业内部的人才需求,进而将大量资金和人力投入人才培训机构。而在企业的实地访谈中,企业认为自身应当是人才培养主体,对第三方培养的人才认可度不高,从第三方进行人才培养再到企业用人的形式反而增加了中间环节,增加资源浪费,希望直接得到人才培养的政策支持以对冲企业的人才培养成本。企业自身增加成本对人才进行"义务"培养的动机和意愿并不高。

二是政产学研载体建设不够。政府只是人才政策的制定者,企业、高校、科研院所形成了不同甚至是潜在对立的组织文化和行为准则。企业通常具有明显的利润导向,注重合作带来的经济价值;高校则是科研导向,考虑合作是否有利于学术研究。这种价值观的分歧影响着各方对合作利益的评价及合作范围和模式的选择,造成高校所培育的人才与市场脱节。由于政府、高校、企业和科研院所等各主体处于不同的领域,存在观念、价值观、制度及管理等方面的差异,因此使各协同主体间存在着互补与互斥、竞争与合作,客观上造成协同的困难重重,加上在实践中体制机制有效调节的缺乏,更使协同主体各方动力不足、活力不强。

### (六)人才评价标准体系不健全

一是共享互通互认的评价标准体系未完善。多元评价体系引入不深,现阶段对人才评价、社会参与的广度和深度还有所不足,政府、企业、行业协会、中介组织等评价主体之间因各方需求不同难以形成标准一致、可操作性强的人才评价办法。有些人才评价标准体系还未将标志性成果的质量、贡献、影响等指标纳入其中,重点企业、重要研发机构和优秀创新创业团队作为人才评价的关键主体,其"人才自主认定权"体现不够,对行业人才制定的认定标准"业内认可"不足。

二是新型人才评价标准体系尚未建立。新型人才评价方式正处于探索阶段,基于数字经济人才的评价方式还未成熟,人才评价大数据管理信息系统、人才评价信息数据库等还有待完善,人才评价信息共享应用不足,申报者和人力资源管理部门之间还存在"数字鸿沟",出现了"外行评内行"的现象。人才基础信息利用不足,人才服务部门整体数据分析能力、基于数据的科学决策能力,在人才评价成果整合、多维人才队伍分析报告、挖掘人才数据资源价值等方面还存在较大空间。

### （七）人才激励机制效果不显著

一是人才评价激励机制重职称头衔轻成果产出。人才评价激励政策存在重输入轻输出现象，在评估内容上，以结果为导向的评价体系尚未健全，人才奖励的评判标准仍然重输入、轻输出，作为企业需求最为旺盛的青年人才往往因为无成果、无头衔等因素难以获得政策补助，企业实际需求和政策导向出现脱节。在人才的评价与激励过程中，依靠市场公开、平等、竞争的评价机制尚未形成，加上根据高层次人才的特点和需求，实际的激励措施不足，导致了高层次人才的流失较为严重。直接奖励引发人才不合理的流动和竞争，重金引来的人才短时间内就流向其他地区，使刚刚建设好的学科平台空置，造成非合理的人才流动，导致人才队伍建设本身的不平衡。

二是绩效考核周期设置及方法不科学。一般来讲，科研成果周期都比较长，一般3年才能结题，而有的人才计划每年进行一次考核，不仅浪费了资金资源，抬高了考核的管理成本，还浪费了考核的主体资源和精力，从而影响人才的科研工作投入。另外，目前人才项目管理主要运用传统的管理方法，以行政层级管理为主，采取开会、总结、填表等形式，同时项目绩效评价方法单一，评价导向偏学历、论文等支撑要件。

三是国企薪酬制度不灵活。国企薪酬制度存在一定制约，与市场化的薪酬相比不存在优势。国企员工工资增长幅度缓慢，且相关收入为隐形收入不能即时转化成员工的实际收入。国企薪酬制度较为固定，不够灵活，薪酬结构倾向于平均主义，导致绩效评核设计不合理，缺乏适当的考核标准，没有起到应有的激励作用。薪酬分配过分依据人才的行政级别，而忽略了岗位差异，挫伤了那些高技能、高知识、高能力工作岗位人才的工作积极性，无法保障人才收益与个人能力、贡献程度对等，不利于激发人才的创新动力。

## 四、发展建议

### （一）优化政府政策供给

#### 1. 强化人才工作顶层设计

以系统思维将产业发展、科技创新、人才发展等工作进行宏观设计和整体谋划，聚焦重庆市重点发展产业，相关部门把准自身实际，摸清基层情况，提炼重庆市数字经济关键企业名录，科学规范关键数字经济人才统计指标。政策制定突出赋权于企的思路，把评价、引入、培养的主动权赋予企业或者社会第三方，发挥市场在人力资源配置中的决定性作用。将人才开发专项资金纳入财政预算,统筹规划人才专项资金、重点产业重点项目配套资金,实现人才、项目、技术、资金的全面对接。

### 2.优化政策分析

从政策覆盖对象、覆盖层次、覆盖行业等多角度完善政策分类统计,建立人才政策发展形势分析制度,建立数字经济人才监测平台、数据中心,完善市、区县、园区人才政策协同效率分析监测,实时分析市、区县、园区人才供给、需求、流动和协同情况。

### 3.提升政策使用便利度

注重梳理人才政策文件上下位关系,建立维护人才政策关联拓扑图,以信息化手段便利化科技政策、产业政策、财税政策、金融政策、人才政策等的相互衔接与配套,加强人才引进政策梳理、解读、宣传,绘制项目、资金申报流程图,帮助引进人才知晓、掌握相关政策,提升政策使用便利度。

### 4.提升人才工作力度

及时总结人才发展相关政策经验教训,探索以立法形式固化人才体制机制改革成果,有力推动人才工作跨部门运行。

### 5.加快推进紧缺人才政策创新

建立公共的地区人才信息平台,公布重庆市重点产业中企事业特别是高技术型和高成长型企业名录,及时发布紧缺人才目录,鼓励引进和培育高端人才中介企业提供高质量人才服务,推动人力资源信息共享。

## (二)强化产业生态培育

### 1.大力引进一批关键核心技术创新人才

围绕重点领域,重点引进能够突破关键核心技术、发展高新技术产业化、带动新兴学科发展的战略型领军人才与科学家团队。鼓励外国专家团队和优秀华裔人才以柔性引进、灵活自主的方式参与重庆市关键核心技术协同研发。进一步梳理重庆市"卡脖子"技术清单,对重庆市数字经济产业核心技术领域急需紧缺的特殊人才,开辟专门渠道,实行特殊政策,实现精准引进。

### 2.加强本土关键核心技术领域创新人才队伍建设

为本土企业和引进企业提供公平经营环境。鼓励本地企业设立研发机构,联合高等院校、科研机构、行业协会等参与重庆市数字经济产业共性技术、颠覆性技术的研发与项目应用,并给予较高的资金与项目支持。

### 3. 促进成渝人才要素流通互认

推进成渝两地数字经济人才在就业创业、社会保障、技能培训、劳动仲裁等方面的合作共享,建设成渝联通的人才评价信息系统,实现人才评选结果、科研成果、培训证书、竞赛成果、鉴定等级或评价认定成果互认,形成人才合作交流数据库,提升两地人才身份认同感,促进人才在成渝的合理高效流通。推动建设环成渝高校创新生态圈,鼓励成渝高校学生跨校交流与培养,共商学分转换机制,扩大互选课程、学分互认范围,推进高校课程资源的共享,支撑西部科技创新中心建设。

### 4. 加强成渝人才服务协同合作

协调完善区域人才引进、培养、配置、使用、激励与保障等配套性举措,编制发布双城经济圈急需紧缺人才目录。联手拓展急需紧缺人才开发领域和青年人才储备,组团参赴长三角、粤港澳等地进行产业紧缺人才招聘活动,协同开展招才引智,创新抱团出击方式,提升双城经济圈招才引智品牌。

### 5. 加快建设一批数字经济重点产业发展平台

结合重庆产业发展需要,推进数字经济领域大型国有企业、央企落户重庆,引进大数据、区块链、人工智能等领域数字经济头部企业、平台企业在渝设立区域性总部。以科学城为载体,瞄准世界科学前沿,服务国家重大战略需求,进一步强化基础科学研究,积极争取和布局重大科技基础设施、国家实验室、国家重点实验室落地,提升原始创新能力,为重庆市大数据、智能计算、新材料等新兴交叉领域的人才和专家团队提供施展才华的平台。

### 6. 积极打造一批自建人才创新平台

鼓励更多企事业单位建设博士后科研工作站,推动企业博士后工作站与企业技术中心、企业研究院、院士专家工作站等企业创新平台协同发展,鼓励企业博士后研究人员参与各类平台上的技术创新项目,实现项目、资金、人才、科研成果的深度融合。支持企业设立高技能人才培训基地和技能大师工作室,对职业技能培训教材开发、师资培训、教学改革以及职业技能竞赛等工作给予相应的经费和政策支持,对培训组织动员工作予以一定的奖补。

### （三）创新人才培养模式，优化人才氛围

#### 1. 优化专业体系和课程设置结构

增设"数字经济"相关博士点、硕士点授权学科，细分"数字经济"研究领域，扩大硕士、博士研究生招生规模，提升重庆市整体学科建设水平。优化本科专业结构，加快设置数据科学与大数据技术、智能科学与技术、信息安全等本科专业，持续推进传统专业"智能+""大数据+"改造，建立跨学科、跨产业、跨领域的交叉培养模式，夯实专业人才培养基础。

#### 2. 推进产学研多主体联合培养

探索重点企业参与专业领域课程内容标准化，纳入学生非定向培养方案，增强人才与产业需求匹配度。探索建立重点龙头企业联合高校发布重大科研课题，政府给予一定补贴的机制。鼓励政府、行业协会、高校、科研机构联合开展面向在岗人员的技能提升培训，组织优秀人才到国内外接受高层次培训。

#### 3. 建立梯级人才培养体系

细分产业和产业链，打造一批与产业发展相适应的专业化人才培育和服务机构，鼓励企业和猎头公司等中介机构就人才引进、培训与使用建立广泛合作，政府按照相应比例予以成本补贴。

#### 4. 完善青年人才配套服务

在各区县优质中小学校中适当保留杰出青年数字经济人才子女受教育的名额，本地人才和外地青年人才共享优质教育资源。制定差异化的青年人才安居工程，实现梯度化住房供给，对高层次青年人才，提供人才住房；对一般性青年人才，提供购房税收优惠或减免，提供公租房或租房补贴。创新青年人才健康管理机制，在市、区两级公立医院设立人才医疗咨询服务中心，采取政府购买服务、医疗团队轮值方式，为青年人才提供家庭保健医生日常健康咨询服务。

#### 5. 加大青年人才引进数量和覆盖范围

采用梯度引进、行业缺口引进、各行业高质量人才引进、实干型人才引进、高端人才引进等一系列措施，从不同方面鼓励外地青年人才、高校毕业生、大城市人才、高层次人才、港澳台人士等类型的人才来渝；放宽引进政策，使本科、硕士等一般性青年人才也能

享受政策的优惠,从户籍、住房补贴、交通补贴等方面给予一定的照顾,并对优秀青年人才落实考核奖励制度。

6. 营造尊重人才的社会环境

鼓励自由探索,赋予科研人员更多学术自主权。建立容错机制,营造宽容失败的科研环境。继续加大表彰激励宣传力度,畅通人才建言献策渠道,提高人才政治待遇,增加数字经济人才的职业荣誉感和获得感。

**(四)健全数字经济人才评价体系,完善激励措施**

1. 加强数字经济高技能人才与专业技术人才职业发展贯通

打破专业技术职称评审与职业技能评价界限,推进职称制度与职业资格、职业技能等级制度有效衔接,支持高技能人才参加职称评审和职业资格考试,鼓励专业技术人才参加职业技能评价,明确专业技术资格考试、职业(执业)资格(水平)考试与职称等级的对应关系。

2. 完善数字经济人才评价体系

建立有效发挥同行、用户、市场和社会等多元评价主体作用的数字经济人才评价体系。探索在重点企业研究院开展科研人员职称自主评聘试点工作。鼓励人才智力密集的科技型企业或行业协会探索开展职称社会化评价。选取重庆市重点发展产业,推进行业协会、产业联盟、学术团体等第三方组织在行业人才评价、行业人才能力标准建设、专业技术资格认证等方面的试点工作。

3. 完善数字经济人才收入分配激励机制

支持引导薪酬分配政策向数字经济高层次人才倾斜,向关键岗位急需紧缺人才倾斜,探索实行项目工资、协议工资和年薪制等灵活多样的薪酬分配方式。打破人才流动的体制界限,让人才能够实现有序畅通流动。允许兼职兼薪、离岗创业,不断完善兼职、一人多岗等灵活就业人员按次提成、计件取酬等工资制度。

4. 健全数字经济人才科技成果转化收益分配激励机制

深化数字经济科技成果转化收益分配制度改革,提高科技成果完成人享受奖励比例,充分调动科技人员的积极性。完善科技人员技术入股和分红激励办法,开展股权期权激励试点,建立健全科技成果知识产权收益分配机制。支持数字经济相关企业采用期权、股权激励等方式吸引高级管理人才和技术骨干。

### 5. 出台激励各类数字经济人才创新创业支持举措

研究出台激励各层次数字经济人才来渝、留渝创新创业支持措施,优化人才服务保障环境,完善数字经济人才在工作调动、人才落户、安居保障、配偶就业、子女入学、医疗保健等方面的支持激励政策。

### 6. 实行严格的知识产权保护

对发展知识产权交易市场、建立知识产权鉴定和评议以及质押融资风险补偿扶持机制、实行严格的知识产权保护制度、建立健全维权援助机制、建设知识产权仲裁机构等方面进行明确规定,旨在形成司法、行政、仲裁紧密衔接的知识产权保护体系。

**课题负责人:**张　洪
**课题组成员:**袁　野　万晓榆　刘雪艳　张　伟　张小容　吴超楠
　　　　　　刘　壮　曾嘉棋　万　婧

此课题为2020年度重庆市技术预见与制度创新专项人才工作研究课题项目,2021年2月结题。

# 重庆国际化人才培养研究

◎四川外国语大学课题组

**摘 要**:本研究主要采用访谈法、问卷调查法。主要访谈重庆市外事办公室等政府机关、行业协会等30余人次,面向高校外籍教师、海归人员发放问卷150余份。通过调研分析重庆市国际化人才队伍数量、质量、结构等方面的基本状况,查找出重庆市国际化人才培养存在数量不足、质量不优、分布不均等问题。调研发现主要由本土国际化人才培养滞后、对国际化人才吸引力不足、国际化人才服务体系不健全、国际化人才融入存在障碍等因素所致。建议从拓宽招聘渠道、完善双向培养体系、强化公共服务理念、促进中外文化交流、加强政策宣传力度、利用好双城经济圈等方面入手,建设一支数量充足、素质优良、结构合理的国际化人才队伍,为在共建"一带一路"倡议中更好地发挥带动作用奠定坚实的人才支撑。

**关键词**:"一带一路"倡议 国际化人才 培养体系

创新是引领发展的第一动力,人才是支撑发展的第一资源。重庆市认真贯彻党的十九届五中全会精神和习近平总书记重要指示要求,坚持把人才工作摆在更加突出的位置,深入实施科教兴市和人才强市行动计划,以高层次的平台聚才,以灵活的体制机制用才,以优质的服务环境留才,高标准规划建设西部(重庆)科学城,努力打造"科学家的家、创业者的城",持续营造"近悦远来"的人才环境,让各类人才敢于有梦、勇于追梦、勤于圆梦。重庆已成为各类人才的向往之地、集聚之地、创业之地。市委书记陈敏尔讲到,要把人才工作放在更加突出位置,以"近悦远来"为目标,实施更加积极、更加开放的人才政策,营造充满生机、充满活力的创新创业环境,聚天下英才而用之。

重庆作为"一带一路"上的重要支点,其融入全球市场速度不断加快,中国的重庆正变成"世界的重庆"。重庆统筹东西南北4个方向、铁公水空4种方式,聚力大通道、大枢纽、大口岸建设,推动与"一带一路"陆上、海上、空中、网上互联互通,加快构建立体化网络新格局。中欧班列（重庆）累计开行突破 4 500 班,渝满俄班列累计开行突破 1 200 班,西部陆海新通道线路延伸至全球 88 个国家、213 个港口,江北国际机场累计开通国际及地区航线 95 条,开通中新国际互联网数据专用通道。

随着"一带一路"倡议的推进,重庆"陆海内外联动,东西双向互济"的内陆开放型经济格局更加凸显,迫切需要一批具有国际管理水平、熟悉国际运营规则和能够跨文化交流的国际化人才参与到重庆经济建设中来。因此,必须适应经济全球化和建设国际城市的目标要求,制订国际化人才培养方案,建立国际化人才系统培养体系,规范国际化人才培养形式和培养过程。

# 一、国际化人才的定义

随着经济全球化的发展和国际交流、合作的增多,"国际化人才"这一概念也应运而生。学术界、企业界和政府对其基本定义存在以下共同点:国际化人才指的是有坚定的政治立场,熟悉党和国家方针政策,深入了解国情,具有宽广的世界眼光和长远的历史眼光,精通外语,掌握专业,熟悉国际规则,具有较强的跨文化沟通能力和国际化运作能力,具备扎实的区域国别知识,具有创新精神和国际视野的专业化复合型人才。结合相关学者的研究,一般认为,国际化人才必备 7 种素质:广阔的全球视野和强烈的创新意识;熟悉掌握国际惯例;熟练掌握本专业前沿领域知识;独立的国际活动能力;良好的跨文化沟通交流能力;较强的运用和处理信息能力;经得起多元文化冲击,具备较高的政治素质和健康的心理素质,在成为"全球族"的同时不丧失人格和国格。7 个必备素质可以归结为智力资本、社交资本和心理资本 3 个维度,体现了国际化人才的理性能力、行为能力、情感能力。换句话说,国际化人才必然是复合型、管理型人才,不仅思维开放、思路清晰,还需要懂科技、通外语、会经营、善管理,通晓国际贸易、金融、法律等知识,拥有较强参与国际市场竞争的综合能力。

从宏观角度来看,人才国际化是一种进程。从微观角度讲,人才国际化也指一种素质,亦即个体层面的国际化人才。目前对其定义有不同的表述版本,被业内普遍接受的是指在全球化竞争中能够把握机遇、争取主动的高层次人才,他们通常具有国际化胸怀与意识,知识结构国际一流,视野和能力达到国际化水平。当然,不同行业领域、不同专业、不同职业的高层次人才,会有不同的侧重点,比如教育领域,会以在国际会议发表讲演次数、国际专业期刊发表文章次数、与海外机构联系频率、国外专业机构任职时间等指标作为参照;而在企业管理领域,海外任职时间、运作跨国项目、国际惯例规则谈判等指标则更为凸显。

本研究将国际化人才定义为:服务于涉外企业及机关事业单位,熟练掌握国际惯例及规则,通晓国际语言,专业基础知识扎实,在从事的工作领域具有较强的创新能力、应变能力和跨文化沟通能力的国际化复合型人才。例如,重庆企业对外投资中负责尽调义务的国际法律人才、负责投资国招聘用工管理的国际人力资源管理人才、负责投资分析及风险管控的国际金融人才和负责装备设计制造的国际技术人才等均属于这一范畴。

总而言之,无论国籍如何,来自何方,只要具备相应的国际化知识结构和职业素养,就能被称为国际化人才。本研究认为,在人才工作的语境中,人才国际化培养的抓手,一是外部引进,创造海归人才成长和发挥作用的机制;二是内部培养,开发本土人力资源,提升人才的国际适应性。这也说明了国际化人才的来源,即主要来自两部分群体,一部分是海外引进或全球人力资源市场配置到中国的留学归国人才、华裔和外国人,另一部分是本土培养在跨国机构中工作或从事跨国经济社会文化事业的高层次人才。

## 二、重庆国际化人才的需求与现实差距

为了进一步吸引国际化人才的流入,近年来,重庆市全面落实科教兴国、人才强国战略,以"近悦远来"为目标建设人才强市,先后出台《重庆市科教兴市和人才强市行动计划(2018—2020年)》《重庆市引进海内外英才"鸿雁计划"实施办法》和《重庆英才计划实施办法(试行)》等政策文件,开展"民营企业引才服务月"和"海外优秀人才(项目)对接会"活动。2020重庆英才大会吸引4万余名优秀人才通过线上线下方式参会。党的十九大以来,重庆市新增人才资源接近40万人,新增高层次人才近2 000人,引进急需紧缺人才1.71万人。获批国家海外人才离岸创新创业基地,启动"高技能人才振兴计划",年培养行业紧缺高技能人才3 000余人,人才质量不断提升,人才规模不断扩大。但在国际化人才引进培养上依然存在问题。

### (一)国际化人才数量较为短缺

"渝新欧"国际铁路联运大通道开通以来,重庆市内向型的经济结构发生了重大改变,铁路联运打破了中国传统以东部沿海城市为重点的对外贸易格局,架建起了中西部地区与沿途国家的经济联系和文化交往桥梁,也带来了对国际化人才的强烈需求。"一带一路"倡议的重点是发展外向型经济,利用好国内国外两种资源、两个市场,为沿线广大发展中国家提供资金和基础设施建设的技术支撑。

目前,重庆在装备制造等方面积累了一定的经验和技术,在海上丝绸之路沿线港口建设、轨道交通等方面具备一定的优势,培养了一批能走出去的国际化人才。但在基础设施建设上,许多产业还不具备核心优势,缺乏国际理念指导和高端人才的流入;在对外投资上,重庆经济区的企业大都以中小企业为主,规模有限,缺乏资金支持,国际化人才

数量、管理理念和管理经验亟待提升;在对外贸易上,重庆依靠地缘关系,以农产品、初级产品小规模加工贸易为主,由于缺乏足够的国际化人才带来先进的科学技术,在海外市场缺乏核心竞争力,利润空间有限。《重庆市制造业人才需求指导目录(2019—2022)》对重庆市目前人才需求的预测主要涉及 8 个重点产业集群,包括智能产业集群、汽车摩托车产业集群、装备产业集群、材料产业集群、生物医药产业集群、消费品产业集群、农副食品加工产业集群以及技术服务产业集群。其中,智能制造产业集群预计人才需求增量 39 740 人,居 8 个产业集群之首;汽车摩托车产业集群预计人才需求增量 17 000 人,材料产业集群人才需求增量 9 940 人,分列第二、第三位。从人才类别看,研发人才需求增量 17 320 人,专业技术人才和技能人才需求增量分别为 31 310 人和 38 750 人。这些人才需求增量中,包含了需要精通专业技术,能够运用一门甚至多门语言参与国际沟通协作的国际化专业人才。而全市各类国际化人才总量仅 3 万人左右,占全市人才总量不到 2%,其中常驻外国专家数量较少,在获得中国政府"友谊奖"的外国专家人选中,上海有 45 位,杭州有 10 位,重庆目前只有 1 位。近年来留渝工作与创业的留学生不足 1 万人,同期上海有 19 万人,杭州有近 23 万人,且上海已有留学创业产业园 12 家,杭州已设立 10 家,重庆只有 8 家。留学人员在沪创办企业 5 300 余家,注册资金超过 8 亿美元。全国现有的 11 所中外合作大学,重庆至今无一所独立法人的中外合作大学。在人才总量、创业创新平台建设、国际化人才培养载体等方面还存在不足。

## (二)国际化人才质量亟待提高

### 1. 国际化人才缺乏对国外环境的系统性了解学习

从事国际化工作,不仅需要具备外语能力和专业知识技能,还应当熟悉对方国家的文化背景、语言习惯、宗教习俗和谈判风格等,如果仅仅是停留在知识能力培养而忽视了对应的素质要求,那么对国际化人才的应用将很难有进一步发挥的空间。在推进全球化进程中,只有熟悉国际规则,了解不同国家的国情,才能掌握主动权和发言权,在全球竞争中把握住机遇。重庆市律师协会以及重庆排名靠前的律师事务所调研结果显示,重庆的国际化法律人才,一是数量上不占优势,二是大部分法学专业人才在国外攻读学位后,毕业即回国,未能在相应企业等机构参加实习实践活动,导致专业学习与实践经验脱节,即使回国后也不能很好地发挥所学知识,甚至某些方面还难以与国内律师同台竞技。

### 2. 国际化人才创新精神和国际视野不足

目前,重庆国际化人才队伍中科技创新人才数量偏少,特别是双向流动中高层次创新人才不足,区域间缺乏紧密的科技人才合作与交流。创新是社会进步的源泉,国际化人才的创造力是区域发展和进步的核心动力,只有具备一定的国际视野和探索精神,才能突破地域、文化的限制,为地区建设贡献新方案。

### 3.精通非通用语的人才较少

"一带一路"倡议需要语言铺路,按照我国外语教育界的界定标准,绝大多数沿线国家的官方语言和常用语言可以被归入"非通用语"的范畴。"一带一路"倡议使重庆与沿线国家的交往逐渐超越了政府层面,逐渐向企业和民间层面深入,对非通用语种人才需求的数量、期限、层次也更为复杂多样。非通用语教育规划的范围应涉及基础教育、高等教育、非学历教育等各个层面,提高为地方和企业服务的意识,探索定向委培模式,努力做到教育机构各尽所能,用人单位各取所需。

### (三)复合型国际化人才急需

#### 1.理论与实践相结合的复合型人才不足

从重庆市的高级国际化人才分布情况看,多集中在高等院校、科研院所等研究机构,主要从事理论研究和分析工作。而分布在第一、第二、第三产业的实际管理应用型、复合型国际化人才较少,产业内部结构分布不合理。国内一些国家级新区,如上海浦东新区、天津滨海新区,不仅拥有理论型、研究型外事学者,更拥有大量的管理型、应用型国际化人才,较好地实现了理论研究与实际应用相得益彰的结合。为了激发高校科技人才的双创动力,成都市不断探索校院企地合作新模式,推动职务科技成果权属混合所有制改革,打造校院企地发展共同体,培养理论和实践双重结合的复合型国际化人才。

#### 2.语言+专业技能相结合的复合型人才紧缺

重庆虽与东南亚陆水相通,联系密切,但因多方面因素制约,国际化人才主要立足于国内,缺乏国际化、专业化理念。尽管重庆市国际化人才在推动内陆开放高地建设、促进全市经济社会发展等方面做出了积极贡献,但当前,重庆市需要既熟悉掌握各国语言,了解各国文化和习俗,懂经济、外贸和金融,又对有关国家的国情、法律、政策有深刻了解的高级复合型人才。特别是在口岸建设、跨国电商业务、能源、交通、医药、汽车、综合化工、材料、物流等行业领域,尤其是在重庆构建"芯屏器核网"全产业链,打造"智造重镇"、建设"智慧名城"等战略部署下,急需大量的复合型国际化人才参与到产业建设中来,以扩大和深化重庆同"一带一路"沿线地区的开放合作,构筑沿海沿江沿边全方位对外开放平台。

### (四)本土人才培养机制不健全

#### 1. 缺乏统一规划和管理,培养结构不合理

重庆市各企业对服务于国际化工作的员工缺乏统一的培养规划和完善的培养方案。调查显示,多数企业缺乏专门的培训部门进行统一规划和统筹,对需要进行培养的国际化人才估量不足。例如,在国际化人才培养中,授课内容与员工从事工作匹配程度不高,造成培训资源的浪费。对培训人员的培训时长上,大部分人员接受的培训方式为短期培训,这种方式的反馈效果远不如长期培训,培训成果难以满足企业在国际化发展进程中对员工从事国际化工作的能力要求。

#### 2. 缺乏有效的激励、监督和评估机制

有效的激励、监督和评估机制是取得良好培训效果的重要保障。就当前已形成的培养方案来看,从培训项目的设定、参训人员的选拔、接受培训、学成结业到培训后工作效果评估,均尚未形成完善的激励、监督和评估机制,造成参训人员学习动力不足,培训效果难以保证。如果对培训成果的评估不准确,还会导致难以修改和提升前期设定的培训项目和方案。在接受本次调查的企业中,有一半的企业认为现有培养措施的效果一般,同时当前还存在企业委托不具备资质的机构进行培训的普遍现象,这些结果都表明制定有效的激励、监督和评估机制的紧迫性。

#### 3. 国际化人才培养意识落后

随着经济全球化的不断深入和我国综合国力的不断提高,特别是习近平总书记"一带一路"倡议的提出与推进,越来越多的企业开始走向世界舞台,开拓海外业务,参与国际竞争。企业对能够服务于国际化工作的人才需求快速增加,但有的企业加入国际化队伍的意识滞后,或认为企业中有的部门目前没有从事直接与国际接轨的工作,以为国际化和他们无关,轻视国际化人才培养。但在一定意义上,这些企业或部门恰恰是最需要通过人才国际化来推动革新和发展的企业、实现职能转变的部门。

#### 4. 国际化人才培养受现有国际大环境制约

海外留学或访学交流路径是重庆市国际化人才培养的重要渠道,但受国际新冠肺炎疫情以及中美关系影响,目前重庆市与欧美等国原有人才交流项目被迫暂停,重庆市赴海外留学学生群体、企业海外派驻员工数量大幅度下降,对重庆市国际化人才海外培养

带来了较大负面影响,大大制约了重庆市国际化人才培养工作的开展。

### (五)外来国际化人才吸引力有待增强

#### 1. 服务制度保障有待加强

社保等制度与国际接轨程度不高,与社保配套不相适应。调查显示,近80%的岗位对国际化人才希望采用全职聘用形式,大部分国际化人才会长时间在渝工作生活,但社会保险关系转移接续工作仍旧存在诸多问题,无法为引进的国际化人才提供良好的就业保障;同时部门业务沟通不畅,配套服务亟待整合。人力社保、侨务、教育、公安等部门相互之间缺乏有效的协调,国际化人才服务工作力量过于分散。例如境外国际化人才在渝的住房、医疗、配偶工作安排、子女就学等基本生活和待遇问题还未得到良好解决。另外,境外国际化人才入职手续繁杂,46%的境外人员入职所需花费时间在两个月以上。实际上海归人士是否决定回国进行科研创业,外籍人士是否愿意留在中国工作尤为看重的是国内的"软环境"能否符合国际化人才要求。法规不够健全,政策透明度低、落实不到位,行政手续烦琐,办事效率低等,直接影响国际化人才落户重庆的积极性。

#### 2. 国际化人才融入存在障碍

重庆市整体上文化交流促进活动并不多,文化冲突无可避免。一是企业的文化管理能力较为薄弱。政府在跨文化融合问题上也未能给予充分的重视,缺少国内外文化交流平台,境外国际化人才难以真正接受本土企业文化,经常会发生因境外国际化人才与本地人才难以融合而出现"文化休克"现象。二是双语服务氛围不浓,语言环境亟待优化。境外国际化人才大多缺乏汉语交流能力,因此在平时生活中存在诸多不便。近年来,重庆市虽着力加强公共部门的双语服务平台建设,但仍未全面覆盖。与此同时,非公共部门的双语服务能力薄弱,如乘坐出租车、商场购物等均无法给境外国际化人才带来语言便利的良好生活体验,致使他们缺乏对重庆的归属感,融入障碍也直接影响人才效能发挥。

重庆市人力社保局公布的数据显示,在渝工作的海归人才中,工作单位性质为高校、科研院所和医疗机构的最多,达到了六成;其次为企业,占两成,在政府部门工作的海归占比最少,为6%左右。来渝工作的途径方面,经朋友推荐或个人联系的达到45.5%,其次为通过政府引才平台来渝,占26.8%。58.9%的海归人才表示,重庆市需要提高海外引进的高层次人才的激励奖励水平,50.9%的海归人才表示政府应加强政策激励力度。由此可知,重庆市对海归人才的政策吸引及扶持力度有待进一步增强,同时现有政策的宣传力度有待进一步加大。

《2019中国海归就业创业调查报告》调查显示,尽管薪酬福利仍是受访海归在求职中最重要的关注点,但随着国内就业市场的竞争加剧,更多海归的关注点正从高报酬转移到寻找更加适合自己的工作。同时,"完善海归人才就业服务机制"替代"提高人才薪酬福利待遇"成为受访海归最为迫切的诉求。"不了解国内的就业形势和企业需求""国内人脉关系较弱""不熟悉国内市场环境发展和发展需求""所学专业在国内的匹配度不高""回国时间与国内招聘时间错位"依然是海归在国内就业市场中的劣势。

虽然北京、上海、深圳依然是海归最期望就业的城市,除本地户籍海归以外,仍有大量海归选择到此三地发展。然而值得注意的是,"家乡重庆"对受访海归的吸引力显著提升,选择此项的受访海归占比在30%以上。"经济发展快""国际化程度高""具有多元文化,包容性强"继续成为城市吸引受访海归最重要的3个因素。因此,重庆市在这些海外人才关心的政策制度方面还需要不断发力。

外籍人才引进中的具体问题见表1。

**表1 外籍人才引进中的具体问题**

| 外籍人才引进中的难题 | 典型表现 |
| --- | --- |
| 人才渠道问题 | 国际化人才信息不通畅;现有招聘渠道不够高效;引进渠道特别是针对高端人才的招聘渠道狭窄,猎头费用高;国际化人才信息零散,能接触到高层次国际化人才的机会少 |
| 人才待遇问题 | 缺少规范性的国际化人才薪资指导标准;国内外人才待遇平衡问题;国际化人才福利、保险等跟国际无法接轨 |
| 人才政策问题 | 企业对现有人才政策不熟悉;境外人才入职申请流程复杂、周期长;住房比较困难;外籍华裔来渝工作涉及的税收、四险问题有待解决 |
| 人才融入问题 | 国际化人才难以融入企业文化,在人员管理、沟通等方面存在差异;外籍人才思维方式与本地员工有差异,导致在工作沟通和执行方式上衔接不好 |
| 人才环境问题 | 住房方面生活成本高,国际化人才的就医、租房、旅游等不便,子女教育入学及跟国际接轨问题,城市标识英语表述少,公共服务窗口缺少英语服务 |
| 人才供给问题 | 本区域国际化人才缺乏;本区域国际化人才培育机制不够完善;国内公司对国际化人才的需求仍远大于国际人才的引入量,导致公司在特定方向的人才招募可选择性小、竞争大 |

# 三、国内外现有国际化人才培养模式

## (一)国外现有国际化人才培养模式

美国近年连续发布《国家教育技术计划》,大力开展STEM教育,实施4C技能人才的培养,STEM 教育即科学、技术、工程和数学教育,4C 技能即批判性思维和问题解决、沟通、协作、创造力和创新技能,旨在培养具有全球竞争力的国际化人才,增强美国在全球竞争中的战略优势。

欧共体在 1992 年便开始实施《欧洲共同体促进大学生流动计划》,并拨出专款,鼓励本国师生在会员国之间留学,相互承认学历、学位等,在跨国学习交流中提高外语水平和综合业务能力。

日本面对资源的贫乏,长期实施多元化的国际人才引进和培养措施,同时大力投入开放性人才的长期教育,自 20 世纪 80 年代就提出"要培养世界通闻的日本人",在教学中注重以外语与职业技能结合的综合培训,培养学生应对国际竞争的能力。

新加坡鼓励私营企业和商业集团参与部分教育事业,从小学开始进行分流和精英化教育,培养国际化商业意识。同时新加坡十分重视政府的引导作用,设立了劳动开发局来负责人才国际化的培训,建立了统一的国家标准的技能培训体系。

由此可见,国外的国际化人才培养模式起步比较早,为我国国际化人才培养提供了良好的参考借鉴,也为重庆国际化人才培养模式、培养路径等提供了良好的范式。

### (二)国内现有国际化人才培养模式

深圳市的国际人才培养走在我国前列。2020 年 10 月 11 日,中共中央办公厅、国务院办公厅印发了《深圳建设中国特色社会主义先行示范区综合改革试点实施方案(2020—2025 年)》(以下简称《方案》)。在引进外籍"高精尖缺"型人才方面,《方案》提出,为符合条件的外籍人员办理 R 字签证和提供出入境便利,为符合条件的外籍高层次人才申请永久居留提供便利。《方案》支持探索建立高度便利化的境外专业人才执业制度,放宽境外人员(不包括医疗卫生人员)参加各类职业资格考试的限制。

上海市自 2016 年起加大了国际化人才培养"两手抓"的力度。一方面,鼓励有条件的高校在海外建立办学机构、科研院所建立科研机构,鼓励企业在海外投资设厂、并购、建立研发中心和高端孵化基地;另一方面,大力吸引海外一流高校来上海开展合作办学,鼓励外资研发机构与本市高校、科研院所、企业共建实验室和人才培养基地,鼓励跨国公司在上海建立地区总部或者研发中心,吸引各类国际组织、学术论坛落户上海,同时争取有影响力的国际组织在上海设立分支机构,一系列举措旨在扩大人才国际交流合作。

成都市科技创新大会在 2020 年 6 月 3 日发布了《关于支持中国西部(成都)科学城建设的人才行动计划》,围绕建立"一带一路"(成都)国际科技转移中心,将国际化技术转移人才纳入"蓉漂计划"支持范围,面向全球"揭榜挂帅",充分发挥技术经纪人在成果转化中的"催化剂"作用。面向全球招募海内外知名高校、世界 500 强企业或国际知名研发机构的顶尖科技创新团队,对开展技术攻关且科技成果在蓉转化的,经认定给予最高

500 万元资金资助。鼓励企业和高校院所到海外建立"研发飞地"柔性引才,支持头部企业推荐人才直接入选重大人才计划。支持具有先导性、颠覆性、带动性技术的科技领军人才入驻中国西部(成都)科学城,给予个人最高 300 万元资金资助。

武汉市于 2017 年深入实施"海外科创人才来汉发展工程"(以下简称"工程"),打造国际人才自由港。"工程"指出,要大力发展"海归经济",鼓励东湖高新区先行先试,加快建设与国际接轨的人才交流集散区、技术移民试验区、海归产业示范区、创新发展先行区;要完善海外引才工作体系,构建面向全球的招人聚才网络;要建立健全党委联系服务专家制度,实行"一张绿卡全程服务";要推进国际学校、国际医院、国际社区建设,为国际人才提供优良的生活环境。同年,由 3 位诺贝尔奖获得者领衔的德诺美(国际)生命科学创新研究院正式落户武汉,加快了为武汉的国际化人才的培养进程。

总的来看,国外尤其是发达国家从 20 世纪末就已经开始实施国际化、复合型的人才培养措施,着重从外语能力、职业技能这两个方面进行人才培养。从 21 世纪初开始,我国一线、新一线城市也加速了培养国际化人才的进程,其中深圳市注重外籍"高精尖人才"的引入;上海市通过同时鼓励"走出"和"引进"来营造国际化的城市环境;成都市和武汉市同样意识到了国际化创新人才的重要性,近期分别将重点吸引对象放在国际化技术转移人才和科创人才。

# 四、国际化人才培养对策建议

国际化人才培养的总体目标是通过建立定位清晰、目标明确、层次分明、相互衔接、运作高效的国际化人才培养体系,为企业培养一批既熟悉国际惯例和规则,具有国际视野和理念,又深刻了解中国国情的德才兼备的国际化人才。具体目标为:国际化人才的数量要满足重庆企业的发展需求;国际化人才的层次高;国际化人才的结构合理;国际化人才的效能高。国际化人才培养要注重遵循实用性培养和素质性培养相结合的原则;普遍性培养和重点培养相结合的原则;渐进性培养和适度超前性培养相结合的原则;培养形式多样化和平衡发展相结合的原则。

## (一)正确处理国际化人才培养过程中包含的各种关系

### 1.行政手段与市场配置的关系

党管人才,主要是管宏观、管政策、管服务。要赋予企业更大的自主权和灵活性,大力发展国际化人才服务业,健全人才市场,落实国际化人才来渝创业择业自主权,推动国际化人才在渝的合理流动,建立国际化人才的社会使用和评价机制。同时,强化市场在国际化人才资源配置中的基础性作用,探索政府、社会、市场多种形式的国际化人才资本投资,提高社会资本在国际化人才投资中的比重。为了给国际化人才提供更好的服务保障,重庆建立市、区两级高层次人才"一站式"服务平台,深入实施人才服务证制度,为持证的高层次人才提供包括科技服务、职称评审、岗位聘用、居留许可及签证办理、优先申报人才项目等便利服务。既坚持市场配置的改革取向,又完善宏观调控的政策导向,才能保证国际化人才工作的全面协调可持续发展。

### 2. 本土人才与国(境)外人才的关系

人才既是流动性的,也是共享性的。引进高层次国际化人才是当务之急,而培养和用好现有本土人才又是一项基础工程。在积极引进国(境)外人才的同时,加强对重庆市现有本土人才的培养、稳定和使用是一项重要举措。在实践中往往看重引进国(境)外人才而忽视本土人才的培养。因此,在引进国(境)外人才时,必须要考虑与现有本土人才的平衡性,利用好国内国外两种资源。对在研究方向处于具有特殊行业前沿的杰出人才、在推动重庆市国际化都市建设进程中具有引领作用的本土人才以及对企业国际投资具有贡献的人才,应当给予有竞争力的物质和精神的双重激励。

### 3. 高层次国际化人才与基础性国际化人才的关系

基础性国际化人才是指适用性强、实际操作能力高的人才,其强调的是个人的基本素质和能力。高端国际化人才不仅自身是人才,而且在一定程度上是其他人才的发现者、培养者和使用者,不仅自身贡献大,而且可以发挥示范作用,带动整个国际化人才队伍建设。因此,应当从重庆国际化人才建设的实际需求出发,集中培养、吸引一批高层次的创新型、复合型国际化人才来到重庆、留在重庆、发展重庆,在此基础上大幅度提升国际化人才对重庆市经济社会发展的助推功能。同时,要通过高端国际化人才带动基础性国际化人才提升素质、调整结构,形成高、中、低端的国际化人才共同发展的良好局面。

### 4. 人才政策吸引与体制创新的关系

一方面,要放宽、放活各项人才激励政策;另一方面,要构建更具活力的国际化人才建设体制机制,把国际化人才管理从各类不合时宜的观念、体制、机制、政策、环境中解脱出来,建立与重庆经济社会发展水平相适应的现代化、国际化、外向型人才资源管理体制。不同于传统行业领域,特别是在电子信息、智能设备、生物医药、新材料能源和节能环保等新兴产业,应当加大力度调动和保护国际化人才的创造力、制造力和动态活力。

### 5. 刚性引进与柔性引进国际化人才的关系

一般说来,西部地区在薪酬环境、发展空间等方面,难以对国际化人才产生足够的吸引力,但通过柔性引进的方式,可以使国际化人才有一个逐渐熟悉、适应的过程,从而实现柔性引进到刚性引进的承接和转化。重庆要树立开放式的国际化人才管理模式,通过短期教学、科研合作、技术合作、技术交流、技术入股及聘请兼职教授、客座教授等形式加大借智力度,逐步消除因激励措施、后勤保障等方面缺乏足够吸引力带来的不利影响。在引才工作中,除刚性引进外,积极构建"不求所有、不求所在,但求所用"的"柔性"引才机制,在重庆广招与"一带一路"建设相吻合的国际化人才。目前,坚持基础性国际化人才以刚性引进为主,"既求所用,又求所有"。高层次国际化人才以柔性引进为主,"不求所有,但求所用",走刚性与柔性引才并重的发展之路。

### (二)大力引进国(境)外领军人才,充分发挥人才引领作用

**1.抓好重点领域的国(境)外领军人才的引进**

要围绕全市战略型产业发展,引进国(境)外云计算、汽摩、新材料、生物制药及旅游、生态保护、农业等领域的高层次外国专家来渝工作。在物联网、机器人、新能源及智能汽车、页岩气、环保装备产业中,加大海外领军人才的引进力度,如顶尖优秀企业家、学术学科领军人才、高端工程技术人才和高级金融管理人才。

**2.加大对国(境)外领军人才来渝创业的扶持力度**

促进知识产权质押融资、创业贷款等业务的规范发展,完善支持国(境)外领军人才创业的金融政策。完善知识产权、技术等作为资本参股的措施。加大税收优惠、财政贴息力度,扶持国(境)外领军人才创业风险投资基金,支持创办科技型企业,促进科技成果转化和技术转移。加强国(境)外领军人才创业服务指导,提高创业成功率。继续加大对国(境)外领军人才创业孵化器等基础设施的投入,创建人才创业服务网络,探索多种组织形式,为国(境)外领军人才创业提供更好的服务。

**3.积极搭建国(境)外领军人才创业示范基地**

继续抓好已建成的示范基地项目,落实好项目管理,充分发挥示范作用。充分发挥示范基地作用,如西部(重庆)科学城、两江新区、寸滩保税港区、荣隆工业园,把国(境)外领军人才的引进成效作为示范基地建设的重要内容和评价指标。在此基础上,围绕IT、金融结算、新材料等重庆市战略性新兴产业,重点支持引进再创新项目,积极打造引才引智品牌示范基地。

**4.加强对国(境)外领军人才在渝创新创业先进典型的舆论宣传**

适度宣传国(境)外人才在重庆市取得的重大成就和涌现出的先进典型。对做出突

出贡献的外籍高层次人才,提请市政府授予"市荣誉市民"称号或颁发"荣誉证书""纪念证书"。设立"市留学人员为国服务成就奖",表彰有突出贡献的海外高层次留学人才。以此努力营造全社会关注和支持国(境)外领军人才引进工作、国(境)外领军人才踊跃来渝创业的良好社会氛围。

### (三)创新本土国际化人才培养方式

1. 开展人才国际化的国内培训

(1)开展国内培训的几个原则

①实现差别培养。根据所处的行业岗位职位不同,担当的职责不同,个人的专业技能水平不同,经历和背景也不相同的特点,进行分级分类培训。

②注重培养实效。改变目前培养中重理性思维和理论知识培养,轻实践操作的状况。国际化培训应以训练为主,实用至上。

③尽可能实行开放培训。开放表现在两个方面:一是对所有符合资格条件的国际化人才开放;二是向社会开放,吸纳外国驻华机构、国际组织、跨国公司的人士参加。

(2)培训课程设置的原则

①课程设置要有系统性。第一,课程体系的设计力求能构成一个逻辑体系。譬如在内容上要涵盖从初级国际化人才到高级国际化人才培训的所有内容,在逻辑上不断递进和深化。第二,对单个受训对象而言,这些课程设置能提供伴随本土国际化人才成长从低到高的系统培训。

②课程设置要有双向选择性。一方面,主管部门根据国际化人才培养要求和个人需求,拟订培训课程和培训计划;另一方面,各企业部门根据公布的课程或培训是否符合自己的需要来决定是否参加培训。

③课程设置要体现语言、业务培训和道德培养的结合性。任何培训项目,都是要建立或强化一定的价值理念。国际化培训要建立思想道德培训与专业培训有机结合的机制,使思想道德培训在教学过程中得到体现。

(3)国内短期培训的举办方式

①充分利用社会培训机构。短期国际化培训可以尽量委托外部培训机构承办,尤其是在语言、计算机等通用技能培训方面。但这种培训必须通过竞争机制进行。这种竞争主要表现在两个方面:第一,学员可以选择培训机构和培训课程;第二,培训资金可以"选择"培训机构。

②完善培训体系。完备的内部培训体系是质量的重要保障。对此,香港的经验很值得借鉴。1961年,香港公务员事务局设立了专门的公务员培训处,下设6个组别,还在许

多部门建立了专业知识和技能训练机构。培训处拥有具有丰富知识和经验的高级培训人才和专业顾问,每年有超过2亿元的财政拨款,培训设施在亚太地区一流(图1)。

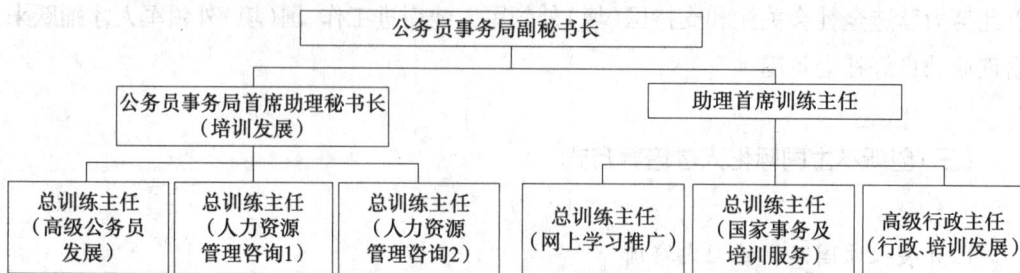

```
                    公务员事务局副秘书长
          ┌──────────────┴──────────────┐
 公务员事务局首席助理秘书长              助理首席训练主任
    (培训发展)
 ┌───────┼───────┐          ┌───────┼───────┐
总训练主任  总训练主任  总训练主任   总训练主任  总训练主任  高级行政主任
(高级公务员 (人力资源  (人力资源   (网上学习推广)(国家事务及 (行政、培训发展)
 发展)    管理咨询1) 管理咨询2)            培训服务)
```

**图1 香港公务员事务局公务员培训处职务与职责安排**

(4)变挑战为契机,优化本土国际化人才培养模式

重庆市国际化人才培养应从"单轨"模式向"双轨"乃至"多轨"模式转型。特别是在后疫情时代以及中美关系紧张的历史背景下,从长远来看,以高效国际化人才培养为例,要着眼于我国教育对外开放和国际教育发展大趋势,坚持特色办学、多样化办学,把握好国际课程和国内课程的关系,探索国际课程的本土化开发,办中国特色的国际教育。利用好国际化师资、跨境交流项目以及富有中国特色的跨文化优质教育资源,以教育"在地国际化"模式实现培养国际化人才的目标,让培养群体"足不出户"就可以接受国际化课程,培养提供国际市场拓展、预防和解决国际摩擦、化解贸易矛盾的思路和策略,提升企业国际化水平,促进国际化沟通交流,让其获得多元文化的学习体验,提升跨文化素养,开拓全球视野。

**2. 开展人才国际化的国外培养**

(1)开展人才的国外培养要实现几个转变

①从短期培养向中长期培养转变。国际上通常认为,只有通过一年以上的国外工作和生活经历,才有可能初步塑造出熟悉一国情况的国际化人才。要把过去低层次、短时间、开眼界式的境外培训方法,转变为选拔一批有培养前途、具有较高学历和较高外语水平的本土人才到国外进行中长期系统培训的培养方式。

②从单纯地听课向在国外工作、实习转变。目前大多数的人员在境外接受的是进修、学习型的培训,只有极少数人员是在国外工作。只有亲身参与工作实践,才能真正学到国外同行的管理经验,提高业务水平和语言沟通能力。因此,要加大与境外机构的合作力度,为培训人员提供更多接触实际、了解实际的工作机会。

③从简单地获取知识向完成课题转变。在进行培训方式和内容的选择时,可以考虑通过完成行业内的重要课题的方式让受训人员接受国际化培训,以充分调动其积极性,提高培训的针对性和实效性。

④从培训无定所向建立海外培训基地转变。与国际组织、外国政府、国外大学及研究机构合作,充分利用这些机构的软、硬件资源,设立"有形"和"无形"的海外培训基地。同时,每年有计划地选送一批中小企业包括民营企业高管到国外著名高校、科研机构和知名企业培训。联合国际顶尖著名高校、世界500强企业和国际著名金融、外经外贸机构,签订战略性合作培养协议。

(2)培训内容要丰富全面

①思想道德和民族自豪感教育。真正的国际化人才应该是 Glocal,即 Global(全球化)和 Local(本土化)的结合,国际化人才必须根植于祖国文化土壤,没有深厚的民族自豪感,就不是我们所需要的国际化人才。要使思想道德培训具有"刚性",所有开设的国际化课程都要提出其所培训技能的思想道德要求,并在教学过程中贯彻。

②语言教育。目前,重庆企业事业单位工作人员的实际外语水平不容乐观。在国外的语言环境中,提高学员的外语水平,是国外培训的重要目标之一。

③业务能力教育。提高业务能力和管理水平是国际化人才培养的真正目标所在。在接受语言培养的同时结合了专业培养的人员占比较少,今后应加大专业能力的培养力度。

④国际理解教育。开展国际素质教育,使学员了解国际政治和国际经济,理解国际社会公共价值理念和多元文化的礼仪、风俗。

⑤创造性教育。改变传统的教师讲课、学员听课的授课形式,鼓励多样化和特色化的教学模式,以学生为中心,激发学员的个人潜力。

(3)建立新型的经费投入机制和收益分享机制

目前,国际化人才海外培养的经费基本上都来自财政。这种单一的经费投入方式,已经难以满足培训方式多元化、培训需求多元化的现状,不利于最大限度地提高培养效果。此次调查显示,相较于全部由政府出资而言,大多数人员认为应该个人先承担一小部分培养费用,待追踪考评合格后,返还这部分费用。因此,今后可以试点探索以下培养模式:

①由财政和个人共同投入的培养模式。

②个人先垫付一部分,待追踪考评合格后支付费用的模式。这种培养模式能在一定程度上对培训人员形成约束,增强培训效果,而且有很高的支持率。

③允许个人在工作期间带薪自费留学。鼓励带薪自费留学人员参加国际合作培训,或自行申请国外的学位教育。

④建立"服务承诺协约制度"和"奖学金制度"。为年轻学员赴海外参加与自己专业相关的进修或攻读学位的计划提供资金支持。

(4)国外培养要有规范的制度保障

建立国内预培训制度。出国前,要为受训人员进行为期一周至一个月的语言、礼仪、保密、基础知识等方面的国内预培训,制订相应的、建立规范的国外培训制度。每期培训班都要组建临时领导机构。同时,建立、健全国外培训的人员管理制度、经费使用制度、培训考核制度、培训质量评估制度等一系列规章制度。

### 3. 充分发挥好重庆非通用语学院作用

目前,重庆市在四川外国语大学设立了重庆非通用语学院,为培养非通用语人才提供了良好的平台。重庆非通用语学院设立 8 个非通用语专业,实现东南亚、南亚、中东欧等"一带一路"沿线重要国家语种基本覆盖,打造西部领先的非通用语人才培养、智库研究、语言服务、文献资料、国际交流合作示范性基地;到 2025 年,建成西部一流、国内领先、国际化人文特色鲜明的非通用语教育精品工程。

2016 年,希伯来语、匈牙利语专业开始招生。2019 年新增捷克语、波兰语、印地语和缅甸语 4 个招生专业。同时,学院申报罗马尼亚语、马来语、土耳其语和乌克兰语等专业,从 2020 年开始招生。所有专业实行隔年招生,规模 10 ~ 15 人。2019 年秋季开始,学院教职员工达到 30 人左右(含外教 5 ~ 8 人)。

在人才培养中,要践行"外语+"理念,实行"非通用语+通用语""非通用语+专业""非通用语+国别研究"的人才培养路径,推动教学科研复合、理论实践复合、产学研用复合,培养复合型、应用型、国际化非通用语精英人才。由于所有非通用语专业均是"一带一路"背景下开设的,既注重培养学生的外语技能,又重视学生综合素质的提高,通过非通用语专业课及其相关跨专业课程,让学生全面掌握非通用语国家的人文、历史、政治、经济、社会、外交等方面的知识,培养具有国际视野、中国情怀,服务国家和地方的非通用语专门人才。同时,采用复语(非通用语+英语)、复专业[非通用语+外交学、新闻学(国际新闻)、法学(国际经济法)、国际经济与贸易或汉语国际教育]培养模式,并实行"2+1+1"培养方式,学生在第三年有机会通过申请国家留学基金管理委员会项目资助,前往非通用语对象国交流学习。

重庆与四川外国语大学共建非通用语学院,不但可以充分发挥其在全日制非通用语大学本科、研究生培养中的积极作用,而且可以有效地面向社会,特别是面向对重庆在非通用语国家投资或者存在业务往来的企事业单位进行有针对性的培训,更好地服务重庆地方经济发展。

### 4. 其他人才国际化培养对策

要培养服务于国际化建设的复合型人才,就应当利用好国内国外"两个市场""两种资源",瞄准"一带一路"倡议,紧扣内陆开放高地建设,突出培养方式国际化、实用性,积极培育重点领域紧缺人才。

①分行业重点培养国际化人才。划分重庆的优势产业和潜力产业,制订重庆重点紧缺人才目录。在基础设施建设上,港口建设、汽车制造、现代服务可列为重点产业。在对

外投资上,立足于境外人民币结算业务,因此,可将金融、保险、财政、会计等专业纳入紧缺重点产业强化外经外贸人才的培养。

②强化复合型国际化人才培养。通过校园招聘和社会渠道,招聘实用型的中层管理和应用技术型国际化人才。为应对经济全球化,改变"纯外语"培养模式,确定"精外语、知商务、会管理、懂技术"的前瞻性国际化人才培养体系,精心打造"具有差异竞争力"的复合型国际化人才。

③建立产学研战略联盟。在政府指导下,以企业为主体、市场为导向,通过共建科技创新平台、开展合作教育、共同实施重大项目等方式培养高层次国际化人才和创新团队。实施研究生教育创新计划,发展专业学位教育,建立高等学校、科研院所、企业高层次国际化人才双向交流制度,推行产学研联合培养研究生的"双导师制"。实行"人才+项目"的培养模式。依托国家重大国际化人才计划以及重大科研、工程、产业攻关国际科技合作等项目,重视发挥企事业单位作用,在实践中集聚和培养创新型国际化人才。

④举办各种涉外研讨会。充分发挥国际资源优势,经常邀请海外公共管理部门的行政官员、优秀的企业经营管理者和相关专家学者到重庆进行专题研讨与交流。另外,加强对大型国企高管培训力度,定期输送重庆市大型国企高管出国(境)进行交流、培训和学习。

⑤开展与国际友好城市的交流活动。充分利用国际友好城市,安排人员交流,让专业管理人员在对方部门中挂职锻炼。通过到外资企业、境外组织挂职,让培养对象对外资企业、境外组织的运作模式、管理方式有更多了解,增强国际化意识和服务精神。

⑥充分利用互联网进行国际化培训。目前,国际上很多政府机构在利用互联网培训方面取得了有益经验。其实践证明,网上课程的平均成本,比传统的面授课程要低很多,但培训效果却差别不大。可借鉴相关经验,在人才培养过程中采用网上及面授课程相结合的模式,以提高培养经费使用效益。

### (四)打造好国际化人才就业创业平台

1.在打造发展的硬环境和软环境过程中充分发挥国际化人才的作用

硬环境方面,积极争取国家支持,缩短重庆和"一带一路"沿线国家的差距,继续提升"渝新欧"铁路大通道的承运水平。加快与云南等地的联结,畅通与缅甸、越南等地的联络。软环境方面,要加快体制机制改革创新。借鉴其他城市先进管理经验,开展登记制度改革,推行业务一站式办理,提高西部直辖市的办事效率,在更大领域、更高层次、更深程度扩大开放。积极探索社会管理新方法,打造优质、高效、透明、公正的服务型政府。对政府职能实行权力清单,规范政府与市场的边界,促进市场经济良性发展。切实增强"一带一路"沿线国家来渝投资开发的吸引力和凝聚力,通过不断努力,充分发挥国际化人才在硬、软两个环境建设中的优势作用。

2. 在坚持"走出去、引进来"策略中充分发挥国际化人才的作用

积极发挥重庆的政治、经济和区位优势,创新国际区域合作模式,做好资源、资产、资金"走出去"和"引进来"的大文章。其一,引导重庆本土优势企业赴外投资。重庆是中国的汽车之都,电子信息产业发展迅猛,装备制造全国领先,而目前很多"一带一路"沿线国家绝大多数处于工业化初级阶段,相关产业领域需求旺盛,应大力鼓励和引导优势企业走出去,有选择地赴"一带一路"沿线国家投资兴业、设立加工企业、参与当地项目建设等。其二,推进国外资本与重庆深度融合。扩大对外资开放领域,允许外资进入相关行业和领域,吸引外资参与设立医疗和数据服务等机构,鼓励他们更多参与相关行业发展。其三,提升区域经济对外开放水平。加快推动跨境金融合作,引入海外资本与金融改革创新,创新产业投融资模式,支持重庆企业开展人民币跨境结算,进一步扩大人民币跨境使用等。因此,必须引导全市广大国际化人才在实施"走出去、引进来"策略中充分发挥应有的积极作用。

3. 在建机制、搭平台工作中充分发挥国际化人才的作用

在新的起点上,重庆国际化人才队伍要另辟发展蹊径,持续推动创新、支持创业,最大限度激发市场活力与创造力。其一,主动对口对接国际大市场建设。以西部(重庆)科学城、两江新区为平台,以装备制造为切入点,积极争取开展相关合作试点,通过体制机制创新,形成国际贸易、国际物流、国际金融、信息集成、资源集聚与整合、综合服务、休闲观光和经济发展的国家级示范区。其二,在重庆设立相关的研发中心、产学研一体化基地和科技成果转化平台,充分利用哈尔滨工业大学重庆学院和中国科学技术大学重庆学院等科研机构,完善引才、育才、用才、留才机制,有针对性地引进优秀人才,尤其是要用好涉外人才"智力库"资源。加大对海外人才的引进力度,推进和海外人才的良性互动,吸引"一带一路"沿线国家各类人才到重庆就业创业。其三,扶持创意新兴产业发展。大力发展高新技术企业、文化创意企业、战略性新兴产业企业,试行更加灵活优惠的税收措施,发展涵盖电子信息、装备制造、卫生文化创意、设计研发、动漫游戏在内的综合服务业,将重庆打造成全球具有较大影响力的对外服务贸易示范城市。

4. 在坚持创品牌、强市场中充分发挥国际化人才的作用

重庆作为国家中心城市之一,是内陆开发开放的重要窗口,国际化人才培养必须适应经济发展新常态,坚持内生增长和外涵发展并重,在提升经济发展质量和水平过程中充分发挥作用。其一,做大做强本土优势产业品牌。通过大企业示范带动等方式,引导重庆企业建立现代企业制度并向集团化、集群化发展模式转变。深化与"一带一路"沿线

国家的产业合作,鼓励延伸产业链对接,加大产品研发创新和市场开拓力度,拓展市场份额。其二,注重发展新型商业业态。大力发展跨境金融等产业,培育富有活力的都市产业体系。主动做好宣传推介和招商引资,打造一批有品牌、有规模、有影响力的外资企业。其三,培育发展生产要素市场。发展现货、期货交易,建设交易交割、集散分拨中心,加大对"渝新欧"沿线、长江经济带沿线地区的物流辐射,把重庆建成"一带一路"沿线国家的重要流通集散基地。其四,充分激发本土消费潜力。依托两路寸滩保税港区、西永保税区等开放平台,建立免税品物流中心,开设网上交易平台,促进高端零售业在重庆落地发展。

5. 在推动实体经济与虚拟经济共同发展中充分发挥国际化人才作用

借力于IPO注册制的实施,做大做强资本市场的"重庆板块",使实体经济和虚拟经济同步发展,带动产业结构的整体转型升级。其一,引导发展现代产业集聚区。集聚海外和本土资本,积极发展商贸物流等一批现代产业集聚区。大力发展总部经济,着力培育一批带动力强、集约化高、关联度大的战略性新兴产业的实体经济,继续做大重庆经济总量。其二,优先发展电子信息、大信息、大数据等产业。当前,重庆有重要的国际数据平台联结点,重庆拥有重庆大学、重庆邮电大学等院校,可大力发展大数据等在内的信息服务产业,吸引国内通信运营商、大型企业、电商企业投资建设数据中心和后台平台。其三,积极培育跨境电子商务。目前,国家已批准重庆为国家电子商务示范城市,重庆可依托"渝新欧"国际联运大通道、仙桃数据谷等有利条件,选择一批发展快、信用好、管理规范的电子商务平台企业进行重点培育。

### (五)利用好双城经济圈,实现互通共享的培养及使用机制

中共中央政治局在2020年10月16日审议《成渝地区双城经济圈建设规划纲要》的会议中进一步指出:"成渝地区牢固树立一盘棋思想和一体化发展理念,健全合作机制,打造区域协作的高水平样板。"尽快推进成渝国际化高端人才资源要素在双城经济圈内大循环的成渝地区双城经济圈人才一体化建设势在必行。

一是要整合优化成渝国际化人才竞争市场,促进区域内人才良性循环,实现成渝地区双城经济圈内部人才市场整合,进一步优化成渝人才竞争环境,构建公平合作的成渝地区双城经济圈的人才法治环境和人才生态环境。同时,成渝两地联手进行区域性人才市场监督和人力资源保护,从而真正有效促进区域内人才的良性循环。

二是共建成渝国际化人才信息共享平台,高效率匹配人力资源供需。合作建立包括国际化人才高端人才信息库在内的双城人才信息库,以及双城人才需求库,并通过建立安全快捷的信息网络,实现两个数据库信息的智能互联以及人才信息资源的全区域覆盖,并对供需双方的信息进行统筹汇总以及集中管理,实现双城经济圈的人才供需高效匹配。

三是统一成渝地区国际化人才的人才制度体系,实现自由化流通。推动对高层次国际化人才实行双城"人才一卡通制度",使国际化人才在成渝地区双城经济圈范围内可享受相同的住房、医疗、配偶就业、子女教育等政策优惠服务,共同研究制定统一的双城人才合作交流的利益补偿政策,消除人才在成渝经济圈内异地创新创业的后顾之忧。

四是合力打响成渝招才引智品牌,协同区域高精尖人才引进。大力支持由成渝两地专家联合组建各类专业协会、技术研发中心或团队,整合力量"走出去",合力打响成渝地区双城经济圈国际化范围内招才引智品牌,在全国、长江流域经济带、"一带一路"沿线国家和地区积极开展科学研究活动,通过成渝双城专家一体化带动国内国外人才双循环。利用这一措施建立深度合作关系,围绕成渝地区双城经济圈建设需求,共同引进一批在国内国际范围内都有影响力的国际化高端项目和高端人才。

五是整体考虑成渝人才需求状况,统筹区域国际化人才培养及开发。整体考虑成渝地区双城经济圈国际化人才需求总量,确立区域国际化人才培养及开发的重心,统筹考虑区域内部的分工协作,实现优势互补,共同培养各地的紧缺、急需国际化人才,逐步形成国际化人才共育的全新格局。营造国际化人才培养进程中"近悦远来"的人才工作新机制。

# 五、国际化人才培养保障措施

## (一)完善现有后勤保障配套政策

①完善国际化人才特殊政策措施。在税收、住房、子女入学、配偶安置、担任领导职务、承担重大科技项目、参与国家标准制定、参加院士评选、政府奖励和外籍国际化人才长超居留等方面综合为国际化人才留渝提供政策支持。

②完善以养老保险和医疗保险为重点的社会保障制度。在制度层面形成国家、社会和企业相结合的国际化人才保障体系。

③完善国际化人才薪酬制度。逐步建立秩序规范、激发活力、注重公平、监管有力的工资制度。

④完善外国人永久居留权制度。吸引外籍高层次人才来渝工作,探索实行技术移民,制订国外智力资源供给、发现评价、市场准入、使用激励、绩效评估、引智成果共享等办法。

⑤积极支持和推荐优秀人才到国际组织任职。推进专业技术人才职业资格国际、地区间互认。

## (二)制定人才引进培育新政策

①坚持精神激励和物质奖励相结合,健全以政府奖励为导向、用人企业和社会力量

奖励为主体的国际化人才奖励体系,吸引国际化人才输入重庆企业。设立"高层次国际化人才队伍来渝基金",对国内外具有高度国际化意识和胸怀,具有国际一流的知识结构、视野,能力达到国际化水准的高层次人才队伍给予资助。

②发展国际化人才市场,培育一批市级认证的国际化人才服务培训机构,招纳具有国际化背景和从事国际化工作的企事业单位精英作为机构主要授课人员,协助企业进行国际化人才培训规划、课程内容、培训效果验收方式和后期继续学习方式的制订,为培训效果树立专业坚实的保障。在项目调研中,重庆国际劳务培训中心对此进行了有益探索,取得了一定的培训经验,但是其培训对象大多为国外务工人员,高层次人才的培训对象较少。重庆市政府将定期对国际化人才服务培训机构进行资格复审评定。

③建立国际化人才服务专员制度,对海外高层次特聘国际专家、重点国际化人才(团队)项目提供"一对一"人才专员服务,鼓励海外留学人员回国工作、创业或以多种方式为重庆服务。

④发放高层次国际化人才绿卡。凡属"一带一路"重点产业、战略性新兴产业企业的急需紧缺专业国际化高技能人才,在到渝工作1年后可申领"人才绿卡"。对国际顶尖国际化人才、产业发展实用国际化人才、从事服务于国际化工作的海内外青年大学生等,分层分类提供住房、落户、配偶就业、子女入园入学、医疗、出入境和停居留便利、创业扶持等服务保障。建立人才绿卡积分制度,提供后续增值服务。

⑤发放中等层次国际化人才补贴。鼓励中等层次国际化人才来渝深造,例如可以3年内给予每人最高3 000元/月的安家补贴。同时建立国际化人才技能等级、专业技术职称提升奖励制度,可以给予每人最高5 000元补贴,培养积极进取意识,向高层次国际化人才发展。

⑥提供全民免费语言技能培训。设立专项资金,支持四川外国语大学、重庆大学、西南大学、重庆师范大学、重庆三峡学院等含有外语语种专业的高校和通过资格认证的语言培训机构向社会开放培训资源,向有学习掌握新语种、成为复合型人才愿望的市民提供免费培训。学习者提供所在企业出具的身份证明和所获职业技能资格证书即可报名。其中高校提供社会化培训所得扣除成本后的收入,纳入单位绩效工资总额管理,不计基数。每年有计划多形式开展百万人次技术技能培训,对新取得语言等级的市民,部分或全额报销考试费用。

### (三)建立健全人才成长机制

"种得梧桐树,引得凤凰来。"健全国际化人才成长机制,是鼓励各类国际化人才充分发挥作用的一项重要机制性保障措施。除建立健全外事人才的激励机制外,还要重点抓好以下几个方面:

**1.建立公正与效率相结合的国际化人才选拔机制**

所有的人才培养计划都应该对培养对象有年龄、职位、业务、语言等硬件方面的要求;制订统一的人才选拔评价指标体系;公示所有的国际化人才培养计划的选拔方式、培养课程、培训进程等相关内容;设立国际化培养后备人才库。

**2.建立健全国际化人才考核评价制度**

政府应鼓励企业在生产运营和重大科研、工程项目实施工作中建立国际化人才的考核机制,健全举才用才的社会化机制,完善专业技术型国际化人才职业水平评价办法和专业技术职务任职评价办法,探索技能型外事人才多元评价机制。

①对国际化培养项目的培养效果进行评价。政府通过评价,以决定该项目是否继续开展或者提供的经费支持力度是否变化。

②对国际化人才培养效果进行评估。政府通过评估,以决定下年度给予的培养经费数额和人才培养指标数量。

**3.提供国际化人才的成长空间**

一是创造尊重、重视国际化人才和有利于国际化人才发挥作用的政策环境和社会环境;二是体现市场化思想,尊重国际化人才的价值,在现有的薪酬体制之外,为国际化人才谋求合理的经济利益;三是在企业和组织内部创造多语言、多文化的工作环境。

总体而言,在国际人才竞争白热化的今天,"人才是第一资源、创新是第一动力"已成为全球普遍共识,不论国家、城市,还是企业、组织,都把人才问题作为重要战略问题来谋划,吸引留住各类人才,特别是拥有国际先进理念、具备自主创新能力的国际化人才,显得尤为重要。在中共中央出台的《关于深化人才发展体制机制改革的意见》中,更是明确指出,"要实行更积极、更开放、更有效的人才引进政策,敞开大门,不拘一格,柔性汇聚全球人才资源",构建具有国际竞争力的引才用才机制。重庆国际化人才培养要从两方面入手:一是外部引进,创造海归人才成长和发挥作用的机制;二是内部培养,开发本土人力资源,提升人才的国际适应性。"两轮驱动"的培养模式才能够提高人才培养效率,提升培养质量,为重庆更好地参与"一带一路"建设进程,建设国际化大都市,提供良好的国际化人才支撑。

**课题负责人:**徐新鹏
**课题组成员:**李　训　林　川　高福霞　吕红能　董竞飞　黄韵凝　张瀚艺　张昕宇

此课题为2020年度重庆市技术预见与制度创新专项人才工作研究课题项目,2021年2月结题。

# 重庆市金融人才培养研究

◎重庆大学课题组

**摘　要**：金融是现代经济的核心，而金融人才则是一地金融持续高质量发展的关键。随着金融业全球化进程的不断加快，金融业发展面临着新形势、新机遇与新挑战，同时也对金融人才提出了更高要求。当前，重庆借助成渝地区双城经济圈的这一定位，依托中新互联互通、渝新欧铁路等项目，加快建设立足西部、面向东盟的内陆国际金融中心。然而薄弱的金融人才储备和人才质量成为制约重庆金融业发展的主要因素，增强对金融人才的培养是发展重庆金融业的关键举措。进一步探索新形势下金融人才培养的新路径，充分释放金融人才效应，是推进重庆金融业高质量与可持续发展的关键。

本课题从国内外金融人才培养的经验借鉴、重庆市金融人才培养现状分析和重庆市金融人才培养实施路径与保障措施进行研究，并从4个视角构建重庆金融人才培养实施路径。最后，根据研究内容，从培养主体、人才培养、人才引进、人才留存4个方面总结了关于重庆市金融人才培养的政策建议。

**关键词**：金融人才　培养现状　实施路径　培养体系　政策建议

## 一、国内外金融人才培养经验借鉴

国内外金融人才培养已有的优秀经验值得重庆学习，本课题梳理了美国、日本、新加坡、中国台湾、中国广州、中国厦门等针对金融人才培养的经验，以便重庆根据实际吸收借鉴。

### (一)美国

美国作为全球最发达的金融强国，强调教育强国，无论政府还是高校都非常重视创新型金融人才的培养。美国培养创新型金融人才成功的经验,对重庆制定培养金融人才政策有较大的借鉴价值。

1.两种金融人才培养模式并行发展

以美国为首的国家培养金融人才采取了两种并行发展的模式,即"经济学院模式"与"商学院模式",但侧重点与人才培养定位有明显差异。美国金融学科发展特别关注理论问题和宏观问题,其中货币金融理论成为经济学理论中越来越重要的部分,金融学与经济学融为一体,即所谓的"经济学院模式"。此外,关注金融领域的实践问题,尤其是金融市场上各类金融活动,即所谓的"商学院模式"。

2."商学院模式"强调案例分析与理论研究相结合

美国是最早开创"商学院模式"的国家,悠久的发展历史形成了今天商学院案例分析和理论研究相结合的教学模式。"商学院模式"最大的特点是操作性强,课程安排紧凑,需投入大量精力学习。

教授的研究课题一般来自金融业界,研究解决实务中亟待解决的问题。在授课过程中重视案例教学,课堂上教授只是组织者,而学生是课堂主体,教授引导学生发言、讨论和辩论。学生也常常被组织到实务部门参观、考察并参与实习与实践。美国发达的商业经济氛围为商学院提供了充足的案例支持、经济援助与教师资源。这种理论与实践紧密结合的金融人才培养模式,既促进了金融教育的发展,又促进了金融业的发展,这使美国金融人才数量、质量及创造的效益远远走在世界前列。

## (二)日本

日本经过长期发展已形成完整的金融人才培养体系,这一体系包括以下几方面:一是专门课程教育体系;二是成立学会交流经验;三是设置专门委员会进行协商。

1.课程设置非常综合

日本的大学基础课程包括人文科学、社会科学和自然科学三类。国立大学和私立大学都会设立基础学部进行基础课程的教育。除重视金融专业课程的教育外,也十分重视综合研究。社会经济科学领域内陆续出现了一批诸如经济社会学、教育社会学、社会系统论等新学科;同时,日本一些大学也会积极开设这些相关专业。①

---

① 如日本东北大学开设技术社会科学体系专业,名古屋大学开设产业战略工程学专业,金泽工业大学开设经营战略与 IT、金融工程学等专业。

### 2. 国际化与本土化相结合

由于经济全球化与国际化的发展，日本为培养具有国际视野的金融人才，专门开设了诸如"国际市场学""国际商务""国际金融"等许多有关国际经济的课程。此外，日本的大学还专注本地经济金融服务，每年会在一定范围进行"问题发现型"的实地调查，并在此基础上做总结报告，对地方金融活动献言献策。

### 3. 注重务实性的金融人才

日本一直以来十分注重务实性教育，大力培养产业社会所需要的人才。具体有：①加强与金融界、实业界的联系，与金融企业培训体系相结合。②注重金融战略人才培养。在金融人才培养上还会安排一些诸如"实践管理"等课程。③注重信息处理人才培养。信息化时代的现代金融活动迫切需要信息化人才，为此，日本也在积极尝试将数理工学、社会工学、人类工学等学科的复杂信息分析法引入金融人才培养中。

### 4. 课程讲授上注重"演习"

"演习"是日本讲授课程的一种特殊方法，其基本方法是，教师布置问题后学生独立收集资料，掌握主要内容；在课堂上，学生进行讲授，并互相讨论，获得各种见解；教师则对其中问题进行解答。

## （三）新加坡

新加坡"教学工厂"的金融人才培养模式同样值得重庆关注。

### 1. 教学工厂理念

教学工厂的理念意义在于为学生提供一个有效的学习环境和过程，并鼓励和开发学生的创新能力、团队协作能力及解决问题能力。教学工厂理念下的教学内容有利于培养学生的硬技能和软技能，其专业课程设置包括专业基础课程、专向培训、全日制项目、企业实习等。硬技能指在金融领域的专业技术能力，软技能则是情商在行为层面的延伸。

### 2. 教学工厂实践模式

在三年学制教育中，前两年主要对学生进行科技或专业能力的培训，第三学年进行专项培训。前两年的基本理论教学以工作场景中的案例为导向，再通过理论与实践相印证的方法来提高教学质量。第三年通常采用"双轨系统"配合企业项目，统筹安排教师和学生共同参与项目，这是"教学工厂"的有效载体。

## （四）中国台湾

中国台湾地区的金融人才培养长期以来坚持顺应社会经济和产业发展需要，讲究务实精神，重视教育结构调整。

### 1. 注重课程设计，加强创新实践能力培养

在教学中强调运用信息技术，顺应金融科技化发展趋势，提升学生竞争力。在专业课程设计上，按照金融工作过程和行动导向的理念进行课程设计，融入真实工作情境，并构建实践模拟环节，激发学生的创新思维和实践能力。在实习实践环节，利用产学研融合优势，为学生提供台湾知名财团的优质资源。

### 2. 结合人才特色，编制教材案例

在金融的教学过程中多结合自身优势采用全英文、本校自编教材进行授课。授课教师具有实务经验，行业经验丰富，授课过程结合案例，使学生更加贴近实际工作。此外，金融机构的高管人员也会担任高校兼职教师，其授课内容源自工作经验和行业操作，能帮助学生强化实务能力。

### 3. 贴近行业需求，培养跨领域人才

重视毕业生跟踪反馈，并将就业数据具体分析，结合就业单位意见和行业报告，征求专家建议，制订金融人才培养方案，并在后续教学中依据市场需求调整培养方案。跨领域的金融人才培养，使金融人才的综合能力得到提升。

## （五）中国厦门

厦门为提升本市金融产业实力，加大金融人才培养力度，建立了较为高效的金融人才管理体制，最大限度地激发金融人才的创新活力。

### 1. 构建高效的金融人才管理体制

强化政府金融人才的宏观管理、政策制定和公共服务职能。保障金融机构用人自主权，发挥其在金融人才培养、引进和使用中的主导作用。加快完善市场化、社会化金融人才管理服务体系，进一步建设开放的金融人才市场。

### 2. 打造科学的金融人才培养模式

制订好金融行业发展规划和金融人才培养计划，加强金融人才需求的预测，创新金

融人才学习培养模式。支持高校与金融机构深入合作,通过建立联合培养模式开展金融人才培养工作,对在金融人才培养上做出突出贡献的金融机构给予相应的奖励。充分发挥金融行业协会的作用,做好金融人才培养和引进工作。

### 3. 建立健全的金融人才服务体系

支持金融人力资源服务机构开展金融人才测评培训、咨询、招聘、薪酬调查等产品创新活动,提高金融人才市场化服务水平。搭建金融人才公共服务平台,提升金融发展服务职能。为金融人才培养、政策咨询、培训交流等提供专业化服务,适时举办金融人才沙龙等活动,促进不同领域金融人才间交流,健全金融人才交流机制,开展挂职锻炼借调等方式的人才交流活动。

### 4. 完善匹配的金融人才评价体系

突出品德、能力和业绩,探索高层次金融人才的分类评价办法,研究建立科学化、社会化、市场化的金融人才评价体系,为金融机构用人提供参考。采用委托授权、项目资助或购买服务的方式,聘请第三方服务机构、行业协会、金融研究机构制订金融人才目录、培养计划、评价标准,以及高层次金融人才的评审考核等工作,加大提高人才投入的社会经济效益。

## (六)中国广州

早在 2013 年广州就出台了《广州市金融业发展第十二个五年规划》,规划中专门提及金融人才培养的方案,以加强金融人才培养,打造金融人力资源高地。具体有以下措施:

### 1. 引进培养一批金融领军人才

加强区域金融中心人才发展的理论研究,开展金融人才供需动态专项调查,构筑金融人才队伍建设基础。以金融领军高端人才队伍建设为重点,打造广州金交会等金融人才引进平台。成立金融家俱乐部,建设金融人才网络社区,推动形成金融人才信息库。打造一支以优秀金融家为代表的金融领军人才以及以高层次、复合型人才为核心的金融专业人才队伍。

### 2. 大力提升金融从业人员素质

发挥区域金融教育中心优势,建立多层次、全方位的人才培育体系。支持国家金融监管机构、高等院校、研究机构在广州设立金融研究、教育、培训机构。设立国际金融研究院,聚集国内外金融高端智力资源,打造全国一流的金融高端研究机构。支持校企共建金融培训基地,金融机构与高校、科研机构合作建立博士后工作站。引进国际金融教育培训机构在广州设立分支机构,为本地人才获取执业资格创造条件。组建广州金融业协会,充分发挥行业协会促进人才交流方面的作用,同时加强金融同业协会之间的交流,建立区域金融人才交流合作机制。

### 3.营造良好的金融人才发展环境

优化金融人才激励机制,完善金融人才激励政策,对高端金融人才落户、科研、创业给予政策支持。组织评选广州优秀金融家活动,表彰为广州区域金融中心建设做出突出贡献的杰出人才。设立金融科研成果产业化平台,促进科研成果转化为生产力。发挥人才中介机构在金融人力资源配置中的积极作用,实现金融人才优化配置。继续将金融机构中高层管理人员赴国外培训纳入人才培养规划,为金融人才赴国外培训提供便利。

### (七)对标国内外金融强市分析

重庆的目标是建设内陆国际金融中心,因此在金融发展的各方面要与国内的北京、上海以及国外的新加坡等城市看齐,但目前仍与北京、上海等国内金融中心存在明显差距。在引进金融人才上,重庆的交通设施、商务环境等配套设施还需进一步改善。尤其在商务环境上,重庆接触国际市场的机会较少,获取信息渠道较窄,金融人才难以发挥作用。当前重庆为引进高端金融人才来渝,已出台了个人所得税减免、购房价格优惠、子女优先择校等优惠政策。因此,重庆可对标其他金融强市的成功经验来服务发展金融人才。

建设金融人才服务中心。上海、北京等城市已建立金融人才服务中心并成熟运作多年。重庆可建立金融人才服务中心,专门针对金融人才的个性需求和活动进行服务。对金融机构高管人员、金融行业教授或国际金融人才等高端金融人才给予住房(租房)补贴、个人所得税40%补贴,集中建设金融人才公寓,设立金融人才专项奖励金等政策。

建设金融研究院。上海的中欧陆家嘴国际金融研究院以及广州的金羊金融研究院是成功的典范。重庆可以通过高层次金融研究机构的建设,吸引高端研究人才来重庆从事金融业发展研究、规划、创新等工作。

建设专业财经院校。上海拥有上海财经大学、上海对外经贸大学等财经院校。重庆当前的财经院校少,全国排名不高,市内培训机构规模小,师资匮乏。重庆市内的高端金融人才到海外金融机构和院校进行培训多属于自发、松散型,没有统一规划和组织。

## 二、重庆市金融人才培养现状分析

随着金融业全球化进程的不断加快,金融业发展面临着新形势、新机遇与新挑战,同时也对金融人才提出了更高要求。探索新形势下金融人才培养的新路径,充分释放人才效应,成为金融业急需解决的核心问题。

## (一)金融人才存在的问题

### 1.金融人才队伍结构性矛盾突出

一是复合型人才比较匮乏。复合型金融人才指除了金融专业知识外,还要有外语、计算机、法律、产业等方面知识,同时还要具备服务意识和技能。二是高端专业技术人才不足。如注册金融分析师、金融风险管理师、金融理财师、保险精算师、上市保荐人、基金经理、要素市场高管等较缺乏。以国际注册金融分析师(CFA)为例,2019年,上海持证人数为1 904名,北京持证人数1 382位,广东省以635位排名第三,而重庆仅为23人,差距明显。三是国际人才队伍占比小。尽管为了使重庆金融业走向国际化,重庆聚集了一批可观的海外金融人才,但与金融产业较强的城市相比,差距仍然明显。四是金融产品研发人员较匮乏,重庆市金融总部机构和拥有产品开发权的分行不断增加,对金融产品研发人员需求也开始剧增。五是建设要素市场和金融结算中心的专才匮乏。

### 2.金融人才队伍交流机制不完善

从金融人才市场本身来看,专业性、公益性的金融人才市场尚未建立,服务金融机构的能力弱。从金融人才流动角度来看,目前金融机构间的不平等竞争,行业内收入水平差异过大,造成金融人才流动频繁无序。从交流角度来看,重庆市金融机构与金融监管部门、地方政府部门的干部交流范围较小,且多是单向交流。从薪酬制度来看,金融机构的高级管理人才大多采取传统的人事管理模式,没形成职业经理人市场的薪酬体制,缺乏自主性和灵活性,对高端金融人才的吸引力不足。

### 3.金融人才队伍建设缺乏统筹规划

目前,重庆市针对金融人才队伍的建设管理工作不够到位、机构职能不健全、管理经费不足以及缺乏管理计划。重庆金融人才队伍管理机构职责不完善,有的职能处于空位或多重管理。对金融人才管理机构的经费支持力度较小,难以满足发展要求。目前,重庆市金融机构普遍采用垂直管理模式,外地来渝金融机构主要领导由金融机构总部外派,副职依靠猎头公司或者人际推荐,市属金融机构高管人员主要由市国资委进行管理,金融人才管理理念缺乏创新发展。

## (二)调研分析

本次调研采取线上问卷调查的形式,共有214人次(或单位)参与,收到210份有效问卷。从参与本次调研的主体来看,主要为高校(含教师、学生、管理人员等)、金融机构(含高管、中干、基层、服务对象等)和政府部门(含金融监管机构等),三者占比大致相当。

不同主体的具体调研结果分析如下:

1. 高校

(1)高校金融人才培养目标主要是培养复合型人才

调研结果显示,以培养复合型金融人才为目标的高校占比最高,高达47.22%;其次是培养通才和应用型人才,分别占22.22%和13.89%。这说明高校总体来说比较注重培养综合性的金融人才。

(2)高校在金融专业师资团队配置、课程设置、教学时间等方面存在诸多问题

在师资团队配置方面,62.50%的调研对象认为高校缺乏金融机构高管等校外兼职教师;44.44%的调研对象认为很多教师基本没有金融行业的实际工作经验(图1)。

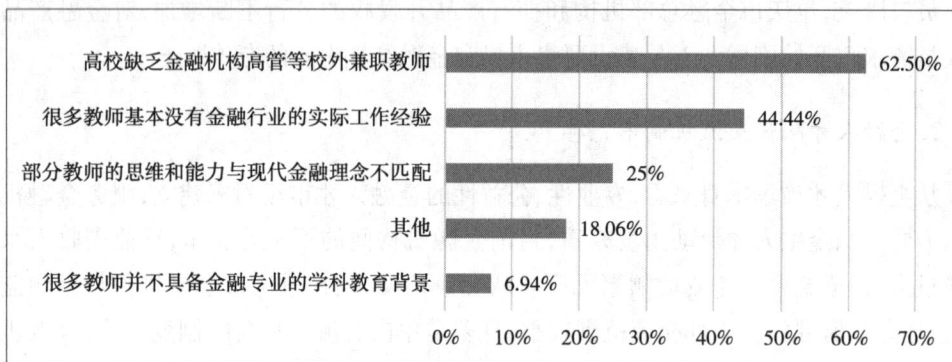

图1　师资团队配置存在的问题

在专业课程设置方面,高达22.22%的调研对象认为课程设置不合理(图2)。

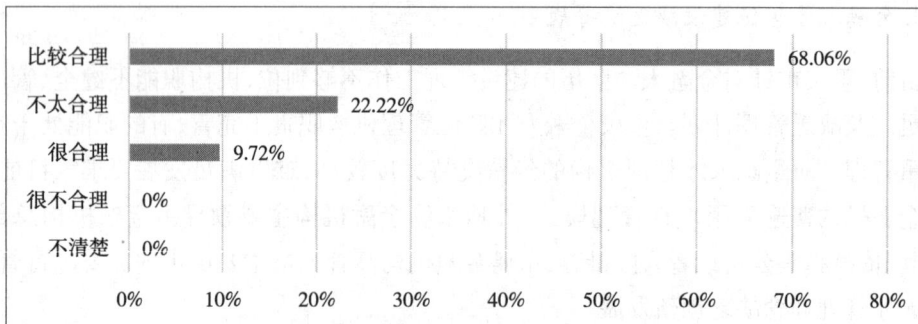

图2　金融专业课程设置是否合理

课程设置存在宏观金融理论课程较多,实践微观类课程和前沿金融课程较少,没有兼顾理论性、实用性与操作性等问题(图3)。

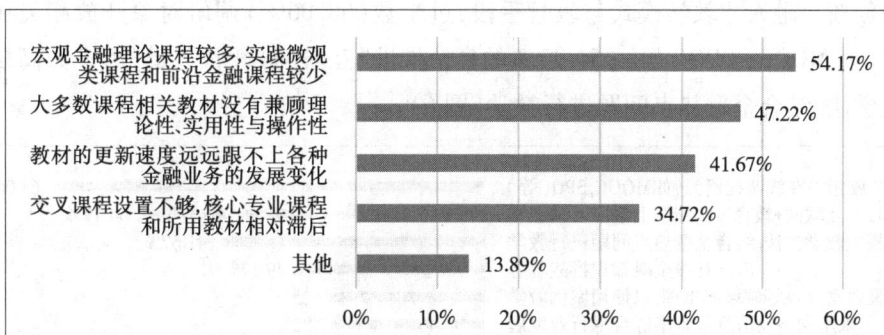

图3 金融专业课程设置存在的问题

在教学时间方面,金融专业的理论教学时间和实践时间安排总体上是相对合理的,有47.22%的对象认为教学时间设置是比较合理的(图4)。

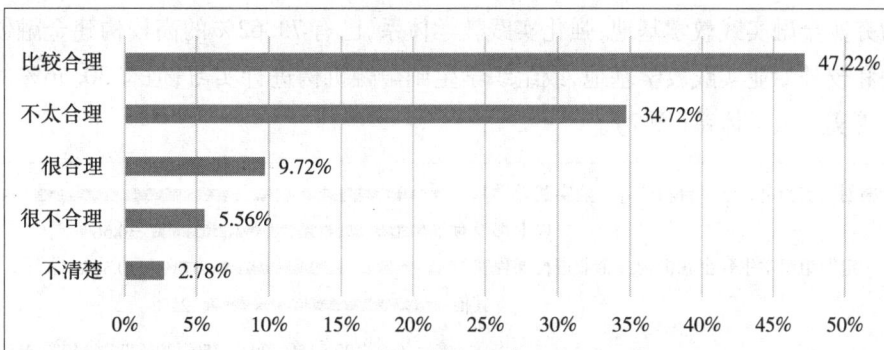

图4 教学时间是否合理

在社会和行业适应度方面,大多数(72.22%)调研对象认为学校的金融专业课程设置基本适应岗位要求;只有少数人(19.44%)认为金融专业课程设置完全不适应社会和行业的要求。

(3)高校为调动学生学习积极性和提升学习能力、加强金融专业师资力量、创新教学模式和手段、强化实践教学体系、优化课程体系设置等,采取一系列措施

为调动学生学习积极性和提升学生实践与创新能力,54.17%的高校搭建了金融领域的校企合作平台。同时高校还采取了建立绩效考核制度,引进具有金融机构工作经历的高学历人才,选派教师到金融机构业务实践,开设教师培训课程等措施(图5)。

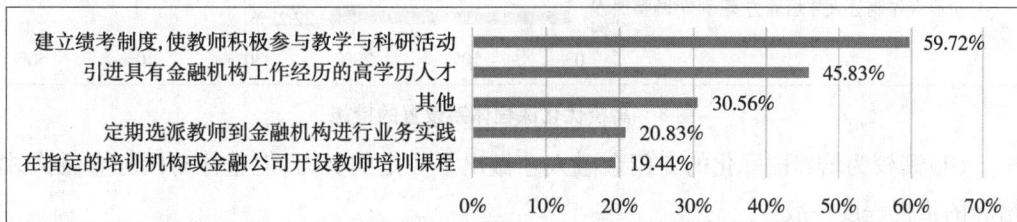

图5 高校加强师资力量的措施

为创新金融人才教学模式与教学手段,过半数(68.06%)调研对象开放相关在线课程资源(如 MOOC,SPOC 等);54.17%的高校推进"互联网+教育";此外,多数高校采用模拟教学法,结合金融热点问题进行教学(图6)。

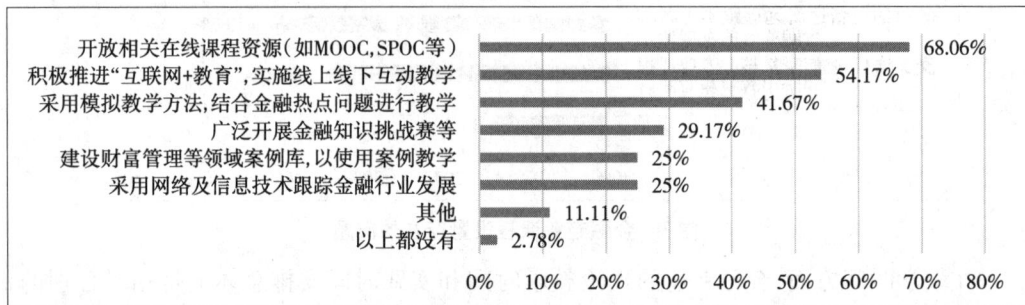

开放相关在线课程资源(如MOOC,SPOC等) ████████████████ 68.06%
积极推进"互联网+教育",实施线上线下互动教学 ████████████ 54.17%
采用模拟教学方法,结合金融热点问题进行教学 ██████████ 41.67%
广泛开展金融知识挑战赛等 ███████ 29.17%
建设财富管理等领域案例库,以使用案例教学 █████ 25%
采用网络及信息技术跟踪金融行业发展 █████ 25%
其他 ██ 11.11%
以上都没有 █ 2.78%

0%  10%  20%  30%  40%  50%  60%  70%  80%

**图6 高校创新教学手段的方式**

为夯实金融实践教学基地,强化实践教学体系,已有73.62%的高校构建金融创新教学平台和校外专业实践教学基地,或组织学生到金融机构进行实习;但有30.56%的高校没有完善实践教学体系(图7)。

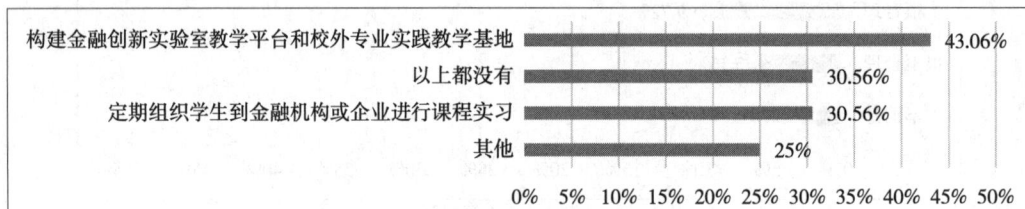

构建金融创新实验室教学平台和校外专业实践教学基地 ████████████ 43.06%
以上都没有 ████████ 30.56%
定期组织学生到金融机构或企业进行课程实习 ████████ 30.56%
其他 ██████ 25%

0%  5%  10%  15%  20%  25%  30%  35%  40%  45%  50%

**图7 高校强化实践教学体系的手段**

为优化学校金融课程体系设置,43.06%的高校增加了交叉学科课程的数量,强调网络技术运用能力等的培养;41.67%的高校定期进行人才需求调研,及时调整完善专业设置和课程体系(图8)。

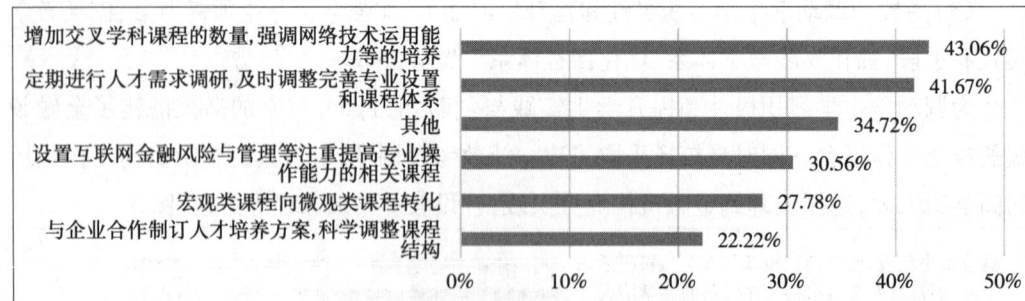

增加交叉学科课程的数量,强调网络技术运用能力等的培养 ██████████████ 43.06%
定期进行人才需求调研,及时调整完善专业设置和课程体系 █████████████ 41.67%
其他 ███████████ 34.72%
设置互联网金融风险与管理等注重提高专业操作能力的相关课程 ██████████ 30.56%
宏观类课程向微观类课程转化 █████████ 27.78%
与企业合作制订人才培养方案,科学调整课程结构 ███████ 22.22%

0%  10%  20%  30%  40%  50%

**图8 高校优化课程体系设置的措施**

(4)高校为培养国际化的专门金融人才做出了一定的努力,但整体对国际金融人才培养的重视程度一般

68.06%的高校设置了国际金融方面的课程,50%的高校选派教师去国外进行交流

学习。同时多元化教学手段、双语教学、多媒体技术和网络资源的运用也开始小范围使用(图9)。

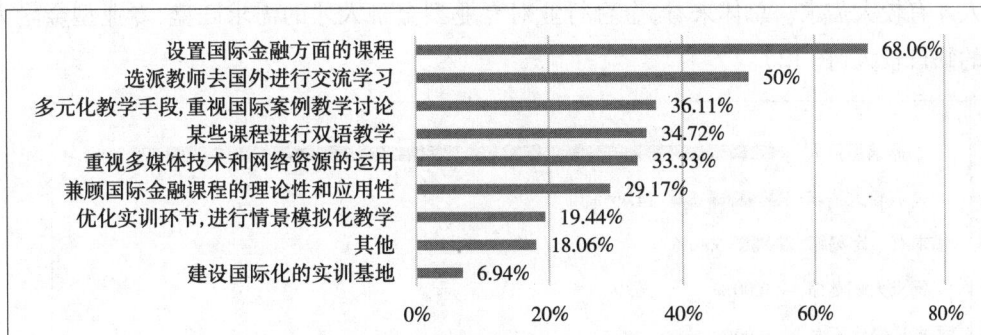

**图9　高校培养国际金融人才的方法**

大部分高校对国际金融人才只是一般重视,只有不到20%的高校很重视国际金融人才的培养(图10)。

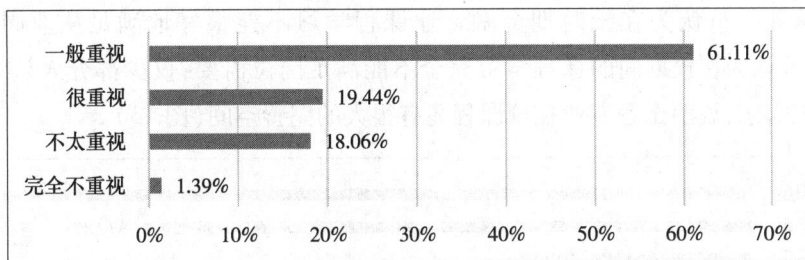

**图10　高校对国际金融人才的重视程度**

(5)高校为更好地迎接金融业的智能化、信息化趋势,在一定程度上创新了金融人才的培养方式

70.83%的高校开设了相关的金融课程,超过40%的高校利用网络信息技术教学和开展线上模拟交易(图11)。

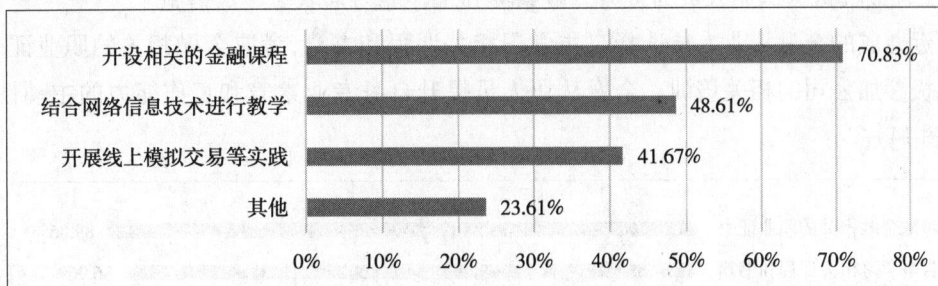

**图11　高校创新金融人才培养方式**

2.金融机构

(1)金融行业对专业型金融人才的需求很大,但毕业生的金融专业课程学习不能很

好地满足岗位需求

79.71%的金融机构对专业型金融人才的需求巨大,14.49%的金融机构对专业型金融人才有较大需求。总体来看,金融行业对专业型金融人才的需求旺盛,专业型金融人才的缺口较大(图12)。

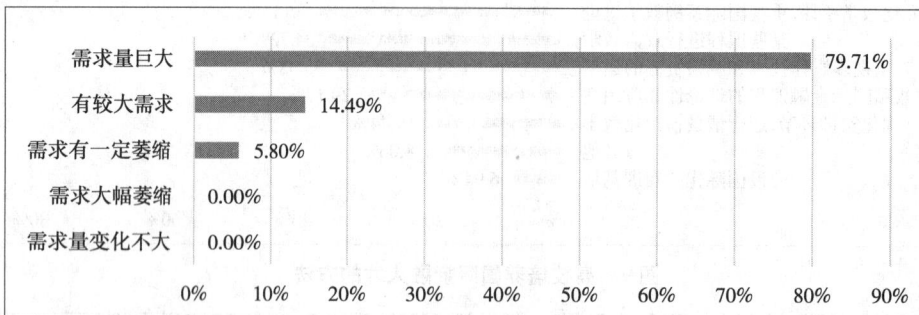

图 12　金融行业对专业型金融人才的需求情况

金融从业人员认为在校时期金融专业课程学习不能很好地满足从业岗位需要。46.38%的人认为在校期间的课程学习完全不能满足岗位需要;仅少部分人认为可以较好满足岗位需求,说明金融专业在校课程还有很大的完善空间(图13)。

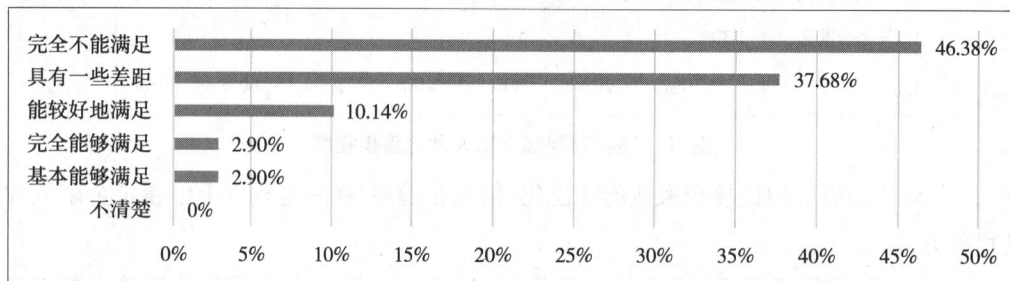

图 13　金融从业人员认为在校课程学习满足岗位需求的情况

(2)金融机构从业人员为提升专业素养和工作能力采取了一定措施

近九成的金融从业人员选择自主学习相关课程和书籍,考取金融相关的职业证书,并积极参加公司的相关培训。金融从业人员提升自身专业素养和工作能力的主动性很强(图14)。

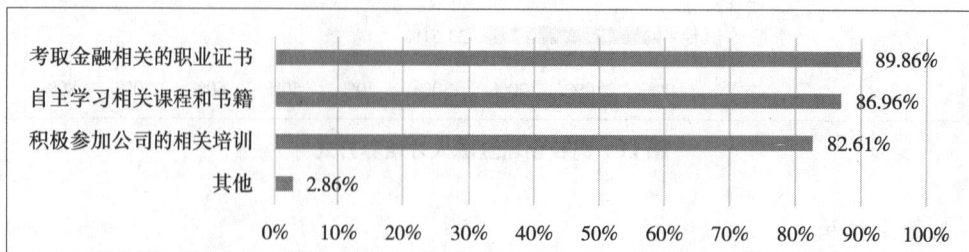

图 14　金融从业人员提升自身专业素养和能力的方式

(3)金融行业对金融类专业毕业生具有较高要求,但毕业生能力不能较好地符合金融业的要求

从调研结果来看,为了满足金融行业的发展,金融机构认为院校金融类专业的毕业生需要具备一些素质和能力。首先,是熟练的金融技能、高业务水平、突出的专业技能;其次是熟悉金融和财务相关知识,具备较好的营销能力;最后是良好的职业操守,其他的综合能力也非常重要(图15)。

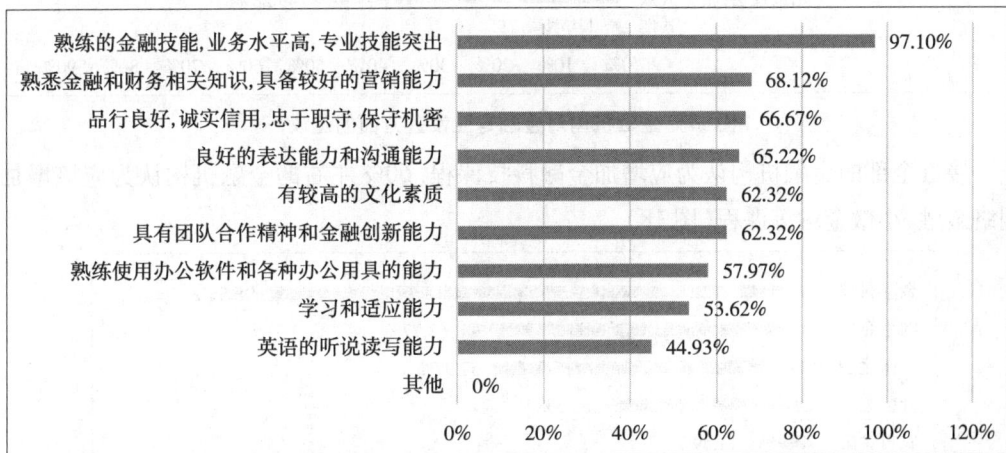

图15 金融机构认为金融毕业生应当具备的素质和能力

金融类毕业生很多方面与金融行业要求存在差距,其中金融技能的差距占比高达92.75%;再是专业知识和沟通能力,分别占72.46%和66.67%。这在一定程度上为金融专业学生提供了一定的参考和借鉴(图16)。

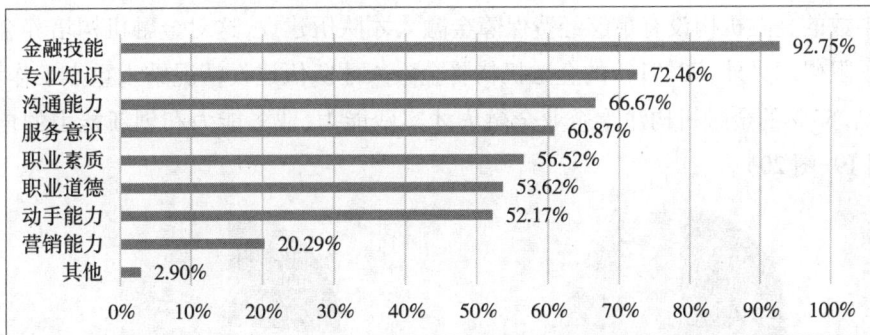

图16 金融毕业生与金融行业要求存在的差距

如今,金融行业智能化和信息化趋势明显,但66.67%的金融机构认为目前金融人才不能很好地适应智能化、信息化发展趋势。

(4)金融机构对高校金融专业设置方面提出了相关建议

为适应金融行业未来的发展,82.61%的金融机构认为各院校在未来金融专业设置方面应结合理论与实践,多方面设置金融专业;70.01%的金融机构认为可开设网络金融

专业,侧重人才的沟通服务技术和专业化培养,加强对创新型金融人才的培养(图17)。

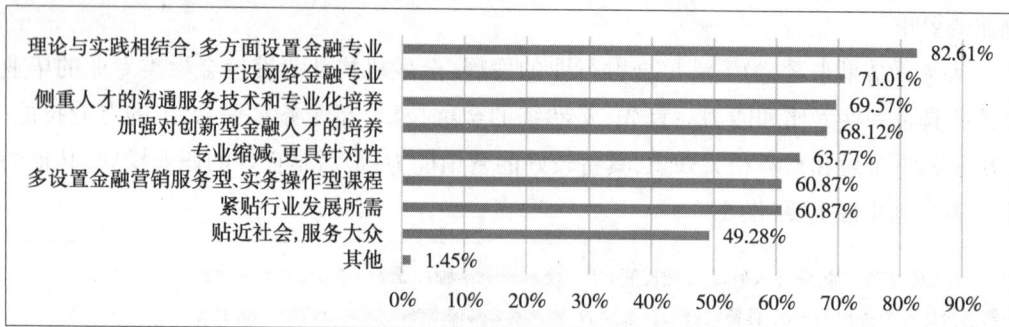

**图17　金融机构对金融专业设置方面的建议**

接近全部的金融机构认为应增加金融科技课程,60%左右的金融机构认为应该增加网络金融、小微金融等课程(图18)。

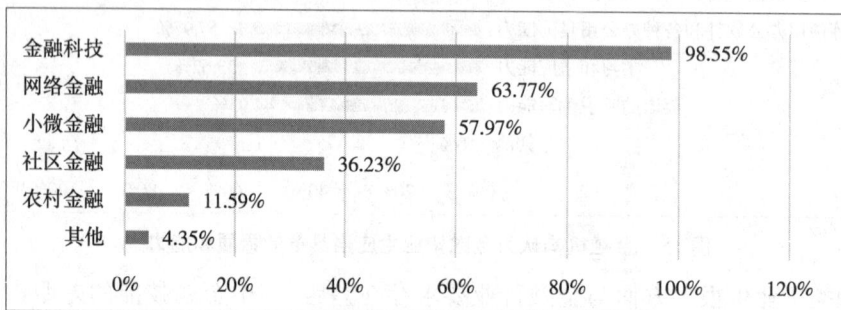

**图18　金融机构建议增加的金融专业**

(5)金融机构重视金融人才的培养,采取一系列措施以更好地培养金融人才

过半数的金融机构没有足够经费保障金融人才队伍建设,这对金融机构培养金融人才形成了阻碍。另外,73.91%的金融机构将金融人才队伍建设情况纳入重点工作考核。具体来说,85%的金融机构注重企业金融人才实践能力、业务能力和创新能力的培养和锻炼(图19、图20)。

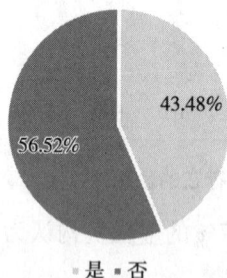

**图19　金融机构是否有足够的经费**
**以保障金融人才队伍建设**

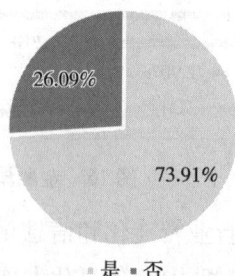

**图20　金融机构是否将金融人才队伍**
**建设情况纳入重点工作考核**

为加强多层次的金融人才队伍培训,提升公司金融人才的综合能力和整体素质,

60%以上的金融机构采取项目锻炼、鼓励员工到高校读研读博和轮岗交流的方式;拓展训练、办培训班、跨界交流访问、个人读书分享、在职教育的培养措施占比稍小(图21)。

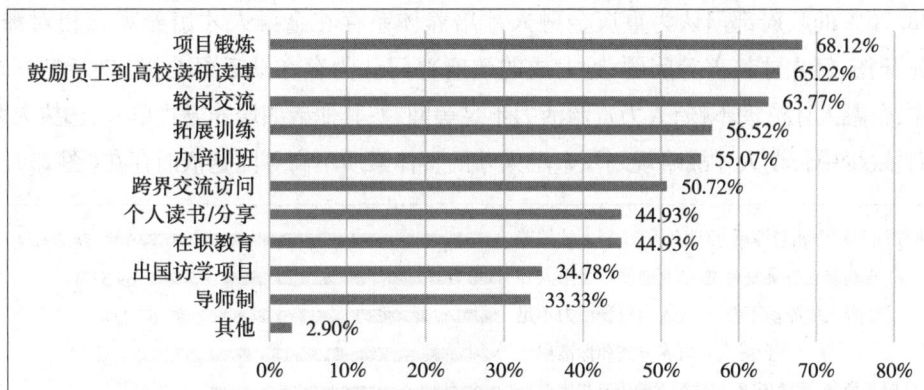

图21　金融机构培养人才的方式

此外,为增强金融人才的能力,金融机构与社会主体进行了合作。与金融协会进行合作的金融机构比例达到85.51%;70%左右的金融机构与高等学校和科研院所、金融科技企业以及互联网公司进行了合作(图22)。

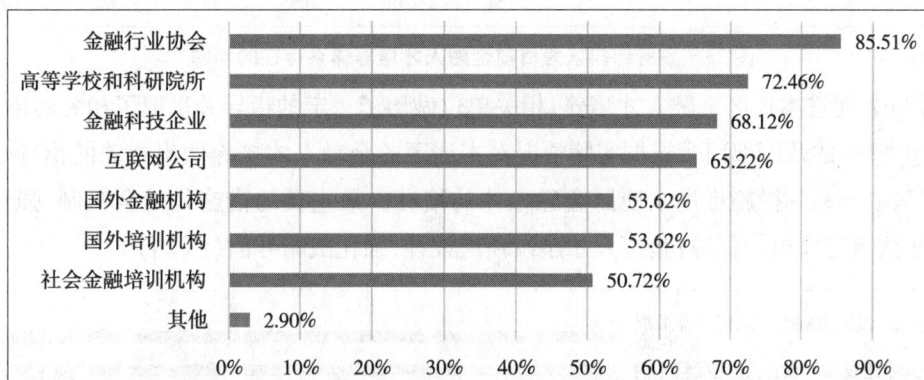

图22　金融机构与其他主体的合作情况

(6)金融企业对国际金融人才的需求较大,也积极采取吸引政策引进海外成熟金融人才

对国际金融人才有较大需求的金融机构占比高达91.3%,国际金融人才需求缺口较大。为引进经验丰富、熟悉国际金融市场的海外成熟金融人才,未来金融机构需采取多种有效的引进政策。

3.政府部门

(1)过半相关政府部门会定期对本地区的金融人才进行统计,但对本地金融人才的发展和培养情况不甚了解

79.41%的政府部门均会定期统计本地区的金融人才,但超过60%的单位并不太了

解本地区的金融人才发展及培养情况,没有系统跟踪与分析。

(2)重庆市金融人才培养体系存在培养观念落后、培养方式和标准较为单一等问题

78.26%的政府部门认为重庆金融人才培养体系存在金融人才培养观念相对滞后,重业务开拓、轻人才培养等问题;近七成的政府部门认为存在缺乏复合型、创新型高端金融人才,金融人才流动不畅、人力资源活力不足等问题;其他诸如培养方式单一、选拔人才方式老旧、缺少中长期人才战略规划及金融人才的整体素质不高等问题依旧存在(图23)。

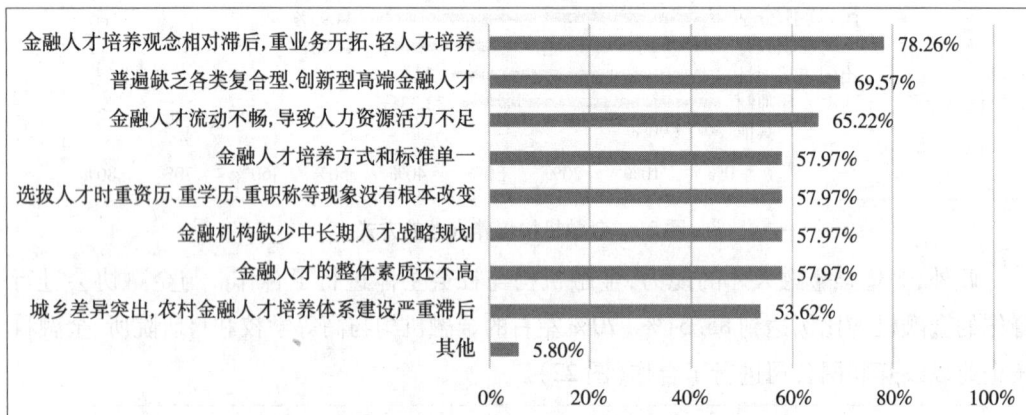

**图23 政府部门认为目前金融人才培养体系存在的问题**

(3)为促进本地区金融人才培养,相关单位做出了一定的指导并采取了相关的措施

68.12%的政府部门会根据实际情况对本地区的金融人才培养做出相关的指导和建议,并采取一系列措施推进本地区金融人才的培养。最主要的措施是健全机制,强化金融人才队伍建设组织保障;坚持人才建设顶层设计,强化战略导向(图24)。

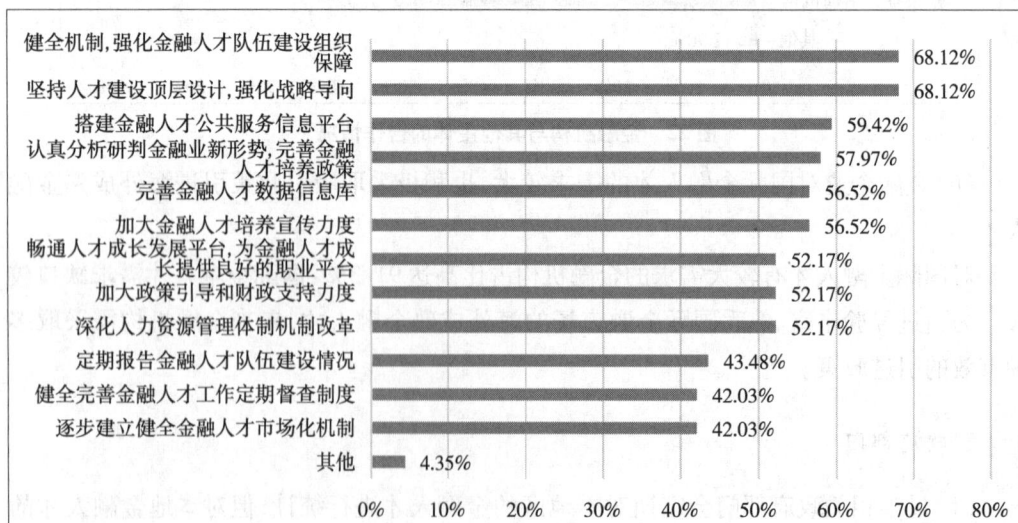

**图24 相关政府部门为促进金融人才培养采取的措施**

(4)目前重庆市金融人才不符合重庆内陆国际金融中心的定位,并与重庆当前的发展阶段不适应

七成以上的相关政府部门鼓励培养和引进国际金融人才,90%左右认为目前金融人才发展状况并不符合重庆作为内陆国际金融中心的地位,也不适应重庆当前的发展阶段。

### (三)现状总结

通过本次调研,可诊断出重庆市金融人才发展与培养的现状。

#### 1.高校层面

复合型、综合性金融人才是高校金融人才培养的目标。从当前的高校培养情况来看,其在师资团队配置、课程设置、教学时间等方面存在诸多的问题。总体上师资团队的配置水平还比较低,缺乏资深的实践应用型老师;专业课程的设置偏宏观理论,而没有很好地兼顾实用性和操作性的问题;教学时间上,理论教学和实践教学时间安排还有进一步优化的空间;在社会和行业的适应度方面,大多数高校调研对象认为金融专业课程设置基本适应岗位要求,与金融机构从业人员的观点不同。

高校做出一定的努力以促进学校金融人才的培养。高校为调动学生学习的积极性和提高学习能力,搭建了金融领域的校企合作平台;为加强金融专业师资力量,高校建立绩效考核制度以督促教师积极参与教学科研活动,引进具有金融机构工作经历的高学历人才,并定期选派教师到金融机构进行业务实践。

高校采取一定的方式培养国际化的专门金融人才,但总体上对国际化金融人才培养的重视程度不高。为培养国际化的专门金融人才,多数高校设置了国际金融方面的课程,或者选派教师去国外进行交流学习,但大多数高校对国际金融人才培养的重视程度一般。

高校为更好地应对金融业的智能化、信息化趋势,在一定程度上创新了金融人才的培养方式。如开设相关金融课程,结合网络信息技术进行教学,开展线上模拟交易等实践。

#### 2.金融机构层面

金融行业对专业型金融人才的需求很大,但金融从业人员认为金融课程学习不能很好地满足从业岗位的需求,这在一定程度上形成了金融人才的供需矛盾。大部分金融机构对专业型金融人才有很大的需求,但同时大多数金融从业人员认为在校期间的课程学习完全不能满足岗位需求。

金融行业对金融毕业生的要求较高,但毕业生能力不能完全匹配金融行业的要求。金融行业要求毕业生有熟练的金融技能,专业技能突出,熟悉金融和财务知识,具备较好的营销能力、沟通能力和文化素质等。但实际上,金融专业毕业生在专业知识、沟通能力、服务意识、职业道德方面均与行业要求存在较大差距。同时很大比例的金融机构认

为,目前的金融人才尚不能适应智能化、信息化趋势。所以金融从业人员为更好地适应行业要求,采取多种措施提升自己的能力。

针对金融行业要求与金融专业毕业生的匹配性问题,金融机构对高校设置金融专业提出了相关的建议。金融专业设置应注重实践和理论的结合,为适应金融行业发展趋势,应开设网络金融专业,侧重人才的沟通服务技术和专业化培养,重视创新型金融人才的培养,有针对性地设置金融营销服务型和实务操作型课程。此外,如需增添金融类专业,建议可增加金融科技、数字金融、小微金融等专业。

金融机构重视金融人才的培养,采取了一系列措施提高金融人才的能力,但经费是限制其培养金融人才的因素之一。金融机构将金融人才队伍建设纳入重点工作考核,在开展工作时重视金融人才的实践、业务和创新能力的锻炼。采取的措施包括但不限于项目锻炼、鼓励员工深造、轮岗跨界交流等。此外,金融机构还与高等学校、科研院所、金融科技企业等建立合作关系。但过半数金融机构没有足够经费来支撑金融人才的培养。

金融机构对国际金融人才的需求较大,所以采取吸引政策以引进成熟金融人才。金融机构对国际金融人才需求较大,引进经验丰富、熟悉国际金融市场的海外金融人才是金融机构适应金融发展趋势的必然选择。

### 3. 政府部门层面

相关政府部门虽会对本地区金融人才进行定期统计,但对本地区金融人才的发展培养情况不甚了解。这在一定程度上反映了政府部门对人才统计的精准度和细致度有待提高,同时还应该对本地区的金融人才统计数据进行跟踪和深度分析。

相关政府部门认为本市金融人才培养体系存在培养观念落后、培养方式和标准较为单一等问题。政府部门认为目前重庆市金融人才培养体系存在金融人才培养观念相对滞后,重业务开拓而轻人才培养,缺乏各类复合型、创新型高端金融人才,人才流动不畅,人力资源活力不足,人才培养方式和标准单一,选拔人才时重资历、重学历、重职称等问题。

为促进本地区金融人才培养,政府做出一定的指导并采取了相应的政策。包括但不限于健全机制,强化金融人才队伍建设组织保障;坚持人才建设顶层设计,强化战略导向;搭建金融人才公共服务信息平台;认真研判金融业新形势,完善金融人才培养政策;完善金融人才数据信息库等。

目前,重庆市金融人才现状与重庆内陆国际金融中心的定位仍有差距,也与目前的发展阶段不相适应。为此,政府部门积极鼓励培养和引进国际金融人才,以巩固重庆作为内陆国际金融中心的定位,以高素质金融人才为本地区金融行业的发展注入活力。

### 4. 相关主体联动方面

高校、金融机构及政府既是相互独立的个体,同时又相互联系,三者紧密合作对重庆市金融人才的培养至关重要,而目前三者的联动较弱,在开展金融人才培养工作时比较独立,未做到有机配合。因此,加强三者之间的联动对重庆市金融人才的培养具有重要意义。

## 三、重庆市金融人才培养实施路径与保障措施

### (一)重庆市金融人才培养的重大意义

近年来,重庆通过金融科技的创新发展和金融监管的落地执行,金融业产值越来越高,其对地区经济发展的贡献逐渐增大(图25)。[1]

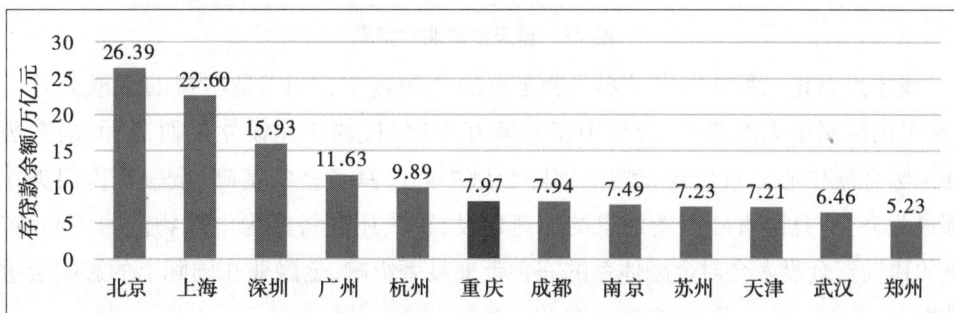

**图25 金融机构存贷款余额**

从金融业增加值衡量金融发展规模的大小来看,重庆的金融发展规模在不断扩大,2020年上半年金融业增加值为1 144.61亿元,位于上海(3 475.41亿元)、北京(3 433.5亿元)和深圳(2 052.18亿元)之后,已超过广州位列全国第四位(图26)。

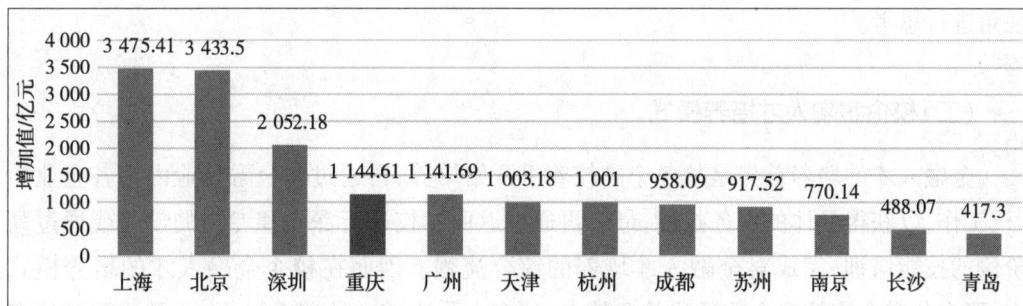

**图26 金融业增加值**

---

[1] 从金融机构存贷款余额来看,2020年上半年重庆金融机构存贷款余额规模达到7.97万亿元,仅次于北京(26.39万亿元)、上海(22.60万亿元)、深圳(15.93万亿元)、广州(11.63万亿元)、杭州(9.89万亿元),超过了成都(7.94万亿元)、南京(7.49万亿元)、苏州、天津、武汉等城市,居内陆地区城市首位。

重庆金融业贡献率近年维持在 9% ~ 11%，2020 上半年达 10.21%（全国平均为 9.3%），金融业现已成重庆重要的支柱产业之一（图 27）。

图 27　重庆金融业贡献率

"钱才集聚论"思想指出，"钱"是充裕的金融资本，"才"是丰富的金融人才。目前，重庆正按照中央的部署，依托中新互联互通项目，加快建设立足西部、面向东盟的内陆国际金融中心。重庆建设内陆国际金融中心已具备坚实基础：金融机构门类在中西部最为齐全，且随着陆海新通道的加速建设，重庆还即将成为中欧物流的中心城市，大量的建设资金投入会对金融体系的完善带来显著影响，金融业在国际上的影响会进一步扩大。

然而，重庆的才聚方面却相对不突出，金融人才总量不足、质量偏低、效率不高等困境已成为制约金融发展的瓶颈，因此，急需研究金融人才培养的有效模式与相关政策，增强重庆金融人才服务的综合能力。本课题将从校企金融人才培养模式、多层次金融人才培养体系、重庆金融聚集区发展规划以及成渝地区双城经济圈金融人才共享互动机制等视角进行思考。

**（二）校企金融人才培养模式**

金融人才的培养首先是从各个高校着手开始培养，再通过在金融行业内的各企业学习、工作，以获得具体的实务技能，最后再通过返回学校进行深入和专门的学习或通过高阶段的技能培训，完成对金融人才培养的综合流程。因而在校企金融人才的培养模式中，要充分融合高校和企业的优势和特点，从多方位来综合培养金融人才，具体需要从高校金融人才培养体系、金融机构金融人才培养体系、校企融合金融人才培养体系等视角来思考与构建校企金融人才模式。

**1. 高校金融人才培养体系**

高校是金融人才培养的摇篮，金融人才进入金融业的第一步就是在高校接受基础的金融知识和金融技能,因此建设好高校金融人才培养体系是金融人才培养体系的基础。我们可从高校金融人才培养课程设置、师资配置、教学模式和财经院校进行优化。

首先,金融课程设置需明确课程类型与培养目标。金融学专业的培养目标是培养立足中国金融改革与发展实际,面向金融全球化进程,厚基础、宽口径、复合型、国际化的金融人才。因此,在课程设置上要紧跟金融行业新趋势和国际金融大局,深化课程教学内涵性和应用性,满足社会经济发展对金融人才的多样化和多层次需求。金融专业需要培养具有扎实的经济学理论基础、数理分析基础和英语应用基础的人才;培养重心侧重于复合型人才。

其次,高校师资配置要坚持动态优化的准则。当前高校的师资配置总体较为优秀,任课教师来自国内外知名高校和专门财经院校的博士或金融行业的研究专家,具有丰富的金融理论知识和全面的金融专业科研能力。高校要考虑引进具有金融机构工作经历的高学历高水平人才,通过引进具有实务经历的教师增强师资在金融实务方面的综合能力,还可以通过定期选派或自我推荐的方式让个别教师到金融机构进行业务实践活动,并通过匹配科学的绩效评估制度来保障实施。

再次,高校金融人才培养教学模式需动态改进。传统的金融专业教学更多的是课堂的书本教学模式,是基于专家编写的教材和教师根据内容制作的 PPT 对学生进行金融专业教学,需要将金融理论知识融入当前创新发展的新教学模式,更有效率地进行金融专业教学活动。开放相关的在线课程资源(如 MOOC, SPOC 等),有效利用互联网上各名师的教学资源,更有针对性地进行教学活动;还可利用"互联网+教学"的模式,通过线上线下相结合,多渠道提高学生对专业学习的兴趣;模拟教学模式也可引入实践,积极引导学生对金融实事进行分析和处理;建立金融教学案例库,把金融案例教学融入课程教学中,增强金融知识的趣味性和实践性;举办金融知识挑战赛等以提升学习效率。

最后,在时机成熟时设立重庆财经大学。尽管多数高校均有开设金融专业,但缺乏对本地金融人才的直接输送与广泛聚集。而上海财经大学、中央财经大学、对外经济贸易大学等则长期为其所在地培养与输送了大量金融人才。因此,重庆也有必要设立独立的财经院校。

2.金融机构金融人才培养体系

金融机构是金融人才的实践与成长基地。在金融机构层面,对金融人才的培养体系主要以公司内部培训的方式进行,而金融人才的培训则要依据金融人才的类型和能力进行分类培训。总体来说,金融机构构建的培训体系是遵从多类型多层级培训、两种模式、统一框架的原则下进行的。

多类型培训是指对金融人才进行金融业务培训、领导力培训、通用培训和合规培训等不同基础类型的培训。金融业务培训事关新入职员工的业务上手速度和熟练程度;领导力培训几乎是所有企业都会重点关注的培训,它涉及公司内部整体效率的提升和人员流动的基础;通用培训则是对办公技能、公文写作的培训,有利于提升工作效率和业务熟练程度;合规培训则是对办事规则的培训,有利于降低公司面临的各类型风险的可能,金融行业受到监管机构的约束,因此合规培训也是金融行业培训的重点。

多层级培训是对同一类培训的不同培训对象,分为若干个层级实施培训,可把金融后备人才划分为潜力人才、后备人才、继任人才 3 个层级,针对不同层级的人才在相同类型的培训中赋予不同阶段的培训内容。如业务培训中,可以从基础技能培训、经纪人培训、证券金融业务培训、财富管理培训、互联网金融培训、投行业务培训等依次递增的层级进行培训;领导力培训按照后备人才、基层管理者、中层管理者、高层管理者分为领导力预备培训、发展培训、突破培训等;通用培训和合规培训也可以按不同层级人才划分不同培训内容。

两种模式是指项目制培训模式与零星培训模式。项目制培训模式类似于传统的教学形式,有利于金融人才对整体业务的熟悉和了解,能够在后续培训中循序渐进,在不断深入的培训学习中提高能力;零星培训模式是项目制培训模式的补充。两种模式要交叉使用、有机安排,这样才能有效地提升金融机构对金融人才培养的效率。

### 3. 校企融合金融人才培养体系

校企融合金融人才培养体系本质上是产学研融合的方法,高校通过学生向金融机构实地实习和参观调研获取实务知识,金融机构派出管理人员进入高校继续深造获取深入的金融理论和技能,双方融合发展才能使整个金融人才培养体系有机地结合在一起,互相完善重庆金融人才培养体系,促进金融人才水平提升。

高校的金融专业学生到金融机构实地实习和参观调研需要高校的帮助和对口金融机构的合作。首先,高校在寒暑假或其他课余时间向金融机构推荐金融专业学生;然后金融机构在有需求的岗位安排这些学生实地实习,适当让学生在学习阶段就接触实务工作,实际经验有助于学生专业理论总结提升。

金融机构派出管理人员进入高校继续深造则是为了提升金融机构自身管理水平。金融机构管理人员在业务上遇到了瓶颈或能力上需要提升,便可回到高校继续深造。高校也要积极配合,要进一步扩大开设 MBA、非全日制硕士等专业课程,为广大金融机构管理人员等提供深造的途径,完善金融人才培养体系的校企融合环节。

校企融合培养金融人才是互利共赢的,金融机构和高校建立专项组、专家库,积极建设签约校内外实训基地,共同打造模拟真实业务场景进行对口职业培养,提升学生综合素质与能力,提供从业人员进一步深造的途径,实现金融行业、金融机构、高校资源共享和共同发展。

### （三）多层次金融人才培养体系

金融体系不能完全依靠高级金融人才的建设，还要考虑到重庆自身的金融产业结构，将人才培养与现实金融产业需求紧密结合，建设成适合重庆金融产业结构的多层次金融人才培养体系。

金融产业需要各式各样的人才，在多层次的金融人才培养体系中，要着重中低端金融人才的培养和高端金融人才的引进，特别是在当前金融行业发展的新趋势中，金融科技的重要性愈发明显，还应注重金融科技人才等的引进和培养；此外，还要畅通不同层次金融人才的流通渠道，优化金融人才提升方法。

#### 1. 构建金融人才有效甄别手段

建设多层次的金融人才培养体系，首要任务是对不同层次金融人才的甄别与认定，建议可从金融人才的学历职称、工作职业、创新能力和技能水平进行识别区分。

从学历的角度来看，可简单将本科及以下或初级职称从事金融行业人员划分为低端人才，硕士研究生学历或中级职称人员划分为中端人才，博士研究生学历或副高级及以上职称人员划分为高端人才；从工作职业的角度来看，可将诸如证券经纪人、银行大堂经理、银行柜员等金融行业基层业务人员划分为低端人才，将证券债券承销、行业研究、风险控制等方向的中级从业人员划分为中端人才，将银行、证券、保险等金融机构的高级证券分析师、量化分析师、公司高管等高级从业人员划分为高端人才。

#### 2. 中低端金融人才培养体系

针对不同层次的金融人才要采取不同的培养方式来匹配。首先，扭转对中低端金融人才的不合理认识，明确中低端人才对整体金融体系的重要性。从人才培养发展角度来看，高端人才也是从低端人才成长起来的，若不重视中低端人才的培养和成长，当其成为高端人才后易被其他地方挖走。其次，做好中低端人才培养工作有利于整体金融人才体系的稳定。最后，重庆当前金融业有大量的岗位需中低端金融人才。

针对中低端金融人才培养可考虑实施以下措施：

①提供足够的工作岗位，保证技能培训提升。重庆要不断提升金融业质量，吸引更多金融机构入驻，提供足够多的中低端金融岗位，让中低端金融人才可在实际工作岗位上锻炼业务能力。

②与中高端人才同台竞技，采用新式人才业绩评价法。提倡中低端同高端人才同台竞技。表彰奖励和晋级激励不能直接以学历和职称为门槛将中低端人才拒之门外，要积极调动广大金融人才的工作热情。采用新式人才业绩评价体系，尝试对金融人才的业务

成绩进行评价,制订年终业绩表彰名单,中低端人才主要从业务上考核,高端人才主要从高级业务成果或是科研成果上考核。

③建立 EAP(员工帮助计划)机构,关爱中低端人才。中低端人才在福利待遇上和高端人才差距较大,当遇到经济困难、疾病、子女教育等问题时会有更大的压力,EAP 可极大改善中低端人才的工作生活环境,提升工作效率。

### 3. 高端金融人才培养和引进体系

对于高端金融人才当务之急的举措是对高端金融人才的培养、引进和使用做出一系列强有力的制度安排,使高端金融人才"能培养出来,能引进进来,能留在重庆"。

①提高重庆高校金融人才培养质量,通过多种教学与实践模式增强金融人才的竞争力。高校是金融人才培养的主阵地,重庆高校要努力担当起培养高端金融人才的重任,通过创新教学模式和新型产学研融合的实践模式,使高校能培养更多的高端金融人才。政府对高校也要在师资、设备、项目上给予支持,这是培养重庆高端金融人才的基础。

②推动重庆相关金融管理部门与高校金融院系实现"无缝对接,协同创新"。充分利用重庆高校金融院系的人才聚集优势,大力推动政府相关金融管理部门、金融机构与高校金融院系搭建长期合作平台,以"项目合作小组"等形式开展高效的协同合作模式,为重庆金融发展提供高端人才。

③由重庆市政府主导,制定具有吸引力的人才优惠政策。重庆市政府及各区政府可对符合条件的高端金融人才在收入、住房安排、子女教育、工作环境等方面予以倾斜和支持。

④积极推动重庆金融行业相关职能部门和事业单位与中央金融部门和大型金融机构开展双向挂职交流。可定期选派重庆市和各区金融办公室骨干人员到银监会、保监会等中央级金融单位挂职,也积极争取中央金融部门、大型金融机构等选派人员到重庆的金融办公室指导。

⑤推动金融人才在政府部门担任重要职务,实现高端金融人才有效配置。高端金融人才需要进行有效配置才能发挥最大效益。重庆市要将符合条件的高端金融人才安排到政府部门或大型金融机构并委以重任。

⑥制定专项招商引资优惠政策,全力引入有行业影响的大型金融机构在重庆开设分支机构。重庆现已有中国建设银行、中国银行、交通银行、中信银行等功能性、区域性总部机构;中银金租、马上金融、蚂蚁金服、富民银行、三峡人寿保险、鈊渝金融租赁等15个重要机构;保险资产登记交易平台、石油天然气交易中心与重庆金交所等三大全国性要素市场。大型金融机构在高端金融人才培养和引入上具有积极作用。首先,为高端金融人才提供大量高端技术岗位;其次,先进的金融理念带动重庆金融发展;最后,促使形成重庆金融集聚区,更大范围地为金融人才提供良好的环境。

#### 4.新兴金融科技人才培养体系急需构建

金融科技主要指新技术(大数据、云计算、区块链、人工智能)与金融业的结合。为适应重庆构建金融科技产业高地的定位,为金融行业培养更多合格的金融科技人才,重庆应积极构建由政府引领协调、金融科技企业实践锻炼、高校智力支撑、市场配置资源的多主体参与、多层次互动的金融科技人才培养体系。

①完善金融科技人才培养和支持政策。政策层面的推动是加强金融科技人才体系建设的基础。一是政府在重视金融科技人才引进工作的同时,应完善人才培养方案的制订,明确具体实施方案;二是建设好金融科技产业,良好的产业发展是吸引人才的根本原因,要发挥重庆优势,通过设立专项基金、引入沙盒试验区、建立孵化基地等方式给予金融科技企业优惠政策,助力金融科技企业、研究机构良好成长;三是要进一步细化符合我国发展实际的金融科技人才培养体系,以产业应用和实体经济发展为导向,推出贴近产业发展趋势并具有前瞻性的人才培养标准。

②探索高校金融科技复合型人才培育的创新路径。高校要发挥金融科技创新和人才培养的主力军作用。一是加快金融科技学科体系建设,在完善现有教学和人才培养体系的基础上,积极探索跨学科、跨领域的“金融科技+产业”复合型人才培育的创新路径;二是加大金融科技教学科研资源建设力度,增加经费投入,完善学科布局,强化与国内外高校、科研机构、企业合作交流;三是积极布局建设金融科技创新基地,将科研攻关、成果产出、应用落地和人才培养统一起来;四是探索校企融合培养模式,实现“产教融合”,在实践中培养金融科技人才。

③共建金融科技人才培养的市场机制。满足行业发展对人才的巨大缺口,不能仅依靠高校,还要重视市场机制在人才培养配置的作用。一是积极发挥与金融科技相关联的企业、协会、培训机构等组织的作用,共建金融科技人才培养的市场机制;二是凸显金融科技培训的作用,通过合作办学、订单式培养、多方联合建立产业人才培训基地等形式,支持各方积极参与金融科技人才培养;三是通过行业峰会、交流会、招聘会,有效对接金融科技人才与企业,提供就业招聘服务;四是引导传统金融行业人才转型,做好转型服务。

### (四)双城圈金融人才流动共享机制

#### 1.双城圈上升为国家战略

成渝地区双城经济圈的建设目标和定位赋予了“带动全国”的重大使命。目前,川渝两地金融业发展迅速,区域金融中心粗具雏形,但两地金融业也存在十分明显的短板。如缺乏具有全国影响力的金融市场载体,金融要素市场化配置能力不足,辐射能力不强等。

此外,两地金融中心建设中长期缺乏合作,导致了双边建设层次低、效率低、同质化竞争等问题。

**2. 促进金融人才合理流动与共享**

加快推动成渝地区双城经济圈建设就需要促进产业、人口及各类生产要素合理流动和高效集聚,尤其在金融领域要加强人才流动集聚和共享。因此,建立完善金融人才流动共享与互动机制是建设双城经济圈的重要支撑,通过两地金融人才的互联互通,加速两地金融融合快速发展。

①金融人才将发挥重要支撑引领作用。推动双城经济圈建设,金融人才将发挥支撑引领的战略资源作用。人才合理流动有助于资源有效配置,人才高效集聚有助于经济高质量发展,渝蓉两地的金融人才合理流动和高效集聚是建好双城经济圈的重要支撑。

当前,川渝地区为聚集金融人才资源做了大量工作,也取得了较为显著的成绩。如重庆推出了英才计划等一系列人才政策举措,其中包含了对高端金融人才的引入政策,并吸引了一批高端金融人才,全方位打造鼓励金融人才聚集的生态环境,吸引人才、留住人才、用好人才,为双城圈建设提供坚实的人才政策支撑。

因此,在双城圈金融人才的流动共享上,首先需要集聚大量优质金融人才资源,依靠优惠政策吸引金融行业基础人才和高层次人才。下一步要充分发挥人才的引领作用,通过人才流动和共享,助推双城圈的金融产业转型升级,实现创新驱动发展。

②加强双城圈金融人才协同合作。目前,双城经济圈主体双方已共同签署人才协同发展战略合作框架协议,推动渝蓉地区人才协同发展合作。建立人力资源服务产业园联盟,在毗邻地区建立川渝产业合作示范园区,联合四川举办重庆英才大会,共享双方金融人才,推动渝蓉地区金融从业人员职称、职业技能等级互认,推动"重庆英才卡"与"天府英才卡"对等互认,持续营造"近悦远来"的良好人才生态。

在金融产业的发展上,双方聚焦金融前沿领域,联合建设一批川渝共建金融研究院、商品交易所等高级金融机构,搭建金融人才发展平台。建立两地金融人才交流协作机制,通过金融人才协作交流扩大金融能级和对外影响力。在金融人才协作培养上,双方全面实施人才战略,健全金融人才培养体系,着力实施高层次金融人才倍增计划和青年创新人才引进计划。要在高校内大力推进高端人才领航计划,支持高端金融人才从事教学活动,从而培养更多优秀的金融人才。

③找准联结点和区别点,实现互利共赢。根据重庆和成都城市功能定位,加强在金融产业布局、金融人才培养和应用等方面的沟通和协调,聚焦"金融人才互补",探索人才资源互通共享共用。发挥各自的比较优势,协同互补劣势部分,错位有序发展,避免盲目竞争,以重庆相对完善的金融机构种类和快速的增长与四川的规模腹地优势相结合,加速人才流动贡献机制的建设,支持圈内地区招聘信息共享、互设金融分支机构、人力资源培训等

方面合作,促进金融人才协调发展。营造优越的金融营商环境,推行"最多跑一次"改革,加快实现川渝两地"一网通办",通过优越的营商环境吸引优秀金融人才加速向渝蓉集聚。

④推动两地要素市场一体化,便利金融人才交流渠道。出台推动两地间产业合作、市场合作、平台合作、项目合作等的相关激励政策,实现行政驱动与市场驱动相结合,促进各类要素流动与渝蓉两地经济社会发展的需要紧密契合。探索以电子营业执照为基础,建立公共资源交易平台市场主体信息共享与互认机制。目前在金融民生领域已实现川渝两地住房公积金互贷互认,将来还将在银团贷款、小微金融、贸易结算及融资业务等方面展开合作,旨在金融领域为两地居民提供更加便捷的金融服务,进而促使两地金融人才在业务上更频繁交流,形成金融人才联动。

# 四、政策建议

## (一)明确金融人才培养主体职责

金融人才的培养与引进通常由高校、金融机构和政府等主体协同推进,其基本逻辑在于:①先在高校培养系统理论知识,再通过行业内的技能培训塑造实践能力;②上述培养顺序也可表现为"先企业实践训练后高校理论提升"的模式;③政府应对上述模式进行必要的引导、指引与调控。

### 1.高校负责培养金融人才基础技能的职责

高校是培养金融人才的主体,金融人才的最大来源便是高校的毕业生,因此要狠抓高校培养金融人才的能力。首先,高校需明确金融人才的培养目标,了解当代金融人才所应具备的能力和素质;其次,高校需加强金融人才培养方式的改革,追求质量,保证效率,最大限度地优化教学方式,如在师资团队、课程设置、教学时间等方面进行摸索改革,使培养的金融人才适应社会需求;最后,高校要主动加入产学研融合的步伐,增强与校外实习公司、实训基地的联系,保证金融人才的综合素质培养。

### 2.金融机构负责培养金融人才职场能力的职责

金融机构是金融人才能力提升的平台,进入各类型金融机构是金融人才最大化发挥价值的主要方式。首先,金融机构要根据自身公司特质来培养金融人才,如银行、证券、保险、基金、信托等不同类型的金融机构,往下包括承销、理财、研发、管理等不同岗位,都需要根据自身特质培养匹配的金融人才;其次,金融机构要增大金融人才培养的投入,一般而言,金融人才要经过再培养等机制才能成长为高端的金融人才,增强金融人才的水平;最后,金融机构要主动与高校联合,为高校金融专业学生提供合适的实习机会和项目,加快与高校人才培养的耦合。

**3.政府负责培养金融人才指导管理的职责**

政府是金融人才培养的管理者和引导者,重庆市金融人才的发展需要政府根据实际调整和优化。首先,政府部门需全面了解金融人才的培养情况,如金融人才的种类、流动、数量以及质量等情况;其次,根据重庆金融行业发展定位和目标,调整合适的金融人才培养和引进政策,并同时做好相关的金融人才服务工作,打造形成良好的金融人才培养体系;最后,政府要引导金融人才培养的三大主体之间的有效联动,系统性规划金融人才的培养目标,对高校和金融机构提供充分的引导和支持,在高校、金融机构层面,推动高校和金融机构间的紧密互动,促进高校培养的金融人才符合现实需要。

综合来看,重庆金融人才发展贯穿始终的逻辑是培养、引进与留存,以下资政建议便依据培养、引进与留存的逻辑进行归纳。

## (二)完善金融人才培养体系

### 1.加大高校金融人才的培养深度

鼓励高校以培养学生创新能力和实践能力为核心,改革学科专业,调整课程设置,及时调整金融人才培养方案,紧跟市场步伐,培育市场需要的金融人才,增强重庆市高校金融专业毕业生的市场竞争力。加强金融专业大学生在服务意识和职业道德素质方面的培养,尽量缩小高校毕业生专业素养与行业要求之间的差距。搭建校企合作平台,推进大学生理论知识与实习经验的有机衔接,以适应金融机构岗位的动态需求。

### 2.提升金融国际化人才的培育力度

鉴于打造内陆国际金融中心的国家定位,重庆应不断加大金融国际化人才的培养力度,逐步形成与国际市场接轨的、具备较高培训能力又兼具地区特色的金融国际化人才培养模式。谋划与设计能够满足重庆国际金融改革创新项目建设需求的海外金融人才前期培育项目。与纽约、伦敦、新加坡、上海等全球知名金融中心城市联合展开金融国际化人才培养项目及交流会。每年选派一定数量的金融业骨干人员前往全球金融中心城市调研考察、学习培训等。

高校也可通过加强与全球知名的商科院校的交流合作、相互选派留学生或是交换生、制订联合培养方案等方式提升金融人才培养能力,紧跟全球金融人才培养步伐。国内课程设置也需重视最新国际案例教学讨论,同时开发双语教学课程,采取多元化的教学手段同国际接轨。

### 3. 分层次推进金融人才培养工程

由金融机构、驻渝金融监管机构及市区和金融业相关的政府部门带头推荐,定期通过三方共同商议制订的指标选拔出多名有发展潜力的高层次金融人才。由金融机构和政府出面为其提供高端金融人才研修项目,项目的内容包括了解国内外金融发展趋势和发展动态、全国乃至全球的金融监管新动向及金融创新点,旨在为重庆市金融业培养一批具有创新意识的领军人才。

由金融机构、驻渝金融监管机构及市区和金融业相关的政府部门带头推荐,每年选拔出多名有发展后劲的金融骨干人才。对这批选拔出来的金融人才,培养重点在重庆市金融业发展最为薄弱的金融科技、金融监管、金融交易、智能顾投等专业性极强的领域。对于被选拔进入以上项目的金融人才,由重庆市政府或是各地方政府为其提供必要的经费资助。

### 4. 加强金融人才培养主体的联动

在全国范围内聘请一批优秀的金融专家顾问,组成金融智慧团队。由重庆市政府及在渝高校共同向聘请的专家顾问颁发聘书并给予有竞争性的经费资助,为本地金融人才培养工程提供坚实的师资基础。支持本地金融机构、金融研究院同全球一流高校和研究院切实展开合作,打造重庆市金融人才研究中心,建立涵盖重点课题、应用案例研究、大讲堂、公开课、年度主题论坛等一体化的金融人才培养体系。

积极鼓励金融机构与重庆市高校展开务实合作,通过建立特色金融学科、专业资格认证及金融人才联合培养方案等方式,开展金融人才培养、金融创新研究、金融实践互动等工作。对重庆市金融人才培养做出重要贡献的单位,可依据实际情况制订奖励方案对其予以奖励。发挥重庆市金融业协会的作用,鼓励金融业协会在做好本职工作的同时,加大对重庆市金融人才的培育和引进工作。

### 5. 促进金融从业人员综合素养提升

金融从业人员综合素养提升是人才培养的关键环节。目前,重庆市存在国际专业认证考试普及率不高、综合竞争力不强等状况。可大力激励在校金融专业大学生和金融从业人员参加各类高质量的专业考试,如特许金融分析师(CFA)、金融风险管理师(FRM)、北美精算师(FSA)、英国特许注册会计师(ACCA)等含金量高的资格认证考试。鼓励高校和以上资格认证考试主办单位展开合作,向金融专业的在校大学生普及相关考试的信息,积极推广金融类专业考试。对已取得上述职业资格证书的金融工作从业人员可给予必要的激励。

### （三）完善金融人才引进体系

#### 1. 编制金融人才需求目录

建立健全重庆市金融人才统计工作,可厘清金融从业人员的工作方向;支持重庆市各金融机构、金融业协会、各博士后工作站联合展开金融从业人员评估标准研究,促进重庆市金融业全面发展。按照金融人才引进工作统一部署,定期更新、发布重庆市各区县需要的金融人才目录。对符合目录要求的金融人才,优先纳入重庆英才计划、"鸿雁计划"等人才引进、培养计划。鼓励金融机构参与编制金融人才目录,以了解重庆市金融市场对人才需求的最新动向。

#### 2. 持续推进金融人才引进计划

积极对接海外高层次人才引进计划、重庆英才计划及重庆市各区县组织部的人才引进方案,面向全球知名的金融机构、国际性金融组织以及设有金融专业的高等院校,引进重庆市金融业发展需要的高层次金融人才,并对引进的金融人才提供丰厚的薪酬待遇。鼓励曾在国际知名金融公司、金融机构任职的金融人才来渝开展和金融业有关的工作,推动重庆市金融业的国际化进程。加大以重庆大学、西南大学为代表的重庆市知名高校与北京、上海、深圳、杭州等金融业发达地区的高校、研究所的交流合作,实现即时信息交流与人才互通。

#### 3. 加快国际金融科技认证中心建设

国际金融科技认证中心落地重庆有利于成渝地区双城经济圈的建设,更有利于将重庆打造为内陆国际金融中心。加快国际金融科技认证中心建设,加强在数字货币试点、金融科技标准化服务等方面的发展,逐步扩大重庆在金融科技领域的影响力,吸引高质量金融人才来渝从事金融业工作,进而带动更多的金融科技企业与人才在重庆聚集。

### （四）完善金融人才留存机制

#### 1. 提升金融人才服务水平及效率

积极建设完善重庆英才网、重庆市就业创业公共服务平台等公共人才服务平台,提升人才服务的专业性水平。加快金融人才数据库建设,为金融机构、金融监管当局等用人机构及金融人才提供高效便捷的服务。大力发展专业性、行业性的金融人才市场,同时鼓励高端人才猎头等专业化的金融人才服务机构来渝开展工作。积极培育各类专业社会组织和人才服务中介机构,有序承接政府转移出去的金融人才培养、评价、激励等职能。此类金融人才服务平台为金融从业人员提供服务的同时,也在实时关注市场动向,了解金融市场对人才的需求。

建立重庆市金融业"人才驿站"。"人才驿站"由重庆市人力社保局组织推动,按照"政府支持、服务人才、共建共享"的原则,建立一站式的人才服务实体平台,为金融人才提供政策咨询、金融服务、专题培训、活动交流、法务咨询等标准化服务,将工作"触手"延伸至人才第一线,多渠道打开金融人才服务的窗口。"人才驿站"打造"共享空间、共享财税、共享金融"三大核心产品,建立专业化的人才服务团队,积累为金融人才服务的丰富经验,拟订建设服务标准与规范,为在重庆市上百家投融资金融机构提供人才支持,也为重庆市的金融人才提供方便且高效率的服务平台。"人才驿站"提供引才、育才、协调等服务,建立人才项目集聚、项目支持等孵化平台,建立"组织保障、运营保障、信息化保障"三大保障制度,建立全流程、规范化、立体式人才服务体系。

### 2. 增进渝蓉两地金融人才良性流动

以重庆为中心,辐射至渝川云贵整个西南地区,贯彻落实西南地区发展规划;加强重庆和成都两地金融人才互通,促进两地在金融人才培养的交流和合作。开展渝蓉两地金融人才常态化合作与有序流动,推动金融人才协同发展与互通共享,共建西部地区金融人才发展联盟,鼓励两地金融人才在法律法规范围内为周边居民提供基础的金融服务。支持重庆和成都的金融监管机构,以及西南地区其他各省市的金融监管机构按照每个季度一次的频率联合开展金融创新合作、金融创新交流会等活动,重庆和成都两地地方政府根据相关标准提供费用资助。鼓励渝蓉两地联合举办金融业交流论坛、专题培养等各种形式的人才交流活动。

### 3. 持续跟进后续保障工作

对重庆市引进的金融人才,根据重庆市发布的"重庆英才计划""鸿雁计划"等相关文件内容,落实在渝工作的金融业从业人员的生活待遇政策,营造良好的生活及工作环境,保证其日常工作能够顺利进行。

引进的金融人才子女如有入学需求,户口所在地的社区按照规定简化相关程序,为其在入学、转学等事务上提供切实的帮助。对有就业需求的金融人才的配偶,所在社区的人力保障部门可为其提供指导,必要时可出面与用人单位进行协商。对为支持金融人才培养项目而引进的外籍教师、专家或来渝开展金融工作的外籍人员,对来华签证、居留等放宽条件,简化程序,落实相关待遇。对所有来渝展开工作的金融从业人员,所在社区应当指定一定级别医院为以上金融人才及其家属提供必要的医疗卫生服务。对培养、引进的在渝工作的金融人才及其家属,可在社区对接医院每年进行一次免费的医疗健康检查。

**课题负责人**:皮天雷
**课题组成员**:左正德　何　琪　魏　岚　游承静　曾圣媛

此课题为2020年度重庆市技术预见与制度创新专项人才工作研究课题项目,2021年2月结题。

# 国家医学人才集聚中心建设对策研究

◎重庆医科大学课题组

**摘 要**：促进重庆市医学人才集聚不仅是深入贯彻落实习近平总书记关于人才工作的重要论述，聚焦"四个面向"，还是重庆市创建国家医学中心和国家区域医疗中心的必由之路。按照重庆市委人才工作领导小组办公室的统一安排部署，重庆医科大学联合重庆市卫生健康委成立调研课题组，对 32 个医疗卫生单位 120 名中青年医学高端人才进行了问卷调查，对 6 名院士、12 名重庆英才、301 名医学相关领域工作者进行了书面及电话征求意见，以了解重庆市医学人才发展现状，比较分析制约重庆市医学人才集聚的因素，提出了相关对策建议。

**关键词**：医学人才 集聚 对策建议

党的十九大报告指出，"人才是实现民族振兴、赢得国际竞争力的战略资源。要坚持党管人才原则，聚天下英才而用之，加快建设人才强国"。习近平总书记在 2018 年参加广东代表团审议时强调"发展是第一要务，人才是第一资源，创新是第一动力"。在深圳经济特区建立 40 周年庆祝大会上，习近平总书记又强调人才的重要性，"要实施更加开放的人才政策，聚天下英才而用之"。2020 年 11 月 3 日，《中共中央关于制定国民经济和社会发展第十四个五年规划和二〇三五年远景目标的建议》再次提到建成"人才强国"的目标。

近年来，重庆市高度重视卫生健康事业发展，在 2020 年重庆市政府工作报告上，提出实施健康中国重庆行动，创建国家医学中心和国家区域医疗中心。强化医学科技创新，以一流人才、一流团队、一流学科、一流科研、一流产业，为重庆市建设国家医学人才集聚中心提供重要支撑，其中一流人才是保障国家医学人才集聚中心建设的先决条件。为此，课题组先后运用文献法、比较研究法、问卷调查法和专家访谈等方法，并对比成都、京津冀、长三角、大湾区医学人才的总体情况，剖析制约重庆医学人才高效集聚的影响因素,阐述建设国家医学人才集聚中心的重要性,并提出相关建议。

在本调研中,医学人才是指熟悉掌握医疗卫生方面专业知识,并从事医疗行业,对医疗领域的某一学科较为精通或有一定科研能力的专门人才。其中高层次医学人才是指具有良好的科学文化素养,掌握现代医学知识,具有宽阔的医学专业知识和广泛的文化素养,自觉的事业进取心、社会责任感和历史使命感,凭借其较强的专业才能和明显的业务专长,在医学领域以其创造性劳动,对医学进步和发展、人类健康和文明的某一方面做出了较大贡献的人。更具体的,医学类高层次专业人才,主要指在医院疾控等医疗卫生机构、医学院从事教学、科研、临床工作,具有副主任医师以上职称或具有硕士以上学位的医学专业人员,同时也包括具有良好潜质、丰富临床经验、对医学事业有突出贡献的医学专业人员。

# 一、重庆市医学人才概况

## (一)重庆市医学人才现况

### 1. 静态描述

### (1)卫生人才总量

截至 2020 年,重庆市共有卫生人员 28.80 万人,其中卫生专业技术人员 22.46 万人,占人才总量的 77.99%。重庆每千人口卫生专业技术人员 7.19 人、执业(助理)医师 2.67 人、注册护士 3.31 人,略高于全国平均水平,但和成都、北京、上海相比还有较大差距(表 1)。在学历层次上,重庆卫生执业人员中本科以上学历占 33.15%(全国 36.20%)、高级职称占 6.67%(全国 8.00%),与全国平均水平仍有较大差距。

表 1 重庆市卫生人才与全国其他地区对比数据比较[1]

| 地区 | 省市 | 医疗机构总数/个 | 卫生人员总数/万人 | 卫生专业技术人员总数/万人 | 每千人口卫生专业技术人数/人 | 每千人口执业(助理)医师数/人 | 每千人口注册护士数/人 |
|---|---|---|---|---|---|---|---|
| 成渝地区 | 重庆 | 21 057 | 28.80 | 22.46 | 7.19 | 2.67 | 3.31 |
| | 成都 | 12 121 | 23.76 | 18.49 | 11.16 | 4.13 | 5.30 |

---

[1] 国家统计局.中国统计年鉴[M].北京:中国统计出版社,2020.

续表

| 地区 | 省市 | 医疗机构总数/个 | 卫生人员总数/万人 | 卫生专业技术人员总数/万人 | 每千人口卫生专业技术人数/人 | 每千人口执业（助理）医师数/人 | 每千人口注册护士数/人 |
|------|------|------|------|------|------|------|------|
| 京津冀地区 | 北京 | 10 336 | 34.32 | 27.12 | 12.59 | 4.92 | 5.33 |
| | 天津 | 5 962 | 13.92 | 10.98 | 7.03 | 2.97 | 2.65 |
| | 河北 | 84 651 | 64.72 | 49.00 | 6.46 | 3.01 | 2.44 |
| 长三角地区 | 上海 | 5 597 | 24.87 | 20.45 | 8.42 | 3.08 | 3.82 |
| | 江苏 | 34 796 | 78.64 | 63.33 | 7.85 | 3.16 | 3.47 |
| | 浙江 | 34 119 | 62.80 | 52.02 | 8.89 | 3.51 | 3.76 |
| | 安徽 | 26 435 | 45.46 | 36.12 | 5.67 | 2.17 | 2.57 |
| 粤港澳大湾区 | 广东 | 53 900 | 96.19 | 79.26 | 6.88 | 2.32 | 3.07 |
| 全国 | | 1 007 579 | 1 292.83 | 1 015.40 | 7.26 | 2.77 | 3.18 |

（资料来源：《中国统计年鉴2020》）

（2）高层次医学人才

重庆市有国家医学"两院"院士3人，国医大师2人，其他如长江学者、国家杰青等累计78人。总体来看，重庆市的国家级高层次医学人才保有量远低于经济水平相似的成都的150人，两地对高层次人才的虹吸效应还是有着较大的差距。

（3）中青年医学人才

重庆市正逐渐加大中青年医学高端人才的培育力度。2019年重庆市实施英才计划，首批入选73人，包括重庆英才优秀科学家、名家名师、创新领军人才、青年拔尖人才等，2020年英才计划继续推进，再次入选89人。在人才强卫的行动中，累计选拔6批共200人。这些中青年医学人才已表现出良好的发展势头，未来需紧密对接国家级高端人才项目，进一步加大扶持和培育力度，发挥高层次人才效应。

2.动态分析

（1）时间集聚

重庆市医学人才逐年增加，在近两年主城都市区集聚效应明显增强，相比2017年实现翻倍。而在主城都市区外的区县出现下滑，尤其是渝东南地区医疗卫生人员流出严重（图1）。

| | 2016 | 2017 | 2018 | 2019 | 2020 |
|---|---|---|---|---|---|
| 主城都市区 | 166 765 | 176 411 | 190 736 | 202 949 | 213 346 |
| 渝东北城镇群 | 57 444 | 58 886 | 61 146 | 63 618 | 65 914 |
| 渝东南城镇群 | 18 620 | 19 955 | 20 876 | 21 492 | 22 447 |
| 总计 | 242 829 | 255 252 | 272 758 | 288 059 | 301 707 |

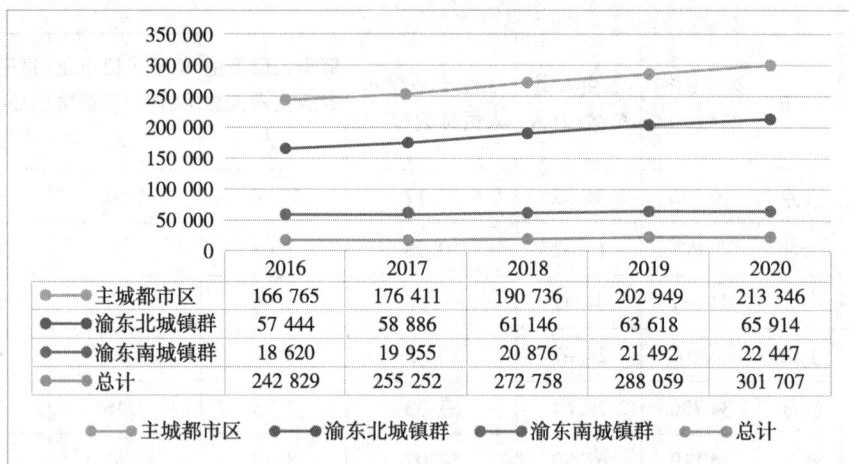

图1　重庆市卫生人员总量近5年变化

（2）培养体系

重庆市目前形成了以本科教学为主体,涵盖专科—本科—硕士—博士、继续教育、留学生教育以及博士后培养的多层次多形式的医学人才培养模式。重庆市现有5所医学类院校:重庆医科大学、陆军军医大学、重庆医药高等专科学校、重庆三峡医药高等专科学校、重庆中医药学院(建设中),其中重庆医科大学、陆军军医大学具有医学专业硕博授权点。另外,重庆大学医学院也开设了基础医学、临床医学等相关专业,西南大学也设置有药学专业以及医学相关专业如生命科学。还有其他一些高校也开办了护理、康复等学科。截至2020年,重庆医科大学全日制在校生规模达到25 341人,研究生5 961人,其中博士816人(3.2%),硕士5 145人(20.3%),本科生18 436人(72.7%),留学生664人(2.6%)。全市共有博士后科研流动站83个,医学相关专业博士后流动站超过20个。但在医学类院校综合实力方面,重庆在"双一流"建设上较落后,无一所医学类院校和学科进入"双一流"名单。

（3）地域流动

重庆是人才净流入城市,成都是重庆人才贡献最大的城市之一,同时重庆人才流出也主要是成都,两地人才流动活跃,但成都对人才的吸引力比重庆更大。智联招聘数据统计,2019年1—8月,重庆共有127.3万人次选择外地工作机会,总量前三位的分别是成都、北京和深圳;成都共有201.4万人次选择外地工作机会,总量前三位的分别是重庆、北京和深圳。同一时期,选择在重庆工作的异地人才共137.3万人次,总量前三位的分别是成都、北京和深圳;选择成都工作机会的异地人才共444.2万人次,总量前三位的分别是重庆、北京和绵阳(表2)。成都纳才效果比重庆更突出,《成都人才供给报告》显示,成都流入人才水平高于流出人才水平,其中吸引众多来自重庆的人才(图2)。

表2　2019年1—8月人才选择工作意向城市情况

| 流向 | 第一位/万人次 | 第二位/万人次 | 第三/万人次 |
|---|---|---|---|
| 重庆→外地 | 成都(37.9) | 北京(11.4) | 深圳(9.9) |
| 成都→外地 | 重庆(24.3) | 北京(20.9) | 深圳(14.4) |
| 外地→重庆 | 成都(24.3) | 北京(14.2) | 深圳(6.6) |
| 外地→成都 | 重庆(37.9) | 北京(33.5) | 绵阳(29.6) |

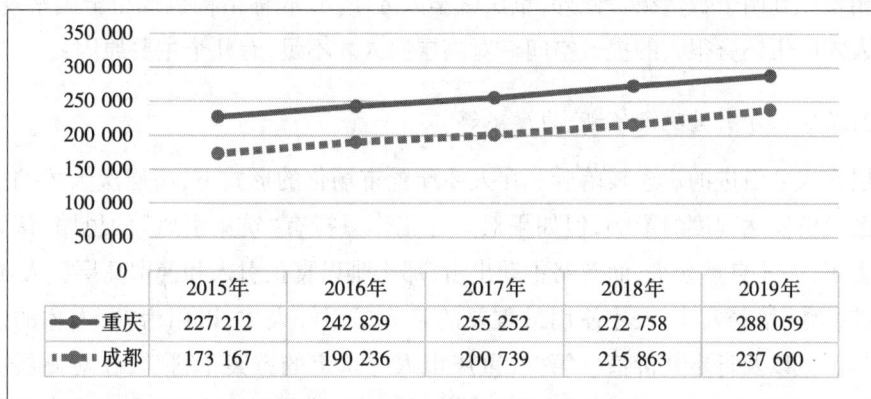

|  | 2015年 | 2016年 | 2017年 | 2018年 | 2019年 |
|---|---|---|---|---|---|
| 重庆 | 227 212 | 242 829 | 255 252 | 272 758 | 288 059 |
| 成都 | 173 167 | 190 236 | 200 739 | 215 863 | 237 600 |

图2　成渝两地卫生人员数对比

## （二）人才合作

近年来,由于成渝地区双城经济圈的提出,成渝两地在人才培养、重大课题项目研究、平台搭建、技术研发与成果转化等方面广泛开展合作。例如,重庆市卫生服务中心与四川省部分高校、医疗机构建立起毕业生就业战略合作关系;重庆市中医院与成都中医药大学合作共建"成都中医药大学附属重庆中医院/第四临床医学院",共建"双一流"中医学科;华西口腔医院和重庆医科大学附属口腔医院建立临床研究战略合作伙伴关系,共建口腔疾病国家临床医学研究中心;重庆市肿瘤医院与四川省肿瘤医院共同承担国家重点研发计划课题,共建肿瘤放射治疗临床大数据库和肿瘤放疗智能知识库;重庆市疾病预防控制中心与四川大学、重庆医科大学共同申报、成功立项国家重点研发计划"精准医学研究"重点专项"西南区域自然人群国家队列研究项目"等。随着重庆市医学水平不断提高和社会关注度的不断提升,重庆与市外其他省市众多高校、医疗卫生机构、企业等开展了深入合作。例如重庆医学高等专科学校附属第一医院(重庆市职业病防治院)与中国工程院院士程京领衔的生物芯片北京国家工程研究中心合作,成立全国首个"职业健康与中毒精准医学中心"。

## 二、重庆市医学人才队伍建设中的主要问题

### (一)高层次医学人才不足

国内其他地区,如北京、成都和上海的高层次人才队伍建设遥遥领先,是"两院"院士、国家杰青、中华医学会主任委员成员的集聚区域,重庆在国家级人才方面与以上发达地区还相差一到两个数量级。此外,重庆医学人才学历、职称结构也低于全国平均水平,高层次人才队伍还有很大的提升空间。对高层次人才不足,有几个主要原因:

#### 1.高层次人才引进观念不新、力度不够

高层次人才引进的观念较落后。在人才配置市场化的形式下,高层次人才的引留受一个地区经济发达程度的影响,但如果对人才工作只持有"筑巢引凤"的思路,认为只要经济上去了,人才自然会来,而忽略主动出击,那么难以真正引入和挽留高层次人才。

引进人才、培养人才、人才使用最重要的是为了用好人才,以用为本,人才的价值在于实现其价值以及肯定其价值。第一,重庆市人才认定的方案不科学,在对高层次人才的认定上,重庆在《重庆市引进高层次人才若干优惠政策规定》中,将高层次人才分为三类,偏向学术评价。而成都在《成都市引进高层次创新创业人才实施办法》中则更强调人才的价值创造能力,注重以贡献度、实际能力为导向的人才认定。第二,重庆市用人单位对高层次医学人才的支持力度远小于邻市,以四川大学华西医学院的引才待遇为例,华西对 A 类国际顶尖人才实施的住房补助达到 500 万元,年薪最高达到 260 万元,并且提供不低于 2 000 万元的科研启动经费。重庆市以重庆医科大学为例,一类人才提供不低于 200 平方米的住房,科研启动经费只有 1 000 万 ~2 000 万元,相比于成都的确还有较大差别。同时成渝两地比邻而居,并无绝对的优劣之分,高层次医学人才对执业地区的选择往往较为理性。重庆市在人才竞争中起步较晚,医疗卫生人才来渝后的进一步发展提升以及配套支持政策力度不够。重庆市在引进人才的政策方面目前并无专门针对医学人才的引进政策,暴露出重庆在激烈的医学人才竞争环境下的主动性不足等问题。

#### 2.人才培养力度不够,精准化支持措施缺乏

重庆市前期通过实施人才强卫计划,卫生健康人才梯队培养框架初步搭建,人才培养初显成效。但从最终高层次人才培养数量来看,首席医学专家、医学领军人才及中青年医学高端人才仍显不足,后续支持力度较小,对其中特别优秀的医学人才缺乏精准支持措施,在科研立项、学科专科建设等方面无精准支持政策。从培养经费投入来看,高端卫生人才建设经费投入不够。重庆市前期通过实施人才强卫计划,卫生健康人才

梯队培养框架初步搭建，人才培养初显成效。但从最终高层次人才培养数量来看，首席医学专家、医学领军人才及中青年医学高端人才仍显不足，后续支持力度较小，对其中特别优秀的医学人才缺乏精准支持措施，在科研立项、学科专科建设等方面无精准支持政策。从培养经费投入来看，重庆市高端卫生人才建设经费以及对人才个人资助经费远远少于四川、陕西、湖北等地。为促进"成都产业新政50条"和"成都人才新政12条"的落地落实，成都还出台了《成都市引进培育急需紧缺技能人才实施办法》《成都市鼓励企业引进培育急需紧缺专业技术人才实施办法》《成都市全民免费技术技能培训实施办法》系列"引进、培育、留用"人才新政策，对各类就业技能培训补贴标准为800~6 000元。同时，对在蓉工作的急需紧缺技能人才和企业引进急需紧缺专业技术人才，3年内将给予每人每月2 000~3 000元的安家补贴。对包括医学专业学生在内的五类人员进行就业技能培训。从时间规划上看，重庆市还存在认定的时间不科学的情况，如博士后出站时间刚好错过当年申请博士后来渝工作科研启动经费的时间。

**（二）医学人才数量不足，质量不高，制约医学事业发展**

重庆当前的卫生人才与京津冀地区相比，在每千人口注册护士数、每千人口专业技术人员以及每千人口执业（助理）医师方面都还有较大差距。

1. 重庆市"双一流"医学院校缺乏

在"双一流"建设中，重庆市医学院校和医学专业均未成功入围，缺乏具有在医学专业上具有引领作用的高等医学院校。重庆当前拥有的医学高校为陆军军医大学、重庆医科大学、三峡医药高等专科学校及重庆医药高等专科学校。后两者为专科学校，培养出具有高学历、高素质的高层次医学人才有一定难度。重庆大学和西南大学近年来逐步设置了医学门类的相关专业，但是作为综合性高校，医学专业的覆盖情况、医学生的产出数量和水平也有所差异，所以重庆市高层次医学人才的输出主要来自陆军军医大学与重庆医科大学。除了要服务重庆3 000万人口以及向西南地区辐射更多的人口，还要应对人民不断提高的健康需求，医学高校如果得不到足够的支持力度，学科建设将发展缓慢，将出现供给能力无法满足社会需要的情况。此外从学科水平上看，重庆医科大学在全国第四轮学科评估结果中，基础医学、临床医学和公共卫生与预防医学评分分别为B-、B+、C，在学科建设上，还应该加强争取评A（陆军军医大学并未参与此次评估）。

2. 当前医学人才素质与"大健康"背景下的需求不匹配

"健康中国"是党的十九大报告提出的重要战略。近年来人们在生活条件得到极大改善的同时,生活环境也发生了巨大的变化,居民的疾病谱也有了重大改变,对医学的需求也发生了变化。人们对医疗的需求从后期治愈的期望回归到健康保障、疾病预防的服务型医疗,更加体现"以治病为中心"转变为"以人民健康为中心"。以往传统的医疗手段和健康服务已经无法满足新态势,必须推动区域医学新旧动能转换。此时出现了资本和产业向健康医疗相关领域聚集的情况,但在各个部门行业都普遍存在健康服务从业人员不足或者素质参差不齐,与健康需求不匹配的现象,严重制约服务提供方的能力建设,卫生与健康服务工作无法有效开展。

### 3. 优质医学人才外流

一是从宏观角度上,由于就业区域之间经济发展不一,人才政策不同,医学人才比较倾向于经济发达地区或者人才支持力度较大地区,而重庆市高端医学人才资金资助力度不足,人才的公共配套服务体系建设起步较落后,人才外流现象显著,导致基层医院以及偏远地区的医院招聘不到高质量的人才,造成了"普通医院招聘难"的现象。而城区的过度饱和而产生的竞争压力促使部分医学人才选择流出到经济发展势头更猛,医学人才需要迫切而竞争较小的外地城区,从而造成了重庆地区优质人才的流失。二是从微观角度上,出于部分医院对人才工作意识不强,人才培育激励体制不健全,医疗机构人才氛围不浓厚等原因,已经就业的医学人才,也有25.9%的比例在最近一年有过更换工作的想法,主要的原因还是工作成就感不高(占比54.88%),工资福利水平低(占比48.78%)以及用人机制不合理(占比46.34%)。此外,"学而优则仕"也是中国普遍现象,部分医学人才为了得到更多的资源、话语权、成就感,有选择脱离医学事业而选择从政的倾向。

### (三)医学人才集聚不均衡

#### 1. 部分专业人才集聚饱和和人才紧缺同时存在

近年来,随着高等教育精英化向大众化的转变,医学专业就业市场供需不平衡的矛盾突出。所学专业与就业市场需求存在不平衡,导致了不同专业就业的情况有着明显的不同。如一些热门的专业存在着供过于求的现象,比较明显的是临床医学,在问卷中临床、护理的比例高达80%,而公共卫生与预防医学不足7%,基础医学则只有1%[①]。随着"全人群、全生命周期"大健康观深入人心,以及应对重大公共卫生事件能力建设的需要,公共卫生、预防、感染、儿科等紧缺专业的招生规模亟待扩大。

---

① 桂冉. 医学院校大学生就业问题及其对策研究[J]. 现代经济信息,2019(4):424,426.

2.公共卫生与预防医学领域人才缺乏

在新型冠状病毒肺炎疫情防控中,我国公共卫生体系发挥了重要的作用,同时也暴露出了公共卫生人才数量和质量双重不足的短板。一是公共卫生的高端人才非常缺乏,专业技术二级岗位尚属空白,重庆市疾控中心国家级人才、重庆市专业技术二级岗位人才和重庆英才·优秀科学家均未实现"零"的突破。二是人才分布不均,存在基层公共卫生人才队伍薄弱的现状。三是人才流失严重,在疾控等单位的高级职称人才流出引进比高达3∶1。随着疫情防控的常态化,补齐公共卫生人才短板已成为重中之重。

3.地区分布差异显著

医学人才在主城都市区集聚,而在渝东南、渝东北地区人才数量严重不足,并且在近五年持续下滑;在主城都市区内的医学人才也存在着区域集聚,渝中区的医学人才数远高于其他区。区域医疗资源均衡化和医疗服务同质化缺乏智力支撑和人才保障。

# 三、影响重庆市医学人才集聚的主要因素

## (一)有利因素

1.重庆面临医学人才集聚的重大发展机遇

①中央关于重庆的战略部署对国家医学人才集聚中心建设提供了历史新机遇。重庆市是我国西部地区唯一的直辖市,地处"一带一路"和长江经济带的连接点上,其社会经济发展日益受到党中央及社会各界的重视。党中央高度关注重庆市发展,习近平总书记更是寄予殷切厚望,多次视察重庆。提出的"两点"定位、"两地""两高"目标和发挥"三个作用"的发展定位、中央关于建设"成渝地区双城经济圈"的战略部署以及党中央、国务院为重庆"发点球",明确提出要依托重庆医科大学附属医院与优质医疗资源建设国家医学中心。国家卫生健康委大力支持重庆卫生健康事业发展,已经与重庆市政府签订共建国家区域医疗中心协议,推动儿童、口腔与专科领域的国家区域医疗中心建设,为重庆市国家医学人才集聚中心建设提供了重大历史机遇。

②加大医学人才集聚符合全球发展新趋势和国家经济社会新形势。加大医学人才集聚,对迸发生物医药科技创新,促进区域新旧动能转换,维护人民群众身体健康,具有其他学科无法比拟的优势。加大医学人才集聚符合全球发展新趋势和国家经济社会新形势。

③新冠肺炎疫情背景对重庆市医学人才集聚提出了新要求。2020 年,面对突如其来的新冠肺炎疫情,习近平总书记强调,要针对这次疫情所暴露的短板不足,吸取经验教训,完善体制机制,健全国家公共卫生应急管理体系,加强国家级疾病预防控制机构能力建设,强化医学技术、能力和人才储备。

#### 2. 重庆市相关部门对人才工作的高度重视

从引才到聚才再到成才,重庆正不断在为人才发展倾注力量。如重庆英才大会,已成为重庆重要的国际化合作平台和国际性招才引智盛会,为重庆经济高质量发展聚智汇力、聚势赋能。在 2019 年,重庆又出台了"重庆英才计划""人才贷"、人才分类评价等系列政策,并实施人才服务证等制度。此外,重庆还先后出台了《重庆市引进海内外英才"鸿雁计划"实施办法》《关于改革完善博士后制度的实施意见》《重庆市留学人员回国创业创新支持计划实施办法》和《重庆市引进高层次人才若干优惠政策规定》等相关政策,初步构建起高层次人才引进体系,为重庆实现人才集聚提供了重要的支撑。此外,重庆市委组织部、重庆市人力社保局等 7 部门联合印发《关于加强公共卫生人才队伍建设的若干措施》,从引、育、留、用 4 个方面,拿出 20 条硬招实招。

#### 3. 重庆市当前的医学事业发展已经达到一定基础

近年来,在市委市政府的坚强领导下,全面深化医药卫生体制改革,加快实施基本公共卫生服务均等化,扎实推进卫生健康事业以提高居民健康水平,促进人口均衡发展为目标,在医疗服务体系建设、医疗保障水平、居民健康水平、医疗服务能力等方面均获得了长足发展。重庆市的卫生事业已经达到了提质升级的时期。

①重庆市拥有基础医学、临床医学和公共卫生与预防医学的国家重点学科 17 个,国家重点(培育)学科 4 个,国家临床重点专科 30 个,教育部重点学科 17 个,15 个医学相关学科领域进入国际 ESI 前 1%。根据 2018 年度中国医院专科排行榜(复旦版),重庆 8 个学科进入全国前十,分别是烧伤科(第 1 位)、小儿外科(第 3 位)、病理科(第 4 位)、检验医学(第 6 位)、生殖医学(第 7 位)、健康管理(第 7 位)、整形外科(第 10 位)、康复医学(第 10 位)。

②在国家级平台方面,重庆市拥有国家重点实验室 2 个(超声医学工程,创伤、烧伤与复合伤研究实验室)、教育部重点实验室 6 个(电磁辐射生物学效应与医学防护、肿瘤免疫病理学、高原环境医学教育、感染性疾病分子生物学、临床检验诊断学和儿童发育疾病研究)、国家临床医学研究中心 1 个(儿童健康与疾病)、国家工程中心 1 个(超声医疗)。重庆市医学科技创新能力不断提升。重庆市各医疗相关单位牵头承担科技部、教育部、国家卫生健康委、国家自然科学基金委员会等国家级各类科研项目等数千项;获国家级各类科技成果奖励数十项。

③重庆市共有各级各类医疗卫生机构 2.1 万个,其中三甲医院 39 所。根据 2019 年全国医院综合排行榜(复旦版),重庆市有 5 所医院排名前 100,分别是陆军军医大学第一附属医院(第 25 位)、重庆医科大学附属第一医院(第 56 位)、重庆医科大学附属儿童医院(第 58 位)、陆军军医大学第二附属医院(第 85 位)和重庆医科大学附属第二医院(第 98 位)。

④当前,重庆高新区正全面融入中国西部(重庆)科学城建设,鼓励创新、开放包容。配备高标准配套医疗卫生设施,统筹布局国际医院,推进5G、人工智能等新型医疗设施建设,将为医学人才提供广阔的发展新天地。

### 4. 重庆市拥有完整的医学人才培养体系

5 所医学类高校(含在建高校)为社会持续产出医学人才。在学历教育上,以本科教学为主体,涵盖专科—本科—硕士—博士、继续教育、留学生教育以及博士后培养的多层次多形式的医学人才培养模式;在专业设置上,重庆市以现有医学相关专业和优势学科为依托,积极进行学科专业结构调整和完善。近年来,重庆市不断加强儿科学、护理学、中医中药学、康复治疗等专业人才培养,通过延续农村订单定向医学生培养、开设临床医学专业中外联合培养等形式,拓宽医学专业服务方向;通过开办紧缺本科专业、加强研究生教育、规范继续教育等措施,不断建立健全紧缺医学人才培养培训体系,扩大紧缺人才培养规模,全面提高紧缺人才培养培训质量。

### (二)制约因素

#### 1. 地域影响集聚

不能忽略重庆地处西南腹地、既不沿边、也不沿海,且经济基础、社会环境、创业平台等与沿海发达省市相比较弱的固有问题,人才集聚效应还有些不足。与北上广等一线城市相比,重庆市人才国际化程度不高,高层次卫生人才配套支持政策合力不够,具有国际影响力的人才交流平台缺乏,高层次人才医疗保健服务政策不完善,薪酬待遇较低等原因,使重庆在引进国内外高端人才方面有一定难度。

#### 2. 重庆市的人才宏观环境有待提升

对人才所在工作机构职业环境的评分(满分为5)进行分析,有 26.69% 的人才对整体工作环境表示一般及以下,综合评分为 3.72,其中对薪酬机制的评分最低,为 3.53;在生活环境上看,得分最高的是饮食习惯,为 4.16;休闲娱乐场所评分为 3.69;关于压力的评分,69.23% 的人才表示压力有点大或非常大,也侧面表现出人才对休闲娱乐的诉求;

最后是人才发展环境,综合得分为 3.62。经济优势是留住人才的关键因素之一。
60.84%的人才认为宏观环境整体尚佳(包括地理、经济、政策等环境),是他们留在重庆
的主要原因之一,但是对地区的人才激励机制、薪酬水平、就业机会的评分较低,分别为
3.46,3.52,3.57。

人才留在重庆,除了经济、政策等宏观原因,还有对故乡、家人、好友的不舍,个人在
重庆所掌握的资源等(表3)。

表3 重庆医学人才留渝原因

| 留渝原因 | 计数 | 占比 |
|---|---|---|
| 宏观环境整体尚佳 | 170 | 60.50% |
| 对故乡、家人、好友的不舍 | 165 | 58.72% |
| 在渝的可利用资源较多 | 100 | 35.59% |
| 对岗位的忠诚 | 97 | 34.52% |
| 本地医疗卫生事业还有较大的发展空间 | 97 | 34.52% |
| 并非刻意留渝,机缘所致 | 72 | 25.62% |
| 离开该工作岗位不容易再就业 | 35 | 12.46% |
| 其他 | 3 | 1.07% |

**3.纳才政策不够完善**

①医学人才招聘是卫生机构工作的基础,是促进人职匹配、人尽其才的关键。通过
调查发现,一半以上的医学工作者通过应聘的方式来到工作单位。人才招聘的重视和研
究对医学人才集聚有着极其重大的意义。一些机构部门在制订招聘计划时,只考虑医院
现状、预估即将退休人员,而缺乏对国家政策层面的宏观评估、对医疗人才流动现状的评
估及对医院发展与开发的正确预测。此外重庆在招聘过程中,注重硕士、博士占卫生技
术人员结构比例的考核指标,为此各级卫生机构都十分重视高学历、高职称人才的引进,
而忽略适才适岗原则在人员招聘中的意义,同时也将很多具有发展潜力的医学人才拒之
门外。成都市是最早推行"人才新政"的城市之一,2017 年即发布了《成都实施人才优先
发展战略行动计划》,如给予高层次人才创新创业扶持最高可达 300 万元、"蓉漂计划"、
支持校地校企合作培养产业发展人才等。

②医学人才服务体系不完善。人才要"乐业","安居"是前提。《重庆市引进高层次
人才若干优惠政策规定实施细则》明确表示,符合要求的人才可向重庆市人力社保局申
请一次性安家补助费,对首次在重庆购房的可以返还契税。在住房保障和其他配套保障
方面,成都市的人才服务更具有人性化和多元化,一方面对人才需求服务更加细致;另一

方面切实为引进人才提供便利,成都出台《成都市人才公寓租售管理办法》,实行先租后售、共有产权和优惠出售并行模式。近两年,成都、深圳、广州、杭州这些人口吸纳大市,无不在降低门槛。如成都不仅降低落户门槛,而且对落户建立了补贴标准。重庆在 2020 年也在积极发力,拓宽人才落户范围,取消学生落户时间等,但力度还需加强。武汉在 2017 年出台《关于支持百万大学生留汉创业就业的若干政策措施》,从安居落户、促进就业、支持创业、高效服务等方面,吸引更多年轻学子扎根武汉。同年,成都通过实施"蓉漂计划"为来蓉应聘的外地本科及以上应届毕业生,提供 7 天免费入住青年人才驿站。符合标准的人才可申请人才公寓,在 5 年后可以入住时的市场价格购买,表现出更好的"城市温度",因此也受人才青睐。重庆起步较晚,虽也有相应的举措,但尚未成熟。在 2020 年 11 月初上线了"青年驿站平台",目前处于建设阶段,9 家"青年驿站"目前只有 7 家入驻网上平台,另外两家只能线下申请。人才对子女教育有着极高的关注度,重庆市对人才子女入学、升学有倾斜,但在实施过程中,程序过于烦琐,很多时候要求家长亲自处理,不仅在"考"子女,也在"考"家长,人性化服务还有待加强。

### 4. 学科平台尚不满足定位

当前重庆医学专科排名前十的共 8 个,均属于非医学主干学科。截至 2020 年,重庆市仅有国家重点实验室 2 个,其中创伤、烧伤与复合伤研究属于军队系统。在"双一流"建设中,重庆市医学院校和医学专业亦未实现"零"的突破;另外,重庆市存在人才与学科平台严重不匹配现象,虽然部分医院有国家级人才,但缺乏国家级平台做支撑,带头人缺乏高水平科研平台,也难以打造高质量科研团队,严重制约了重庆市医学高端人才的成长和集聚。

### 5. 产学研转化链条尚不成熟

重庆目前着力打造生物医药产业,逐渐形成了"五园两带七基地"的产业格局,汇聚了 137 家生物医药企业,2 所高等医科大学,36 所三甲医院,国家重点实验室等国家级平台,具备了较强的科研实力。但重庆目前医药卫生类产学研合作模式仍然是松散型合作,存在产学研脱节现象,缺乏可持续性,阻碍产学研相关人才合作、流动。

医学院校虽然拥有相对集中的科研设备和专业人才,但一方面医学院校的教育者和研发者以内部绩效评价体系为主,局限于职称晋升体系和教研评价体系,教研团队的知识产权保护意识和能力相对缺乏;另一方面由于产学研协作机制、公共服务平台等缺乏,平台共享、资源整合不充分,加之技术创新本身具有不确定性、收益滞后性和溢出性等特征,企业期望通过研发团队获得较为成熟的、时效更快的成果技术是不符合客观规律的,产学研的合作需要深度信任。从宏观层面上,市场调节遵循的是资本与效率的原则,由于垄断、外部性、信息不对称等因素的存在,市场难以实现资源的最优配置,因此,在一些情况下需要借助政府的干预手段。但政府干预行为可能造成对市场的扭曲信号,产生特权、寻租、壁垒等现象。尤其对于医药卫生行业,其服务和产品应针对健康,在讲求经济效益的同时,必须比一般行业更加讲求社会效益和社会责任。

### 6.人才流动存在壁垒

在现行政绩考核制度下,人才流动必然会对人才所在单位或部门造成直接或间接的影响,甚至还会带来较大的经济损失。不同程度存在着各区片面追求本行政区利益最大化,导致人才模式仍然为"私有制"模式,致使人才配置错位,引进的高层次人才不能在区域内自由流动、智力资源不能共享,人才价值的"显性"浪费和"隐性"浪费严重[①]。许多用人单位在人才流动上存在保护主义和恶性竞争,流动人才要付出巨大的成本,既包括有形成本如向原单位赔偿违约金、短时间薪资福利待遇、配偶工作、子女教育、住房等,也包括无形成本如以前建立的社会关系、职称评定、职务晋升以及在新单位能否获得认同感和归属感的担忧。

在成渝两地推进区域一体化建设中,主要是经济层面的交流合作,人才一体化建设还未同步跟进,区域内人才一体化发展政策和制度体系还是空白,两地在卫生人才评价体系、人才流动机制、人才培养激励机制等多方面各不相同,政府层面缺乏有效的联动机制,两地对内不可避免地出现抢人才、抢资源的尴尬局面,对外没有形成吸引人才来川渝两地的政策合力,由于缺乏共享机制,难以实现双城兼职兼薪,阻碍了人才的集聚。

## 四、促进重庆市医学人才集聚的建议

### (一)提高高层次医学人才数量

#### 1.打造西部医学人才自由港,促进人才集聚环境改善

一是瞄准成渝双城发展的定位和布局,依托重庆英才计划,建立国际化的西部医学人才自由港。采取以实际贡献度为导向的评价体系,面向国内外广招人才,推行符合国家医学人才竞争趋势的特别政策、特色机制,打造医学人才发展的特殊环境平台,完善医学人才公共服务保障体系以及更加高效的引人用人权限,吸引全球范围内高贡献度的国际顶尖专家加盟。为外籍顶尖人才开放入籍通道,探索放宽移民条件,试行个人所得税

---

① 王馨,陈妮,赵雅雯.基于熵权 TOPSIS 法的企业创新型技术人才价值评价[J].东北大学学报(自然科学版),2020,41(12):1788—1793.

及相关税收优惠政策。鼓励国际人才积极申报医学领域国家重大专项,自由选择科研方向,自由组建科研团队,自由开展国内外学术交流,自由在成渝双城进行产学研转化,在西部打造国际化海外高端人才集聚地。二是加强领导,成立"医学人才自由港"领导小组,围绕成渝地区"唱好双城记,共建经济圈"的医疗需求,联合两地共同争取国家支持,在重大事项上相互支持形成合力,规划一批国家级重大项目、重大平台和重点工程,给人才流动和集聚提供高水平载体,以一站式卫生人才公共服务平台为配套保障。实施更加灵活的国际高层次人才薪酬激励体系和创新激励服务体系。

### 2.建立成渝人才协调发展共建共享机制

一是两地携手建立有效的协同创新、开放共享机制。明确相关部门、地方和依托单位的职责,给予中心更大的资源保障和政策支持,不断探索营造有利于中心稳定发展的政策环境。利用与成都相邻及交通便利优势,加强高层次人才互动合作。打破现有制度对医学人才的束缚,针对普遍关心的编制、职称和待遇等问题,实行成渝双城一体化改革,支持卫生人才柔性引进、兼职兼薪、创新创业和多点执业。建立双城分级诊疗制度及医疗机构改革,试点成渝地区医院院长和科主任交流轮转制。卫生人才合理流动是高效集聚的基础,坚持人才"不求所有、但求所用,不求所在、但求所为"的发展理念,建立成渝一体化的人才柔性流动机制。积极探索建立统一的人才分类评价和互认体系,实现人才评价标准统一、评价结果互认、人才信息共享,为人才在双城间合理流动和高效集聚奠定基础。二是通过构建各种创新平台,使流动起来的人才高效集聚,探索人才协同创新机制。积极对接国家需求,争取国家级重大平台、重大项目和重大工程,以任务需求为导向,科学组建生物医药的多学科人才创新联盟,创新协同创新方式,争取多出国家级创新成果。

### 3.明确高层次医学人才培养和人才管理办法

一是要坚持"引进和培养并重"方针,加大高层次人才培养的投入。培养梯次重点放在高层次人才,继续推进"院士带培计划""人才强卫""博士后倍增计划"等,鼓励多渠道培养医学人才。从培养专业看,要关注紧缺人才的招收和培养;从培养形式看,要丰富学习的路径;从培养经费看,建议采取重庆市财政和用人单位相结合的方式予以补贴,进一步完善人才资助体系,从专项资助覆盖面、创新激励政策等方面发力,并加大对高等医学院校的办学投入和师资人才引进的支持力度,使之发挥在重庆市医学卫生领域中的引领作用。二是明确医学人才培养标准,打通人才晋升渠道。清晰的人才培养标准不仅让人才有明确的努力方向,也有利于留住人才。西南地区需充分把握可控条件以弥补不可控的不利因素:首先要制定科学可行的人才培养标准条例,开发已有人力资源,提高人才培养质量;然后要有客观公平的评价体系和完善的人才晋升通道,以学术成就、贡献和影响力的充分与否为标准选用人才，扭转"唯帽子"倾向；最后要强化责任问责制，权责统一，保障人才培养标准执行，避免权力滥用。

**4. 推进更为灵活的高层次医学人才分配激励政策**

①推进高校、科研院所、卫生机构高层次人才薪酬制度改革。落实高层次人才工资分配激励政策，人社部组织实施人才服务专项行动，鼓励事业单位对高层次人才实行年薪制、协议工资制、项目工资等灵活多样的分配形式。推进高校、科研院所薪酬制度改革。落实高层次人才工资分配激励政策。如重庆医科大学推出"1+1+8"分配方案，在申请项目经费时支付预付项目经费的10%作为保障金；在成果转化时，给予科研者及其科研团队更多的权益（80%）；给经费申请设置适当门槛，避免胡乱申请经费而造成浪费，同时用高回报激发科研者的积极性。引进医学人才与本地医学人才应当一视同仁，在人才激励方面要有一个公正分配的环境。

②鼓励高层次人才兼职。科研机构、高校的高层次专业技术人才，在保证履行本单位岗位职责、完成本职工作的基础上，按照国家和省有关文件规定，本人提出书面申请，经单位同意，并在单位内部公示后，可在与本单位业务领域相近企业、科研机构、高校、社会组织等兼职，所在单位与兼职人员约定兼职时限、保密、知识产权保护等事项，兼职收入原则上归个人。在实行兼职活动过程中，如果出现违背单位合法权益的情况，应有相应的处罚机制，单位双方、单位与个人两方应事先签订协议。

③设立高层次医药卫生人才专项发展基金，建立持续性的科研投入机制，长期稳定地支持高层次人才队伍进行医学研究，尤其要加大对担负国家使命任务的高层次人才和高水平创新群体的支持力度，给予有较大发展潜力的青年英才提供特殊扶持经费资助。加大经费投入力度的同时，也要注重优化经费投入构成，增加公共卫生等学科的投入比重。①

**5. 完善科学合理的人才服务配套措施**

①优化医学人才公共服务现有政策，完善卫生人才公共服务机制，打造一站式卫生人才公共服务平台。由人才工作领导小组牵头，教育、科技、公安、人社、卫生计生等部门配合，落实强化"人才卡"的发放与人才权益保障，在创新创业、落户居留、住房保障、医疗保健、子女入学、学术交流等方面提供定制服务，满足个性化需求。简化优化出入境管理机构对境外专家的签证证件审批，对符合条件的境外专家提供办理人才签

---

① 高翔,楚皓文,王青,等.高层次医药卫生人才队伍建设的思考与建议[J].国际药学研究杂志,2018,45(2):108-111.

证、工作许可和长期居留许可的便利,完善境外专家人才住房、教育、医疗等服务保障措施。

②对处于发展期的青年医学人才,不仅要有政策的引导,还要有温情的关照。可由重庆市委组织部、重庆市人力社保局、重庆市卫生健康委联合创办"重庆智慧人才服务平台",结合互联网各个平台,集人才政策发布、人才信息查询、人才项目申报、人才招聘、人才服务保障项目申领等各种功能于一体,实现"一键式查询""一键式申请"。大力推广"人才驿站",满足刚来求职的医学人才的住房问题。深入贯彻习近平新时代中国特色社会主义思想,全面实施"一二三"发展战略,按照高站位、高标准、高质量的要求,进一步完善人才服务机制,创新人才服务模式,提升人才服务效能。

### (二)加快科研平台高质量发展,打造高水平科研团队

#### 1.科研平台的创新利用和继续建设

①把搭建更加科学合理的医疗平台、学科平台、科研平台以及交流平台等列入工作重点。利用好重庆现有的国家级医学发展平台,用平台带动医学人才素质提升,成果转化;鼓励围绕高校、研究机构和行业领军企业,支持建设一批国家级和市级重点实验室、临床医学研究中心、技术创新中心、工程研究中心、企业技术中心等科技创新基地。推动建设国家自然人群资源库重庆中心、重大疾病创新药物研发平台、肿瘤免疫病理平台等重大科技基础设施,加快检验检测及中试平台建设,建成重庆医疗器械质量检验中心二期。支持建设符合药物非临床研究质量管理规范(GLP)、药物临床试验质量管理规范(GCP)等标准的公共服务平台和临床样本库,推进人体生物等效性(BE)实验室、医疗器械工程转化中心等研发平台建设。推进老年健康研究机构建设,设立老年疾病临床研究中心(基地)。同时依据"开放、共享、流动、联合"的方针,全面放开成渝地区现有的4个国家级重点实验室,1个国家工程中心,3个国家临床研究中心,28个国家级重点学科等国家级平台,实现大型仪器设备和完善科研设施的双城共享。

②围绕烧伤、创伤、生物治疗、病理、口腔、儿科等领域的重大科学问题和前沿方向,组建成渝双城科技创新中心,优化人才柔性引进制度。联合申报国家级重大专项,让优秀人才在国家平台里"扎堆",特别是在干细胞治疗、疫苗研制、免疫抗体工程、生物组织工程、创伤救治技术、公共卫生等国家需求领域,共同开展基础研究和应用基础研究,促进产出重大原创成果,挖掘可供学研转化的研究靶点和关键技术,唱好国家重点实验室"双城记",努力提升成渝地区现有国家级平台在国内外的竞争力和影响力。搭建优秀的平台,不仅"引才",也要"引智"。不断突破创新吸引集聚外国人才的政策举措,通过构建更具国际竞争力和吸引力的外国人才综合环境,引进国外人才(包括海外华侨),学习

国外的先进管理经验和医学技术。基于重庆市战略地位,定期举办一些医学高峰论坛,打造集学术前沿、人才对接、技术转化和项目合作为一体的国际性的学术交流中心和科研转化平台,以重庆科研平台为基础,打造"引才""引智"窗口。

2. 科研团队的合理建设和效能发挥

①"以台引才"。以高水平平台为基础和优势,面向全球,加大人才引进力度,打造高水平的科研团队。以项目为纽带,将分散的团队、个人凝聚在一起共同进行科技攻关,并建立与之相适应的机制,提供全方位的服务,实现人才的合理流动,形成人才相互竞争、激励,努力进行科技创新的局面。一是政府、企业、高校和科研院所相互协同,着力打造一流引才载体。发挥高校、科研院所在集聚人才中的平台作用。二是创新人才引进方式,如浙江省的"人才+资本+民企"模式、广东省的"创新科研团队和领军人才"模式以及深圳扶持创业创新的"政府奖金+创投引导基金+匹配投资+地方孵化基地支持"模式。科研团队建设的深化应该紧紧围绕"五要素"——团队、课题、资源、成果、文化①。团队第一负责人的格局决定了团队未来发展的方向和成败,包括对团队未来发展的格局构想。由领军人才领衔组建创新团队,医学科研项目向高水平和优秀团队倾斜,赋予更大人财物支配权、技术线路决策权。建立健全科研项目指南、经费支持、成果评价、职称评定、效益分配、合作、平台建设和资源管理与共享等机制。

②"以才育才"。扩大研究生导师队伍建设,以"双一流"建设为目标,开辟成渝双城医学师资人才合理流动和高效集聚的绿色通道,在优势学科中合理配置一批活跃在国际学术前沿的学科领军人物,着力打造以中青年人才为主体的创新团队。对后备优秀医学人才加强技术指导,资源配置向他们倾斜,对年轻人才实行导师制,让教学经验丰富、学术造诣深的高层次人才与青年人才结成对子,相互认可,可形成步调一致的局面,增强合力,减少阻力,协调发展。充分利用好"传、帮、带"的机制,使有潜力的青年医学人才迅速熟悉教学科研工作,并做到科研文化的传承,在团队的壮大过程中能继承科研精神,而不是短暂的人才排序组合式团队。

(三)加强医学创新性教育

1. 共创双一流高校,提升医学人才培养质量

一流大学是创新人才的孵化器,是推动医学发展持续升级的核心力量,也是建设中国医学人才集聚中心的必要条件。大学承担"造血"和"供血"功能,发挥着知识传授、科

---

① 胡学钢. 对科研团队建设的思考[J]. 安徽科技,2020(9):4-6.

学研究、创新创业等作用,为社会提供了源源不断的医学人才。目前重庆暂无进入"双一流"的医学高校,成都有四川大学华西医学院(基础医学、口腔医学、护理学)和成都中医药大学(中药学)纳入世界一流大学建设高校和世界一流学科建设高校的建设。对此,加强学科布局的战略规划和顶层设计,全力支持已入选的"双一流"建设,用"双一流"带动"非一流",整合成渝两地传统优势学科资源,形成相互支撑协同发展的学科群,着力培育烧伤、病理、心血管、肿瘤、麻醉、儿科、临床检验和健康管理等优势学科,争取纳入下一批的"双一流"高校建设。在市内层面,一是应加强对本地医学院校的经费投入和政策支持,尤其是具有硕博点的陆军军医大学和重庆医科大学,以提升医学院校办学水平,争取"双一流"医学院校从无到有的突破。二是院校端推进医学人才培养的供给侧结构性改革,明确各学历层次、各专业的招生规模,新增招生计划重点向紧缺人才倾斜,为区域医疗资源均衡化和医疗服务同质化提供智力支撑和人才保障。

### 2. 共创院校联盟,盘活高端人才资源

本着"优势互补、资源共享、平等自愿、协同发展"的原则,支持成渝医学院校、医疗机构之间组建跨区域、跨部门、多形式的院校联盟,统筹协调学科建设、人才培养、轮转交流、科技创新、师资共享、平台建设、规培教育、研究生招生与联合培养、医联体共建等全方位发展。依托院校联盟试行成渝国家级高层次双聘计划,将成渝地区现有的国家杰青、长江学者等国家级人才,根据发展需求和专业相关性同时互聘在成渝两地医学高校和医疗卫生机构,充分发挥高层次智力资源的互联互通和带动效应,实现成渝双城医学发展双赢的新局面。

### 3. 全面优化医学人才培养结构

严格控制高职(专科)临床医学类专业招生规模,大力发展高职护理专业教育,加大护理专业人才供给。稳步发展本科临床医学类、中医学类专业教育,缩减临床医学、中医学专业招生规模过大的医学院校招生计划。适度扩大研究生招生规模,调整研究生招生结构,新增招生计划重点向紧缺人才倾斜。坚持以需定招,合理确定招生结构和规模。高校要结合人才需求和教育资源状况,科学合理设置医学院。在疫情背景下,更应该建立重庆市卫生健康委、市公共卫生机构、市教委等多部门联动的精准调节机制,便于市教委根据需求情况精准调节公共卫生研究生招生计划,储备后备人才。此外,加快全科医师培养一直是卫生健康领域的一项重要工作,推动建立分级诊疗制度,需要更多合格的全科医生来做分级诊疗的"守门人",需要更多的医学生将全科医生作为未来执业方向。

### （四）以大健康产业促进产学研医学人才集聚

#### 1.构建医学院校与社会组织产学研合作体系

一方面,医学院校需要探索教研成果市场化道路;另一方面,社会组织在社会服务和社会治理中的功能日益凸显,有必要构建涵盖多元化合作方式的、非单一起点和方向的、能够发挥医学院校与社会组织优势的产学研合作体系,满足多元化创新需求,促进资源流的整合流通,激发各社会主体活力。可由医学院校孵化出"内生型"科研机构/服务团队或与科研型社会组织合作实现转型。通过服务型、中介型社会组织与外部医药产业实行委托代理或直接与外部医药卫生产业实现合作,来达到知识储备与研发—科教成果转化—知识效益化产业链的一体成型。政府对整个体系进行顶层设计、政策扶持、职能监管、资源调控等,必要时主导某些影响较大、投入较大、涉及区域公共健康的项目。以政府为主体和主导的治理,仍是治理的重心。

#### 2.培养产学研一体化人才,保障健康产业医学人才集聚

大健康产业已被列入重庆市支柱产业之一,而人才成了制约大健康产业发展的短板之一。医学事业的发展离不开科技创新驱动和医学人才培养两方面的支撑,教学要与生产、科研相结合,走产学研一体化之路。医学高校通过产学研一体化进一步优化医学相关的学科专业布局,增强各个学科专业发展的活力,推进人才培养的供给侧结构性改革,同时提高医学高校与企业的人才质量和创新能力。在"健康中国"建设背景下,大健康产业将助推产学研一体化,促进医学人才集聚。

要做好产学研一体化人才培养,第一,跟紧国家战略,做好产学研一体化的人才评价制度改革,从破除体制机制障碍入手,建立和完善以创新质量和实际贡献为导向的评价体系。第二,深化产学研一体化的人事管理体制改革,以问题为导向,突出标志性业绩,分类设岗、分类评价,激励产学研一体化的优秀人才快速成长。第三,促进产学研一体化人才引进与培养机制改革,设立专项经费支持高端产学研一体化人才引进,充分发挥各个学院及科研团队的自主权,确保引进急需的学科领军人才,通过开展教学研习、交流和教学人才支持等项目,促进青年教师教育教学能力的提升。在拓展学生国际视野、提升学生综合素质等方面制订计划,加快青年人才成长,不断提高优秀青年人才在国际、国内同行领域的影响力。第四,为满足学术界现行的转化研究需求,便捷的系统性与临床合作模式建立已成为迫切需求。

#### 3.完善大健康产业发展政策,助推医学人才流动

①产学研合作为社会主体间的资源整合流通提供了可能,能够最大可能发挥医学院

校和社会组织优势,激发区域创新创业活力,兼顾风险分散与社会和谐稳定。2016 年 10 月,《"健康中国 2030"规划纲要》明确提出,健康服务业总规模于 2020 年、2030 年超过 8 万亿元和 16 万亿元,"健康中国"战略必将成为我国医疗健康产业发展的重要引擎。健康产业是重庆的支柱产业之一,要加快推进大健康产业高质量发展,需严格落实《重庆市促进大健康产业高质量发展行动计划(2020—2025 年)》,从"医""药""养""健""管"5 个方面加强科技创新和健康产业结构优化。完善促进大健康产业发展的相关政策,优化产业发展环境。给予大健康产业土地规划、市政配套、机构准入、执业环境等政策扶持和倾斜。加大对大健康前沿领域支持,技术引领健康科技发展,通过重点项目发展支持专项,实施集中突破、先行先试,有助于耦合政策、技术、资金、人才、平台、孵化器和产业基地等各类资源,为医学人才开拓新的执业渠道。

②积极推进各种学会、行业协会开展交流,促进本身和跨界融合发展,消除体制机制障碍,催生更多大健康产业发展模式,引导社会力量增加医疗卫生资源供给,放宽市场准入、人才流动和大型仪器设备购置限制,加强医疗服务行为监管。现在大力鼓励民营资本办医,民营资本办养老机构、康复机构等,但体制内聚集了大量的优秀人才,这部分人才很难流到体制外。因此需要盘活存量,鼓励体制内的临床医学家、医学教育家、医学科学家进入混合所有制中,甚至让他们未来成为自由职业者。加大对医疗健康前沿研究领域的支持,催生更多健康新产业、新业态、新模式,扩大健康领域对外开放。

③搭建公共平台,促进服务成果转化和产业发展,公共服务平台充分利用龙头企业充足的能力优势和技术优势,面向健康产业,支持和服务医药成果转化和规模化生产。最大限度地促进资源有效整合和分配,在补齐科技创新短板、加速科研成果转化、推动医药产业高质量发展的同时为医学人才提供更多执业途径,促进重庆医学人才集聚。

### (五)自有医学人才的提质培养

#### 1. 医学院士推举工程

以增选医学院士为目标,实施西部医学院士推举工程,通过医学院士的突破带动重庆市院士数量的提升。由重庆市卫生健康委牵头,从重庆英才·优秀科学家、重庆英才·名家名师、重庆英才·创新创业领军人才等医学领航人才中,遴选 3~5 名在本学科领域做出原创性、开拓性、系统性学术成绩,具有冲刺"两院"院士基本实力的高端人才进行重点培育。在成渝地区双城经济圈的新形势下,重庆市卫生健康委将积极争取国家部委对重庆市院士工作的政策支持,研究制定医学领域两院院士中长期发展规划,加强对院士培养申报工作的宏观指导和顶层设计。对照院士标准条件,按照"缺什么给什么"的原则,精准施策,持续发力。各医疗单位在重庆市卫生健康委统筹协调下,密切配合,统一口径,形成合力,将项目、政策、资金、人才团队等集聚在院士后备人选中,举全市之力实现医学院士增选的突破。

### 2. 人才强卫行动计划

"十三五"期间,重庆市卫生健康委通过实施以培养医学"领航人才""枢纽人才"和"守门人才"为核心的人才强卫行动计划,在人才选拔、引进和培养上取得了明显的成效。在成渝地区双城经济圈的新形势下,为保持卫生人才的连续性,继续坚持党管人才、分层打造和重点支持的基本原则,实施人才强卫行动计划并赋予新的内涵。人才强卫计划将更加紧密地对接科技部、教育部和人社部等多部委人才工程,有针对性地培养一批国家杰青、长江学者等。在全市范围内,创新国家级高端人才体制机制,率先让人才在全市的医学院校、医疗机构和科研院所合理流动和高效集聚。实施双聘和多聘制度,充分发挥高端人才在学科建设、人才培养和科研创新中的引领作用,带动同专业和相关专业打造优势学科集群。进一步完善人才激励机制,对入选国家、省/市级人才工程的重点人才,给予人才经费和项目资金配套,对人才所在单位给予奖励补贴。

此外,公共卫生人才是公共卫生的重要支柱,是公共卫生政策措施的主要执行者,也是公共卫生体系建设的硬核和保障。此次新冠疫情暴露我国的公共卫生人才队伍建设存在一定的短板,无法体现当前以"预防为主"的卫生工作方针。实施公共卫生人才培育工程,加强公共卫生人才队伍建设,主要措施包括以下几方面:一是制订公共卫生人才发展规划。以政府主导、由重庆市卫生健康委牵头,多部门合作、全社会参与,制订重庆市公共卫生人才发展规划,优化公共卫生人才发展环境。二是完善人才培养计划,建立人才培养的长效机制。规范本科教育,优化研究生教育,加强继续教育。重视重庆市疾控中心、重庆市公共卫生医疗救治中心、重庆市职业病防治院、重庆市精神卫生中心等机构与公共卫生专业的医教协同发展,出台公共卫生人才医教协同细则。三是重视公共卫生人才的培养和待遇的提高。在医疗改革中,把公共卫生机构纳入医改中同步考虑、同步研究,解决好从事公共卫生专业人才的待遇。四是建立高素质的公共卫生管理人才和公共卫生应急处置队伍,可参考美国及上海经验,建立重庆市公共卫生顾问制度和流行病服务制度。五是注重科技创新型公共卫生青年人才的培养,发挥领军人物作用,设立公共卫生创新专项,培养青年公共卫生创新英才。

### 3. 军地人才融合发展

以陆军军医大学及其附属医院为重点,共同探索新时期军地医学人才融合发展机制。整合军地医学人才资源,积极推进军地人才双向培养交流,优化军地共用的人才培养体系,将军队医学人才纳入全市卫生健康人才队伍建设的重要组成部分,统筹规划,同步实施。在医学学科建设、学术任职、专家评委推荐使用等方面,实施军地一体化人才政策。在军改调整之际,积极加强与退役军人事务局沟通交流,出台具有吸引力的转业政策和安置措施,把军队医疗系统退休、自主择业、转业和复员人才全力留在重庆,为重庆市地方医疗卫生工作做出积极贡献。

4.大力推进医学博士后创新事业发展

对博士后要加大资助力度,实行"三项资助"全覆盖。推动实施"博士后倍增计划",进一步完善博士后资助政策。扩大博士后专项资助覆盖面,并设立博士后自然科学基金专项。此外,要加强医学博士后的招收工作,鼓励多渠道引进、联合培养、引荐以及工作站招收等方式扩大博士学历人才队伍;鼓励更多的事业单位设站,增设博士后培养平台,对培养博士后有突出成效的导师给予平台建设资助。要打通和拓宽博士后成长通道,鼓励高校、科研院所培养博士后,完善博士后评定办法并出台促进博士后创新成果转化的激励政策等。

课题负责人:崔　静　王　玲
课题组成员:李建平　刘　湘　许商成　陈敬涛　兰利萍　胡华锋　张　允　吕艳伟
　　　　　　彭麟添　赵　文

此课题为2020年度重庆市技术预见与制度创新专项人才工作研究重点课题项目,2021年2月结题。

# 基于熵权 TOPSIS 的重庆智能产业
# 人才竞争力评价研究

◎重庆工程学院课题组

**摘　要:** 人才是产业发展的基石,基于人才竞争力的运动过程和作用周期,运用熵权 TOPSIS 模型从人才资源、人才贡献、人才投入、开发支撑和发展环境5个维度对重庆、北京、天津、上海、江苏、浙江、广东、四川和陕西9个省市的智能产业人才竞争力进行评价。本研究表明,重庆智能产业的人才竞争力排名第八位,与发达地区相比存在较大差距,人才竞争力和开发水平相对落后。建议从高端人才引进、高等教育投入、产业生态体系、人才发展环境等方面加强政策实施。

**关键词:** 智能产业　人才竞争力　熵权 TOPSIS 法

近年来,人工智能不断重塑全球产业格局,成为世界各国竞相发展的关键领域。重庆作为内陆开放高地和国家现代制造业基地,高度重视智能产业发展,将其作为实现产业转型升级和经济高质量发展的重要方向。人才作为产业创新活动的主体,是知识经济时代产业发展的基石。新形势下,重庆要实现经济高质量发展,方向在智能产业,重点在提升和发挥智能产业的人才竞争力。因此,科学评估重庆智能产业人才竞争力,有助于找出差距、补齐人才短板,加快推进智能产业发展,持续提升智能产业的发展质量和效益,最终实现区域经济高质量发展。

## 一、相关研究评述

自瑞士洛桑国际管理发展学院(IMD)于 2000 年在《世界竞争力年鉴》中提出人才竞争力评价指标以来,国内外学者对国家、区域、产业的人才竞争力进行了较多研究,研究重点主要在于选择评价方法和构建评价指标体系。学者们在评价人才竞争力时,主要通过建立计量经济模型对竞争力水平进行定量测度,常见方法有层次分析法、主成分分析法、模糊综合评价法、熵值法、变异系数法、BP 神经网络算法和灰色关联度法等。近年来,借助这些评价方法,国内外不少学者根据自己对人才竞争力内涵的理解,从多个维度建立人才竞争力评价指标体系,运用多种方法对国家、区域、产业的人才竞争力进行了研究。国外学者的研究中,最具影响力的评价指标体系是欧洲工商管理学院(INSEAD)每年发布的《全球人才竞争力指数报告》[1],主要从人才投入和人才产出两个方面构建评价指标体系对全球主要国家和地区的人才竞争力情况进行分析。Scullion 等从产业、政策和环境等方面构建了人才竞争力评价指标体系[2]。Anca 等借助全球人才竞争力评价指标实证分析了罗马尼亚的人才竞争力[3]。国内学者对人才竞争力的研究有一定差异,选择的评价维度和指标比国外学者更加多元化。刘泽双等从资源、环境和人才发展三方面构建评价指标,运用三角模糊数网络分析法对关天经济区人才竞争力进行了评价[4]。林喜庆等基于竞争力的运动过程构建评价指标体系,并运用 AHP 法等对京、津、沪、渝 4 个直辖市的科技人才竞争力进行了分析[5]。张熠等基于人才可持续发展的视角构建评价指标体系,并综合应用 AHP 法和灰色关联分析法对湖北省科技创新人才开发水平进行了测度[6]。司江伟等从人才的规模、结构、投入、产出和支持 5 个方面构建评价指标体系,对山东省人才竞争力进行了测度,并分析了人才发展与经济社会发展的关联性[7]。赵紫燕等从人才资源、人才效能和人才环境等方面构建评价指标体系对各省市的人才竞争力进行了评价与比较[8]。刘佐菁等结合科技人才的特点构建评价指标体系,并运用 PCA 分析法对我国各省市的科技人才竞争力进行了实证分析[9]。王迎冬等从人才的数量、效能、支

① LANVIN B, MONTEIRO F. The Global Talent Competitiveness Index 2020:Global Talent in the Age of Artificial Intelligence[D]. Paris:INSEAD,2020.

② SCULLION H, COLLINGS D G,CALIGIURI P. Global talent management[J]. Journal of World Business,2010,45(2):105-108.

③ SERBAN A, ANDANUT M. Talent Competitiveness and Competitiveness through Talent[J]. Procedia Economics and Finance,2014(16):506-511.

④ 刘泽双,肖瑶,高莹.基于 Fuzzy-ANP 方法的关天经济区人才竞争力评价模型研究[J].科技进步与对策,2014,31(10):111-117.

⑤ 林喜庆,许放.基于 AHP 的城市科技人才竞争力评价研究:以中国 4 个直辖市 2008 年数据分析为例[J].北京科技大学学报(社会科学版),2015,31(1):109-118.

⑥ 张熠,王先甲.基于 AHP-GRA 的湖北省科技创新人才开发评价研究[J]. 数学的实践与认识,2016,46(5):118-123.

⑦ 司江伟,韩晓静,沈克正.山东省人才竞争力评价体系的构建与实例测算[J].统计与决策,2017(2):100-103.

⑧ 赵紫燕,于飞.中国区域人才竞争力研究报告(2017)[J].国家治理,2017(22):3-25.

⑨ 刘佐菁,陈杰,苏榕.广东省科技人才竞争力评价与提升策略[J].科技管理研究,2018,38(22):134-141.

持和环境等方面构建评价指标体系对苏北地区人才竞争力进行了实证分析①。

通过文献梳理可以发现,当前人才竞争力的研究成果相对较少,主要集中在国家、区域和科技人才竞争力等方面,采用的研究方法和提出的评价体系各不相同。总体来看,现有研究一定程度上完善了人才竞争力理论,但还未形成较统一的理论体系,对产业人才竞争力的评价成果更是稀少,相对于管理学科其他领域的快速发展,研究显得较为滞后。因此,需要结合我国经济高质量发展战略和产业导向,引入更有效的评价方法和评价体系,加强对产业人才竞争力的探索。

## 二、重庆智能产业人力资源开发现状

### (一)重庆智能产业人才分类

人才是产业发展的基础,随着重庆智能产业的快速发展和传统产业的不断升级,对高水平智能人才的需求快速增加。鉴于不同学者和机构对智能人才的理解及定义有所不同,本文参考重庆市大数据应用发展管理局的分类,结合大数据智能化领域岗位多元化、知识复合化、技能融合化等人才需求特性和职业属性,将智能人才分为基础研究人才、开发应用人才、工程技术人才和运营管理人才。

①基础研究人才。基础研究人才是指开展智能产业领域前沿基础理论和关键共性技术研究,揭示产业内技术客观规律,引领理论创新的人才。

②开发应用人才。开发应用人才是指在 12 个智能产业领域和借助大数据智能化技术开发各类政府管理、民生服务、公共产品、社会治理等应用领域,开展新方法、新技术、新应用、新产品的研究与开发的人才。

③工程技术人才。工程技术人才是指在大数据智能化领域相关产业和应用的生产活动全过程中,承担工程设计、测试、优化、运维、咨询、管理和服务等环节任务,主要将开发应用人才所研究开发的新方法、新技术、新应用、新产品等成果进行集成并运用于工程实践中的技术人才。

④运营管理人才。运营管理人才是指在大数据智能化领域,负责项目规划与论证、项目实施及管理、活动组织与执行、团队及制度建设等管理工作,或提供技术创新服务、成果转化、知识产权管理及产业化等专业服务,具有较强综合素质的应用型、复合型管理人才。

---

① 王迎冬,仇新明.苏北地区人才竞争力评价研究:基于淮安市所辖县区的调查[J].淮阴工学院学报,2019,28(2):78-84.

### （二）人才供给情况

为便于统计分析,本文以重庆市教育委员会发布的《重庆市2019届普通高校毕业生就业情况报告》和重庆各大高校就业网上发布的2019届毕业生的生源数据为基础,选取了与12大智能产业相关专业的毕业生数据来分析重庆智能产业的人力资源开发情况。

重庆市2019届普通高校共有本科及以上学历毕业生12.9万人。从学历层次来看,本科生为11.3万人,占比为87.6%,研究生为1.6万人,占比为12.4%。从性别来看,男生为5.4万人,占比为41.9%,女生为7.5万人,占比为58.1%,男女生比约为0.72∶1。2019届毕业生中,智能产业相关专业的毕业生有1.3万人。其中,本科生占比为97.4%,研究生占比为2.6%(图1)。男生占比为75.1%,女生占比为24.9%(图2)。可见,现阶段智能产业相关专业中本科毕业生的占比较高,重庆高校输出的人才主要以应用型为主,高学历人才供应较为缺乏。此外,相关专业的男生明显多于女生,与全市毕业生的整体情况恰好相反,说明男性更愿意选择智能产业相关专业和行业。

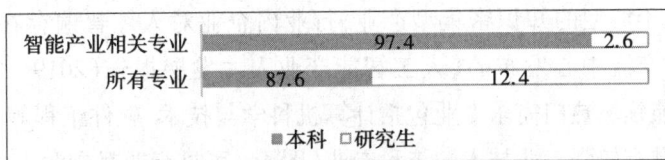

**图1 重庆智能产业相关专业人才学历占比情况**(单位:%)

（资料来源:根据《重庆市2019届普通高校毕业生就业情况报告》数据整理）

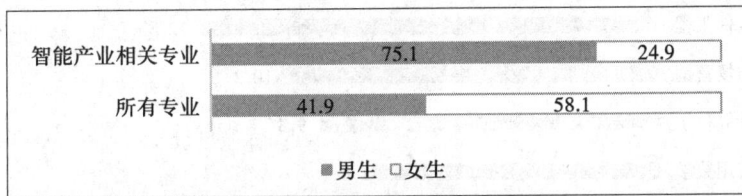

**图2 重庆智能产业相关专业人才性别占比情况**(单位:%)

（资料来源:根据《重庆市2019届普通高校毕业生就业情况报告》数据整理）

### （三）人才需求情况

#### 1.人才需求总体情况

我国智能产业虽然起步较晚、前期积累不足,但国家和地方政府都高度重视其发展,智能产业将迎来爆发式增长。据工信部数据和国家新一代人工智能发展规划,2019年我国人工智能核心产业规模达到510亿元,到2020年将突破1 500亿元。重庆的智能产业发展也在提速,《重庆市推动制造业高质量发展专项行动方案(2019—2022年)》提出,将推动产业升级和产业链完善,建设智能产业的全产业体系,预计大智能产业的销售收入将从 2018 年的 4 640 亿元增长到 2022 年的 10 000 亿元。按照此产业规模目标,重庆人工智能产业的人才需求将由 2018 年的 29.74 万人增加到 2022 年的 39.68 万人(图 3),现阶段的人才供给很难满足产业需求,人才需求的缺口相当大。

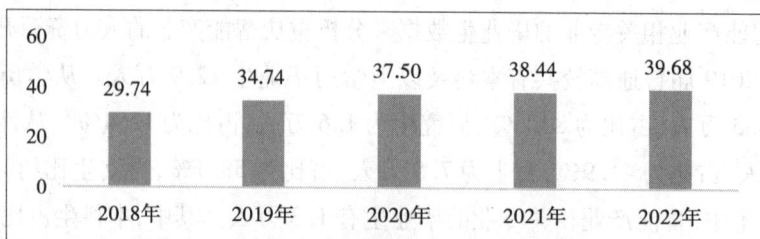

**图 3　重庆智能产业人才需求数量测算及预测**(单位:万人)

(资料来源:《重庆市制造业人才需求指导目录(2019—2022)》)

**2. 人才专业及学历要求情况**

人工智能属于典型的知识密集型产业,行业内企业对人才普遍存在专业方面的要求。工信部人才交流中心发布的《人工智能产业人才发展报告(2019—2020 年版)》显示,全国人工智能领域热门需求专业包括计算机科学与技术、软件工程等,除小部分是商科专业外,均为具有较强专业技术的工科专业(图 4),可见行业对专业人才的需求较大。

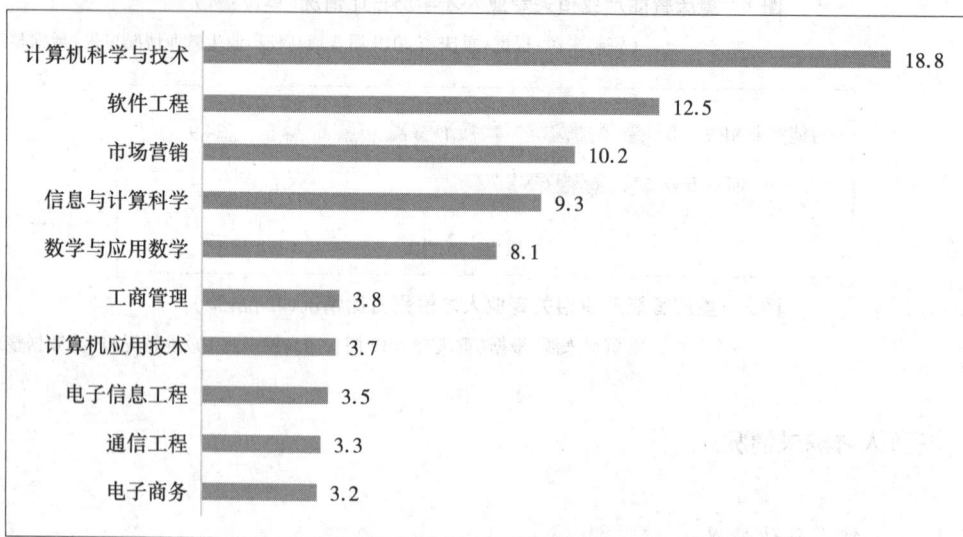

**图 4　人工智能产业十大热门专业**(单位:%)

[资料来源:人工智能产业人才发展报告(2019—2020 年版)]

通过从重庆市各高校就业网、前程无忧、智联招聘、汇博网、BOSS 直聘、联英人才等网站抓取到的人才招聘信息可以发现,重庆地区对智能产业人才的需求主要集中在计算机类、通信类、电子信息类、自动化类和机械类专业。对基础研究类人才以研究生学历为主,开发应用、工程技术人才以本科和专科为主,运营管理人才以本科为主。

### 3.人才能力素质要求情况

智能产业对人才的业务能力、工作经验、教育背景、职业道德等方面都有着较高的要求。随着人工智能的持续演进,智能产业相关技术和应用的更迭速度不断加快,仅具备单一能力的产业人才已无法匹配企业的实际需求。产业内迫切需要具备综合能力、专业知识能力、技术能力以及工程实践能力等多维能力的人才队伍。

基础研究人才重点考查其创新能力以及带领研究团队提出、分析和解决智能产业领域前沿技术问题的能力,侧重人才的研究能力、学习能力、学术能力及开发能力。通常要求具备技术领域技能,如人工智能深度学习及机器学习等,还需要扎实的基础理论,以及对算法编程语言的熟练掌握。

开发应用人才重点考查其在智能产业领域进行前沿应用技术突破和共性技术集成的能力,以及相关成果应用的创新能力,注重软件开发能力与沟通协调能力,并要求有较强的独立性。通常需要掌握较多的基础编程技能,并具备较强的独立开发能力。

工程技术人才重点考查其提供 AI 应用场景解决方案、设计应用流程、应用成果进行产业化、搭建数据管理与服务平台的能力,以及促进产业转型升级、带动行业提质增效的能力,注重人才对维护管理、测试运维能力,沟通协调、团队合作能力以及个人综合素质。通常侧重计算机、自动化、云计算等专业技能,需要架构设计、监控调试、检测调优等综合技能,同时需要掌握操作系统、数据库等基础技能。

运营管理人才重点考查其利用人工智能工具和方法进行市场需求分析、生产流程优化、供应链与物流管理等,实现资源配置效率提升的能力,以及健全数据管理体制机制的能力,侧重人才的组织能力、协调能力和沟通能力。通常要求具备需求分析、数据分析等综合技能,同时需要物联网、人工智能、系统架构等专业技能,以及良好的文字处理能力。

### (四)人才培养情况

在重庆智能产业人才供给不足的大背景下,重庆各大高校按照重庆市委、市政府大数据促智能化战略的部署,纷纷立足产业实际需求,依托自身优势采取诸多应对措施,积极推动智能产业人才的培养。

2019 年 3 月,在传统电子信息类、计算机类、数学类专业的基础上,教育部正式将人工智能列为国内高校的本科专业,专业代码为 080717T,学位授予工学门类。自此,人工智能产业专项人才的培养进程开始加速,人工智能专业的设立也加速了人工智能与基础教育学科融合,有助于培养出一批具备多专业、跨学科认知的复合型人工智能产业人才。

全国共有 35 所高校获首批建设资格,重庆仅有重庆大学 1 所高校获批。2020 年 2 月,教育部公布了第二批新增人工智能本科专业的高校,全国共有 180 所。其中,重庆新增 4 所高校,分别是重庆邮电大学、重庆文理学院、重庆交通大学和重庆邮电大学移通学院。从学校层次来看,重庆近两年新增人工智能本科专业的院校既有传统老牌名校重庆大学,也有重庆邮电大学移通学院这类独立学院代表,不同层次的高校共同推进人工智能基础研究型人才和应用型人才的培养。从横向对比来看,重庆新增人工智能专业的高校仅有 5 所,与其他省市自治区相比明显偏少,远低于江苏、北京、山东、四川等地(图 5),重庆高校的人工智能学科及专业建设之路任重道远。

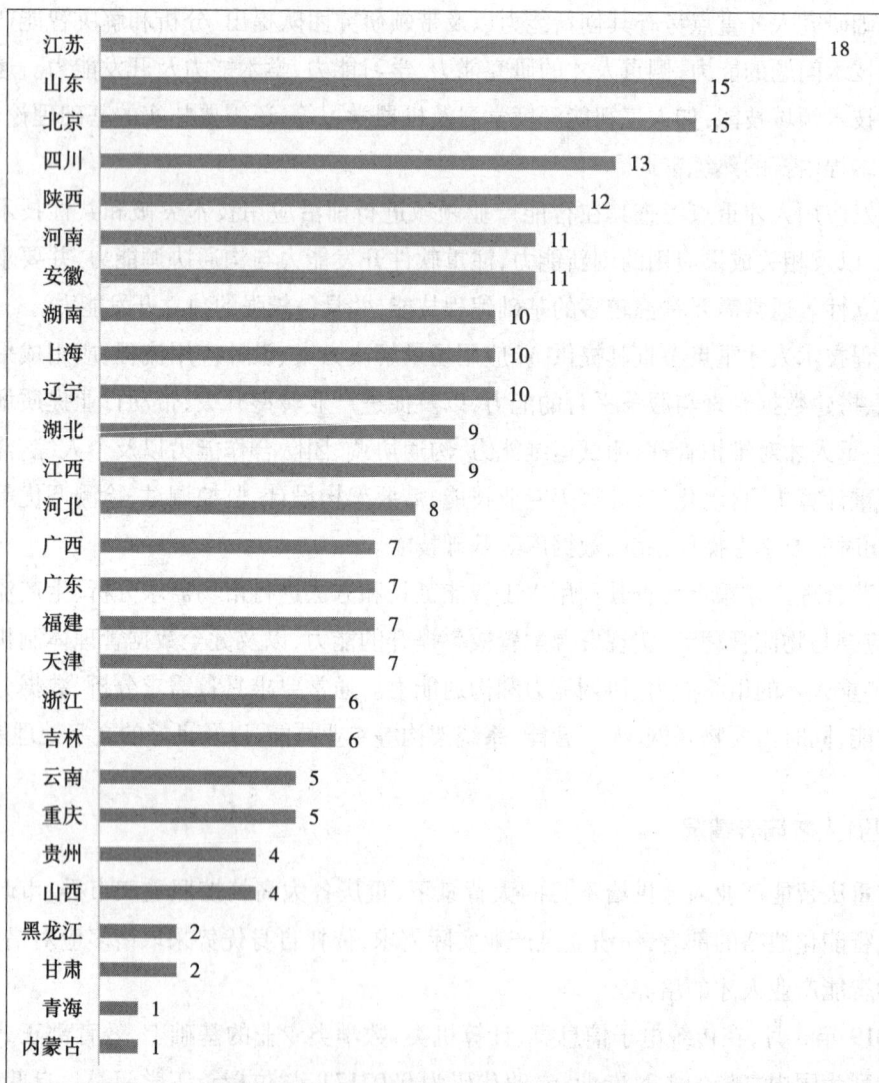

**图5 新增人工智能本科专业高校数量区域分布**

(资料来源:根据教育部普通高等学校本科专业备案和审批结果数据整理)

　　当前,重庆普通高等学校的人工智能人才培养呈现多学科融合发展的特点。各高校除增设人工智能专业外,也新增了大数据、智能化类等新工科相关专业。在现设专业中,计算机科学与技术、电子信息工程等专业方向是孕育人工智能技术人才的主要专业方向。根据重庆市教委2018年发布的本科高校大数据智能化类特色专业建设项目名单,全市共有重庆大学、西南大学、重庆师范大学、重庆邮电大学、重庆交通大学、重庆理工大学、重庆人文科技学院等15所高校入选,涉及各种类型的高校,涵盖计算机科学与技术、软件工程、自动化、物联网工程等15个专业。在行业融合的背景之下,高校也纷纷加强"人工智能+"的跨学科专业,覆盖计算机、数学、电子信息、统计学、心理学等多个专业领域。

　　近年来,国内各高校除设立人工智能及相关专业外,同时着手建立相关教学与研究机构,如北京大学、清华大学、浙江大学等国内顶尖高校,均成立了人工智能研究院、人工智能学院等机构,开展包括数理基础、认知科学基础、智能感知、机器学习、类脑计算、人工智能治理以及智能医疗、智能社会等方面的研究,旨在培养并输出具备人工智能基础研究能力的研究型人才。重庆各大高校在科教兴市和人才强市行动计划指引下,也纷纷抓住智能产业的发展机遇,以产业发展为导向,创新高等学校办学机制,积极与国内著名大学、行业知名企业合作,共建各类人工智能学院和研究院,充分借助区域外多元化的优势资源加强自身学科和专业实力,探索高等学校新型发展路径,推动人工智能学院建设工作。据统计,截至2019年年底,重庆已有10所高校通过自建或合作方式成立了人工智能学院(表1),大力培养基础研究型和应用开发型人才。

表1　重庆高校建设的人工智能学院名单

| 学校 | 学院 | 建设方式 |
| --- | --- | --- |
| 西南大学 | 人工智能学院 | 自建 |
| 重庆理工大学 | 两江人工智能学院 | 与北京大学合作 |
| 重庆邮电大学 | 人工智能学院 | 与电子科技大学合作 |
| 西南政法大学 | 人工智能法学院 | 自建 |
| 重庆师范大学 | 智能科学学院 | 自建 |
| 重庆科技学院 | 中科智能技术与工程学院 | 与中国科学院大学重庆学院合作 |
| 重庆三峡学院 | 三峡人工智能学院 | 与北京理工大学合作 |
| 重庆人文科技学院 | 大数据与人工智能学院 | 与中兴通讯合作 |
| 重庆工程学院 | 大数据与人工智能学院 | 与腾讯云合作 |
| 重庆邮电大学移通学院 | 智能工程学院 | 自建 |

注:本表中收集的人工智能学院仅包括以"人工智能"或"智能"命名的学院。

(资料来源:根据重庆各高校网站数据整理)

# 三、重庆智能产业人才竞争力评价模型

## （一）评价指标体系

产业人才竞争力是一个相对抽象的概念，涵盖范围较广，涉及产业拥有的人才规模、结构、效能以及影响产业人才发展的投入、政策、环境等诸多方面，是指一个国家或地区的特定产业在人才数量、质量、结构和环境等方面所体现出的综合竞争能力。本文基于竞争力的运动过程和作用周期，结合国内外学者的研究，将人才竞争力分为人才现实竞争力和人才潜在竞争力两大类，并按照"三级叠加、逐层收敛"的原则，从人才资源、人才贡献、人才投入、开发支撑和发展环境5个维度设计智能产业人才竞争力评价指标体系（表2）。

**表2 智能产业人才竞争力评价指标体系**

| 一级指标 | 二级指标 | 三级指标 | 单位 | 指标性质 |
|---|---|---|---|---|
| 人才现实竞争力 | 人才资源 | 行业从业人员数量 | 万人 | 正 |
| | | 行业顶尖人才数量 | 人 | 正 |
| | | 行业R&D人数占从业人员数比重 | % | 正 |
| | 人才贡献 | 行业知识产权申请量 | 件 | 正 |
| | | 行业有效发明专利数量 | 件 | 正 |
| | | 行业规模以上企业新产品销售收入 | 亿元 | 正 |
| | | 行业人均产值 | 万元 | 正 |
| | | 行业科技成果数量 | 项 | 正 |
| 人才潜在竞争力 | 人才投入 | 普通高等学校生均教育经费 | 万元 | 正 |
| | | R&D经费投入 | 万元 | 正 |
| | | 一般公共预算支出中教育经费占比 | % | 正 |
| | | 地方财政科技投入强度 | % | 正 |
| | 开发支撑 | 每十万人高等教育在校生人数 | 人 | 正 |
| | | 各类文化机构数 | 家 | 正 |
| | | 高新技术企业数 | 家 | 正 |
| | | 高等学校数量 | 家 | 正 |
| | | 科研机构数量 | 家 | 正 |

| 一级指标 | 二级指标 | 三级指标 | 单位 | 指标性质 |
|---|---|---|---|---|
| 人才潜在竞争力 | 发展环境 | 人均 GDP | 万元 | 正 |
| | | 就业人员平均工资 | 万元 | 正 |
| | | 建成区绿化覆盖率 | % | 正 |
| | | 居民人均消费支出 | 万元 | 正 |
| | | 空气质量优良天数比例 | % | 正 |
| | | 每万人拥有医疗机构床位数 | 万张 | 正 |

### （二）评价方法及步骤

对人才竞争力评价指标进行赋权是构建人才竞争力评价模型的重点,考虑到主观权重法具有主观随意性,带来的偏差较大,本文采用在自然科学和社会科学领域都有广泛应用的熵权 TOPSIS 综合评价方法构建评价模型[1-5]。先用熵权法对评价指标进行赋权,然后结合 TOPSIS 法对不同区域智能产业人才竞争力情况进行综合评价,具体运算步骤如下:

#### 1.数据标准化处理

假设有 $i$ 个地区,$j$ 项指标,$X_{ij}$ 为原始值,$Y_{ij}$ 为标准化值,形成指标原始数据矩阵:

$$X = \begin{bmatrix} X_{11} & \cdots & X_{1j} \\ \vdots & \ddots & \vdots \\ X_{i1} & \cdots & X_{ij} \end{bmatrix}$$

为得到准确的评价结果,需要对数据进行同趋化和归一化处理,将各指标的值转化为$[0,1]$之间的数据,消除量纲影响。

① 魏敏,李书昊.新时代中国经济高质量发展水平的测度研究[J].数量经济技术经济研究,2018,35(11):3-20.
② 欧进锋,许抄军,刘雨骐.基于"五大发展理念"的经济高质量发展水平测度:广东省 21 个地级市的实证分析[J].经济地理,2020,40(6):77-86.
③ 李博,张文忠,余建辉,等.能源富集区市域经济发展水平空间格局演变:基于晋陕蒙甘宁地区[J].自然资源学报,2020,35(3):668-682.
④ 王鸣涛,叶春明.基于熵权 TOPSIS 的区域工业绿色制造水平评价研究[J].科技管理研究,2020,40(17):53-60.
⑤ TIAN X, ZHANG X, ZHOU Y, et al. Regional Income Inequality in China Revisited：A Perspective from Club Convergence[J]. Economic Modelling,2016(56):50-58.

正向指标处理：

$$Y_{ij} = \frac{X_{ij} - \min(X_{ij})}{\max(X_{ij}) - \min(X_{ij})} \tag{1}$$

负向指标处理：

$$Y_{ij} = \frac{\max(X_{ij}) - X_{ij}}{\max(X_{ij}) - \min(X_{ij})} \tag{2}$$

经过处理后，最终得到标准化数据矩阵：

$$Y = \begin{bmatrix} Y_{11} & \cdots & Y_{1j} \\ \vdots & \ddots & \vdots \\ Y_{i1} & \cdots & Y_{ij} \end{bmatrix}$$

2. 计算各测度指标的比重

$$P_{ij} = \frac{Y_{ij}}{\sum\limits_{i=1}^{m} Y_{ij}} \tag{3}$$

3. 计算各测度指标的信息熵

$$E_j = -\frac{1}{\ln m} \sum_{i=1}^{m} P_{ij} \ln P_{ij} \tag{4}$$

其中，当 $P_{ij} = 0$ 时，$0 \ln 0$ 的值为 0。

4. 计算各测度指标的权重

$$W_j = \frac{1 - E_j}{m - \sum\limits_{j=1}^{m} E_j} \tag{5}$$

其中，$W_j$ 的范围为 $[0,1]$，$j = 1,2,\cdots,m$。

5. 构造加权规范化矩阵

$$Z = \begin{bmatrix} Y_{11} \cdot W_1 & Y_{12} \cdot W_2 & \cdots & Y_{1j} \cdot W_j \\ Y_{21} \cdot W_1 & Y_{22} \cdot W_2 & \cdots & Y_{2j} \cdot W_j \\ \vdots & \vdots & \ddots & \vdots \\ Y_{i1} \cdot W_1 & Y_{i2} \cdot W_2 & \cdots & Y_{ij} \cdot W_j \end{bmatrix} = \begin{bmatrix} Z_{11} & Z_{12} & \cdots & Z_{ij} \\ Z_{21} & Z_{22} & \cdots & Z_{2j} \\ \vdots & \vdots & \ddots & \vdots \\ Z_{i1} & Z_{i2} & \cdots & Z_{ij} \end{bmatrix}$$

其中，$Z_{ij} = Y_{ij} \cdot W_j$。

6. 根据加权规范化矩阵确定最优、最劣方案

$$Z^+ = (\max Z_{i1}, \max Z_{i2}, \cdots, \max Z_{ij}) \tag{6}$$

$$Z^- = (\min Z_{i1}, \min Z_{i2}, \cdots, \min Z_{ij}) \tag{7}$$

式中,$Z^+$为最优方案(正理想解),$Z^-$为最劣方案(负理想解)。

7. 计算各评价对象到正、负理想解的距离 $D^+$ 和 $D^-$

$$D_i^+ = \sqrt{\sum_j (\max Z_{ij} - Z_{ij})^2} \tag{8}$$

$$D_i^- = \sqrt{\sum_j (Z_{ij} - \min Z_{ij})^2} \tag{9}$$

8. 计算评价对象与最优方案的贴近度(即人才竞争力指数)

$$C_i = \frac{D_i^-}{D_i^+ + D_i^-} \tag{10}$$

其中,$C_i$ 取值范围为[0,1]。$C_i$ 值大小反映该地区智能产业人才竞争力的强弱程度,越大表示越强。

9. 竞争力水平综合评价

根据人才竞争力指数值 $C_i$ 与均值(用字母 $V$ 代替)和标准差(用字母 $\sigma$ 代替)的关系,可将各省市智能产业人才竞争力的水平划分为 3 个等级(表3)。

表3 智能产业人才竞争力水平划分标准

| 竞争力指数 | $V + 0.5\sigma < C_i$ | $V - 0.5\sigma \leq C_i \leq V + 0.5\sigma$ | $C_i < V - 0.5\sigma$ |
|---|---|---|---|
| 竞争力水平 | 第一梯队 | 第二梯队 | 第三梯队 |

# 四、重庆智能产业人才竞争力评价实证分析

## (一)数据来源

综合考虑评价指标数据的可获得性和对比样本的可比较性,本文选取了北京、天津、上海、江苏、浙江、广东、四川和陕西 8 个省市与重庆进行对比。选择北京、上海、江苏、浙江和广东是因为这几个省市均是智能产业的发达地区,通过对比更能知道重庆目前存在的差距及努力的方向。选择天津、四川和陕西是因为这几个省市与重庆的产业发展水平相当,历来存在竞合关系,通过了解竞争对手,有利于采取错位竞争策略。

前文确定的 23 个评价指标中,大部分指标的数据能直接获取,少部分指标需要进行换算处理(表4)。

表4  评价指标数据来源

| 评价指标 | 数据来源 |
| --- | --- |
| 行业从业人员数量 | 中国人口和就业统计年鉴、中国高技术产业统计年鉴 |
| 行业顶尖人才数量 | 清华大学 AMiner 平台 |
| 行业 R&D 人数占从业人员数比重 | 中国人口和就业统计年鉴、中国高技术产业统计年鉴、中国科技统计年鉴 |
| 行业核心知识产权申请量 | 中国高技术产业统计年鉴、国家知识产权局 |
| 行业有效发明专利数量 | 中国高技术产业统计年鉴、国家知识产权局 |
| 行业规模以上企业新产品销售收入 | 中国高技术产业统计年鉴、中国科技统计年鉴 |
| 行业人均产值 | 中国人口和就业统计年鉴、中国高技术产业统计年鉴、中国科技统计年鉴 |
| 行业科技成果数量 | 国家科技成果网 |
| 普通高等学校生均教育经费 | 中国科技统计年鉴 |
| R&D 经费投入 | 中国统计年鉴 |
| 一般公共预算支出中教育经费占比 | 全国教育经费执行情况统计公告 |
| 地方财政科技投入强度 | 全国科技经费投入统计公报 |
| 每十万人高等教育在校生人数 | 中国统计年鉴 |
| 各类文化机构数 | 中国统计年鉴 |
| 高新技术企业数 | 中国科技统计年鉴 |
| 高等学校数量 | 中国统计年鉴 |
| 科研机构数量 | 中国科技统计年鉴 |
| 人均 GDP | 中国统计年鉴 |
| 就业人员平均工资 | 中国统计年鉴 |
| 建成区绿化覆盖率 | 中国统计年鉴 |
| 居民人均消费支出 | 中国统计年鉴 |
| 空气质量优良天数比例 | 中国生态环境状况公报 |
| 每万人拥有医疗机构床位数 | 中国统计年鉴 |

智能产业属于制造业的高端领域,是典型的新兴产业,涉及多个行业,不仅包括以人工智能、互联网、大数据技术为产出的产业,而且包括以相关技术为基础进行产品设计及制造的产业。鉴于智能产业涵盖面广,各省市对其界定及统计口径不一,为便于横向比较,本文对涉及智能产业的行业数据,统一采用软件和信息服务业、计算机及办公设备制造业、电子及通信设备制造业和仪器仪表制造业这4个主要行业的汇总数据代替。

### （二）实证测度

**1.智能产业人才竞争力评价指标赋权**

基于9个省市2018年的数据,使用熵权法对前文构建的智能产业人才竞争力评价指标进行客观赋权。首先借助公式(1)和公式(2)对评价指标的原始数据进行标准化处理,然后借助公式(3)—(5)计算各评价指标的信息熵和权重(表5)。

表5　智能产业人才竞争力评价指标权重

| 维度 | 权重 | 具体指标 | 熵值 | 权重 | 总权重 |
|---|---|---|---|---|---|
| 人才资源 | 0.150 5 | 行业从业人员数量 | 0.677 9 | 0.394 8 | 0.059 4 |
|  |  | 行业顶尖人才数量 | 0.668 2 | 0.406 2 | 0.061 2 |
|  |  | 行业R&D人数占从业人员数比重 | 0.837 4 | 0.199 0 | 0.030 0 |
| 人才贡献 | 0.306 9 | 行业核心知识产权申请量 | 0.555 5 | 0.267 0 | 0.082 0 |
|  |  | 行业有效发明专利数量 | 0.475 6 | 0.315 1 | 0.096 7 |
|  |  | 行业规模以上企业新产品销售收入 | 0.612 1 | 0.233 0 | 0.071 5 |
|  |  | 行业人均产值 | 0.797 2 | 0.121 8 | 0.037 4 |
|  |  | 行业科技成果数量 | 0.895 0 | 0.063 1 | 0.019 4 |
| 人才投入 | 0.151 0 | 普通高等学校生均教育经费 | 0.688 4 | 0.380 4 | 0.057 4 |
|  |  | R&D经费投入 | 0.794 5 | 0.250 9 | 0.037 9 |
|  |  | 一般公共预算支出中教育经费占比 | 0.925 9 | 0.090 5 | 0.013 7 |
|  |  | 地方财政科技投入强度 | 0.772 1 | 0.278 2 | 0.042 0 |
| 开发支撑 | 0.227 4 | 每十万人高等教育在校生人数 | 0.796 8 | 0.164 8 | 0.037 5 |
|  |  | 各类文化机构数 | 0.646 4 | 0.286 7 | 0.065 2 |
|  |  | 高新技术企业数 | 0.646 4 | 0.286 7 | 0.065 2 |
|  |  | 高等学校数量 | 0.834 4 | 0.134 3 | 0.030 5 |
|  |  | 科研机构数量 | 0.842 7 | 0.127 5 | 0.029 0 |
| 发展环境 | 0.164 2 | 人均GDP | 0.880 1 | 0.134 6 | 0.022 1 |
|  |  | 就业人员平均工资 | 0.785 1 | 0.241 3 | 0.039 6 |
|  |  | 建成区绿化覆盖率 | 0.879 6 | 0.135 2 | 0.022 2 |

续表

| 维度 | 权重 | 具体指标 | 熵值 | 权重 | 总权重 |
|------|------|----------|------|------|--------|
| 发展环境 | 0.164 2 | 居民人均消费支出 | 0.837 4 | 0.182 7 | 0.030 0 |
| | | 空气质量优良天数比例 | 0.879 4 | 0.135 4 | 0.022 2 |
| | | 每万人拥有医疗机构床位数 | 0.847 9 | 0.170 8 | 0.028 0 |

### 2. 智能产业人才竞争力综合水平测度

使用 TOPSIS 法测度 2018 年 9 个省市智能产业人才竞争力综合指数。根据公式 (6)—(10) 计算与正、负理想解的接近程度及 9 省市智能产业人才竞争力综合指数,并对结果进行排名和数学分析(表 6 和表 7)。

表 6  9 省市 2018 年智能产业人才竞争力综合评价结果

| 省市 | $D^+$ | $D^-$ | 人才竞争力综合指数 | 综合排名 |
|------|-------|-------|------------------|----------|
| 北京 | 0.176 | 0.127 | 0.420 | 2 |
| 天津 | 0.214 | 0.056 | 0.206 | 6 |
| 上海 | 0.191 | 0.077 | 0.288 | 4 |
| 江苏 | 0.163 | 0.093 | 0.362 | 3 |
| 浙江 | 0.190 | 0.066 | 0.256 | 5 |
| 广东 | 0.091 | 0.198 | 0.685 | 1 |
| 重庆 | 0.220 | 0.047 | 0.174 | 8 |
| 四川 | 0.212 | 0.048 | 0.184 | 7 |
| 陕西 | 0.219 | 0.034 | 0.136 | 9 |

表 7  9 省市智能产业人才竞争力综合指数分析

| 样本量 | 最小值 | 最大值 | 平均值 | 标准差 | 中位数 |
|--------|--------|--------|--------|--------|--------|
| 9 | 0.136 | 0.685 | 0.301 | 0.171 | 0.256 |

9 个省市的智能产业人才竞争力综合指数得分分布于 0.136 ~ 0.685,均值为 0.301,标准差为 0.171。根据各省市智能产业人才竞争力综合指数值和人才竞争力水平划分标准,可将 9 个省市划分为 3 个梯队。

第一梯队省市智能产业人才竞争力综合指数得分高于 0.386 5,包括广东和北京两个省市,其智能产业人才竞争力综合指数得分分别为 0.685 和 0.420,这两个省市智能产业人力资源开发的水平最高,得分领先于其他省市,综合表现最为优异。

第二梯队省市智能产业人才竞争力综合指数得分分布于 0.215 5 ~ 0.386 5,包括江苏、上海和浙江 3 个省市,其智能产业人才竞争力综合指数得分分别为 0.362、0.288 和 0.256,这 3 个省市智能产业人力资源开发的水平相对较高,但仍有一定提升空间。

第三梯队省市智能产业人才竞争力综合指数得分低于 0.215 5,包括天津、四川、重庆和陕西 4 个省市,其智能产业人才竞争力指数综合得分分别为 0.206、0.184、0.174 和 0.136,这 4 个省市智能产业人力资源开发的水平相对较低,与发达地区的差异明显,有较大提升空间,且排名靠后的 3 个省市均为西部地区,说明存在较明显的地区差异。

3. 智能产业人才竞争力分维度测度

为对比各省市智能产业不同维度的人才竞争力情况,使用 TOPSIS 法分不同维度进行测度。根据公式(6)—(10)计算各省市智能产业人才竞争力不同维度得分,并对结果进行排名和数据分析(表8 和表9)。

表8  9 省市智能产业人才竞争力分维度指数评价结果

| 省市 | 人才资源 | | 人才贡献 | | 人才投入 | | 开发支撑 | | 发展环境 | |
|---|---|---|---|---|---|---|---|---|---|---|
| | 得分 | 排名 | 得分 | 排名 | 得分 | 排名 | 得分 | 排名 | 得分 | 排名 |
| 北京 | 0.583 | 2 | 0.122 | 6 | 0.825 | 1 | 0.349 | 3 | 0.641 | 1 |
| 天津 | 0.189 | 7 | 0.196 | 4 | 0.152 | 6 | 0.185 | 6 | 0.360 | 7 |
| 上海 | 0.248 | 5 | 0.117 | 7 | 0.504 | 2 | 0.161 | 8 | 0.619 | 2 |
| 江苏 | 0.323 | 3 | 0.239 | 2 | 0.385 | 4 | 0.527 | 2 | 0.435 | 5 |
| 浙江 | 0.293 | 4 | 0.158 | 5 | 0.279 | 5 | 0.276 | 4 | 0.450 | 4 |
| 广东 | 0.684 | 1 | 0.792 | 1 | 0.463 | 3 | 0.712 | 1 | 0.499 | 3 |
| 重庆 | 0.019 | 9 | 0.206 | 3 | 0.092 | 9 | 0.089 | 9 | 0.309 | 8 |
| 四川 | 0.130 | 8 | 0.109 | 8 | 0.111 | 8 | 0.193 | 5 | 0.397 | 6 |
| 陕西 | 0.194 | 6 | 0.069 | 9 | 0.124 | 7 | 0.168 | 7 | 0.175 | 9 |

表9  9 省市智能产业人才竞争力分维度指数分析

| 指标维度 | 最小值 | 最大值 | 平均值 | 标准差 | 中位数 |
|---|---|---|---|---|---|
| 人才资源 | 0.019 | 0.684 | 0.296 | 0.213 | 0.248 |
| 人才贡献 | 0.069 | 0.792 | 0.223 | 0.220 | 0.158 |
| 人才投入 | 0.092 | 0.825 | 0.326 | 0.244 | 0.279 |
| 开发支撑 | 0.089 | 0.712 | 0.296 | 0.203 | 0.193 |
| 发展环境 | 0.175 | 0.641 | 0.432 | 0.146 | 0.435 |

（1）人才资源维度

9 个省市人才资源维度的智能产业人才竞争力得分分布于 0.019～0.684,得分均值为 0.296,标准差为 0.213。得分最高的是广东,得分最低的是重庆,前者是后者的 36 倍,说明不同省市间人才资源现状的数量和质量差异非常大。广东、北京和江苏 3 个省市的得分高于平均值,说明这几个省市智能产业现有人力资源的数量和质量较高。

（2）人才贡献维度

9 个省市人才贡献维度的智能产业人才竞争力得分分布于 0.069～0.792,得分均值为 0.223,标准差为 0.220。得分最高的是广东,得分最低的是陕西,前者是后者的 11.48 倍,而且仅有广东和江苏两个省市的得分高于平均值,说明不同省市间产业人才对区域经济、社会发展的贡献的水平差异较大,大部分省市的智能产业的创新活动成果并不丰富。

（3）人才投入维度

9 个省市人才投入维度的智能产业人才竞争力得分分布于 0.092～0.825,得分均值为 0.326,标准差为 0.244。得分最高的是北京,得分最低的是重庆,前者是后者的 8.97 倍。北京、上海、广东和江苏 4 个省市的得分高于平均值,以上省市都是经济发达地区,当地政府对教育和创新活动比较重视,人才开发的综合投入相对较高。

（4）开发支撑维度

9 个省市人才开发支撑维度的智能产业人才竞争力得分分布于 0.089～0.712,得分均值为 0.296,标准差为 0.203。得分最高的是广东,得分最低的是重庆,前者是后者的 8 倍。广东、江苏和北京 3 个省市的得分高于平均值,以上省市产业、科技和教育的发展水平相对较高,能在吸引、选拔、发展和留住智能产业人才过程中起到较强的支撑作用。

（5）发展环境维度

9 个省市人才发展环境维度的智能产业人才竞争力得分分布于 0.175～0.641,得分均值为 0.432,标准差为 0.146。得分最高的是北京,得分最低的是陕西,前者是后者的 3.66 倍。人才发展环境维度的得分均值在人才竞争力的 5 个维度中得分最高,而且除陕西外的省市得分均高于 0.3,说明大部分省市较重视发展环境对人力资源开发的潜在影响,在经济发展、公共服务和生活品质等方面的外部环境水平差异较小。

### （三）重庆智能产业人才竞争力综合分析

为直观分析重庆智能产业人才竞争力情况,将表 5 至表 8 中的数据绘制成雷达图（图6）,分析可知,重庆智能产业人才竞争力综合得分排名第八位,5 个评价维度的得分均低于各自的均值,仅人才贡献维度的得分接近均值。5 个评价维度中,人才贡献维度的得分排名第三位,这一维度的排名相对较高主要因为行业人均产值这一指标表现较好。

发展环境维度的得分排名第八位,这一维度的大部分指标表现偏弱,仅建成区绿化覆盖率、空气质量优良天数比例两个指标表现较好。人才资源维度、人才投入维度和开发支撑维度的得分均排名最后一位,这3个维度的大部分指标表现较差,特别是行业顶尖人才数量、行业R&D人数占从业人员数比重、普通高等学校生均教育经费、科研机构数量等指标。通过分析可以看出,重庆智能产业的人力资源开发水平相对落后,其人才竞争力与发达地区相比存在较大差距,要补齐人才短板,急需在高端人才引进、高等教育投入、产业生态体系、人才发展环境等方面加强政策实施。

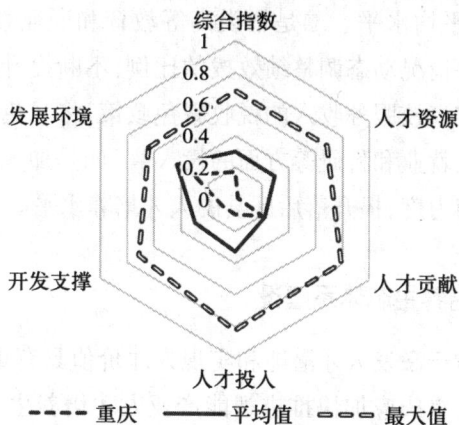

图6 重庆智能产业人才竞争力指数雷达图

# 五、提升重庆智能产业人才竞争力的政策建议

## (一)努力夯实智能产业高端人才队伍

高端人才是决定产业高质量发展的关键因素,重庆要根据智能产业发展需要夯实高层次人才队伍。一是继续依托鸿雁计划、海外高层次人才集聚计划、巴渝工匠等重大人才工程,加大海外引智力度,以机会牵引行业顶尖人才以客座教授、课题研究、咨询顾问、技术指导等方式来渝交流与合作,并同步完善住房、医疗、社会保险、子女教育和家属就业等保障,解决高端人才的后顾之忧。二是依托智能产业的重点企业、重大专项和示范工程,以股权激励、产业引导基金等方式提升个人和团队的收益,吸引行业领军人才和创新团队来渝创业,增强行业的创新力量[1]。三是整合各种资源建立智能产业人才培训基地,积极开展紧缺人才专项培训,建立宽领域、多层次的专业人才培训体系,通过各类培

---

[1] 赵靖芝.经济新常态下北京市高端制造业人才培养研究[J].科学管理研究,2020,38(1):89-93.

训促进中端人才向高端人才转换,持续优化产业人才结构。

### (二)加大高等教育和职业教育的投入

普通高等教育和职业教育是将"人口"转化为"人才"的重要途径,也是智能人才培养和政府进行人力资本投资的主要渠道,重庆应充分认识高等教育和职业教育对产业人才开发的重要作用,加大高等教育和职业教育投入。一是明确各级政府的教育责任,合理安排财政支出,优先保障教育投入,逐年提高各级政府对高等教育和职业教育的拨款总额,尽快赶上并超过全国平均水平。二是增设高等教育和职业教育人才绩效拨款,根据每年人才产出的绩效考评情况动态调整绩效拨款比例,不断提升高等教育和职业教育的人才产出效率。三是落实高校服务收入的税收减免政策,将减免的资金用于支持高校在人才培养、师资培训、学生就业和科研等方面的投入[①]。四是加大对高等教育和职业教育资源匮乏区县的财政扶持力度,提升落后区县的人才培养水平。

### (三)推动产业人才培养生态体系建设

产业人才生态体系对于激发人才潜能和实现人才价值具有重要作用,直接决定产业的人才吸引力和承载力。重庆应加快推进智能产业人才培养生态体系建设,提升"高精尖优"人才聚集力。一是结合产业发展的现实需要,加快产学研一体化建设,促进产业、组织和人才的协同推进,形成"产业+平台+人才"的融合发展模式,构建生态体系底层保障。二是打造行业人才工作交流平台,借助平台聚焦人才工作共性问题,开展问题研讨及经验交流,并从行业层面规范人才流动秩序、杜绝恶意抢人,倡导智能产业企业合理公平引才和尊重爱护人才,为生态体系提供持续动力。三是建立行业智库,加强与行业各层次人才的定期联系,实时掌握人才发展动向,并针对行业人才生态环境中存在的难点、热点问题进行研究,从行业角度提出针对性的人才工作建议,支撑生态体系良性发展。

### (四)改善人才发展的社会和人文环境

环境是影响智能产业人才潜在竞争力的重要因素,重庆应优化和改善区域外部环境,营造有利于人才成长的良好社会氛围,给予人才充分施展才华的机会,促进人才效能的持续发挥。一是提升公共服务能力,创造适宜的工作和生活环境。把可持续发展放在突出地位,不断改善人居环境,持续提高医疗保健水平,倡导绿色生产、健康生活,通过改善人才的工作和生活环境,增强城市和人才的可持续发展能力,达到吸引和留住人才的

---

① 高擎,何枫,吕泉.区域环境、科研投入要素与我国重点高校技术转移效率研究[J].中国高教研究,2020(1):78-82,108.

目的。二是通过弘扬巴渝文化,提升城市的文化软实力。以重庆地区的人文地理和非物质文化遗产为依托,打造巴渝文化亮点,提振整个社会的精气神,发挥文化对人才的情感引力。三是营造和谐、透明的公平竞争环境,消除各种人力资源的制度性歧视,完善劳动争议处理机制和社会保障体系,提高人才的经济待遇和社会地位,激发人才的创造性。

**课题负责人:**徐先航
**课题组成员:**齐　敏　宋廷昌

此课题为重庆市教委科学技术研究计划项目,2021 年 5 月结题。

# 第三章　市场篇

# 重庆人力资源服务机构能力指数研究

◎重庆理工大学课题组

**摘　要**:依据国家质检总局、国家标准委批准发布的《人力资源服务机构能力指数》国家标准,结合重庆人力资源服务机构发展的实际,构建重庆人力资源服务机构能力指数,强化人力资源服务机构能力指数的应用研究,对促进重庆当地人力资源服务机构的健康、规范、可持续发展具有重要意义。

在综述人力资源服务机构能力指数相关研究的基础上,深入探讨了人力资源服务机构能力的内涵;通过对《人力资源服务机构能力指数》国家标准和地方标准的对比研究,构建了重庆人力资源服务机构能力指数评价模型,建立服务机构能力指数评价机制,进而促进重庆市人力资源服务机构规范发展,激发人力资源服务机构服务的热情,并最终为重庆市人力资源服务机构服务能力的提升提供理论支撑和实践指导。同时,依据层次分析法得出的重庆人力服务机构能力指数评价指标权重系数表,针对性提出相应的建议:①编制地方标准,推动重庆人力资源服务业规范化管理;②建立评价机制,强化评价结果应用与反馈;③发挥行业协会作用,督促人力资源服务机构诚信经营;④创新运用人力资源服务前沿技术,培育核心竞争力;⑤强化培训,提高从业人员自身素质。

**关键词**:人力资源服务机构　能力指数

# 一、绪论

## (一)研究对象的界定

### 1.人力资源服务机构的内涵

目前,我国人力资源服务机构逐渐形成了"六大板块"的竞争格局,即国有服务企业、外资服务企业、中外合资合作服务企业、民营服务企业、事业单位和行业专属服务单位。戚燕(2006)把人力资源服务定义为向其他经济主体或个人提供的,帮助其更加合理有效地获取、开发、配置和利用人力资源,从而提供其社会财富创造能力和效率的动态交易品①。王文静(2017)指出人力资源服务企业与其他生产、服务型企业的不同之处在于其具有非常广泛的业务类型,并且企业常多业态经营②。因此,人力资源服务机构可以定义为向其他经济主体或个人提供人力资源服务的专业机构。其业务一般包括档案管理、劳务外包与派遣、猎头服务、培训、员工素质测评、人力资源管理咨询服务等。

**2. 机构能力的内涵**

吴正刚等(2004)指出,企业能力是指围绕企业战略而建立的,决定企业绩效的持久品质和本质特征,是维持企业生存和发展的积累性学识,是保证企业获得竞争优势的不竭动力。它是维持企业运作的各种相关要素的有机合成,反映的是企业经营和管理的综合能力,它既包括形成企业能力的各种资源、机制,也包括企业在所处的外部环境中的能力状态③。赵田(2015)研究认为,财务评价的结果是衡量一个企业实际财务能力、财务运转状况的重要指标④。赵家凤、朱广其(2009)认为,客户关系资本是衡量企业能力的重要依据⑤。龚一萍(2011)指出学习吸收能力是构成企业动态能力的重要因素⑥。谢祖墀(2012)认为,完整的现代化管理流程是企业可持续发展的重要保障之一⑦。何卫、夏怀伟(2017)在对物流行业竞争力进行评价时,构建了包括服务质量、市场地位、保障能力和综合实力在内的四类指标⑧。因此,人力资源机构能力可以界定为围绕其发展战略而建立的维持其生存和可持续发展的综合能力。衡量人力资源服务机构能力可以通过人力资源服务机构的财务能力、市场能力、内部运营能力、可持续发展能力等方面进行。

**3. 人力资源服务机构产品的特点**

人力资源服务机构提供的产品主要是人力资源服务,与一般产品相比具有特殊性。具体体现在:①无形性。人力资源服务机构所提供的产品是由一系列行为所组成的过程,不是实物,而是一种活劳动。因此无法像有形商品那样被触摸,也很难指定具体的标

① 戚燕.对我国人力资源服务企业的几点思考[J].商场现代化,2006(25):256-257.

② 王文静.高端业务对人力资源服务企业效益影响研究[J].统计与信息论坛,2017,32(2):96-102.

③ 吴正刚,韩玉启,周业铮,等.复杂环境下企业能力演化机理研究[J].科学学与科学技术管理,2004(9):119-123.

④ 赵田.企业财务评价指标体系及其运用[J].经济研究导论,2015(13):148-149.

⑤ 赵家凤,朱广其.基于企业能力的顾客关系资本积累[J].华东经济管理,2009,23(5):155-157.

⑥ 龚一萍.企业动态能力的度量及评价指标体系[J].华东经济管理,2011,25(9):150-154.

⑦ 谢祖墀.设计完整的公司内部流程[J].销售与市场(管理版),2012(8):15.

⑧ 何卫,夏怀伟.快递企业竞争力分析与评价[J].铁道科学与工程学报,2017,14(11):2495-2502.

准对其质量进行评价。②异质性。人力资源服务机构所提供的产品是根据企业的需求和企业自身情况所开展的具有很强针对性的活动,因此,向不同的企业所提供的产品有很强的差异性,甚至同样的产品在不同的服务对象眼中都有不同的感受。③动态性。人力资源服务是向其他经济主体或个人提供的,帮助其更加合理有效地获取、开发、配置和利用人力资源,从而提高其社会财富创造能力和效率的动态交易品。

### (二)研究背景与意义

劳动力市场发展对促进我国经济、社会和产业的发展以及就业具有重要的推动作用。随着我国人力资源服务机构快速发展,人力资源服务业的规模不断扩大,已形成了更加完善的具备专业化、市场化、信息化发展的人力资源服务产业链。在此背景下,规范、监督、管理人力资源服务机构已成为各级政府推进劳动力市场发展的重要抓手。为此,国家标准委批准发布了《人力资源服务机构能力指数》国家标准,有关地方政府以此为依据颁布了《人力资源服务机构能力指数》地方标准,以促进当地人力资源服务机构规范发展。

《重庆市人力资源服务业发展报告(2019)》指出,截至2018年年底,全市人力资源服务机构达到1 680家,同比增长17.89%,增速高于西部其他省市。其中,公共机构42家,经营性机构1 621家,民办非营利性机构17家。经营性机构中,民营企业1 472家,国有企业141家,合资及港澳台资机构5家,行业所属机构3家。全市人力资源服务业从业人员2.46万人,同比增长10.31%;全市人力资源服务机构营业总收入达307亿元,同比增长15.4%,总量处于西部地区前列。

因此,依据国家质检总局、国家标准委批准发布的《人力资源服务机构能力指数》国家标准,结合重庆人力资源服务机构发展的实际,构建重庆人力资源服务机构能力指数,强化人力资源服务机构能力指数的应用研究,对促进重庆当地人力资源服务机构的健康、规范、可持续发展具有重要意义。

### (三)研究内容与方法

首先,运用文献分析法,搜集国内外有关人力资源服务机构能力指数方面的研究文献,并进行鉴别、整理、总结,以探讨人力资源服务机构能力的内涵和外延,从而确定衡量人力资源服务机构能力的理论指标。

其次,通过人力资源服务机构能力指数的国家标准和地方标准的比较研究,挖掘我国人力资源服务机构能力指数评价指标中的共同指标和差异指标,并以此为依据,设计出人力资源服务机构能力指数的实践指标。

最后,通过对从事人力资源管理工作的重庆专家问卷调查,运用层次分析法,构建重

庆人力资源服务机构能力指数评价模型,并据此提出提升重庆人力资源服务机构能力的
对策建议。

## 二、理论研究

### (一)人力资源服务机构发展方面的研究

"十三五"期间,人力资源服务业的规模不断扩大,形成了更加完善的具备专业化、市
场化、信息化发展的人力资源服务产业链。2019年5月24日,人力资源和社会保障部发
布的2018年人力资源服务业统计情况指出,截至2018年年底,全国各类人力资源服务机
构共计3.57万家,比上一年增长5 541家。2018年行业全年营业总收入达到1.77万亿
元,同比增长22.69%,共帮助2.28亿人次实现就业、择业和流动,为3 669万家次用人单
位提供了服务,同比分别增长12.52%和15.02%。与此同时,艺珂(Adecco)、万宝盛华
(Manpower)等著名的跨国人力资源服务机构纷纷进驻中国,这些机构拥有雄厚的资本实
力、先进的技术平台、丰富的跨国服务经验,对我国本土人力资源服务机构形成巨大
挑战。

董志超(2012)从研究事业单位人力资源服务机构入手,分析了当前我国事业性人力
资源服务机构业务性质存在的地区差异。研究表明,发达地区的人力资源服务机构参公
化严重,而不发达地区由于缺少财政支持,更多地选择市场化归属[1]。张东辉(2016)重点
关注人力资源服务机构的人才培养与引入,认为当前我国人力资源服务机构缺少先进的
人才工作机制,这是人力资源服务机构业务范围和质量受到限制的重要原因[2]。郭志平
(2012)等人通过问卷调查和访谈的方法以浙江省为例探究了我国人力资源服务机构现
存问题,认为机构战略定位模糊、制度流程不成熟、产品同质化严重等问题是阻碍机构发
展的重要因素[3]。黄芮(2018)则从我国整体人力资源服务业发展的宏观环境对人力资源
服务机构进行分析,指出在人力资源服务业蓬勃发展的当下,人力资源服务机构受自身
格局限制,思维模式难以实现从"卖产品"到"服务于人"的快速转变,新进入者的威胁等,
都是机构需要克服的重大阻碍[4]。

---

① 董志超.人力资源服务机构现状与发展[J].人事天地,2012(1):28-29.
② 张东辉.浅析政府人力资源服务机构的发展与定位[J].黑龙江科技信息,2016(9):294.
③ 郭志平,李海州.非公人力资源服务机构发展现状及对策研究:基于在浙江省的抽样调查[J].人力资源管理,
2012(3):79-81.
④ 黄芮.人力资源服务专题 我国人力资源服务业发展中面临的机遇与挑战[J].中国劳动,2018(3):74-76.

## （二）人力资源服务机构能力评价指标方面的研究

人力资源是企业重要的资源，人力资源的建设得到了企业的高度关注。虽然我国人力资源服务业发展迅速，但是我国人力资源服务机构的国际竞争力较差，急需对人力资源服务机构进行标准化建设，以促进人力资源服务机构规范发展，增强其国际竞争力。

来有为和袁东明（2014）认为统一人力资源服务内容与行业标准，对人力资源服务机构实行资质评定和分类，实现从审批管理向资质管理的转变，可以更好地促进其发展[①]。董志超（2015）认为提高人力资源服务机构的服务质量和公信力是推进人力资源服务业发展的重要因素[②]。《中国人力资源服务业蓝皮书（2018）》从从业人员、财务运行、服务质量、企业声誉4个方面测量人力资源服务企业的竞争力[③]。同时，随着互联网的快速发展，"互联网+"和数字信息化成为机构能力的重要体现。汕头市人力社保局印发的《汕头市优秀人力资源服务机构认定管理办法》（2019），将能充分运用人力资源服务前沿技术、拥有较高信息化水平和技术含量的核心品牌产品、诚信度高、具有良好的企业形象等作为认定标准对人力资源服务机构进行评优[④]。

## （三）人力资源服务机构发展策略方面的研究

郭志平和李海州（2012）研究认为，针对人力资源服务机构规模较小、自身的战略定位不清晰、提供的服务同质化、从业人员素质整体不高等问题，政府应该发挥自己的职能来优化人力资源服务行业的发展环境，而企业应当建立起自己的核心竞争力，对其提供的服务产品进行创新、规范服务流程、利用现代化信息技术来提高管理水平等[⑤]。谷卫英（2014）认为，国有人力资源服务机构应当把提高不同区域和不同行业中人力资源市场配置服务能力作为发展的重要任务，提高信息发布能力和机构管理运作水平[⑥]。阳银安（2012）指出，针对缺乏政府政策支持、规模小、无序竞争、提供的服务水平低等问题，提出建立相关法律法规、人力资源服务业协会、人力资源服务业诚信等级评审制度等对策

---

① 来有为,袁东明.我国人力资源服务业的发展状况、问题及政策建议[J].生产力研究,2014(2):89-93.

② 董志超.以标准引领人力资源服务业健康发展[J].人事天地,2015(7):20-21.

③ 萧鸣政,等.中国人力资源服务业蓝皮书2018[M].北京:人民出版社,2019:204-205.

④ 汕头市人力资源和社会保障局.汕头市优秀人力资源服务机构认定管理办法[EB/OL](2019-02-26)[2021-01-30].汕头华侨经济文化合作试验区网.

⑤ 郭志平,李海州.非公人力资源服务机构发展现状及对策研究:基于在浙江省的抽样调查[J].人力资源管理,2012(3):79-81.

⑥ 谷卫英.关于国有人力资源服务机构建设的思考[J].中国人才,2014(15):56-57.

建议①。

### (四)机构能力指数算法方面的研究

吴正刚(2004)用多级模糊测评方法来构造企业能力指数的模型,首先,用层次分析法建立企业能力的多指标体系,并计算指标权重;其次,结合熵技术对该权重进行修正;再次,采用模糊综合测评方法计算企业能力指数;最后,利用递阶多层次灰色评价方法和熵技术,给出了企业能力测评和伙伴挖掘模型,计算出企业能力指数②。陈葵晞、张一纯(2008)研究尝试将 SEM 方法应用于企业能力的评价③。郭斌、蔡宁(2001)在运用 AHP法(应用层次法)进行测度的基础上,使用动态因子分析法构建企业竞争因子对企业能力指数进行调整④。洪怡恬(2008)应用 AHP 法的原理,首先,将物流企业评价指标体系分为 3 个准则层;然后,将准则层目标层层分解,得到各层具体评价指标,再构造判断矩阵,通过采用专家咨询法确定各指标的相对比重的量值;最后,进行一致性检验,计算层次单排序,得到层次总排序,完成物流企业评价指标的构造⑤。陈盛焕(2012)使用主成分分析法,并在运用 SPSS 软件的基础上,以 23 家公司的截面数据为研究分析对象,构建物流企业能力评价指标⑥。陈欣、孙建军(2014)构建企业评价指标体系时,首先通过文献分析初步确立指标,之后对问卷调查回收的数据进行清洗处理,用 UCINET 6 进行可视化分析,对评价指标体系进行验证,并通过 SPSS 18.0 对指标进行分层聚类,根据所得数据结果,进一步通过德尔菲法估算出指标权重⑦。张佳丽等(2014)选择了模糊综合评价法作为高新技术企业的评价方法,根据模糊数学的隶属度理论把定性评价转化为定量评价,即用模糊数学对受到多种因素制约的事物或对象做出一个总体的评价⑧。

综上所述,当前我国人力资源服务机构的发展速度较快,但仍存在规模较小、管理不规范、同质竞争、从业人员素质有待提高、可持续发展能力欠缺等问题。同时,已有文献主要集中在人力资源服务机构发展方面,而对人力资源服务机构能力指数及其算法方面的研究则处于起步阶段,研究成果较少,大多数是对评级体系中的部分指标展开分析,缺少人力资源服务机构能力指数的系统研究。

---

① 阳银安.强化管理 规范运作 促进经营性人力资源服务机构健康发展[J].山东人力资源和社会保障,2012(8):37-39.

② 吴正刚,韩玉启,周业铮.企业能力指数测评模型研究[J].运筹与管理,2004,13(1):145-149.

③ 陈葵晞,张一纯.基于结构方程建模(SEM)的企业能力评价[J].产业与科技论坛,2008,7(5):105-106.

④ 郭斌,蔡宁.企业核心能力审计:指标体系与测度方法[J].系统工程理论与实践,2001(9):7-15.

⑤ 洪怡恬.物流企业评价指标体系构建的探讨[J].物流科技,2008(10):93-95.

⑥ 陈盛焕.基于主成分分析的物流企业能力评价研究[J].物流技术,2012,31(9):161-163.

⑦ 陈欣,孙建军.基于知识管理的创新型企业评价指标体系的构建及验证[J].图书馆学研究,2014(14):76-89.

⑧ 张丽佳,徐逸天,侯红明.基于模糊综合评价法的高新技术企业评价[J].科技管理研究,2014,34(8):56-59.

# 三、国家标准与部分省市地方标准比较研究

## (一)实践状况

### 1. 国家标准

近年来,为推动人力资源服务机构规范发展,增强国际竞争力,更好地推动人才强国战略和就业优先战略的实施,从国家到地方纷纷出台了各种《人力资源服务机构能力指数》。2017 年 5 月 31 日,国家质检总局、国家标准委批准发布了《人力资源服务机构能力指数》国家标准,并于 2017 年 12 月 1 日开始实施。

《人力资源服务机构能力指数》国家标准主要从从业人员、服务项目、设施设备、服务环境、规章制度 5 个主要方面进行评价,对不同因素赋予不同权重,计算综合得分,将其分为 A,AA, AAA, AAAA, AAAAA 5 个等级,其中 AAAAA 为最高等级,分值需在 240 分以上(表1)。

表1　国家机构能力指数五大指标体系

| 一级指标 | 二级指标 | 评价内容 | 分值 | 权重 |
|---|---|---|---|---|
| 从业人员 | 从业人员数量情况 | 不少于 3 人 | 1 | 4 |
| | | 不少于 5 人 | 2 | |
| | | 不少于 8 人 | 3 | |
| | | 不少于 20 人,仅开展高级人才寻访、人才测评或人力资源管理咨询服务的服务机构,从业人员不少于 15 人 | 4 | |
| | | 不少于 80 人,仅开展高级人才寻访、人才测评或人力资源管理咨询服务的服务机构,从业人员不少于 20 人 | 5 | |
| | 学历及培训情况 | 1. 本科及以上学历比例不低于 20% ; 2. 年培训时间人均不少于 30 课时 | 1 | 2 |
| | | 除满足分值 1 要求外,本科及以上学历比例不低于 25% | 2 | |
| | | 除满足分值 2 要求外,本科及以上学历比例不低于 30% | 3 | |
| | | 除满足分值 3 要求外,本科及以上学历比例不低于 40% | 4 | |
| | | 除满足分值 4 要求外,本科及以上学历比例不低于 50% | 5 | |

续表

| 一级指标 | 二级指标 | 评价内容 | 分值 | 权重 |
|---|---|---|---|---|
| 从业人员 | 专业技术职务任职资格及职(执)业资格情况 | 中层以上负责人具有中级及以上专业技术职务任职资格或职(执)业资格 | 1 | 1 |
| | | 中层以上负责人具有中级及以上专业技术职务任职资格及职(执)业资格比例不低于15% | 2 | |
| | | 中层以上负责人具有中级及以上专业技术职务任职资格及职(执)业资格比例不低于20% | 3 | |
| | | 中层以上负责人具有中级及以上专业技术职务任职资格及职(执)业资格比例不低于30% | 4 | |
| | | 中层以上负责人具有中级及以上专业技术职务任职资格及职(执)业资格比例不低于40% | 5 | |
| | 服务质量、客户满意度 | 1.对客户提出的问题,耐心解释;2.在承诺的时间内完成服务;3.客户满意度不低于75% | 1 | 2 |
| | | 除满足分值1要求外,客户满意度不低于80% | 2 | |
| | | 除满足分值1要求外,客户满意度不低于85% | 3 | |
| | | 除满足分值1要求外,客户满意度不低于90% | 4 | |
| | | 除满足分值1要求外,客户满意度不低于95% | 5 | |
| 服务项目 | 服务规模 | 1项服务项目 | 1 | 3 |
| | | 2~3项服务项目 | 2 | |
| | | 4~5项服务项目 | 3 | |
| | | 6~7项服务项目 | 4 | |
| | | 8项及以上服务项目 | 5 | |
| | 主营业务情况 | 服务机构主营业务的业务量占本机构总业务量的20%~40% | 1 | 4 |
| | | 服务机构主营业务的业务量占本机构总业务量的40%~60% | 2 | |
| | | 服务机构主营业务的业务量占本机构总业务量的60%~80% | 3 | |
| | | 服务机构主营业务的业务量占本机构总业务量的80%~90% | 4 | |
| | | 服务机构主营业务的业务量占本机构总业务量的90%以上 | 5 | |

续表

| 一级指标 | 二级指标 | 评价内容 | 分值 | 权重 |
|---|---|---|---|---|
| 服务项目 | 服务项目达到相应分值比例 | 各服务项目得分20分以上 | 1 | 5 |
| | | 除满足分值1要求外,还应满足下列条件:1.得分30分以上的服务项目比例不低于50%;2.主营业务得分30分以上 | 2 | |
| | | 除满足分值2要求外,还应满足下列条件:1.得分50分以上的服务项目比例不低于50%;2.主营业务得分50分以上 | 3 | |
| | | 除满足分值3要求外,还应满足下列条件:1.得分80分以上的服务项目比例不低于50%;2.主营业务得分80分以上 | 4 | |
| | | 除满足分值4要求外,还应满足下列条件:1.得分100分以上的服务项目比例不低于50%;2.主营业务得分100分以上;3.各服务项目得分70分以上 | 5 | |
| | 高端服务项目占所开展服务项目比例 | 20%及以下 | 1 | 4 |
| | | 20%~40% | 2 | |
| | | 40%~60% | 3 | |
| | | 60%~80% | 4 | |
| | | 80%~100% | 5 | |
| 设施设备 | 服务场所建筑面积 | 不少于40平方米 | 1 | 3 |
| | | 不少于80平方米 | 2 | |
| | | 不少于200平方米 | 3 | |
| | | 不少于500平方米,仅开展高级人才寻访、人才测评或人力资源管理咨询服务的服务机构,服务场所面积不少于300平方米 | 4 | |
| | | 不少于2 200平方米,仅开展高级人才寻访、人才测评或人力资源管理咨询服务的服务机构,服务场所面积不少于600平方米 | 5 | |

续表

| 一级指标 | 二级指标 | 评价内容 | 分值 | 权重 |
|---|---|---|---|---|
| 设施设备 | 基础设施 | 1. 设有采暖和制冷设备;2. 有公共卫生间;3. 设有客户洽谈场所 | 1 | 3 |
| | | 除满足分值1要求外,还应设有客户服务厅 | 2 | |
| | | 除满足分值2要求外,还应满足下列条件:1. 客户服务厅建筑面积不少于40平方米;2. 有发布供求信息的电子显示屏 | 3 | |
| | | 除满足分值3要求外,还应满足下列条件:1. 客户服务厅建筑面积不少于60平方米;2. 设有客户洽谈室;3. 设有服务网站;4. 设有信息触摸查询系统 | 4 | |
| | | 除满足分值4要求外,还应满足下列条件:1. 客户服务厅建筑面积不少于200平方米;2. 有发布供求信息的电子显示屏;3. 设有智能排队管理系统和等候休息区 | 5 | |
| | 办公设备 | 1. 座机、计算机人均不少于1台;2. 复印机、传真机各不少于1台 | 1 | 3 |
| | | 除满足分值1要求外,还应满足下列条件:1. 有供客户使用的电话、打印、复印、传真等设备,性能良好;2. 客户服务电话接听通畅 | 2 | |
| | | 除满足分值2要求外,还应配有笔记本电脑、投影仪、录音、照相等设备 | 3 | |
| | | 除满足分值3要求外,还应配备软件系统服务器不少于1台 | 4 | |
| | | 除满足分值4要求外,还应设有内部局域网络管理系统及网络办公系统 | 5 | |
| | 安全、消防设施 | 1. 消防、安全设施设备完备、有效,标志明显、清晰;2. 重要部位应备有灭火设备 | 1 | 3 |
| | | 除满足分值1要求外,紧急出口通道应畅通,标志明显、清晰 | 2 | |
| | | 除满足分值2要求外,服务场所应设有安全、消防报警及自动喷淋灭火系统 | 3 | |
| | | 除满足分值3要求外,重要部位应设有监控设备 | 4 | |
| | | 除满足分值4要求外,还应配有消防广播系统 | 5 | |

续表

| 一级指标 | 二级指标 | 评价内容 | 分值 | 权重 |
|---|---|---|---|---|
| 服务环境 | 机构所在地交通状况 | 机构所在地交通便利 | 1 | 1 |
| | | 除满足分值1要求外,服务场所应位于主要街道 | 2 | |
| | | 除满足分值2要求外,服务场所应有3条以上公共交通线路可到达 | 3 | |
| | | 除满足分值2要求外,服务场所应有4条以上公共交通线路可到达 | 4 | |
| | | 除满足分值2要求外,服务场所应有5条以上公共交通线路可到达 | 5 | |
| | 公共信息图形符合相关标准规定情况 | 标志摆放位置合理 | 1 | 2 |
| | | 除满足分值1要求外,各种标志符合GB 2894、GB/T 10001.9、GB/T 10001.1等规定 | 2 | |
| | | 除满足分值2要求外,标志设置应协调统一 | 3 | |
| | | 除满足分值3要求外,标志醒目、易识别 | 4 | |
| | | 除满足分值4要求外,标志信息系统完备 | 5 | |
| | 公示项目 | 1.人力资源服务许可证;2.营业执照或法人证书;3.收费许可证、收费项目表或税务登记表 | 1 | 1 |
| | | 除满足分值1要求外,还应对服务机构简介进行公示 | 2 | |
| | | 除满足分值2要求外,还应对服务项目介绍进行公示 | 3 | |
| | | 除满足分值3要求外,服务场所还应设有引导图 | 4 | |
| | | 除满足分值4要求外,还应设有展示服务机构形象宣传栏 | 5 | |
| | 服务场所环境情况 | 服务场所布局合理、整洁卫生 | 1 | 4 |
| | | 除满足分值1要求外,服务场所通风、采光、照明良好,远离噪声等干扰 | 2 | |
| | | 除满足分值2要求外,还应方便客户正常活动 | 3 | |
| | | 除满足分值3要求外,还应设有无障碍设施 | 4 | |
| | | 除满足分值4要求外,还应确保设施设备安全 | 5 | |

续表

| 一级指标 | 二级指标 | 评价内容 | 分值 | 权重 |
|---|---|---|---|---|
| 规章制度 | 员工手册 | 有员工手册,员工对手册内容知晓率50% | 1 | 1 |
| | | 有员工手册,员工对手册内容知晓率60% | 2 | |
| | | 有员工手册,员工对手册内容知晓率70% | 3 | |
| | | 有员工手册,员工对手册内容知晓率80% | 4 | |
| | | 有员工手册,员工对手册内容知晓率90% | 5 | |
| | 岗位说明书 | 有岗位说明书,员工对其内容知晓率50% | 1 | 1 |
| | | 有岗位说明书,员工对其内容知晓率60% | 2 | |
| | | 有岗位说明书,员工对其内容知晓率70% | 3 | |
| | | 有岗位说明书,员工对其内容知晓率80% | 4 | |
| | | 有岗位说明书,员工对其内容知晓率90% | 5 | |
| | 各项规章制度 | 有管理制度,员工对其内容知晓率50% | 1 | 3 |
| | | 有管理制度,员工对其内容知晓率60% | 2 | |
| | | 有管理制度,员工对其内容知晓率70% | 3 | |
| | | 有管理制度,员工对其内容知晓率80% | 4 | |
| | | 有管理制度,员工对其内容知晓率90% | 5 | |
| | 遵纪守法 | 1. 1年内无违法违规行为;2. 1年内无泄密事件发生 | 1 | 2 |
| | | 1. 2年内无违法违规行为;2. 2年内无泄密事件发生 | 2 | |
| | | 1. 3年内无违法违规行为;2. 3年内无泄密事件发生 | 3 | |
| | | 1. 4年内无违法违规行为;2. 4年内无泄密事件发生 | 4 | |
| | | 1. 5年内无违法违规行为;2. 5年内无泄密事件发生 | 5 | |

2. 地方标准

(1)湖北省人力资源服务机构能力指数四大指标体系

2015年9月24日,湖北省质量技术监督局发布《人力资源服务机构能力指数》湖北省地方标准,并于2015年11月24日开始实施。文件中运用保障性指标、功能性指标、信息化水平、效益性指标4个指标,将人力资源服务机构等级从低到高划分为5个等级,其中功能性指标为最重要指标,分值占48%(表2)。

表2  湖北省机构能力指数四大指标体系

| 一级指标 | 二级指标 | 评价内容 | 分值 |
|---|---|---|---|
| 保障性指标 | 从业人员 | 从业人员数量 | 15 |
| | | 持证情况 | 15 |
| | | 人员学历构成 | 15 |
| | | 人员培训情况 | 15 |
| | 设施设备 | 基础设施 | 20 |
| | | 办公设备 | 15 |
| | | 安全、消防设施 | 15 |
| | 服务环境 | 服务场所建筑面积 | 10 |
| | | 服务场所环境 | 5 |
| | | 公共项目和公共信息图形 | 5 |
| | 服务评价 | 服务评价 | 10 |
| | | 客户满意度 | 10 |
| | 规章制度 | 信用管理 | 10 |
| | | 员工手册 | 5 |
| | | 岗位说明书 | 5 |
| | | 运营管理制度 | 5 |
| | | 服务项目管理制度 | 5 |
| 功能性指标 | 招聘服务 | 从业人员 | 5 |
| | | 求职人数 | 5 |
| | | 固定客户 | 5 |
| | | 非招聘会用人推荐数 | 10 |
| | | 招聘洽谈会(含网络招聘会)数量 | 10 |
| | | 招聘会参与单位数 | 10 |
| | | 招聘会提供岗位数 | 10 |
| | | 招聘会参会人数 | 10 |
| | | 招聘会达成意向率 | 20 |
| | | 招聘会现场安全工作情况 | 5 |
| | | 加分项 | 10 |

续表

| 一级指标 | 二级指标 | 评价内容 | 分值 |
|---|---|---|---|
| 功能性指标 | 劳务派遣 | 从业人员 | 5 |
| | | 单位客户数量 | 10 |
| | | 派遣员工数量 | 40 |
| | | 服务质量 | 10 |
| | | 业务管理 | 5 |
| | | 加分项 | 10 |
| | 人力资源外包 | 从业人员 | 5 |
| | | 服务场所 | 5 |
| | | 服务客户数 | 15 |
| | | 年服务人次 | 25 |
| | | 服务项目 | 10 |
| | | 服务质量 | 10 |
| | | 加分项 | 10 |
| | 培训 | 师资 | 5 |
| | | 教材 | 5 |
| | | 培训项目 | 5 |
| | | 培训次数 | 5 |
| | | 培训人数 | 5 |
| | | 培训场所 | 5 |
| | | 管理制度 | 5 |
| | | 加分项 | 5 |
| | 职业指导 | 从业人员 | 5 |
| | | 设施设备 | 5 |
| | | 劳动者指导 | 5 |
| | | 用人单位指导 | 5 |
| | | 职业指导工具 | 10 |
| | | 专业资料 | 5 |
| | | 加分项 | 5 |

续表

| 一级指标 | 二级指标 | 评价内容 | 分值 |
|---|---|---|---|
| 功能性指标 | 素质测评 | 从业人员 | 5 |
| | | 业务范围 | 5 |
| | | 测评工具 | 10 |
| | | 测评项目 | 10 |
| | | 测评人数 | 5 |
| | | 加分项 | 5 |
| | 管理咨询 | 从业人员 | 5 |
| | | 服务内容 | 10 |
| | | 服务项目 | 15 |
| | | 后续服务 | 5 |
| | | 加分项 | 5 |
| | 高级人才寻访 | 客户数据 | 5 |
| | | 人才数据 | 5 |
| | | 行业数据 | 5 |
| | | 年完成寻访职位数 | 10 |
| | | 年成功寻访人数 | 10 |
| | | 加分项 | 5 |
| | 其他 | 其他服务项目 | 20 |
| 信息化水平 | 基础保障 | 从业人员 | 5 |
| | | 网络设施设备 | 20 |
| | | 信息网络安全管理 | 15 |
| | 信息平台建设与应用 | 网站建设 | 20 |
| | | 服务项目信息化管理 | 20 |
| | | 信息平台维护管理 | 20 |
| | 数据库 | 有效单位注册数 | 10 |
| | | 有效个人注册数 | 10 |
| | | 有效简历数 | 10 |
| | | 日均浏览量 | 10 |

续表

| 一级指标 | 二级指标 | 评价内容 | 分值 |
|---|---|---|---|
| 效益性指标 | | 注册资金 | 40 |
| | | 年收入 | 70 |
| | | 年利润 | 60 |
| | | 年人均产值 | 15 |
| | | 税收 | 15 |

（2）河北省和北京市人力资源服务机构能力指数五大指标体系

2013年6月21日,北京市质量技术监督局发布《人力资源服务机构能力指数》北京市地方标准,随后2017年河北省也发表了河北省地方标准。文件基本指标和国家标准一致,运用从业人员、服务项目、设施设备、服务环境、规章制度5个指标,并为不同指标赋予不同权重,将人力资源服务机构等级从低到高划分为5个等级(表3)。

表3　河北省和北京市机构能力指数五大指标体系

| 一级指标 | 二级指标 | 分值 | 权重 |
|---|---|---|---|
| 从业人员 | 从业人员数量及具有国家规定相应职业资格和参加人力资源市场从业人员培训的情况(河北省);从业人员数量及人力资源市场从业人员资格证书情况(北京市) | 5 | 4 |
| | 学历及培训情况 | 5 | 3 |
| | 专业技术人员职业资格、技能人员职业资格、执业资格情况 | 5 | 1 |
| | 服务质量、客户满意度 | 5 | 1 |
| 服务项目 | 服务规模 | 5 | 3 |
| | 主营业务情况 | 5 | 4 |
| | 服务项目达到相应分值比例 | 5 | 5 |
| | 高端服务项目占所开展服务项目比例 | 5 | 4 |
| 设施设备 | 服务场所建筑面积 | 5 | 3 |
| | 基础设施 | 5 | 3 |
| | 办公设备 | 5 | 3 |
| | 安全、消防设施 | 5 | 3 |
| 服务环境 | 机构所在地交通状况 | 5 | 1 |
| | 公共信息图形符合相关标准规定情况 | 5 | 2 |

续表

| 一级指标 | 二级指标 | 分值 | 权重 |
|---|---|---|---|
| 服务环境 | 公示项目 | 5 | 1 |
| | 服务场所环境情况 | 5 | 4 |
| 规章制度 | 员工手册 | 5 | 1 |
| | 岗位说明书 | 5 | 1 |
| | 各项规章制度 | 5 | 3 |
| | 遵纪守法 | 5 | 2 |

(3)青岛市和濮阳市人力资源服务机构能力指数六大指标体系

2013年8月30日,青岛市人力社保局制订了《青岛市人力资源服务机构星级评定工作方案》,随后2015年濮阳市也发表了濮阳市地方标准。文件运用基础建设、制度建设、队伍建设、诚信建设、服务业绩、社会责任6个指标,除基础建设和制度建设占比较低,为10%,其他占比均为20%,据此将人力资源服务机构等级从低到高划分为5个等级。具体分值情况和指标见表4。

表4 青岛市和濮阳市机构能力指数六大指标体系

| 一级指标 | 二级指标 | 分值 |
|---|---|---|
| 基础建设 | 具有一定规模的经营场所,且交通方便,标志明显,无安全隐患 | 5 |
| | 具有与其规模相适应的办公设施和专业网站,具有局域网络管理系统及网络办公系统 | 5 |
| 制度建设 | 对服务项目制订服务规程,并严格按要求服务,做好服务记录 | 2 |
| | 建立服务承诺制、一次性告知制、限时办结制 | 2 |
| | 有明确的工作纪律、投诉监督电话和违诺追究措施,并公开承诺工作纪律、投诉监督电话、违诺追究措施 | 3 |
| | 公示收费项目、收费标准、收费范围、收费依据、服务地址电话、人社部门监督管理电话、工商执照、税务证照、人力资源服务许可证等 | 3 |
| 队伍建设 | 从业人数达到一定规模,人员资质符合规定要求,与员工签订劳动合同,并按时为员工缴纳社会保险金 | 15 |
| | 组织从业人员参加道德教育和业务培训,支持员工参加继续教育,从业人员具有大专以上学历,本科学历的比例不低于40% | 5 |

续表

| 一级指标 | 二级指标 | 分值 |
|---|---|---|
| 诚信建设 | 是否按照业务规程和核准范围从事人力资源服务活动;是否存在乱收费行为;是否伪造、转让或者租借资格证书;是否存在出具虚假报告、欺骗刁难服务对象等情况;求职信息及宣传资料是否实事求是,符合相关规定 | 5 |
| | 是否有不讲职业道德、不遵守执业规则,故意贬低、诋毁其他人力资源服务机构的行为;是否以不正当手段损害同行信誉、干预其他人对人力资源服务机构选择的行为 | 5 |
| | 是否依法缴纳税款,是否受到群众服务投诉 | 4 |
| | 是否按时参加市人力社保局会议,按时上报报表 | 6 |
| 服务业绩 | 年度经营收入和营业利润情况 | 20 |
| 社会责任 | 有关政府职能部门、社会组织及服务对象满意度测评情况 | 10 |
| | 获得县区级以上表彰(主要考核人力资源服务机构近两年获得过的奖励及荣誉),参与社会公益捐助活动,有自己独立注册的服务商标 | 10 |

## (二)比较研究

### 1. 共同指标

地方标准和国家标准在指标选取方面有许多不同,但经过仔细分析可以发现一级指标中大体都包括国家标准中的从业人员、设施设备、服务环境、规章制度。其中,北京市和河北省与国家标准中的一级指标完全一致,二级指标基本一致。湖北省则分为4个一级指标,其中的保障性指标就包括了从业人员、设施设备、服务环境以及规章制度等。濮阳市和青岛市一级指标中的基础建设就相当于国家标准中的服务环境和设施设备,制度建设和诚信建设就相当于国家标准中的规章制度,队伍建设就相当于国家标准中的从业人员,在社会责任中包括了服务质量的评价指标。

其中,从业人员的二级指标中都包括从业人员数量、专业技术职务任职资格及职(执)业资格情况、学历及培训情况、服务质量。设施设备的二级指标中都包括基础设施、办公设备和安全、消防设施。服务环境的二级指标中都包括公共信息图形符合相关标准规定情况、公示项目。其中,湖北省的保障性指标中的规章制度指标的运营管理制度和服务项目管理制度类似于国家标准中的各项规章制度指标。据此,规章制度的二级指标中都包括各项规章制度和遵纪守法。同时,通过表5可以发现,相同的二级指标的分值各不相同。但总体来说,从业人员、服务项目、设施设备、效益性指标总体占的分值比例较高。

2.差异指标

国家标准和地方标准除了上述共同指标外,还存在许多不同的一级和二级指标。一级指标中,除国家标准、河北省、北京市完全一致外,湖北省在此基础上增加了信息化水平以及效益性指标,将服务项目进行细分,对不同服务项目规定不同的评价标准。濮阳市和青岛市在国家标准的基础上增加了服务业绩、社会责任的评价,减少了服务项目的评价。

河北省、北京市和湖北省地方标准在已有的共同二级指标中,还加入了服务场所建筑面积、员工手册、岗位说明书的二级指标。河北省、北京市在国家标准的基础上,将服务项目中的服务规模分为服务项目数和年度营业收入。其中,服务项目数是公共服务机构的评价指标,年度营业收入是经营性服务机构的评价指标。河北省和北京市除学历及培训情况的二级指标分值高于国家标准,服务质量、客户满意度的二级指标分值低于国家标准外,其余分值与国家标准完全一致。

湖北省在上述3个省份的共同二级指标中,用服务评价来代替国家标准中的服务质量、客户满意度,用运营管理制度和服务项目管理制度代替国家标准中的各项规章制度;在功能性指标中加入招聘服务、劳务派遣、人力资源外包、培训等的具体二级评价指标,分值占48%;在信息化水平中加入基础保障、信息平台建设与应用、数据库,分值总体占14%;在效益性指标中加入注册资金、年收入、年利润等,分值总体占20%。具体参见表5。

青岛市和濮阳市在已有的共同二级指标中,用诚信建设替代遵纪守法,加入了年度经营收入、营业利润、获得表彰、参与社会公益活动等指标。其中设施设备指标权重明显小于国家标准,每个二级指标均为5分,但年收入和年利润指标分值较高,为20分(图1)。

表5　国家标准与地方标准对比

| 一级指标 | 二级指标 | 分值 | | | | | |
| --- | --- | --- | --- | --- | --- | --- | --- |
| | | 国家 | 北京市 | 河北省 | 湖北省 | 濮阳市 | 青岛市 |
| 从业人员 | 从业人员数量及人力资源市场从业人员资格证书情况 | 20 | 20 | 20 | 15 | 15 | 15 |
| | 学历及培训情况 | 10 | 15 | 15 | 15 | 5 | 5 |
| | 专业技术人员职业资格、技能人员职业资格、执业资格情况 | 5 | 5 | | 15 | | |
| | 服务质量、客户满意度 | 10 | 5 | 5 | 10 | 10 | 10 |

续表

| 一级指标 | 二级指标 | 分值 | | | | | |
|---|---|---|---|---|---|---|---|
| | | 国家 | 北京市 | 河北省 | 湖北省 | 濮阳市 | 青岛市 |
| 服务项目 | 服务规模 | 15 | 15 | 15 | | | |
| | 主营业务情况 | 20 | 20 | 20 | | | |
| | 服务项目达到相应分值比例 | 25 | 25 | 25 | | | |
| | 高端服务项目占所开展服务项目比例 | 20 | 20 | 20 | | | |
| 设施设备 | 服务场所建筑面积 | 15 | 15 | 15 | 10 | 5 | 5 |
| | 基础设施 | 15 | 15 | 15 | 20 | 5 | 5 |
| | 办公设备 | 15 | 15 | 15 | 15 | 5 | 5 |
| | 安全、消防设施 | 15 | 15 | 15 | 15 | 5 | 5 |
| 服务环境 | 机构所在地交通状况 | 5 | 5 | 5 | | 5 | 5 |
| | 公共信息图形符合相关标准规定情况 | 10 | 10 | 10 | 5 | 5 | 5 |
| | 公示项目 | 5 | 5 | 5 | 5 | 3 | 3 |
| | 服务场所环境情况 | 20 | 20 | 20 | 5 | | |
| 规章制度 | 员工手册 | 5 | 5 | 5 | 5 | | |
| | 岗位说明书 | 5 | 5 | 5 | 5 | | |
| | 各项规章制度 | 15 | 15 | 15 | | 5 | 5 |
| | 遵纪守法 | 10 | 10 | 10 | | 5 | 5 |
| | 运营管理制度 | | | | 5 | | |
| | 服务项目管理制度 | | | | 5 | | |
| 信息化水平 | 基础保障 | | | | 40 | 5 | 5 |
| | 数据库 | | | | 40 | | |
| | 信息平台建设与应用 | | | | 60 | | |
| 效益性指标 | 注册资金 | | | | 40 | | |
| | 年收入 | | | | 70 | 20 | 20 |
| | 年利润 | | | | 60 | 20 | 20 |
| | 年人均产值 | | | | 15 | | |
| | 税收 | | | | 15 | | |

续表

| 一级指标 | 二级指标 | 分值 | | | | | |
| --- | --- | --- | --- | --- | --- | --- | --- |
| | | 国家 | 北京市 | 河北省 | 湖北省 | 濮阳市 | 青岛市 |
| 社会责任 | 获得表彰;参与社会公益捐助活动;有自己独立注册的服务商标 | | | | | 10 | 10 |

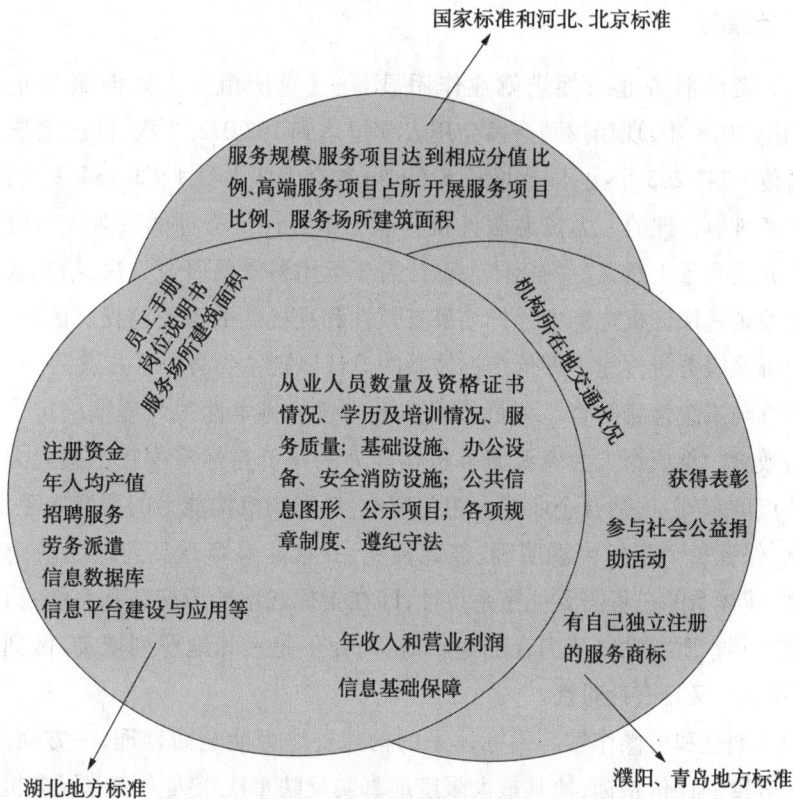

图1 国家及地方评级指标异同对比图

## (三)实践借鉴

基于上述分析可以看出,大部分地方标准和国家标准中包括从业人员、服务项目、设施设备、服务环境、规章制度、服务业绩等一级指标;包括从业人员数量,专业技术职务任职资格及职(执)业资格情况,学历及培训情况,服务质量,服务场所建筑面积,基础设施,办公设备,安全、消防设施,机构所在地交通状况,公共信息图形符合相关标准规定情况,公示项目,员工手册,岗位说明书,各项规章制度,遵纪守法,年营业收入,营业利润等二级指标。故这些指标也将作为重庆市人力资源服务机构能力指数评价体系中的基本指标。其中从业人员、设施设备、服务项目、服务业绩等一级指标,年营业收入和营业利润等二级指标占较高权重。

## 四、重庆人力资源服务机构能力指数模型设计

### (一)设计原则

重庆人力资源服务业对促进就业作用显著。《重庆市人力资源服务业发展报告(2019)》指出:2018年,现场招聘会参会用人单位达到133 073个次,同比增长11.19%;提供招聘岗位1 747 203个次,同比增长5.69%;参会求职人员1 929 884人次,同比增长7.63%。一套科学合理的人力资源服务机构能力指数评价指标体系对人力资源服务机构能力的提升具有重大意义。指标体系设计需要运用科学的研究方法,指标选取和评价体系的构建原则是保证机构能力评价结果有效性和准确性的重要前提。因此,本文认为重庆市人力资源服务机构能力评价指标体系的设计原则主要有以下几点:

①科学性与系统性相结合。评价指标体系构建的科学性很大程度决定了该体系的评价信度与效度。重庆市人力资源服务机构能力的评价指标需要在把握人力资源服务机构产品特点的基础上,结合企业能力相关理论,从影响机构能力的要素入手,逐级将指标进行细化,保证每个指标内涵明确、彼此独立,并且能够客观真实地反映企业能力状况。同时,构建体系的过程需要注重系统性,即在指标选取阶段应该从系统总目标出发,但也必须遵循其本质特性以及内在的逻辑规律,而不是一味地罗列堆砌,做到评价指标之间既互有联系,又具有针对性。

②兼顾全面性和可操作性。指标体系的构建要尽可能全面合理,一方面,要全面地选取具有区分度的评价指标,使其最大限度地真实反映重庆市人力资源服务机构的本质功能,进一步揭示重庆市人力服务行业的发展规律;另一方面,要充分考虑指标数据的可得性与可操作性,对特别重要但又难以获取的指标,应依据尽可能多的信息进行估计或运用可替代的指标。

③统筹动态性和稳定性。随着我国经济社会发展,人力资源服务机构也不断呈现出新特点和新要求。因此,构建重庆市人力资源服务机构能力评价指标体系要充分考虑重庆市人力资源服务机构发展的动态化特点,保持一定的灵活性,能够根据行业、重庆市以及国家产业政策的变化及时做出反应和调整。同时,指标体系也不宜频繁变动,需要在一定时期内保持相对稳定性,以使评估结果的解释具有连续性和动态可比性。

### （二）设计目标

人力资源服务机构能力评价是对该机构综合能力的全面分析和测评。构建重庆人力资源服务机构能力指数模型的目标在于：客观、科学评价重庆人力资源服务机构能力的现状，引导重庆人力资源服务机构提升竞争力，进而为重庆市政府部门制定相关的产业政策提供数据支持。同时，为客户的选择提供参考。

### （三）机构能力指数评价指标的初选

依据机构能力的内涵研究和国内外文献研究发现，人力资源服务机构能力应该包括财务能力、市场能力、内部运营能力、可持续发展能力等方面。通过国家标准和部分省市的人力资源服务机构能力指数评价标准的比较研究，发现国家标准和部分省市发布的《人力资源服务机构能力指数评价标准》中普遍包括从业人员、服务项目、设施设备、服务环境、规章制度等一级指标。财务能力可用机构的服务业绩指标。内部运营能力可用国家标准中的各项规章制度、员工手册和岗位说明书等衡量。市场能力反映公众对机构的认可程度，可以运用市场地位、服务质量来衡量，对应于国家标准中的服务项目。可持续发展能力可以用服务环境、设施设备、从业人员学历及培训情况等来衡量。

因此，初步选取财务能力、市场能力、内部运营能力、可持续发展能力作为评价重庆市人力资源服务机构能力指数的 4 个一级指标，从业人员数量及人力资源市场从业人员资格证书情况，学历及培训情况，专业技术职务任职资格及职（执）业资格情况，服务质量，服务规模，主营业务情况，高端服务项目占所开展服务项目比例，服务项目达到相应分值比例，服务场所建筑面积，基础设施，办公设备，安全、消防设施，机构所在地交通状况，公共信息图形符合相关标准规定情况，公示项目，服务场所环境情况，市场地位，各项规章制度，遵纪守法，员工手册，岗位说明书，营业收入，营业利润，主营业务收入占总收入的比重，年人均产值，共计 25 个二级指标（图 2）。

### （四）机构能力指数评价指标的筛选

为客观、公正地评价重庆人力资源服务机构能力，有必要对上述指标进行专家筛选。基于此，遵循科学性、系统性、可操作性、全面性以及统筹动态性和稳定性的原则，设计了"重庆人力资源服务机构能力指数调查问卷"，并邀请重庆市人力资源管理方面的专家通过问卷星进行填写。回收问卷 186 份，剔除漏项或不规范填写等无效问卷，有效问卷共计 172 份。

```
                                            ┌─────────────┐      ┌─────────────┐    ┌─────────────────┐
                                            │             │      │             │    │   各项规章制度    │
                                            │             │      │             │    ├─────────────────┤
                                            │  内部运营能力  ├──────┤   规章制度    ├────┤    遵纪守法       │
                                            │             │      │             │    ├─────────────────┤
                                            │             │      │             │    │    员工手册       │
                                            └─────────────┘      └─────────────┘    ├─────────────────┤
                                            │                                      │   岗位说明书      │
                                            │                                      └─────────────────┘
                                            │                                      ┌─────────────────┐
                                            │                                      │   服务规模        │
                                            │                                      ├─────────────────┤
                                            │             ┌─────────────┐    ┌─────┤   主营业务情况    │
                                            │             │   市场能力    ├────┤服务项目├─────────────────┤
                                            │             └─────────────┘    └─────┤高端服务项目占所  │
                                            │                                      │开展服务项目比例  │
                                            │                                      ├─────────────────┤
                                            │                                      │服务项目达到       │
                                            │                                      │相应分值比例       │
┌─────────────────┐                         │                                      └─────────────────┘
│                 │                         │                                      ┌─────────────────┐
│  初选的           │                         │                                      │   营业收入        │
│  重庆人           │                         │                                      ├─────────────────┤
│  力资源           │                         │             ┌─────────────┐    ┌─────┤   营业利润        │
│  服务机           ├─────────────────────────┤             │   财务能力    ├────┤服务业绩├─────────────────┤
│  构能力           │                         │             └─────────────┘    └─────┤主营业务收入占    │
│  指数评           │                         │                                      │总收入的比重       │
│  价指标           │                         │                                      ├─────────────────┤
│  体系            │                         │                                      │   年人均产值      │
│                 │                         │                                      └─────────────────┘
└─────────────────┘                         │                                      ┌─────────────────┐
                                            │                                      │机构所在地交通状况 │
                                            │                                      ├─────────────────┤
                                            │                                      │公共信息图形符合相关│
                                            │                                      │标准规定情况       │
                                            │                                      ├─────────────────┤
                                            │             ┌─────────────┐    ┌─────┤   公示项目        │
                                            │             │   服务环境    ├────┤     ├─────────────────┤
                                            │             └─────────────┘    └─────┤服务场所环境情况  │
                                            │                                      ├─────────────────┤
                                            │                                      │   市场地位        │
                                            └─────────────┐                        └─────────────────┘
```

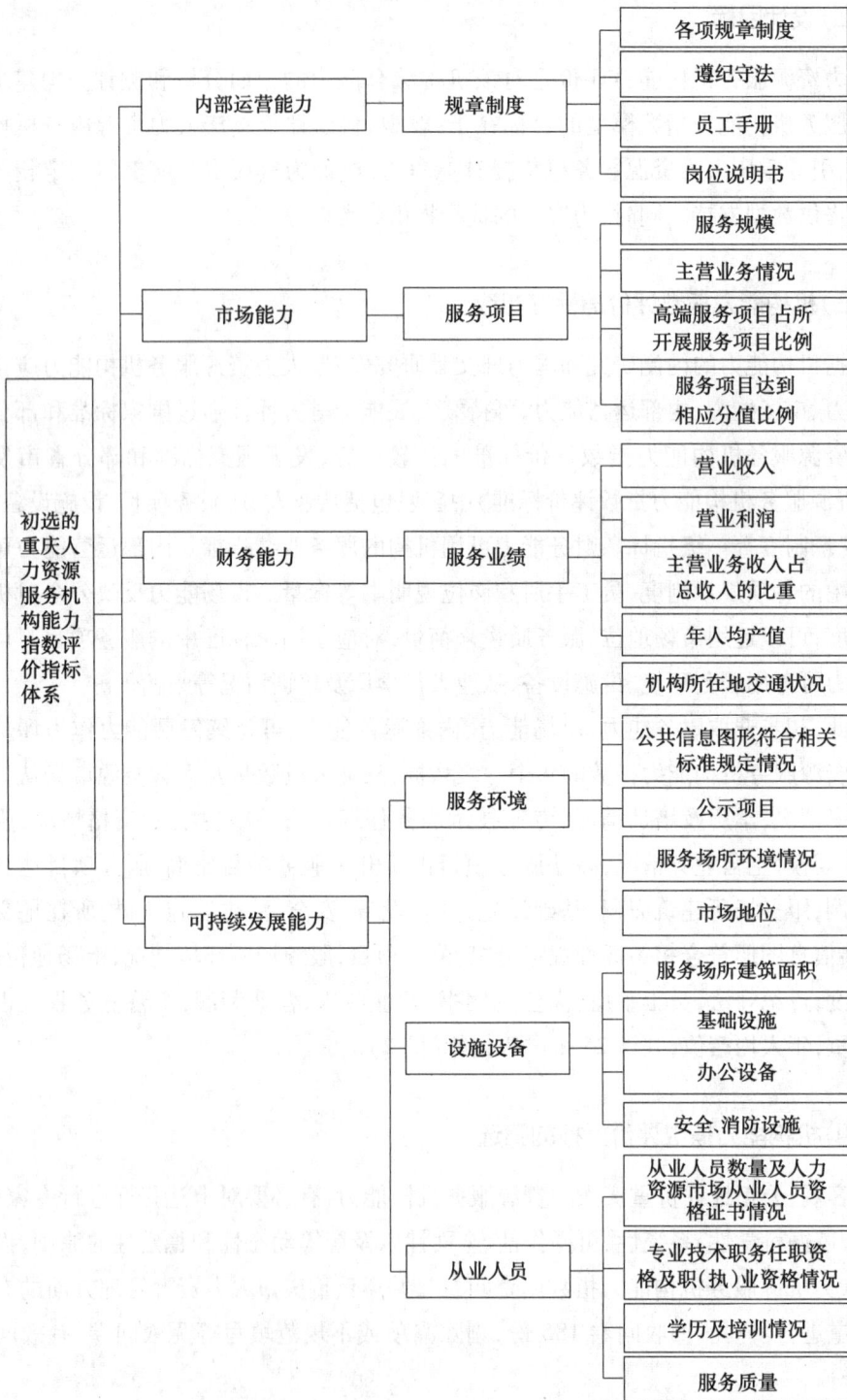

图 2　初选的重庆人力资源服务机构能力指数评价指标体系

1. 样本情况

通过对收回"重庆人力资源服务机构能力指数调查问卷"的样本分析发现:接受调查的专家主要来自企业(54.65%)、高校(24.42%)以及科研机构(3.49%)等工作单位;接受调查的专家具有博士和硕士学位的占比为52.33%,具有本科学历的占比为37.21%,学历层次较高;接受调查的专家职称以高级职称(31.4%)、中级职称(29.07%)为主(图3)。

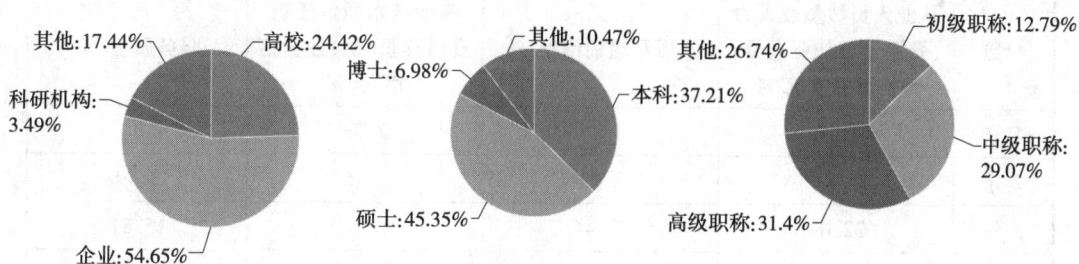

图3 样本专家单位性质、学历及职称情况

2. 数据统计分析

(1)一级指标数据统计分析

收集专家们对"重庆人力资源服务机构能力指数调查问卷"的回答可以发现,人力资源服务机构能力指数评价的一级指标认可度较为统一,其中规章制度平均重要性评分最高为4.24,服务业绩平均重要性评分为4.23、从业人员平均重要性评分为4.2,服务项目平均重要性评分为4.14,服务环境平均重要性评分为3.97,设施设备重要性评分最低为3.8。这表明专家基本上认同这些一级指标可以作为评定人力资源服务机构能力的基本标准(图4)。

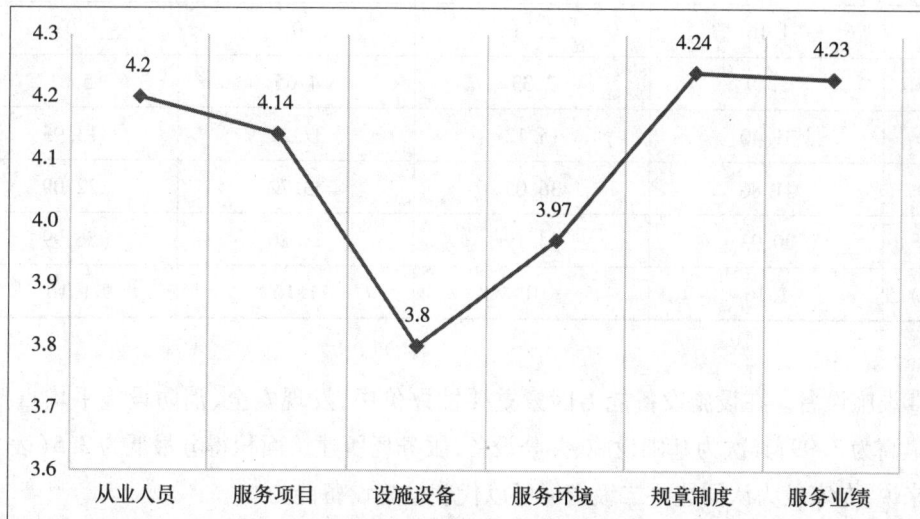

图4 一级指标平均重要程度

（2）二级指标数据统计分析

①从业人员。在从业人员能力评价中，服务质量重要性平均评分为4.29；专业技术职务任职资格及职（执）业资格情况重要程度平均评分为3.94；学历及培训情况、从业人员数量及人力资源市场从业人员资格证书情况平均评分分别为3.88和3.70（表6）。没有人认为上述因素不重要，故这些因素都应该作为从业人员能力评价的二级指标。

表6 从业人员二级指标重要程度数据统计表

| 分数 | 从业人员数量及人力资源市场从业人员资格证书情况/% | 学历及培训情况/% | 专业技术职务任职资格及职（执）业资格情况/% | 服务质量/% |
|---|---|---|---|---|
| 1分 | 1.16 | 1.16 | 2.33 | 0 |
| 2分 | 5.82 | 2.33 | 1.16 | 3.49 |
| 3分 | 32.09 | 27.44 | 21.63 | 15.81 |
| 4分 | 44.19 | 45.35 | 50 | 29.07 |
| 5分 | 16.74 | 23.72 | 24.88 | 51.63 |

②服务项目。专家基本上认为服务规模、主营业务情况、高端服务项目占所开展服务项目比例、服务项目达到相应分值比例可以作为服务项目能力评价中的二级指标，服务项目达到对应分值比例平均重要性评分最高为4.27；主营业务情况次之为4.17；服务规模、高端服务项目占所开展服务项目比例最低为3.7（表7）。

表7 服务项目二级指标重要程度数据统计表

| 分数 | 服务规模/% | 主营业务情况/% | 高端服务项目占所开展服务项目比例/% | 服务项目达到相应分值比例/% |
|---|---|---|---|---|
| 1分 | 1.16 | 2.31 | 0 | 0 |
| 2分 | 3.49 | 2.33 | 4.65 | 5.81 |
| 3分 | 31.40 | 15.12 | 37.21 | 13.95 |
| 4分 | 41.86 | 36.05 | 33.72 | 22.09 |
| 5分 | 20.93 | 44.19 | 23.26 | 56.99 |
| （空） | 1.16 | 0 | 1.16 | 1.16 |

③设施设备。在设施设备能力因素重要性评价中，发现安全、消防设施平均重要性得分最高为3.99；其次为基础设施、办公设备；服务场所建筑面积得分最低为3.5（表8）。总体来说，专家较为认同这些二级指标可以代表设施设备能力。

表8　设施设备二级指标重要程度数据统计表

| 分数 | 服务场所建筑面积/% | 基础设施/% | 办公设备/% | 安全、消防设施/% |
|---|---|---|---|---|
| 1分 | 1.16 | 1.16 | 1.16 | 0 |
| 2分 | 3.49 | 2.33 | 3.49 | 9.30 |
| 3分 | 45.35 | 25.58 | 24.42 | 18.60 |
| 4分 | 38.37 | 41.86 | 43.02 | 24.42 |
| 5分 | 10.47 | 29.07 | 26.75 | 45.35 |
| （空） | 1.16 | 0 | 1.16 | 2.33 |

④服务环境。在服务环境能力评价中,专家几乎都认同市场地位、机构所在地交通状况、公共信息图形符合相关标准规定情况、公示项目、服务场所环境情况可以作为服务环境能力评级的二级指标,只有0.696%的人认为这些因素代表不了服务环境能力(表9)。

表9　服务环境二级指标重要程度数据统计表

| 分数 | 机构所在地交通状况/% | 公共信息图形符合相关标准规定情况/% | 公示项目/% | 服务场所环境情况/% | 市场地位/% |
|---|---|---|---|---|---|
| 1分 | 0 | 1.16 | 0 | 0 | 0 |
| 2分 | 2.33 | 2.33 | 3.49 | 2.33 | 2.33 |
| 3分 | 25.58 | 24.42 | 29.07 | 16.28 | 17.44 |
| 4分 | 31.40 | 40.70 | 36.05 | 40.70 | 40.70 |
| 5分 | 39.53 | 31.39 | 30.23 | 39.53 | 39.53 |
| （空） | 1.16 | 0 | 1.16 | 1.16 | 0 |

⑤规章制度。在规章制度能力评价中,各项规章制度、遵纪守法、员工手册、岗位说明书重要程度评分均大于4分,其中遵纪守法最高为4.38,岗位说明书最低为4.14(表10)。重要性评分较高,专家认为这些因素可以代表机构规章制度能力。

表10　规章制度二级指标重要程度数据统计表

| 分数 | 遵纪守法/% | 各项规章制度/% | 员工手册/% | 岗位说明书/% |
|---|---|---|---|---|
| 1分 | 1.16 | 0 | 0 | 1.16 |
| 2分 | 0 | 2.33 | 1.16 | 4.65 |
| 3分 | 13.95 | 11.63 | 13.96 | 12.79 |

续表

| 分数 | 遵纪守法/% | 各项规章制度/% | 员工手册/% | 岗位说明书/% |
|---|---|---|---|---|
| 4 分 | 23.26 | 32.56 | 29.07 | 41.86 |
| 5 分 | 60.47 | 52.32 | 54.65 | 39.54 |
| (空) | 1.16 | 1.16 | 1.16 | 0 |

⑥服务业绩。在服务业绩能力评价中,营业利润、营业收入、主营业务收入占总收入的比重和年人均产值的二级指标获得专家的普遍认同,并认为营业利润(4.31 分)比年人均产值(4.23 分)更能体现服务业绩能力(表 11);主营业务收入占总收入的比重的得分(4.21 分)略高于营业收入的得分(4.06 分)。

表 11　服务业绩二级指标重要程度数据统计表

| 分数 | 营业收入/% | 营业利润/% | 主营业务收入占总收入的比重/% | 年人均产值/% |
|---|---|---|---|---|
| 1 分 | 0 | 1.16 | 0 | 0 |
| 2 分 | 2.33 | 1.16 | 1.16 | 2.33 |
| 3 分 | 17.44 | 16.28 | 17.45 | 16.27 |
| 4 分 | 46.51 | 27.91 | 34.88 | 31.40 |
| 5 分 | 32.56 | 53.49 | 45.35 | 48.84 |
| (空) | 1.16 | 0 | 1.16 | 1.16 |

### 3.机构能力指数评价指标的确定

为提高指标体系的科学性,还需要对各指标的隶属度、相关性、鉴别力进行分析,具体分析过程如下:

(1)隶属度分析

综合上述专家意见,保留得分较高的指标,剔除得分较低的指标,形成较为合理的评价指标体系。具体来说,若一共有 $M$ 位专家参与问卷调查,其中有 $n$ 位专家认为某一指标是人力资源服务机构能力指数评价的重要评价指标,则该指标的隶属度为:

$$r = \frac{n}{M}$$

其中,$r$ 值越大表明该指标在评价指标体系中越重要,需要保留;反之,需要删除该指标。通过隶属度分析,剔除隶属度小于 0.1 的指标,形成第一轮人力资源服务机构能力指数评价体系。由于所有指标的 $r$ 值较大,保留所有的指标(表 12)。

表 12　机构能力指数评价指标体系专家调查结果统计表

| 指标名称 | 选择的专家人数/人 | 隶属度 |
|---|---|---|
| A1　从业人员数量及人力资源市场从业人员资格证书情况 | 172 | 1 |
| A2　学历及培训情况 | 172 | 1 |
| A3　专业技术职务任职资格及职(执)业资格情况 | 172 | 1 |
| A4　服务质量 | 172 | 1 |
| A5　服务规模 | 170 | 0.9 |
| A6　主营业务情况 | 172 | 1 |
| A7　高端服务项目占所开展服务项目比例 | 170 | 0.9 |
| A8　服务项目达到相应分值比例 | 170 | 0.9 |
| A9　服务场所建筑面积 | 170 | 0.9 |
| A10　基础设施 | 172 | 1 |
| A11　办公设备 | 170 | 0.9 |
| A12　安全、消防设施 | 168 | 0.9 |
| A13　机构所在地交通状况 | 170 | 0.9 |
| A14　公共信息图形符合相关标准规定情况 | 172 | 1 |
| A15　公示项目 | 170 | 0.9 |
| A16　服务场所环境情况 | 170 | 0.9 |
| A17　市场地位 | 170 | 0.9 |
| A18　遵纪守法 | 170 | 0.9 |
| A19　各项规章制度 | 170 | 0.9 |
| A20　员工手册 | 170 | 0.9 |
| A21　岗位说明书 | 172 | 1 |
| A22　营业收入 | 170 | 0.9 |
| A23　营业利润 | 172 | 1 |
| A24　主营业务收入占总收入的比重 | 170 | 0.9 |
| A25　年人均产值 | 170 | 0.9 |

（2）相关性分析

经过隶属度分析筛选保留下来的指标往往还存在一定的相关性。如果指标之间的相关性过高,会导致信息重复的现象,降低指标体系的科学性,影响评价结果。因此,对各指标之间的相关系数进行分析,删除相关性较大的指标,可以有效减少信息重复对评价结果的影响。计算公式如下:

$$R_{ij} = \frac{\sum_{a=1}^{m} (X_{ai} - X_i)(X_{aj} - X_j)}{\sqrt{\sum_{a=1}^{m} (X_{ai} - X_i)^2 \cdot \sum_{a=1}^{m} (X_{aj} - X_j)^2}}$$

规定一个临界值 $M(0<M<1)$,若计算得到的 $R>M$,则需要删除其中的一个指标;反之,若计算得到的 $R<M$,则两个指标同时保留。根据此原理,运用 SPSS 统计软件对 25 个二级指标进行相关性分析,得到相关性矩阵系数表。本研究设定的临界值 $M$ 为 0.8,由于数据较多,故以从业人员一级指标下的 4 个二级指标为例,得到其指标相关性分析结构(表 13)。

表 13  从业人员能力指标相关性分析结果表

| 项目 | 从业人员数量及人力资源市场从业人员资格证书情况 | 学历及培训情况 | 专业技术职务任职资格及职(执)业资格情况 | 服务质量 |
|---|---|---|---|---|
| 从业人员数量及人力资源市场从业人员资格证书情况 | 1 | | | |
| 学历及培训情况 | 0.695** | 1 | | |
| 专业技术职务任职资格及职(执)业资格情况 | 0.620** | 0.719** | 1 | |
| 服务质量 | 0.401** | 0.508** | 0.428** | 1 |

通过 Pearson 相关性分析可以发现,从业人员下属二级指标均未超过预设临界值 $M$,表明指标符合要求。同理,对其他一级指标下的二级指标全部进行 Pearson 分析,发现营业收入和主营业务收入占总收入的比重、办公设备和基础设施、各项规章制度和高端服务项目占所开展服务项目的比例、机构所在地交通状况和主营业务情况以及机构所在地交通和服务场所环境情况的相关性高于0.8(具体见附件),主要是交通便捷导致人员流量大,从而对人力资源服务机构的业务有促进作用。故需要删除营业收入、办公设备、机构所在地交通状况、高端服务项目占所开展服务项目的比例。由此,得到第二轮人力资源服务机构能力指数评价体系。

(3)鉴别力分析

所谓鉴别力就是指其区分评价对象特征差异的能力。在实际操作中,通常用变异系数来衡量指标的鉴别能力。其中,$X$ 为各指标的平均值,$S_i$ 为各指标的标准差,其计算公式为:

$$V_i = \frac{S_i}{X}$$

根据上述原理,运用 SPSS 统计软件对第二轮评价指标体系中各指标进行鉴别力分析(表 14),删除变异系数最小的服务场所环境情况,保留其他指标,由此得到最终的重庆人力资源服务机构能力指数评价体系(包含 4 个一级指标,20 个二级指标,图 5)。

表 14 机构能力指标鉴别力分析结果表

| 项目 | 平均值 | 标准差 | 变异系数 |
|---|---|---|---|
| A1 | 3.70 | 0.922 | 0.249 506 129 |
| A2 | 3.88 | 0.869 | 0.223 888 288 |
| A3 | 3.94 | 0.947 | 0.240 391 938 |
| A4 | 4.29 | 0.912 | 0.212 666 729 |
| A5 | 3.74 | 1.255 | 0.335 176 134 |
| A6 | 4.17 | 1.027 | 0.245 999 808 |
| A7 | 3.72 | 1.147 | 0.308 242 186 |
| A8 | 4.27 | 1.34 | 0.313 979 099 |
| A9 | 3.50 | 1.161 | 0.331 695 332 |
| A10 | 3.95 | 0.931 | 0.235 487 543 |
| A11 | 3.87 | 1.175 | 0.303 437 234 |
| A12 | 3.99 | 1.55 | 0.388 636 763 |
| A13 | 4.05 | 1.204 | 0.297 541 085 |
| A14 | 3.99 | 0.913 | 0.228 919 59 |
| A15 | 3.90 | 1.218 | 0.312 676 49 |
| A16 | 4.14 | 0.761 | 0.183 838 628 |
| A17 | 4.17 | 1.262 | 0.302 326 139 |
| A18 | 4.38 | 1.183 | 0.269 844 891 |
| A19 | 4.31 | 1.19 | 0.275 852 477 |
| A20 | 4.34 | 1.262 | 0.290 964 425 |
| A21 | 4.14 | 0.944 | 0.228 035 848 |
| A22 | 4.06 | 1.143 | 0.281 651 964 |
| A23 | 4.31 | 0.954 | 0.221 135 347 |
| A24 | 4.21 | 1.165 | 0.276 761 534 |
| A25 | 4.23 | 1.172 | 0.276 891 818 |

| | | 各项规章制度 |
| --- | --- | --- |
| | | 遵纪守法 |
| 内部运营能力 | 规章制度 | 员工手册 |
| | | 岗位说明书 |

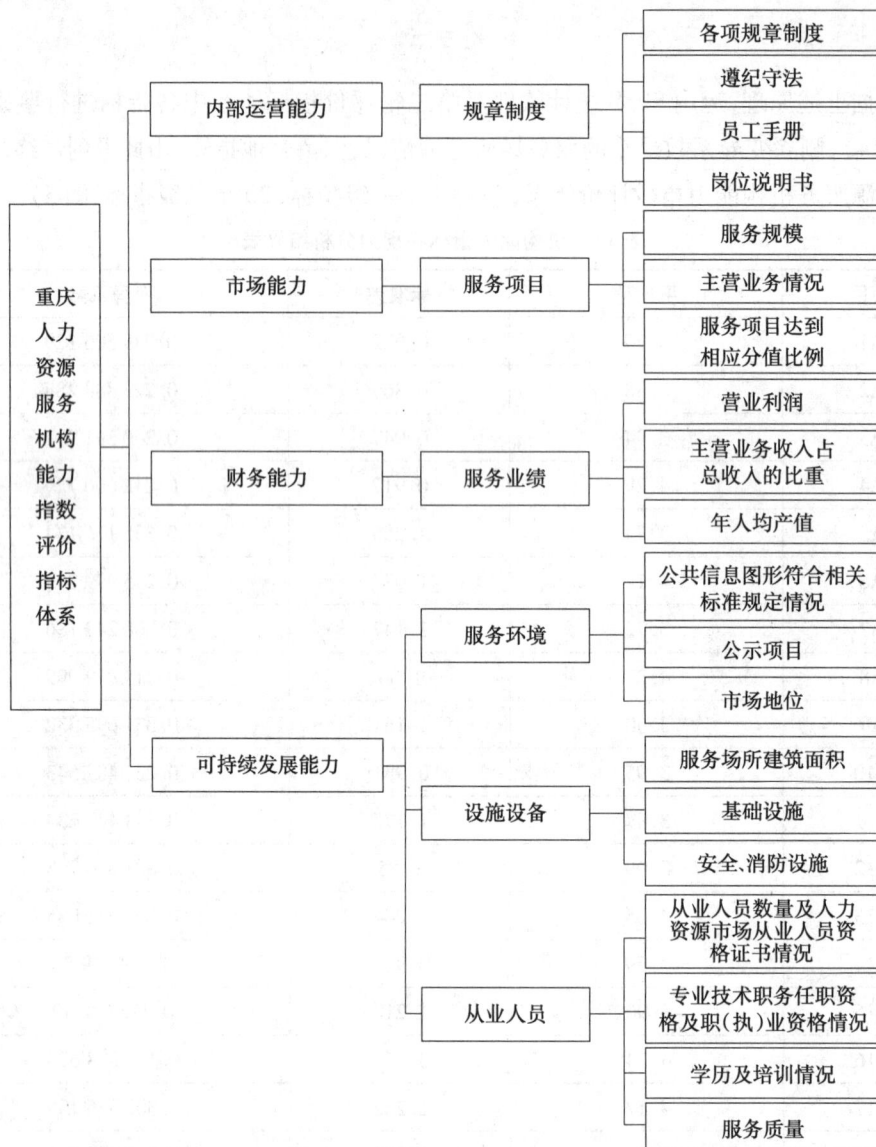

图5 重庆人力资源服务机构能力指数评价指标体系

## （五）机构能力指数评价模型构建

依据人力资源服务机构能力指数评价指标体系的特征和各种权重确定方法的比较分析,本研究采用层次分析法确定权重,其基本原理如下:

### 1.建立层次结构模型

用层次分析法来确定人力资源服务机构能力指数评价的各评价因子的权重时,必须先将各指标按评价的目标层次进行排列,建立起层次结构的综合评价体系。在构建层次之前需列出所有可能影响人力资源服务机构能力的指标及各指标之间的相互关系,然后建立层次结构图。

### 2. 构建层次判断矩阵

通过问卷调查法收集专家对指标重要性的打分,以两两比较的方式构建层次判断矩阵(表15)。构造的判断矩阵一般表达式为 $A = (a_{ij})_{n \times n} A = (a_{ij})_{n \times n}$,该矩阵具有如下性质:

① $a_{ij} > 0$;

② $a_{ji} = \dfrac{1}{a_{ij}}$;

③ $a_{ii} = 1$。

在特殊情况下,判断矩阵可以具有传递性,即满足等式:$a_{ij} \times a_{jk} = a_{ik}$。

表 15　判断矩阵数值含义表

| 标度 $f(x,y)$ | 含义 |
|---|---|
| 1 | 表示 $x,y$ 具有同等重要性 |
| 3 | 表示 $x$ 比 $y$ 略重要 |
| 5 | 表示 $x$ 比 $y$ 明显重要 |
| 7 | 表示 $x$ 比 $y$ 强烈重要 |
| 9 | 表示 $x$ 比 $y$ 极端重要 |
| 2,4,6,8 | 表示上述相邻判断的中间值 |

### 3. 层次单排序和一致性检验

计算每一个判断矩阵各因素针对其准则的相对权重。由于专家主观意见可能不一致,因此还需要对判断矩阵的一致性进行检验。

首先,计算一致性指标 $CI$。其中 $\lambda_{\max}$ 为判别式矩阵最大特征根。

$$CI = \frac{\lambda_{\max} - n}{n - 1}$$

接下来,通过查表确定相应的平均随机一致性指标 $RI$。

最后,计算一致性比率 $CR$。

$$CR = \frac{CI}{RI}$$

当 $CR < 0.1$ 时,认为判断矩阵的一致性是可以接受的;当 $CR > 0.1$ 时,认为判断矩阵不符合一致性要求,需要对该判断矩阵进行重新修正。

4.层次总排序和一致性检验

通过自上而下的方法逐步合成,得到判断矩阵各要素对目标层的相对权重。同样需要对矩阵的一致性进行检验,检验标准同上。

根据层次分析法的基本原理,运用 SPSS 对机构能力指数评价指标进行权重计算并通过一致性检验,得到所有评价指标的权重系数(表16)。

表 16　重庆人力资源服务机构能力指数评价指标权重系数表

| 一级指标 | 权重 | 二级指标 | 权重系数 |
|---|---|---|---|
| 规章制度 | 0.3 | 遵纪守法 | 0.17 |
| | | 各项规章制度 | 0.09 |
| | | 员工手册 | 0.02 |
| | | 岗位说明书 | 0.02 |
| 服务业绩 | 0.27 | 营业利润 | 0.10 |
| | | 年人均产值 | 0.09 |
| | | 主营业务收入占总收入的比重 | 0.08 |
| 从业人员 | 0.17 | 服务质量 | 0.07 |
| | | 专业技术职务任职资格及职(执)业资格情况 | 0.05 |
| | | 学历及培训情况 | 0.03 |
| | | 从业人员数量及人力资源市场从业人员资格证书情况 | 0.02 |
| 服务环境 | 0.12 | 市场地位 | 0.07 |
| | | 公共信息图形符合相关标准规定情况 | 0.03 |
| | | 公示项目 | 0.02 |
| 服务项目 | 0.08 | 主营业务情况 | 0.06 |
| | | 服务规模 | 0.01 |
| | | 服务项目达到相应分值比例 | 0.01 |
| 设施设备 | 0.06 | 安全、消防设施 | 0.03 |
| | | 基础设施 | 0.02 |
| | | 服务场所建筑面积 | 0.01 |

# 五、研究结论与对策建议

## (一)研究结论

①重庆人力资源服务机构能力指数评价指标体系由从业人员、服务项目、设施设备、服务环境、规章制度、服务业绩6个一级指标和20个二级指标构成。一级指标的权重由大到小的顺序为:规章制度(0.3)、服务业绩(0.27)、从业人员(0.17)、服务环境(0.12)、服务项目(0.08)、设施设备(0.06)。二级指标的权重由大到小的顺序为:遵纪守法(0.17)、营业利润(0.10)、各项规章制度和年人均产值(0.09)、主营业务收入占总收入的比重(0.08)、市场地位和服务质量(0.07)、主营业务情况(0.06)、专业技术职务任职资格及职(执)业资格情况(0.05)等。

②重庆人力资源服务机构能力指数为:

$$P_i = \sum_{j=1}^{n} X_{i,j} w_{i,j}$$

其中,$P_i \in [0,1]$,$P_i$ 为第 $i$ 个评价年的人力资源服务机构能力指数;$X_{i,j}$ 为第 $i$ 个评价年的第 $j$ 种指标的权重;$w_{i,j}$ 为第 $i$ 个评价年的第 $j$ 种指标的得分。

## (二)对策建议

### 1.编制地方标准,推动重庆人力资源服务业规范化管理

为促进重庆人力资源服务业健康、有序、可持续发展,依据国家质检总局、国家标准委批准发布的《人力资源服务机构能力指数》国家标准,结合重庆人力资源服务机构发展的实际,通过本研究建立的涵盖从业人员、服务项目、设施设备、服务环境、规章制度、服务业绩6个一级指标、20个二级指标的重庆人力资源服务机构能力指数评价指标体系,对影响重庆人力资源服务质量的规章制度、服务业绩、从业人员、服务环境、服务项目、设施设备等因素予以规范,编制人力资源服务机构等级划分与评定的重庆市地方标准,运用重庆人力资源服务机构能力指数评价模型评价人力资源服务机构等级,促使其达到相应标准水平,以提升人力资源服务质量和效率。

### 2.建立评价机制,强化评价结果应用与反馈

一是公示制度。信息公开能够解决公众和政府的信息不对称问题。对重庆人力资源服务机构能力指数评价结果进行公示,可以充分发挥其导向功能,更好地接受公众的

监督,从而促进重庆人力资源服务机构管理者提高管理水平,激发重庆人力资源服务机构提升能力。

二是申诉机制。申诉机制是指能够及时解决问题的监督机制。重庆人力资源服务机构在对评价结果产生异议时,可向评估机构提请复议,并说明理由。申诉机制的建立可以提高评价结果的有效性和可信度。

三是激励机制。建立健全重庆人力资源服务机构能力评价激励机制,将优质资源向重庆人力资源服务机构能力强的企业倾斜,并进行广泛宣传,鼓励其做大做强。

### 3.发挥行业协会作用,督促人力资源服务机构诚信经营

人力资源服务行业协会主要是以推动会员之间的交流与合作,维护行业的合法权益,规范行业行为,促进人力资源服务行业健康有序发展为宗旨。研究表明,遵纪守法占重庆人力资源服务机构能力指数的权重为0.17,各项规章制度占重庆人力资源服务机构能力指数的权重为0.09,占比较高。为此,一是加强重庆人力资源服务业监管,完善从业人员资格证书的审批和考核制度。二是发挥行业协会自我管理和自律作用,督促人力资源服务机构不断完善内部营运制度,规范操作流程,形成规范化的操作模式,对破坏行业准则的机构进行惩罚,以树立人力资源服务行业的信誉和形象。同时,对非法中介进行严厉查处,促进人力资源服务机构诚信经营。三是发挥人力资源服务行业协会的桥梁作用,加强行业内企业的协作和联合,加强各人力资源服务机构、政府、企业之间的交流与联系,传递信息,交流业务经验,共谋发展,提高行业整体的竞争能力。

### 4.创新运用人力资源服务前沿技术,培育核心竞争力

随着互联网的快速发展,"互联网+"和数字信息化已成为人力资源服务机构能力的重要体现。一是鼓励重庆人力资源服务机构创新运用人力资源服务前沿技术,创建线上、线下相结合的人力资源服务模式,不断开发新产品,提供新服务,打造拥有较高信息化水平和技术含量的核心品牌产品。二是导入CS系统,找寻客户心中的"理想服务",分析自身服务与"理想服务"之间的差距,据此提高服务质量,提升客户的让渡价值,增加客户满意度。三是加强人力资源服务机构文化建设,铸造企业文化品牌,提高企业声誉,树立良好的企业形象,增强机构的造血能力。

### 5.强化培训,提高从业人员自身素质

从业人员占重庆人力资源服务机构能力指数的权重达0.17,服务质量在重庆市人力资源服务机构能力评价指标体系中权重占0.07,且从业人员自身素质直接影响人力资源服务质量。为此,要鼓励企业加强从业人员培训,强化从业人员的职业道德教育和服务意识,激发员工学习热情,努力掌握人力资源管理方面的专业知识,不断提高从业人员的

道德水平和业务素质,构建学习型组织,快速响应客户需求,为客户提供专业化的服务,从而提高服务质量。

# 六、研究展望

本研究构建的重庆人力资源服务机构能力指数评价指标体系是基于文献研究和专家调查,结合相应国家标准和有关省、市地方标准对比研究综合得出,涵盖从业人员、服务项目、设施设备、服务环境、规章制度、服务业绩6个一级指标、20个二级指标,尽可能全面科学地评价重庆人力资源服务机构能力。但是由于人力资源服务机构能力指数评级政策实施时间较短,重庆市人力资源服务机构能力指数评价工作尚未开展,其实际应用成效如何,还有待进一步的实践检验。在今后的研究中,我们将寻求机会,通过大量的实践检验来不断改进和完善本文的研究。

**附件:重庆人力资源服务机构能力指数评价指标相关性分析结果表**

**课题负责人:**朱火弟
**课题组成员:**朱　希　梁雯秋　王恩创　陈星星　彭　卿

此课题为2020年重庆市人力社保局"人力资源服务标准化服务指南及重点课题研究"标准化服务指南课题项目,2020年7月结题。

# 附件

## 重庆人力资源服务机构能力指数评价指标相关性分析结果表

| 项目 | A1 | A2 | A3 | A4 | A5 | A6 | A7 | A8 | A9 |
|---|---|---|---|---|---|---|---|---|---|
| A1 | 1 | | | | | | | | |
| A2 | 0.695** | 1 | | | | | | | |
| A3 | 0.620** | 0.719** | 1 | | | | | | |
| A4 | 0.401** | 0.508** | 0.428** | 1 | | | | | |
| A5 | 0.063 | 0.156 | 0.098 | 0.13 | 1 | | | | |
| A6 | 0.281* | 0.341* | 0.249 | 0.251 | 0.671** | 1 | | | |
| A7 | 0.024 | 0.011 | 0.001 | 0.097 | 0.668** | 0.660** | 1 | | |
| A8 | 0.146 | 0.225 | 0.365** | 0.411** | 0.611** | 0.540** | 0.646** | 1 | |
| A9 | 0.118 | 0.134 | 0.097 | 0.286* | 0.740** | 0.469** | 0.543** | 0.685** | 1 |
| A10 | 0.112 | 0.280* | 0.213 | 0.113 | 0.564** | 0.606** | 0.485** | 0.551** | 0.566** |
| A11 | -0.12 | 0.005 | 0.028 | 0.101 | 0.728** | 0.660** | 0.685** | 0.620** | 0.677** |
| A12 | 0.071 | 0.062 | -0.04 | 0.207 | 0.615** | 0.711** | 0.642** | 0.595** | 0.563** |
| A13 | 0.087 | 0.137 | 0.108 | 0.093 | 0.738** | 0.805** | 0.731** | 0.634** | 0.605** |
| A14 | 0.175 | 0.13 | 0.239 | -0.046 | 0.534** | 0.637** | 0.574** | 0.541** | 0.447** |
| A15 | 0.144 | 0.157 | 0.023 | 0.155 | 0.684** | 0.696** | 0.728** | 0.614** | 0.652** |
| A16 | -0.156 | -0.023 | -0.005 | 0.063 | 0.748** | 0.504** | 0.684** | 0.617** | 0.715** |
| A17 | 0.239 | 0.350* | 0.301* | 0.450** | 0.585** | 0.617** | 0.651** | 0.780** | 0.697** |
| A18 | 0.072 | 0.115 | 0.101 | 0.131 | 0.684** | 0.640** | 0.793** | 0.791** | 0.574** |
| A19 | 0.099 | 0.075 | 0.102 | 0.212 | 0.670** | 0.723** | 0.818** | 0.790** | 0.641** |
| A20 | 0.239 | 0.350* | 0.301* | 0.450** | 0.585** | 0.617** | 0.651** | 0.780** | 0.697** |
| A21 | 0.212 | 0.247 | 0.133 | 0.06 | 0.609** | 0.583** | 0.567** | 0.523** | 0.436** |
| A22 | 0.058 | 0.103 | 0.075 | 0.01 | 0.797** | 0.696** | 0.685** | 0.626** | 0.600** |
| A23 | 0.02 | 0.216 | 0.08 | -0.048 | 0.694** | 0.628** | 0.461** | 0.359* | 0.435** |
| A24 | -0.032 | -0.022 | 0.052 | 0.017 | 0.749** | 0.658** | 0.696** | 0.631** | 0.528** |
| A25 | 0.029 | 0.038 | 0.143 | 0.179 | 0.625** | 0.636** | 0.700** | 0.795** | 0.639** |

| 项目 | A10 | A11 | A12 | A13 | A14 | A15 | A16 | A17 | A18 |
|------|-----|-----|-----|-----|-----|-----|-----|-----|-----|
| A1 | | | | | | | | | |
| A2 | | | | | | | | | |
| A3 | | | | | | | | | |
| A4 | | | | | | | | | |
| A5 | | | | | | | | | |
| A6 | | | | | | | | | |
| A7 | | | | | | | | | |
| A8 | | | | | | | | | |
| A9 | | | | | | | | | |
| A10 | 1 | | | | | | | | |
| A11 | 0.835** | 1 | | | | | | | |
| A12 | 0.503** | 0.650** | 1 | | | | | | |
| A13 | 0.599** | 0.709** | 0.699** | 1 | | | | | |
| A14 | 0.737** | 0.708** | 0.502** | 0.742** | 1 | | | | |
| A15 | 0.669** | 0.726** | 0.696** | 0.763** | 0.597** | 1 | | | |
| A16 | 0.598** | 0.759** | 0.562** | 0.820** | 0.644** | 0.680** | 1 | | |
| A17 | 0.486** | 0.655** | 0.666** | 0.702** | 0.489** | 0.685** | 0.635** | 1 | |
| A18 | 0.520** | 0.673** | 0.600** | 0.763** | 0.598** | 0.705** | 0.690** | 0.635** | 1 |
| A19 | 0.532** | 0.691** | 0.639** | 0.772** | 0.593** | 0.766** | 0.705** | 0.690** | 0.885** |
| A20 | 0.486** | 0.655** | 0.666** | 0.702** | 0.489** | 0.685** | 0.635** | 0.705** | 0.708** |
| A21 | 0.427** | 0.498** | 0.548** | 0.648** | 0.574** | 0.508** | 0.548** | 0.500** | 0.678** |
| A22 | 0.556** | 0.775** | 0.714** | 0.816** | 0.607** | 0.704** | 0.723** | 0.679** | 0.725** |
| A23 | 0.462** | 0.544** | 0.509** | 0.519** | 0.414** | 0.452** | 0.469** | 0.421** | 0.463** |
| A24 | 0.498** | 0.735** | 0.638** | 0.686** | 0.601** | 0.601** | 0.684** | 0.639** | 0.709** |
| A25 | 0.572** | 0.750** | 0.646** | 0.740** | 0.637** | 0.700** | 0.708** | 0.729** | 0.761** |

| 项目 | A19 | A20 | A21 | A22 | A23 | A24 | A25 |
|---|---|---|---|---|---|---|---|
| A1 | | | | | | | |
| A2 | | | | | | | |
| A3 | | | | | | | |
| A4 | | | | | | | |
| A5 | | | | | | | |
| A6 | | | | | | | |
| A7 | | | | | | | |
| A8 | | | | | | | |
| A9 | | | | | | | |
| A10 | | | | | | | |
| A11 | | | | | | | |
| A12 | | | | | | | |
| A13 | | | | | | | |
| A14 | | | | | | | |
| A15 | | | | | | | |
| A16 | | | | | | | |
| A17 | | | | | | | |
| A18 | | | | | | | |
| A19 | 1 | | | | | | |
| A20 | 0.737** | 1 | | | | | |
| A21 | 0.659** | 0.500** | 1 | | | | |
| A22 | 0.735** | 0.679** | 0.662** | 1 | | | |
| A23 | 0.468** | 0.421** | 0.433** | 0.693** | 1 | | |
| A24 | 0.679** | 0.639** | 0.512** | 0.828** | 0.659** | 1 | |
| A25 | 0.718** | 0.729** | 0.581** | 0.747** | 0.414** | 0.724** | 1 |

# 重庆市进一步发挥猎头机构在市场化
# 引才方面作用的研究

◎重庆市人力资源开发服务中心课题组

**摘 要:**在全球人才竞争不断加剧的背景下,猎头机构作为市场化引才的重要力量,可有效破解引才难、能效低的瓶颈。深入研究如何进一步发挥猎头机构在市场化引才方面的作用,对助推重庆全国科技创新中心建设意义重大。本文调研旨在通过深入分析全球及国内猎头行业发展现状及趋势,在进一步发挥市场化引才中的价值体现及作用机制,并基于重庆当前经济、产业、猎头行业发展现状,剖析当前制约重庆猎头发挥市场化引才作用的影响因素,对比国内其他地区优秀实践,为重庆更好发挥猎头作用提供理论依据和政策方向,并提出可借鉴的建议及举措。

**关键词:**猎头机构 市场化 引才

## 一、国内外猎头行业概述

### (一)猎头服务概况

#### 1.猎头的定义及服务分类

"猎头"原意是指古代部落之间争斗时,胜利者将对方首领的人头带回,作为一种战利品。苏联解体后不久,仅美国、日本就通过各种人才中介公司,从独联体国家挖走90 000多名专家。由于头脑是智慧、知识的物质载体,人们就把这种抢夺高级人才的现象称之为"Headhunting"。中国香港地区最早将其直译为"猎头",意指对高级人才的寻访、搜罗和调配行为。

根据人力资源和社会保障部《高级人才寻访服务规范》中的定义,高级人才寻访服务,英文是 Executive Search,是指为客户提供咨询、搜寻、甄选、评估、推荐并协助录用高级人才的系列服务活动,[①]是人力资源服务市场对高端人才进行市场化配置的重要业态。高级人才寻访服务俗称猎头,我国高级人才寻访服务机构多互称猎头公司,不少机构甚至在名称中直接以猎头公司称谓。

根据寻访对象及委托职位层级的不同,猎头服务可分为如下几种类别:

①董事会及首席执行官猎寻:主要针对企业董事会成员、首席执行官层级岗位需求提供猎寻服务。

②高管猎寻:主要针对企业首席财务官、首席运营官、首席技术官、首席人力官等高级管理岗位提供猎寻服务。

③专家猎寻:主要针对企业专业领域稀缺人才以及中高层管理岗位提供猎寻服务。

**2. 猎头服务的工作流程**

作为专业服务领域,全球及国内领先猎头机构均有标准的服务流程及对应服务内容,以保证服务的统一性与规范性。

为规范高级人才寻访服务行为,促进和引领人力资源服务水平,提升全行业的服务质量,推动人才强国战略的实施,2011 年 1 月 1 日,我国人力资源服务行业首个国家标准——《高级人才寻访服务规范》正式实施(图1)。

接受客户委托　▶　需求分析　▶　签订服务协议　▶　提交寻访计划书　▶　实施寻访　▶　协助客户录用　▶　资料归档　▶　后续服务

**图1　《高级人才寻访服务规范》规定的服务流程**

**3. 猎头公司的运营模式及收费模式**

目前,猎头公司的运营模式主要包括 RS(Reactive Search,快速响应)模式和 PS(Proactive Specialization,主动专注)模式两类。

①RS 模式是猎头公司的主流服务模式,主要是以客户为中心,根据客户的职位需求,快速响应提供针对性的搜寻服务。

②PS 模式近年来快速兴起,以英国的 Michael Page、Robert Walters 为代表,是以人选端出发,长期跟踪及专注某一领域的人选,然后去寻找适合这些人才的岗位,主动向客户做推荐。

从收费方式上看,主要包括预付费(Retainer-based)模式与按结果收费(Contingency-based)模式。

①预付费模式。不论猎头公司最后是否成功帮助企业找到合适的候选人,比如选定

---

① 参见《高级人才寻访服务规范》(GB/T 25124—2010)。

的候选人出于种种原因最后没能够顺利入职,企业都必须支付约定的酬劳。一般在重要的高端岗位,访寻难度高、时间紧急、私密性强的岗位,常采用预付费模式。全球五大顶尖猎头公司均采用此种收费模式。

②按结果收费模式。猎头公司访寻到人才,并且成功入职后,企业支付服务费用,按结果收费是目前国内绝大多数猎头企业都在采用的方式。从收费标准看,目前猎头服务有两种不同的收费标准:

a. 固定佣金。服务费用为固定数额,收费高低与岗位难度、猎头顾问的资历、企业的额外要求等有关系。一般费用从 3 万元/单起步,最高固定单价可达百万元。

b. 年薪费率。服务费用基于入职者年薪的一定比例来收费,比例一般在 20% ~ 30%。以招聘年薪 50 万元的人才为例,用人单位需要支付的猎头佣金为 10 万 ~ 15 万元。年薪费率模式目前是更为广泛的收费方式。

在实际运营过程中,针对不同的市场、行业、职能、岗位职级和访寻难度,同一家猎头公司也会采用上述运营模式、收费方式、收费标准的混合。

### (二)全球猎头产业发展概述

#### 1. 全球猎头产业发展历程

在世界范围内,以公司形态出现的猎头服务起源于 1926 年的美国。在欧美以外,20 世纪 60 年代末 70 年代初,随着亚洲经济的迅速发展,猎头业务开始在亚洲快速取得市场:于 60 年代末进入日本,70 年代初进入中国台湾、中国香港、新加坡等地,并得到了迅猛发展,其操作模式与人才推荐效果也得到了企业界的充分认可,并于 90 年代初期开始在中国大陆地区逐步发展壮大,与此同时,全球较大的猎头公司开始公开上市,猎头服务进入市场全球化阶段。

#### 2. 全球猎头产业发展现状

猎头作为人力资源服务行业的重要组成,近年来发展迅速。《2020 HRoot 全球人力资源服务机构 50 强榜单与白皮书》报告显示:共有 10 家主营业务为猎头服务与流程外包(Executive Search & RPO)供应商上榜,仅次于人才派遣/租赁/安置服务(Staffing Services),其 2019 财年营业收入总和为 218.3 亿美元,营业利润为 11.7 亿美元,行业 2019 财年平均营业利润率为 6.1%。

而 HRflag《2021 全球上市人力资源服务公司市值排名与研究报告》显示,全球 70 家上市人力资源服务公司中,主营业务中涉及人才寻猎(猎头)服务的机构共有 19 家:其中美国 6 家、英国 5 家、日本 2 家、中国 2 家、荷兰 1 家、瑞士 1 家、新加坡 1 家、爱尔兰 1 家(图2)。

| 排名 | 标识 | 人力资源主营业务 | 2020年12月31日<br>市值(亿元人民币) | 国别 |
|---|---|---|---|---|
| 2 | RECRUIT | 人力资源服务外包<br>人才寻猎 | 4,506.83亿元 | 日本 |
| 9 | randstad | 灵活用工、人才寻猎 | 783.16亿元 | 荷兰 |
| 10 | THE ADECCO GROUP | 灵活用工、人才寻猎、人力资源服务外包 | 769.52亿元 | 瑞士 |
| 16 | ManpowerGroup | 灵活用工、人才寻猎、人力资源服务外包 | 338.51亿元 | 美国 |
| 21 | HAYS Recruiting experts worldwide | 灵活用工、人才寻猎、人力资源服务外包 | 213.10亿元 | 英国 |
| 26 | KORN FERRY | 人才寻猎、人力资源服务外包、人力资源管理咨询 | 153.07亿元 | 美国 |
| 27 | PageGroup | 人才寻猎、人力资源服务外包 | 130.69亿元 | 英国 |
| 29 | CAREER INTERNATIONAL 科锐国际 | 灵活用工、人才寻猎、人力资源服务外包 | 98.93亿元 | 中国 |
| 30 | MEITEC | 人才寻猎、人力资源服务外包 | 92.96亿元 | 日本 |
| 35 | KFORCE | 人才寻猎、人力资源服务外包 | 60.30亿元 | 美国 |
| 37 | KELLY SERVICES | 灵活用工、人才寻猎 | 52.73亿元 | 美国 |
| 41 | HEIDRICK & STRUGGLES | 人才寻猎、人力资源服务外包 | 37.11亿元 | 美国 |
| 42 | s\|three | 人才寻猎、人力资源服务外包 | 35.22亿元 | 英国 |
| 46 | ROBERT WALTERS | 人才寻猎、人力资源服务外包 | 32.00亿元 | 英国 |
| 49 | HRnetGroup | 人才寻猎 | 26.95亿元 | 新加坡 |
| 52 | cpl | 人才寻猎、人力资源服务外包、灵活用工 | 25.30亿元 | 爱尔兰 |
| 53 | ManpowerGroup | 灵活用工、人才寻猎、人力资源服务外包 | 22.53亿元 | 中国 |
| 66 | Empresaria Group plc | 人才寻猎、人力资源服务外包 | 2.00亿元 | 英国 |
| 67 | Hudson | 人才寻猎、人力资源服务外包 | 1.84亿元 | 美国 |

图2 "2021全球上市人力资源服务公司市值排名"上榜猎头机构一览

### (三)中国猎头产业发展历程

中国猎头行业从1992年起步,目前经历了3个发展阶段。

**1.本土猎头萌芽,外资猎头试水阶段(1992—2000年)**

1992年,沈阳维用科技公司猎头部成立,标志着中国内地猎头行业的萌芽。1993年,北京泰来猎头咨询事务所成立,是国内最早具备独立法人资格、公司化的猎头服务机构。1996年,基于政策方面的宽松环境,中国猎头业迎来了一轮新的发展高峰,仅仅北京地区就先后成立了包括科锐国际的前身——科锐咨询等30多家公司。

1999年,盛行中国市场的网络热使猎头业从亚洲金融危机中迅速复苏。在这一阶段,中国人才市场还未向外资猎头公司开放,由于政策所限,外资猎头在此之前没有"正名",基本以"会计师事务所""管理咨询公司""办事处"的名义在内地注册。

**2.本土猎头蓬勃发展,外资猎头全面入华阶段(2001—2005年)**

随着经济的持续增长和经济政策环境的改善,国内职业经理人市场日渐成熟,外资猎头公司陆续进入中国,行业单元数量激增。国内各大城市开始出现数以百计的猎头公司,甚至连西部地区等也有"据点"。到 2005 年,全国通过政府相关部门注册成立,并正式经营猎头业务的猎头公司接近 1 000 家。加上兼营猎头业务的人才市场、管理咨询公司,总数为 3 000 家左右。但猎头服务的客户群以外资企业为主①。

3. 行业价值凸显,政策扶持加大(2006 年至今)

随着 2007 年国务院在《关于加快发展服务业的若干意见》中首次将人力资源服务业写入国务院文件后,各类促进人力资源服务业发展的政策规范等相继出台:2010 年 4 月,中共中央、国务院发布《国家中长期人才发展规划纲要(2010—2020 年)》(中发〔2010〕6 号),提出了到 2020 年我国人才发展的总体目标。2016 年 3 月,中共中央发布《关于深化人才发展体制机制改革的意见》(中发〔2016〕9 号),提出了"要大力发展专业性、行业性人才市场,鼓励发展高端人才猎头等专业化服务机构,放宽人才服务业准入限制;积极培育各类专业社会组织和人才中介服务机构,有序承接政府转移的人才培养、评价、流动、激励等职能"等发展任务,首次将鼓励猎头专业化服务机构写入中央文件。

摩根士丹利研究报告分析:中国人力资源服务市场规模由 2013 年约 1 582 亿元预计增至 2022 年 8 420 亿元(净服务费,不含派遣代扣代缴),其中人才寻猎服务市场规模从 2013 年的 481 亿元预计增至 2022 年的 2 820 亿元,每年以接近 25% 的速度稳定增长(图 3)。

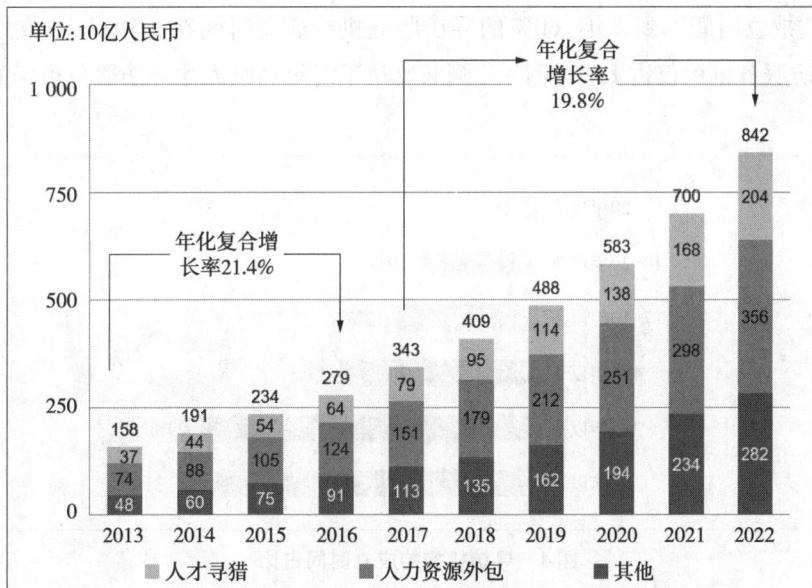

图 3　2013—2022 年中国人力资源服务市场发展及预期走势

(数据来源:摩根士丹利)

① 根据工商行政管理总局等政府机构的公开信息整理。

人力资源和社会保障部《2019 年度人力资源服务业发展统计报告》显示,高级人才寻访(猎头)服务成功推荐选聘各类高级人才 205 万人,同比增长 21.72%(表 1)。

表1　2019 年度中国人力资源服务业部分发展指标及其增长情况

| 项目 | 为用人单位提供劳务派遣服务 | 为用人单位提供人力资源外包服务 | 为用人单位提供人力资源管理咨询服务 | 管理流动人员人事档案 | 举办培训班 | 高级人才寻访服务成功推荐选聘各类高级人才 |
|---|---|---|---|---|---|---|
| 提供服务情况 | 48 万家 | 91 万家 | 349 万家 | 8 836 万份 | 39 万次 | 205 万人 |
| 同比增长率 | 35.29% | 11.64% | 6.32% | 4.04% | 5.38% | 21.72% |

（数据来源:根据人力资源和社会保障部公开数据整理）

### (四)中国猎头产业发展特征分析

#### 1. 市场稳步发展、潜力巨大

2017 年中高级人才寻访服务市场调研显示:56% 参与调研企业计划提高未来一年中高级人才招聘服务费用预算。参与调研的寻访服务机构成立时间分布显示,三分之一寻访服务机构成立时间不到 2 年,60% 的寻访服务机构成立时间在 4 年以内,成立时间满 10 年的寻访服务机构仅占 11%(图 4),侧面反映了近年高级人才寻访服务市场的迅速发展。[1]

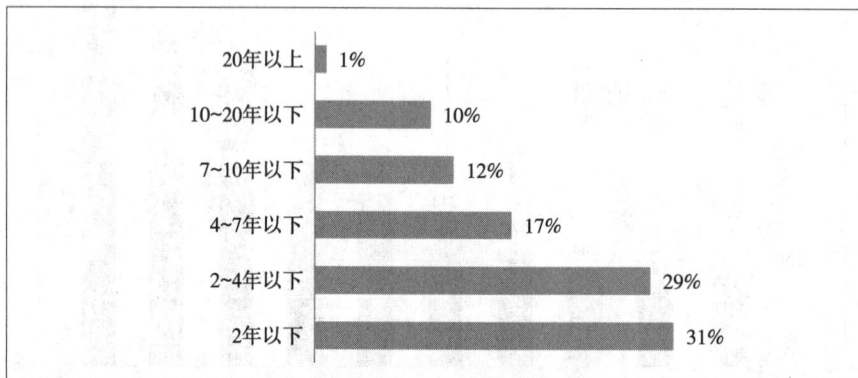

图4　寻访机构的成立时间占比

（数据来源:2017 年中高级人才寻访服务市场调研）

[1] 2017 年,中国人才交流协会高级人才寻访专业委员会对 352 家寻访机构、1 041 家企业人力资源管理者及多位寻访服务机构负责人和高层管理者进行了"2017 中国中高级人才寻访服务市场调研"(文中简称"2017 年中高级人才寻访服务市场调研")。

2. 市场化程度高、寻访服务机构规模小、竞争激烈

目前,猎头行业是个竞争激烈的红海市场,面临进入门槛较低,人才渠道和人力储备资源维系成本较高,替代性招聘渠道的威胁较大等挑战,属于高度竞争的行业与市场。2017 年中高级人才寻访服务市场调研显示,参与调研的寻访服务机构中 93% 为民营企业(图 5),说明了中国高级人才寻访服务市场化程度较高。而寻访服务机构中 30 人以下的寻访服务机构占 81% 。有 69% 的寻访服务机构营业收入在 300 万元以内,体现了寻访服务机构普遍规模较小,也反映了市场竞争的激烈。

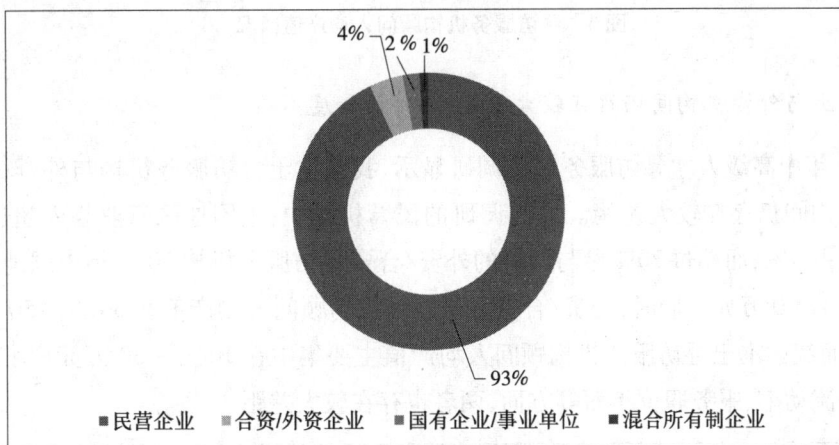

4% 2% 1%

93%

■民营企业 ■合资/外资企业 ■国有企业/事业单位 ■混合所有制企业

**图 5 寻访机构所有制性质构成比例**

3. 顾问能力仍是核心竞争力,服务职位高端性正在显现

高级人才寻访的服务方式和服务流程决定了高级人才寻访服务顾问(以下简称“顾问”)对服务质量起到关键作用,顾问的能力是寻访服务机构的核心竞争力。2017 年中高级人才寻访服务市场调研显示,顾问人均年产值主要在 20 万 ~30 万元、10 万 ~20 万元,分别为 34% 和 28%(图 6)。同时,我国寻访服务机构服务的高端性特征正在显现,2017 年中高级人才寻访服务市场调研显示,服务职位年薪 50 万元占比为 50% 以上的机构已经达到全部被调研机构总数的 37.5%。2013 年的高级人才寻访服务市场调研结果显示,服务职位年薪达到 50 万元的机构占比为 31.78%。[①]

---

① 2013 年,中国人才交流协会高级人才寻访专业委员会对 12 个城市的高级人才寻访服务业发展情况及 244 家寻访机构进行了调研。

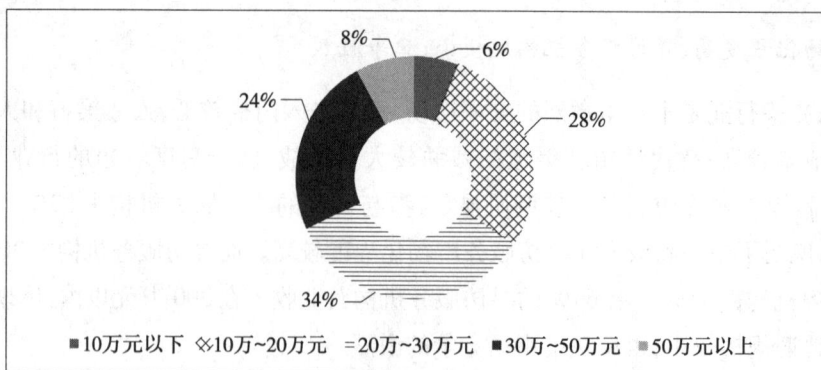

图6 寻访服务机构顾问人均产值情况

**4.本土与外资机构间仍存在较大差距,品牌认知度不高**

2017年中高级人才寻访服务市场调研显示,我国本土寻访服务机构与外资/合资寻访服务机构间仍存在较大差距。参与调研的民营机构中,中国地区营业收入超过1 000万元的仅占4%,而超过20%参与调研的外资/合资寻访服务机构2016年中国地区营业收入超过1 000万元。同时,外资/合资寻访服务机构顾问人均产值在30万~50万元的占65%,而我国本土寻访服务机构顾问人均产值主要集中在10万~30万元(图7)。此外在顾问流动率、服务职位年薪等方面,两者也存在较大差距。

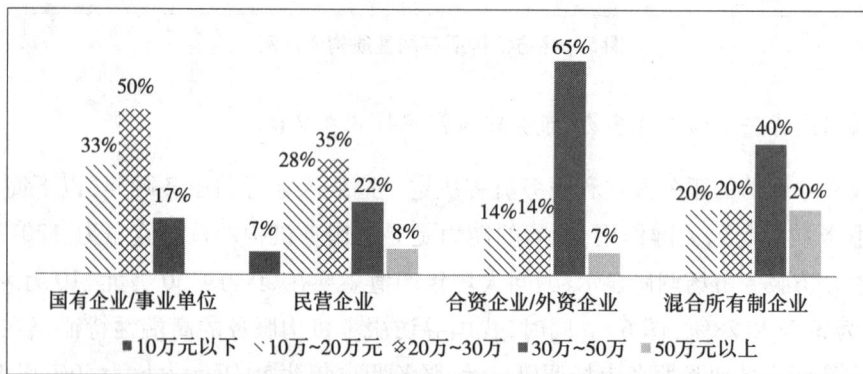

图7 不同所有制企业的顾问人均产值情况

此外,我国高级人才寻访服务机构发展时间较短,品牌机构较少。2017年中高级人才寻访服务市场调研显示,在选择寻访服务时,仅有9%的企业客户主要考虑寻访服务机构的品牌度。

**5.猎头机构服务地域及行业与经济热度关系密切**

经济发展催生高级人才寻访服务需求。2017年市场调研显示,中高级人才寻访服务企业总部位于华东地区占比最高,达到38%(图8)。我国中高级人才寻访服务业务主要集中于一线城市、省会城市和三大经济带（环渤海经济带、长三角经济带、珠三角经济带）。寻访服务机构顾问人均年产值也存在地区差异，华东区略高，西南区略低，此结果与区域经济发展有紧密关系。当前中高级人才寻访企业所擅长的领域覆盖较为全面，包括人力资源、信息技术、制造业等服务市场。所专注的行业与地域存在一定关联，主要是依照当地产业情况和市场需求所决定的。而且，当猎头服务机构在多个地区具有分公司和业务时，一些企业会选择以城市为中心进行不同行业、专业聚焦，这样一方面可以按照当地的产业需求进行服务；另一方面，也避免了分公司之间的竞争。

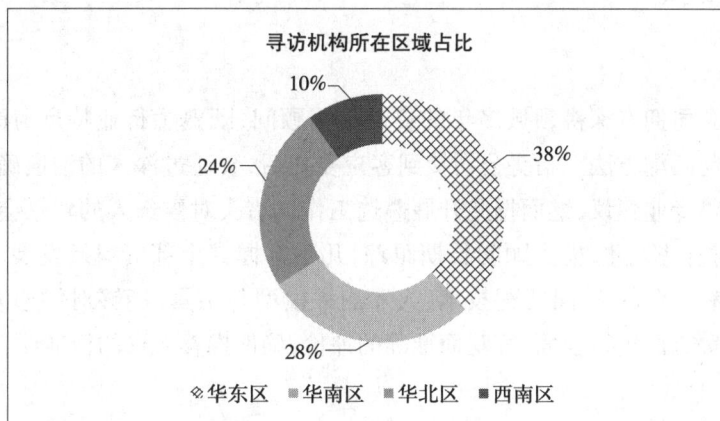

图8 寻访机构所在区域占比

### （五）猎头在发挥市场化引才方面的优势及代表案例

全球猎头行业经过90余年的发展，据不完全统计，全球70%的高级人才通过猎头服务实现职业转换，90%以上的跨国公司和所有的全球500强企业都在使用猎头服务招聘高级人才。猎头服务公司以成熟的人才渠道、专业化的运营流程，承担了企业招募"将才"中最困难的环节，已成为发达国家不可缺少的专业服务机构。[①] 人力资源和社会保障部报告统计，2015—2019年，中国猎头行业成功推荐选聘各类高级人才721.7万人（表2）。

表2 中国猎头行业成功推荐选聘各类高级人才数量统计

| 年份 | 2015 | 2016 | 2017 | 2018 | 2019 | 合计 |
|---|---|---|---|---|---|---|
| 成功推荐高级人才数/万人 | 102.7 | 116 | 130 | 168 | 205 | 721.7 |

（数据来源：人力资源和社会保障部公开数据整理）

而猎头公司在发挥市场化引才方面的优势集中体现在如下几个方面：

---

① 《中国人力资源服务业发展报告（2018）》。

### 1. 时效性

国内外领先猎头公司通过多年积累拥有丰富的高端人才资源库,以及广泛的分支机构和渠道网络资源。以科锐国际为例,目前公司拥有超过1 000万高质量、活跃高端及专业领域人才数据库,分支机构覆盖全球超过110个地区,能够快速甄选并联络符合条件的人员。对于市场中的高端岗位,通常专业猎头公司能够在1~3个月完成订单,而对缺乏渠道和人选积累的用人单位,特别是面临时间紧迫的高端招聘岗位,很难凭借自身力量满足时效性要求。

### 2. 精准性

专业猎头公司拥有深耕领域多年的资深猎头顾问,既熟悉行业特点与岗位要求,又深谙人才遴选与匹配方法。猎头公司接到客户委托后,会通过深入的沟通确定客户对人才的要求并提供专业建议,继而据此开展遴选工作。猎头对候选人的背景会做非常彻底的调查,甚至对有些人才,猎头顾问长期跟踪,几乎掌握其全部资料及发展动向。同时,猎头公司还拥有专业的人-岗匹配技术、人才测评模型与工具,能够对候选人的背景、经历、技能、性格等方面进行全面、客观而准确的评价,确保推荐人选的精准性。

### 3. 专业性

借助自身专家团队和强大的人才数据基础,猎头公司还可提供诸如人才咨询、人才地图、行业人才研究、行业人才组织架构及薪酬调研、高端人才交流会等专业"智库"服务,帮助企业在实施引才之前,做好方向、策略、路径的专业建议。

### 4. 私密性

对高端人才来说,绝大部分人才并非积极主动寻找工作机会的求职者,对求职决策更加谨慎,并注重私密性、安全性、专业化的沟通。特别是在高科技等前沿核心重点领域,由于全球顶尖人才竞争日益激烈,人才保护意识及措施更加严格,相比政府及用人单位直接实施引才举措,猎头机构因其所在的行业属性,更加容易通过市场化的方式接触人选。

通过猎头机构顺利引入核心高层次人才,不仅能够有效帮助用人单位推动战略、产品、研发、市场、资金、组织运营等不同层面的核心进程,帮助人选在新的岗位发挥核心价值,在部分关键岗位上,甚至直接为地方经济带来显著贡献。

## 二、供给侧:重庆市猎头产业发展现状及引才作用分析

### (一)重庆市宏观经济发展分析

当前,重庆市综合实力显著提升,经济结构持续优化,地区生产总值超过2.5万亿

元,人均地区生产总值超过 1 万美元,民营经济增加值占地区生产总值比重达到 59%。大数据智能化发展方兴未艾,数字经济增加值占地区生产总值比重达到 25% 左右,"智造重镇""智慧名城"加快建设。

重庆市"十四五"规划纲要经济发展目标为:促使重庆市在"十四五"时期将整合提升优势产业,加快补齐关键短板,增强全产业链优势,形成特色鲜明、相对完整、安全可靠的区域产业链供应链体系。优化重大生产力布局,共建高水平汽车产业研发生产制造基地、西部大健康产业基地,协同打造世界级装备制造产业集群、特色消费品产业集群。整合优化重大产业平台,高水平建设川渝产业合作示范园区。合力打造数字产业新高地,建设成渝工业互联网一体化发展示范区。共建巴蜀文化旅游走廊,打造富有巴蜀特色的国际消费目的地,建设全国重要的现代服务业高地。共建国家农业高新技术产业示范区、成渝都市现代高效特色农业示范区,建设现代高效特色农业带。

### (二)重庆市人力资源服务业发展分析

随着重庆市经济的快速发展,以及深入实施科教兴市和人才强市行动计划,重庆市人力资源服务业发展迅速,已形成包括招聘、派遣、培训、人力资源测评、中高级人才寻访、就业创业指导等在内的全业态产业链,发展水平处于西部地区前列。

截至 2020 年年底,重庆市共有各类人力资源服务机构 2 155 家[1],同比增长 15.6%,从业人员 2.56 万人,行业营业总收入 489.53 亿元,同比增长 37.2%。人力资源服务产业驶入快车道。2020 年,重庆全市人力资源服务机构帮助 316.5 万人次实现就业和流动,全年服务人员总数 1 027.5 万人次。

在人力资源服务机构数量稳步增长的同时,产业集聚效应也得到显现。中国重庆人力资源服务产业园是 2011 年由国家人社部批准筹建的全国第二家国家级人力资源服务产业园。主园区占地面积 158 亩(1 亩≈666.67 平方米),净用地 120 亩,其中,一期工程建成面积 20.2 万平方米,投资约 12 亿元,分为南北两个区,定位为产业发展区和公益事业区。一期工程于 2013 年 3 月开工建设,目前已全部竣工,于 2017 年 2 月正式全面投入运营。重庆高新区科学城园区是重庆产业园的直管分园,现有物业面积约 1 万平方米,于 2020 年 5 月开始筹建,12 月已正式开园投入运营。

产业园运营 4 年来,招商引进优质人力资源服务机构 110 余家,形成了全业态人力资源服务产业链;截至目前,园区累计实现营收 275.36 亿元,税收 6.13 亿元,累计服务人员 361.2 万人次,服务用人单位 13.64 万家次,帮助实现就业和流动人数 119.86 万人次,累计引进各类高层次人才 7 500 余名,通过"百企进村送万岗"等专场活动,为 2 621 名贫困

---

[1] 重庆市人力社保局。

地区人员解决了就业问题。

### (三)重庆市猎头产业发展现状及特征分析

猎头作为人力资源服务业态中的重要组成,伴随人力资源服务产业的飞速发展,重庆猎头行业也正经历着从初期探索阶段到快速发展阶段的过渡,初步形成层次错落、梯度合理、功能相对健全的猎头服务网络,在全市市场化引才中发挥着越来越重要的作用,并呈现如下特点:

#### 1.“外引内培”驱动猎头行业迅速扩大,但缺乏规模龙头

近年来,重庆市政府高度关注人力资源服务产业的发展,以落实《人力资源市场暂行条例》为契机,通过实行人力资源服务备案制度,进一步降低市场准入门槛并压缩备案时限,激发主体活力。同时,更依托人力资源产业园及猎头基地等平台载体,推出包括房租、装修、引才等方面的政策扶持与奖励,成功培植了一批本土猎头机构,并吸引一批国内外知名猎头来渝发展。“外引内培”的双重推动,使近年来重庆市猎头的总体规模迅速扩大。

据重庆市人力社保局不完全统计,当前重庆市开展猎头业务的人力资源服务企业可达上千家,猎头规模的快速扩张为重庆、成渝经济圈及西南区域内的人才引进与流动创造了良好的外部服务环境。2019 年重庆市人力社保局根据调查统计,重庆全市人力资源服务机构通过高级人才寻访成功推荐人才 4 333 人次。

但从具体规模分布看,在渝猎头机构多数仍为中小型机构,大型猎头机构较少,规模在 20 人以上的公司仅有二三十家(图 9)。

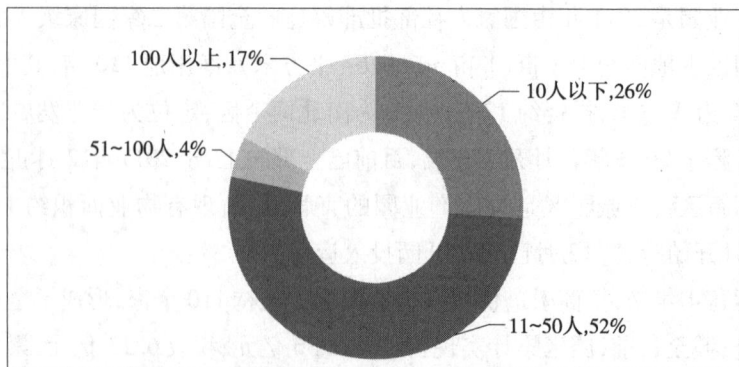

**图 9 在渝猎头企业人员规模**

从服务覆盖区域及服务能力看,被访重庆猎头公司中具备全国引才及服务能力的为48%,仅有9%的企业具备全球引才及服务能力(图 10)。

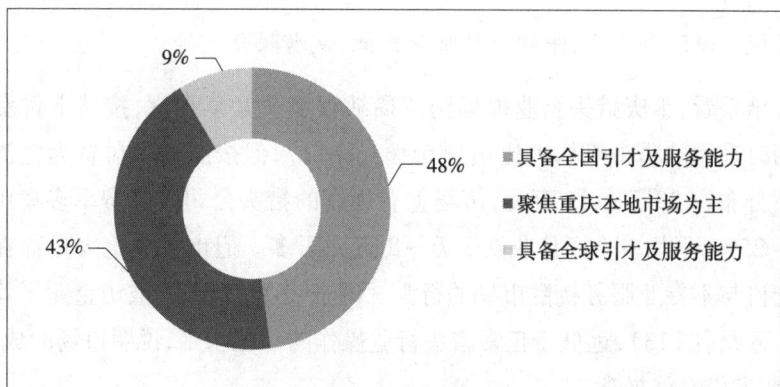

9%

48% ■具备全国引才及服务能力

43% ■聚焦重庆本地市场为主

■具备全球引才及服务能力

**图10　在渝猎头服务覆盖区域**

　　根据梳理统计,国际中高端猎头机构在渝设有分支机构的不足5家,这与上海、北京、深圳等地中高端猎头企业集聚相去甚远。[①]相较杭州、成都、西安等新一线城市,其高端猎头数量也缺乏明显优势。这一规模布局既与重庆社会经济发展潜力强劲,高层次人才引进需求激增的发展现状相矛盾,也不利于重庆在未来着重打造西南地区人力资源产业发展重要极点的定位。

　　2.猎头业态更加丰富,与企业合作方式更趋多元

　　随着重庆市猎头产业的不断成熟,猎头的产品服务提供也更趋多元,除传统的人才猎取外,人力资源咨询、招聘外包、培训与发展等服务板块的不断完善为企业在人力资源开放与应用中提供更多合作可能性。在被访企业中,26%的猎头企业在主营业务外,拓展了其他人力资源业态(图11)。

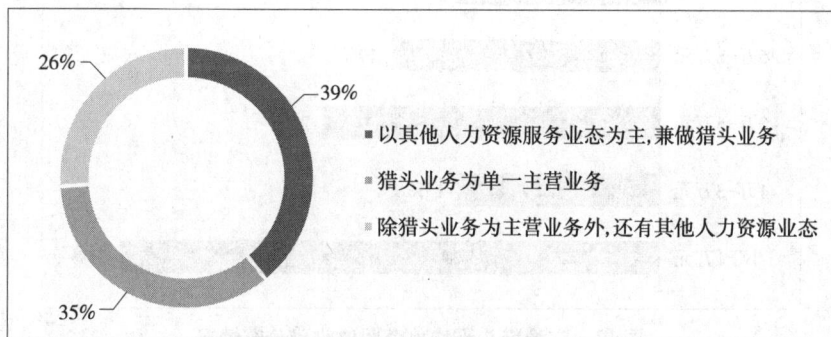

26%

39% ■以其他人力资源服务业态为主,兼做猎头业务

■猎头业务为单一主营业务

35% ■除猎头业务为主营业务外,还有其他人力资源业态

**图11　在渝猎头服务业态分布情况**

---

① 根据"2020HRoot全球人力资源服务机构50强榜单"确定。

### 3. 收费模式以混合为主,平均职位收费较低,试水联合交付

从调查结果看,重庆猎头企业根据岗位稀缺程度及紧急程度,按结果付费和预付费模式两者同时采用的猎头机构占比达到61%(图12),但按照结果付费为主流。操作岗位大多年薪分布在20万~35万元,市场上有规模的猎头公司收费费率多集中在人选年薪的20%~25%,平均单个职位收费3万~8万元居多。但市场中也大量存在中小猎头公司以低价格与不专业服务扰乱市场的行为。调查表明,35%的被访企业平均单个职位收费不足1万元(图13),远低于正常猎头行业操作的职位水平,说明市场的成熟度、正规度、行业规范度仍有待提升。

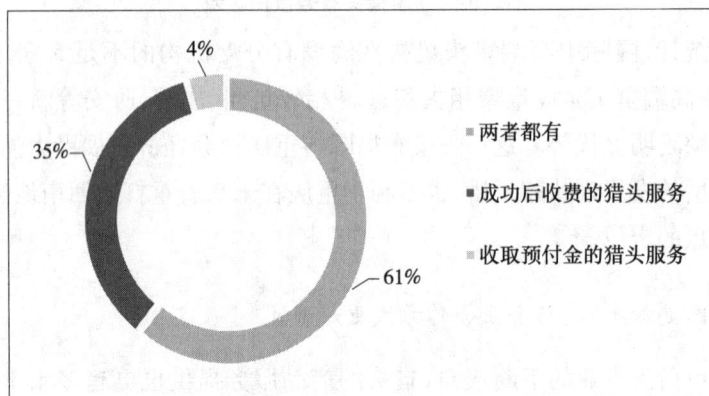

**图12 在渝猎头服务收费模式分布情况**

两者都有、成功后收费的猎头服务、收取预付金的猎头服务
4% 35% 61%

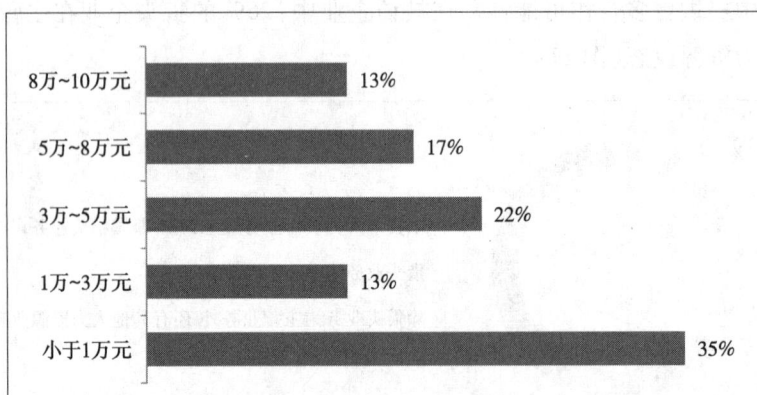

**图13 在渝猎头平均单个职位收费分布情况**

8万~10万元 13%
5万~8万元 17%
3万~5万元 22%
1万~3万元 13%
小于1万元 35%

随着产业互联概念渗透至各行各业,猎头行业也更加开放,当自身能力不足或自身业务面临供需不平衡时,猎头机构之间以合作共赢的模式,共同完成交付委托,正在被更多机构所接纳。在调查中,26%的重庆被访猎头机构部分岗位为联合其他机构共同交付(图14),但主要集中在重庆地区以及国内其他城市,尚未和海外机构有联合。

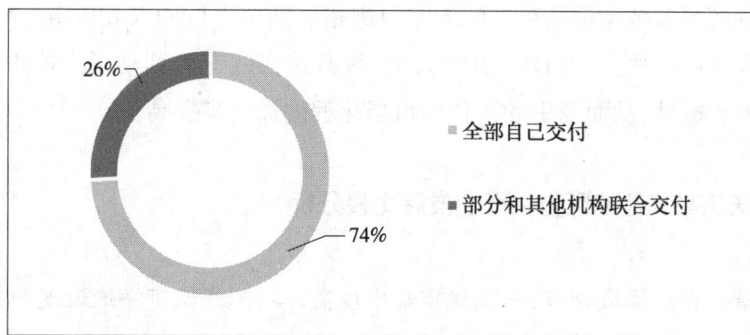

**图14　在渝猎头职位交付方式分布情况**

#### 4.服务客户群体多样,本土及国有企业为主要客户主体

当前,重庆当地猎头企业最主要的客户群体以本土企业为主,包括本土上市和龙头企业及互联网科技类独角兽和快速成长企业,分别占26%,这得益于近年本土企业在渝经济蓬勃发展的势头。2020年上半年,重庆民营经济实现增加值6 456亿元,占GDP比重近六成。[①]据Wind资料整理,截至2020年上半年,重庆共有55家企业在沪深两市上市,总市值9 235.52亿元,排名前十位分别为智飞生物、长安汽车、渝农商行、金科股份、巨人网络、重庆啤酒、西南证券、涪陵榨菜、重庆水务、国城矿业。

而不同的客户主体,在合作中也呈现不同的特点。总体来说,外资企业使用猎头服务比较成熟,无论是招聘需求、招聘方向、招聘策略、薪资标准等各方面都可以达到持续化、常态化的状态;以科研院所为代表的事业单位以及重庆当地国企,由于市场化程度不断加强,对高端人才,特别是面向全国全球人才引进的需求快速增长,但薪酬水平和市场化仍有一定差距;本土民营企业是最大的用人主体,对猎头需求较多但极为分散,转化率不高,一是自身需求定位不明确,二是对市场人才情况不了解,给出的薪酬不对标,推进过程缓慢且不确定性强。

#### 5.政府与猎头合作机制不断完善,市场化引才效用逐步发挥

自2018年全国首个猎头企业聚集基地在重庆人力资源服务产业园正式揭牌以来,伴随着一批国内外知名猎头机构的入驻,市、区两级政府主管部门与猎头机构透过园区、基地开展的引才合作持续深化。在猎头基地建设初期,市级主管部门即与锐仕方达、科锐国际等多家国内外知名猎头机构展开沟通,在确定相应机构入驻意向的同时与其签订引才目标责任书。而在基地运行步入正轨后,政府与猎头机构基于"一事一议"原则的引才合作进一步成为常态,其制度化程度通过一系列协议的签署而不断提高。与此同时,

---

① 根据重庆市委统战部和重庆市工商联发布数据整理。

相关合作机制的覆盖范围也从单一的人才引进拓展到全方位的人才服务。除此以外,重庆通过聘请现有高层次人才担任"引才大使"等政策实践充分调动了人才市场各类主体对引才工作的积极性,从而令引才工作的市场化程度进一步提高。

### (四)重庆市与其他地区猎头行业发展比较分析

1. 中国猎头企业区域分布:一线城市集中度高,二、三线城市渗透速度加快

一个城市的猎头数量,可以从某种程度上体现城市人才的活跃度以及城市经济发展的活力值。哈佛大学的研究表明,在比较成熟的市场经济环境中,猎头公司与企业数量的适当比例为5∶1 000,中国市场水平远低于此比例,猎头发展尚有空间。中国人才交流协会高级人才寻访专业委员会2017年发布的调研报告显示,2016年猎头市场业务同比增长12.9%,高于人力资源服务外包、人力资源培训、人力资源管理咨询市场的业务增长。猎头机构和从业人员的规模日趋壮大,目前全国有约5万家猎头机构,全职的猎头从业人员达30万~40万,全行业产值超过500亿元。

从猎头机构的区域分布来看,猎头企业主要分布在北京、上海、广州和深圳等一线城市。近年来,受国家政策影响,二、三线城市高新技术区等受政府扶持,猎头企业特别是一些高端猎头机构开始向成都、苏州、杭州等二线城市布局。

以广州、深圳为主的珠三角地区是猎头起步最早的地方,比较有名的公司有三利猎头、展动力、东莞智通等,而以上海、杭州、姑苏为主的长三角地域成长速度最快,以北京为主的北京天津地域成长最为安稳,快速跟进的有以成都为代表的西南地区和以武汉为代表的华中地域。可见我国的猎头企业主要分布在南部和东部地区,并向西部地区蔓延,而且发展迅速。[①]

在猎上网发布的一份猎头行业发展白皮书中,全国猎头分布最多的5个城市中成都以6.43%的比例名列猎头分布榜全国第四,上海、北京、深圳分别以20.97%,12.55%,7.39%位列猎头分布榜前三,广州以3.87%的占比名列第五。[②]

以成都为核心的西南地区,凭借着互联网行业的迅速发展,猎头行业也得到了蓬勃发展,拥有百万顾问的人数紧跟北京、上海(表3)。近年来,成都重点打造的高新区吸引了外地互联网企业的入驻,比如国际巨头微软的云加速基地就在2016年落户成都,本土人才的创业热情也得到了激发,咕咚运动、百词斩等新锐公司在业内也为人熟知,快速发展的互联网产业为猎头们创造了大量机遇。

---

① 王伟超.我国猎头企业发展存在的问题与解决对策[J].现代营销(经营版),2019(7):52.
② 猎上网.2017—2018年度猎头行业发展白皮书.

表3　百万顾问分布人数前五城市的平均佣金

| 拥有百万顾问人数最多的前五城市 | | 平均佣金/万元 |
| --- | --- | --- |
| 01 | 上海 | 158 |
| 02 | 北京 | 171 |
| 03 | 成都 | 138 |
| 04 | 深圳 | 112 |
| 05 | 南京 | 155 |

2. 成渝两地猎头机构外部环境对比

猎头机构的发展与城市的经济活力和发展潜力息息相关,而当我们研判城市的经济活力和发展潜力时,市场主体的规模、产业结构、营商环境、企业的落户情况无疑是其中很重要的指标。只有经济发展、产业结构不断优化,猎头机构才能更好地为企业和市场的发展赋能。

对比成渝两地的以上各项指标,2019年成都500强企业301家,有境内上市公司109家,互联网普及率突破70%,聚集互联网企业3 400余家。成都电子信息产业仅规模以上企业数量就已超过1 400户,从业人员超过60万,聚集了英特尔、IBM、戴尔、华为等60余家世界500强和国际知名公司。①

而在人才、营商环境等软实力方面,截至2019年年底,成都拥有四川大学、电子科技大学、西南财经大学等60多所高校,在校大学生超过100万人,拥有各类人才529万人,近两年来累计吸引新落户本科及以上学历青年人才近35万人。近日,成都也出台营商环境3.0版本,着力打造投资贸易便利、行政许可便捷、要素获取容易、政策精准易享、法治保障完善的利企便民新高地。

对比重庆,截至2019年年底累计有293家世界500强企业落户重庆,上市公司57家,规模以上工业企业6 691家。②

在人才和营商环境软实力方面,重庆拥有重庆大学、西南大学、西南政法大学等65所高校,就高校数量来说,和成都旗鼓相当。但是从高校毕业生就业来看,成都的吸引力整体要比重庆更胜一筹。有关数据显示,成都之于成都高校毕业生的吸引力,整体上要比重庆之于重庆高校毕业生的吸引力更胜一筹。四川大学、西南交通大学留蓉的比例都在35%以上,重庆大学和西南大学留渝比例在30%上下。③当然重庆这几年不管是引进高校还是科研机构的力度都在增强,相信随着成渝地区战略地位的提升,以及经济结构

① 成都市第十七届人民代表大会第三次会议政府工作报告。
② 重庆市统计局统计报告。
③ 高校毕业生就业质量报告。

的继续转型升级,重庆未来对高端人才的吸引力和留存率必将整体增强。

### 3. 优化重庆猎头服务市场格局

集聚国际国内知名人力资源服务机构,建立以国际领先的知名猎头服务机构为引领,以专业民营猎头服务机构为主体,以本土化猎头服务机构为基础的发展格局,也是衡量一个区域猎头服务市场水平的一个方面。

一线城市猎头服务市场较为成熟,一些业内人士表示,北京地区有1 500家左右猎头机构,其中,较为正规、发展稳定的猎头机构约有400家。华东的猎头市场成熟度较高,市场活跃开放,运营和管理模式更为先进,行业和职能更为细分,客户也更具有消费意识。猎头机构的数量和质量在全国位列前茅。

近年来,随着"科创中心""全球人才高地""上海品牌""人力资源服务业高地"等战略提出,上海出台了一系列人力资源服务行业相关政策,不断完善人力资源服务产业格局。

### (五)重庆市以往猎头企业在引才方面的作用分析

#### 1. 目前重庆市发挥猎头企业在引才方面取得的成绩分析

为贯彻落实人才强市战略,更好地为重庆引进各类紧缺急需人才,培育和扶持猎头行业发展,重庆市以中国重庆人力资源服务产业园为抓手,于2018年6月18日在园区成立了全国首家猎头基地,通过近三年时间的运营,取得了显著成效。

(1)制订明确引进标准

猎头公司的专业服务能力与引才成效息息相关。为打造标杆示范,提升引才质量,产业园针对入驻猎头基地的企业制订了明确的引进标准:明确入驻企业应为主营业务为高级人才寻访(猎头)或为高级人才寻访提供专业服务的企业或机构;入驻基地的市外猎头企业,应当是年猎头中介费收入在1 000万元人民币以上的优质企业;入驻基地的重庆市内猎头企业,应当是年猎头中介费收入在500万元人民币以上的优质企业;重庆市内新设立的猎头企业入驻基地的,应当具有创新性、成长性强、市场发展前景好等特点,具备较强的产品研发和市场开拓能力。

(2)加速优质猎头企业集聚

通过重点摸排、点对点拜访、猎头峰会、品牌宣传、政策扶持等多样化手段,推进知名猎头公司在园区集聚。截至2020年年底,已经吸引了锐仕方达、科锐国际、猎聘等9家国内知名猎头机构入驻猎头基地,并授予了"重庆市引才工作服务站"的牌匾。同时,产业园与入驻的猎头机构签订引才协议,约定了引才考核指标,对于完成考核任务的猎头机构给予奖励。

（3）制定系列配套引才奖补政策

产业园分别制订了《中国·重庆人力资源服务产业园入园企业引才奖励办法》和《中国·重庆人力资源服务产业园猎头基地优惠政策》两个可叠加享受的奖补政策。对猎头机构引进年薪 30 万元以上的人才给予 1 万~10 万元不等的奖励,对完成引才任务的企业额外给予最高不超过 50 万元奖励。另外,产业园每年还会对在引才方面做出突出贡献的优秀企业给予奖励。2020 年,产业园按政策评选了 3 家年度"引才之星",对引进年薪 30 万元以上人才的猎头机构共兑现了引才奖励 32 万元,有效激发猎头企业积极性。

（4）举办中国猎头行业发展峰会

自 2018 年起,产业园联合国内知名人力资源媒体平台——第一资源每年举办一届中国猎头行业发展峰会,峰会现场将会发布国内最新权威的猎头排行榜单,邀请顶级猎头机构来渝对接洽谈,同时邀请全市相关区县发布人才需求,进一步推广猎头引才理念,为猎头引才供需双方搭建良好的沟通交流平台。

通过猎头基地的打造,截至目前,中国重庆人力资源服务产业园猎头基地企业已为重庆市引进了近 540 名高层次人才。其中,年薪 30 万元以上的 160 余名,引进人才的数量以每年超过 100%的速度在增长,为全市引才工作贡献了应有力量。

2. 目前重庆市猎头企业发挥市场化引才作用的关键因素分析

（1）经济产业发展、用人单位成熟度、政策扶持为核心影响要素

随着区域一体化发展,成渝地区双城经济圈的建立,重庆的城市地位也在不断提升。"功以才成,业由才广",经济环境及产业发展始终是吸引人才回流和共振发展的基石,也是猎头产业得以在重庆发展并提升猎头服务精准人才匹配作用的重要保证。对于猎头机构而言,如所在地区产业发展无法形成规模和集聚优势,产业没有释放足够的需求,无论对人才的吸引,还是猎头机构设置专业专攻产业的顾问团队,均会面临挑战。

用人单位作为吸纳人才和使用猎头服务的主体,需进一步提升用人市场化、方式多元化水平,认可猎头服务在人才,特别是高端人才引进中的价值,才能共同为产业的发展提供土壤。

高层次人才作为稀缺人员,政府的政策引导、扶持、落地对吸引人才来渝发展至关重要,特别是异地高层次人才的落户安家、子女教育、个税补贴等息息相关的问题,需要有细致配套,根据人才最看重的要素,加大宣传。

对于猎头机构来说,虽然可以通过人才库与渠道网络嫁接匹配到所需人才,但最终影响人才做出来渝的决策,归根到底是综合产业发展、事业平台、配套服务等多项要素,多方契合。

（2）用人单位认知、市场竞争格局、自身建设成为当前发展瓶颈

在调研中，多家在渝猎头机构反馈，用人单位对猎头的认知、付费能力、契约精神是当前猎头企业发展猎头业务的核心瓶颈之一，特别是在与本土企业合作的过程中，需求的真实稳定性、对接人力资源部门的专业度也至关重要。在现实操作中，按到岗后付费的模式，使不少用人单位同时选用多家猎头公司，并对本地猎头企业缺乏信任感。在支付款项和履约合同过程中，违约风险也比较高。

在重庆猎头市场上，由于从业机构良莠不齐，部分公司出现低价格、低服务质量，以及给予用人单位回扣的非合规方式，扰乱市场秩序，并影响了专业猎头企业服务的口碑和行业影响力。

而对于猎头机构自身，顾问团队组建、顾问能力建设和人才库渠道建设是影响公司持续发展的核心因素。相对一线及新一线城市，重庆规模化猎头机构数量较少也使本地成熟优秀的顾问人员储备较少，对于猎头机构来说需要在人才培养方面加大力度，不断修炼内功，提升猎头服务专业度

# 三、需求侧：重庆市用人单位引才现状及猎头使用分析

本研究采用定量研究与定性研究相结合的模式。一是文献分析法：通过文献资料回顾分析，整理国内外猎头行业发展现状、猎头企业的引才作用、促进猎头企业发展政策等相关文件和相关研究成果。二是问卷调研法：在文献资料分析的基础上，考虑数据的真实性和科学性，保证研究更符合重庆发展现状，抽样选取重庆市114家用人单位及25家猎头企业进行在线问卷调查，了解使用猎头引才的现状及制约因素。三是走访调研：通过一线走访10余家重庆市人力社保主管部门、用人单位、猎头机构、人力资源服务产业园区等，深入了解使用猎头市场化引才已经取得的成绩、面临的难点及所需要的支持。四是比较研究法：针对发挥猎头企业在市场化引才方面作用拥有丰富经验的国内代表城市，进行针对性比较研究，借鉴其相关经验和做法。

## （一）用人单位引才需求影响因素分析

重庆市建设全国科技创新中心首先要打造人才高地，而用人单位作为吸纳人才的主体，也是猎头机构重点服务的主体，其需求侧的清晰性、迫切性、持续性与猎头机构发挥成效息息相关。

### 1.专业技术及研发人才最为迫切，企业引才准备度匹配不足

研发人员是科技创新的核心要素，研发人员的数量和质量是衡量国家与区域科技活

动竞争力和创新能力的主要指标之一。

从本次调研结果看,专业技术及研发岗位人才为被调查企业当前最迫切需求的人才类型,占46%;其次为中高级管理人才,占43%;另有18%为高层次领军及专家人才(图15)。上述三类关键人才的特点是高端、稀缺、招聘难度大,需要在全国及海外精准配置、定向吸引来实现。

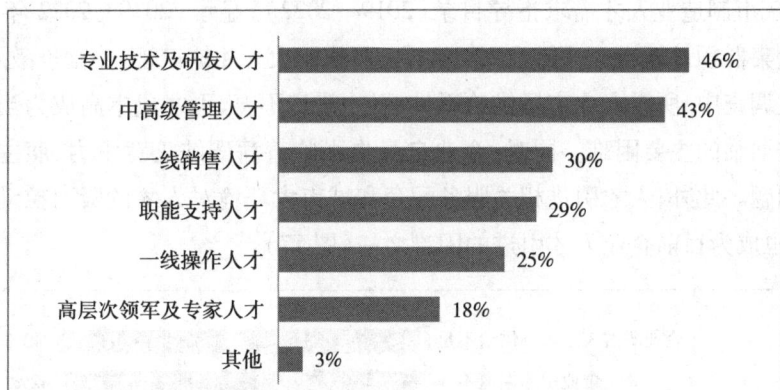

**图15 企业当前最迫切需求的人才类型**

而针对关键人才引进的前期准备工作,企业更多的是通过面向外部,通过构建人才地图,竞品对标分析来应对,分别有57%和54%的被调查企业采取上述举措,而对面向内部人才的胜任力和组织架构、长远性的人才储备及渠道盘点方式的准备则明显不足,仅有35%和29%的被调查企业会有所涉及,说明重庆企业在关键人才的需求上虽然迫切,但在关键人才的岗位澄清、长线人才储备和渠道盘点准备度上存在不匹配的现象。而岗位人才胜任力和组织架构澄清不足,则会直接影响后续人才匹配的精准性、猎头人才访寻进程以及人才入职后的稳定性(图16)。

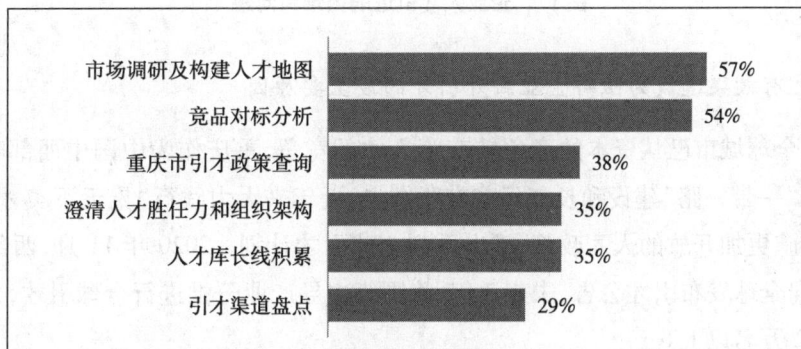

**图16 企业引进关键人才的准备工作**

2.供给不足、渠道不畅、成本高成为人才引进面临的主要困难

近年来,重庆扎实推进科教兴市和人才强市行动计划,加快集聚英才,截至2020

年,重庆全市人才资源总量突破 527.6 万人,为经济社会高质量发展提供了坚强人才智力支撑。

与此同时,随着重庆电子、汽车摩托车、装备制造、消费品、材料等优势支柱领域产业链迈向高端化、智能化、绿色化,以及新一代信息技术、新能源及智能网联汽车、高端装备、新材料、生物医药和节能环保等战略新兴产业迅速壮大,使科技创新类人才需求持续上涨。《重庆市制造业人才需求指导目录(2019—2022)》显示,2019—2022 年,重庆市 8 个重点产业集群预计新增人才需求 87 380 人,面临较大人才缺口,引才竞争激烈。

在本次调查中,所需人才市场供给不足、引才渠道不畅、引才成本高成为当前重庆企业人才引进面临的主要困难。同时,企业自身也面临着薪酬缺乏竞争力、雇主品牌吸引力不足等问题。此外,人才引进相关服务配套和城市大环境对人才的吸引拉动作用也非常重要,这也成为目前企业人才引进的困难之一(图 17)。

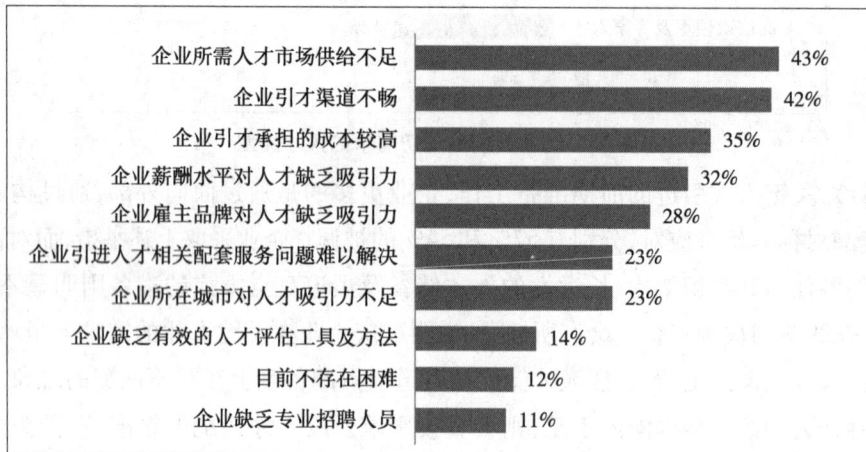

**图 17 企业人才引进的困难和问题**

### 3. 缺乏有效渠道成为阻碍企业海外引才的最主要原因

当前,全球城市已从资本的竞争转变为人才的竞争,重庆作为中国中西部唯一的直辖市,处在"一带一路"建设和长江经济带联结点,近年来大力践行"聚天下英才而用之"的理念,实施更加开放的人才政策,推出系列全球引才计划。2020 年 11 月,西部(重庆)科学城面向全球发布引才公告,未来 3 年,将围绕主导产业分批进行全球引才,力争快速集聚人才 2 万名以上。

在本次调查中,27% 的企业已经引进或计划引进海外人才(图 18)。这些企业表示缺乏有效的海外引才渠道(57%)成为阻碍企业海外引才的最主要原因,其次是薪酬福利成本太高(47%)以及工作态度和理念差异(37%,图 19)。可见,在海外人才的获取上,重庆企业自身面临能力短板,特别是在引才渠道的建设方面目前仍不能支撑自身实现海外引才的需求,需要借助政府平台及猎头专业机构力量。

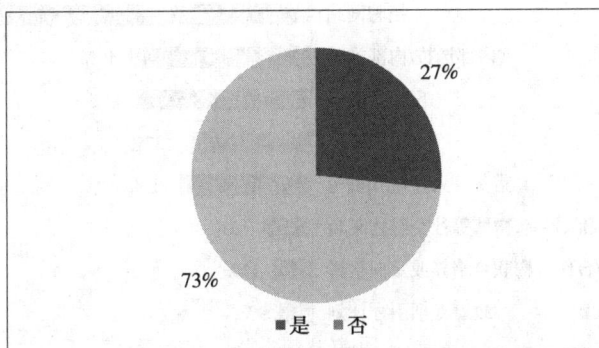

**图 18 机构引进海外人才的情况**

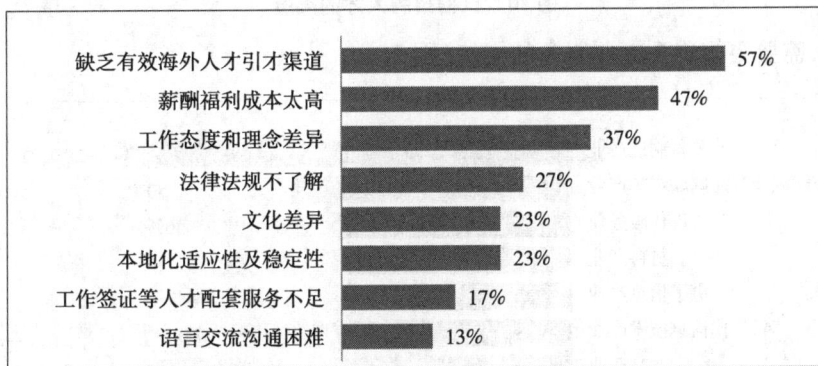

**图 19 机构引进海外人才的困难与挑战**

### (二)用人单位猎头使用影响因素分析

在调查中,重庆企业在引才过程中,对猎头服务的使用存在如下特点:

**1. 使用率低,过去 3 年使用猎头服务企业者不足四成**

调查显示,目前重庆企业在人才招聘渠道选择上,更偏向于传统方式,86%的被调查企业的人才招聘的招聘渠道是通过招聘网站,其次是内部推荐和现场招聘会,分别占到49%和47%。而在招聘中使用猎头服务的被调查企业比例仅占36%(图20)。

当问及被调查企业在近 3 年招聘人才的招聘方式时,使用过猎头服务的比例仅占35%,猎头使用率相对偏低。

不同产业间使用猎头的比例呈现显著差别。调查显示,重庆装备制造产业、新能源及智能网联汽车产业、现代服务业使用猎头的比例最高,超过 40%。这进一步说明重庆作为中国内陆的先进制造业基地,在智能制造、智能网联的产业升级下,对高层次人才需

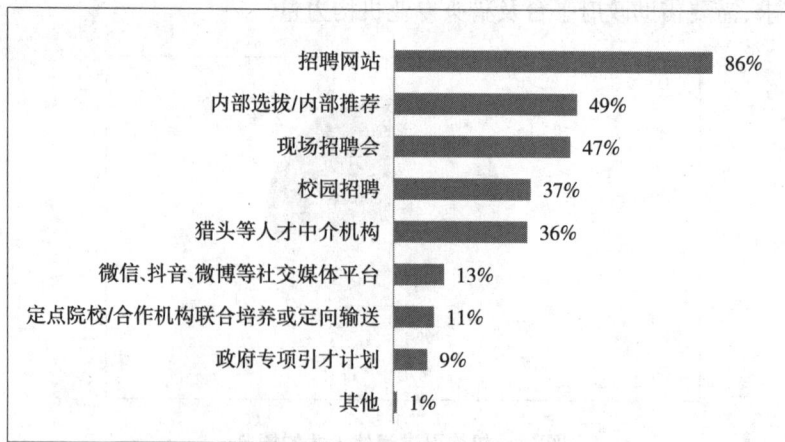

**图20 机构招聘人才的渠道**

求的释放,需要更多猎头专业服务的支持(图21)。

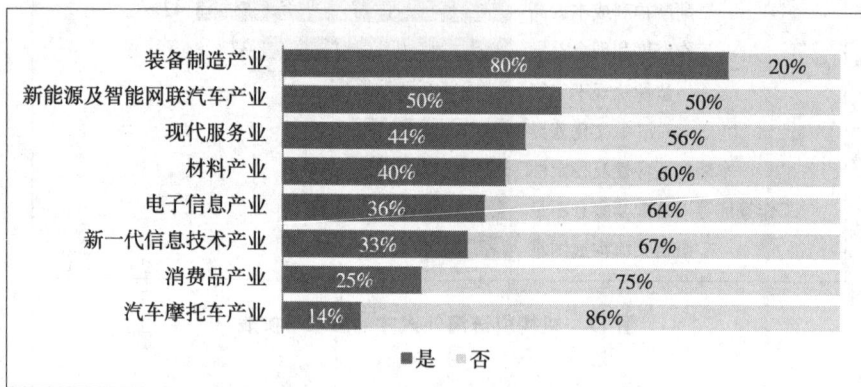

**图21 机构招聘人才时使用猎头的行业分布情况**

**2.近七成使用猎头服务的企业认可服务有效性**

虽然只有35%的被访企业使用猎头,但绝大部分企业对猎头实施引才的效果给予了正向评价,认为使用猎头服务比较有效和非常有效的被调查企业超过了67%,仅有28%和5%的被调查企业认为猎头服务效果一般和效果不显著(图22)。

以联合微电子中心为例,作为重庆市政府重磅打造的国家级国际化新型研发机构,人才引进主要依靠社会化招聘、校招、集团借调3种方式,重庆本地引进人才占40%左右,53%的人才为全国及全球引进。猎头机构作为公司进行社会招聘的重要支撑,公司60%以上的高端人才通过猎头公司引入,成效明显。而在重庆长安跨越商用车有限公司,猎头渠道占据社招比重的三分之一,主要以年薪30万元以上的研发岗位为主。

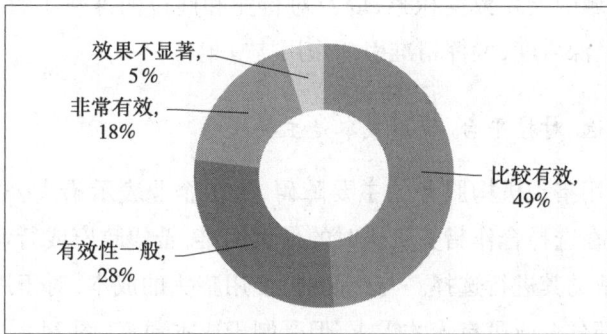

图22　机构招聘人才时猎头使用效果

3. 精准匹配、效率高、资源强是企业选择猎头服务的重要原因

77%的被调查企业认为猎头机构的服务能精准匹配稀缺人才,67%的被调查企业认为猎头的优势在于效率高,人脉资源及人才库强大,进一步说明猎头在中高端特别是稀缺岗位人才的招聘上有着明显的优势(图23)。

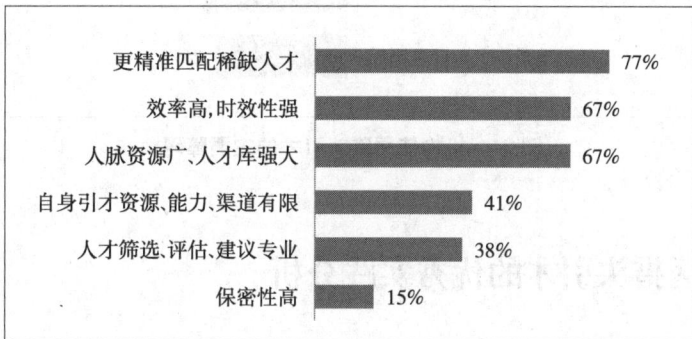

图23　机构招聘人才时使用猎头的原因

4. 超过半数以上企业预付金和成功后收费两种模式均有采用

从企业选择的猎头服务类型来看,超过半数以上企业根据岗位的不同,收取预付金和成功后收费两种模式都有采用,说明当面对高端、紧急及寻访难度较大的岗位,企业愿意为猎头专业服务提前支付费用。

5. 收费模式及标准、数据资源、品牌影响力是重要考量

当问及企业选择猎头服务的最看重因素,排在前三位的分别为收费模式及标准(72%)、人才数据资源(54%)、品牌影响力(46%),说明重庆企业对猎头服务的价格敏感。此外,猎头公司的人才库积累和猎头公司品牌知名度会重点影响其决策。

与此同时,在实地走访中了解到,多家企业人力资源负责人提到企业非常看重猎头

公司在特定垂直领域的人才数据积累,以及对行业和岗位的深耕了解,希望猎头机构能够不断提高专业度、深耕度,发挥精准引才作用。

6. 猎头机构甄选、对接平台、使用成本是主要障碍

当问及当前使用猎头机构服务的主要障碍,被访企业表示猎头公司的甄选难度、市场信息不充分是其在选择合作猎头机构时的最大困难,希望政府或行业机构能发布相应榜单及推荐名录,帮助其进行选择。与此同时,使用猎头的成本,对于用人单位来说也是不小的压力,导致部分企业虽有人才需求,但受制于成本预算(图24)。

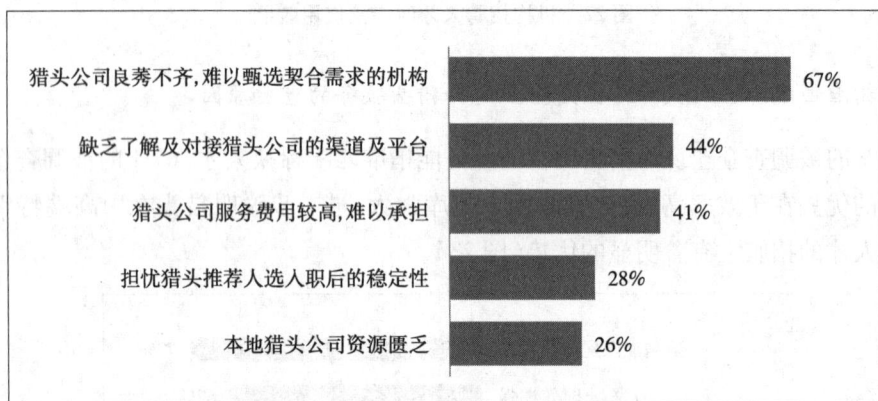

**图24　机构使用猎头引才的主要障碍**

# 四、其他地区猎头引才的优秀实践分析

## (一)国际经验借鉴

### 1. 美国硅谷

硅谷作为世界高科技的引擎与全球科技园区的典范,其成长的关键因素在于持续吸引聚集来自世界各地的优秀人才。例如,在硅谷从事计算机与数学类工作、年龄在25～44岁的人才有74%来自海外。而海外人才的集聚,可归因于猎头公司的广泛参与。在硅谷,猎头公司的服务对象不仅包括成熟的大企业,更多的是帮助高技术创业型企业寻找人才,加速创业型企业的成立并进入正常运转。猎头公司打造的高效人力资源网络为硅谷企业与个人及时提供资源供求信息,加速了人才的流动,推动了硅谷企业的加速成长。

(1)猎头公司精准吸引国际人才助推硅谷企业加速成长

①为硅谷领军企业的董事会与管理层甄选顶级人才。20世纪50年代,硅谷里的高

科技企业刚刚起步之时,猎头公司就开始帮助企业引进人才。随着企业对管理人才需求的快速增加,截至 2015 年,国际猎头顾问协会(AESC)会员中包括海德思哲、罗盛咨询、史宾沙等在内的共 9 家猎头公司在硅谷地区设立了办事机构,为硅谷领军企业集聚顶尖人才。以罗盛咨询为例,2005 年,在这家猎头公司的推荐下,马克·赫德(Mark Hurd)成为惠普 CEO,在马克·赫德的领导下,惠普在 2006 年超越 IBM,成为当时全球最大的 IT 企业。过去 20 多年来,包括罗盛咨询、史宾沙、亿康先达等在内的国际顶尖猎头公司一直在为硅谷企业的管理层和董事会甄选顶级人才,成为惠普、英特尔、甲骨文等硅谷众多领军企业背后的功臣。这些国际猎头公司对硅谷的意义并非只是猎头服务,它们也促进了人际交往和信息传播,从而有助于打造一个充满活力的人才市场。[1]

调研发现,近年来硅谷本地的大型用人企业更倾向使用内部推荐和引荐的机制来获取人才,使用猎头服务的比例有缩小的趋势。例如,Google 明文规定不使用猎头进行总部的人才招聘。这一趋势的重要成因在于,这些企业自身实力与品牌已经足够强大,传统猎头服务在提升这些企业对人才吸引力方面的作用往往不会锦上添花,猎头服务因此被这些企业视为人才引进的辅助渠道(表4)。

表4 国际猎头顾问协会会员在硅谷的最新分布情况

| 猎头公司 | 硅谷地址 |
| --- | --- |
| Coleman Lew & Associates/Penrhyn International | 2440 Sand Hill Road, Suite 302, Menlo Park, CA 94025 |
| Crowe-Innes & Associates/TRANSEARCH | 5201 Great America Parkway, Suite 320, Santa Clara, CA 95054 |
| 斐珂咨询(Fitco Consulting Pte Ltd.) | 800 West El Camino Real, Suite 180, Mountain View, CA 94040 |
| 海德思哲(Heidrick & Struggles) | 2440 Sand Hill Road, Suite 201, Menlo Park CA 94025 |
| 罗盛咨询(Russell Reynolds Associates) | 260 Homer Avenue, Suite 202, Palo Alto, CA 94301-2777 |
| 史宾沙(Spencer Stuart) | 2988 Campus Drive, 3rd Floor, San Mateo, CA 94403 |
| 斯坦顿大通国际(Stanton Chase International) | 530 Lytton Avenue, 2nd Floor, 94301 Palo Alto, California |
| Taylor Winfield/Penrhyn International | 2420 Sand Hill Road, Suite #203, Menlo Park, CA 94025 |
| The Ferneborg Group/ Panorama Search | 1700 S. El Camino Real, Suite 410 San Mateo, CA 94402 |

(资料来源:课题组根据各大猎头公司网站资料整理)

---

[1] 黛博拉·佩里·皮肖内.这里改变世界:硅谷成功创新之谜[M].罗成,译.北京:中信出版社,2013.

②为硅谷创业型企业寻找人才组成管理团队。创业企业是硅谷的精髓所在,猎头公司会帮助这些企业迅速找到关键的匹配人才,组成管理团队。具体而言,猎头公司在接受了创业型企业的服务需求后,在大型企业的工程师、会计师等专业人员中进行寻找,及时为创业型企业找到合适的创业团队成员,使其尽快成立并进入正常运转状态。可以说,猎头公司是创业型企业成立并加速发展的催化剂。以硅谷独角兽 Uber 为例,该公司的打车平台长期基于第三方地图而运营。为了减少公司在地图领域对外部公司的依赖,Uber 已经借助猎头公司从电子地图服务领域全球领先的 Google 地理部门挖走了多名地图专家。从硅谷初创企业使用猎头的趋势来看,这些初创企业使用猎头招聘的需求在不断增加。

(2)政府打造软环境为硅谷企业利用猎头聚集人才提供强力支撑

美国是现代猎头产业的发源地。1926 年,全世界首家为工商企业服务的猎头公司——迪克·迪兰人才搜索公司即诞生于此。经历了第二次世界大战时期"阿尔索斯"计划的辉煌后,美国政府更加充分地认识到猎头在国际人才竞争中的重要作用,并通过打造软环境的方式对硅谷企业利用猎头服务提供了强有力的支撑。

①政府采购、研发投入等为硅谷企业使用猎头服务提供了经济支撑。美国政府对硅谷的大学、实验室和私人企业进行了大量的研发投入,对硅谷的集成电路、计算机等产业进行了大量的政府采购,这些政策支持为硅谷企业利用猎头从全世界吸纳人才提供了重要的经济支撑。

②政府通过减免税金等政策优惠鼓励猎头产业发展。硅谷地区的企业所得税税率为 8.84%,而猎头公司的税收负担相对较轻;对于预付费型猎头公司,更是只需缴纳 4% 的税金甚至豁免税金。①

③借助行业协会的力量推动猎头产业的规范发展。AESC 成立于 1959 年②,经过 50 多年的发展,已经从一个小规模行业协会发展为一个拥有 200 多家会员的全球性行业协会。AESC 制定的包括《职业道德公约》与《规范化执业指南》等在内的行业标准规范被奉为猎头行业的"圣经"。这些行业标准对会员的执业行为进行了详细的规定。这些行业标准规范在提升猎头行业标准、增进公众了解、维护会员利益等方面发挥着巨大作用。

此外,美国还有人力资源管理协会(Society for Human Resource Management)、国际人力资源管理协会(International Public Management Association for Human Resources)等行业

---

① 宋斌. 中国猎头何去何从[J]. 国际人才交流,2012(11):46-47.

② 第二次世界大战后,随着经济的复苏,企业用人需求的增加,猎头公司数量激增,当时仅在北美地区,活跃的猎头公司就有 1 500 家之多。大小猎头相互厮杀,为取得订单,手段无所不用其极,使得新兴的猎头行业面临严重的信誉危机。为谋求一个良好的市场秩序,保护新兴行业的健康成长,国际猎头顾问协会应运而生。

协会共同引导整个猎头产业及人才服务业的发展。除了全国性的行业协会,硅谷地区也有很多专门为猎头提供服务的非营利性组织,比如硅谷招聘者协会(The Silicon Valley Recruiters Association)。这些组织通过收集人脉网络、教育信息、分享行业实践为猎头提供服务,以提高其招聘能力,增加专业知识,提高猎头为企业甄别、吸引和招聘人才方面的能力(图25)。

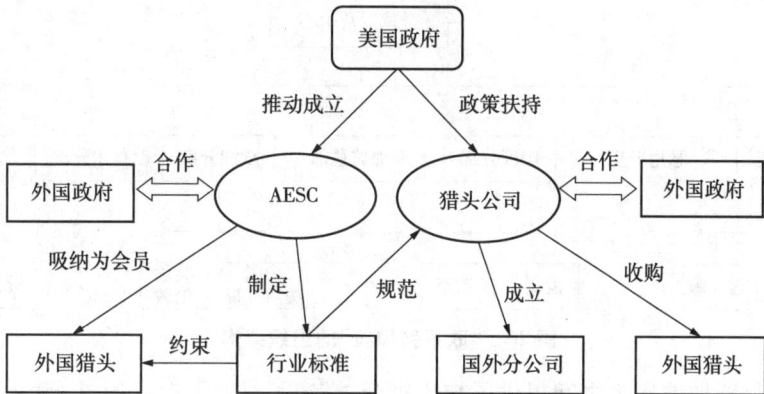

**图25 美国政府支持猎头产业发展的模式**

(资料来源:课题组根据文献资料整理)

### 2. 新加坡

新加坡在通过政府引导,发挥市场作用,利用猎头机构为本土企业引进人才服务方面创造了一系列经典案例。综合来看,新加坡主要通过主导设立国家猎头公司"联系新加坡"、吸引国际猎头公司服务新加坡企业以及打造产业平台等方式充分发挥猎头公司的作用。

(1)主导设立国家猎头公司"联系新加坡"

"联系新加坡"由新加坡经济发展局和人力部于2008年8月共同成立,属于新加坡政府推动吸引经济领域人才的主要政府机构。其中,人力部根据新加坡经济发展的需要,负责每年制订和更新关键技能列表,拥有关键技能的外国人在申请就业准证时将被优先考虑。经济发展局根据本部门制订的国家战略性产业和发展方向,为人力部的计划制订提供策略性的指导。

"联系新加坡"有工业劳动部门、新加坡迎接中心、市场传播部和全球运营中心4个下属部门,其中,全球运营中心又由北美分部、悉尼分部等6个分部12个办事处组成。通过这些机构,"联系新加坡"为有意到新加坡发展的全球精英(包括海外新加坡侨民),以及到新加坡投资或开拓全新商业活动的个人或企业提供一站式的服务(图26)。

"联系新加坡"通过举办"体验新加坡""求职新加坡"等项目,对新加坡起到了良好的宣传作用,为国际人才提供了亲身体验新加坡、了解新加坡的机会,为海外新加坡人以

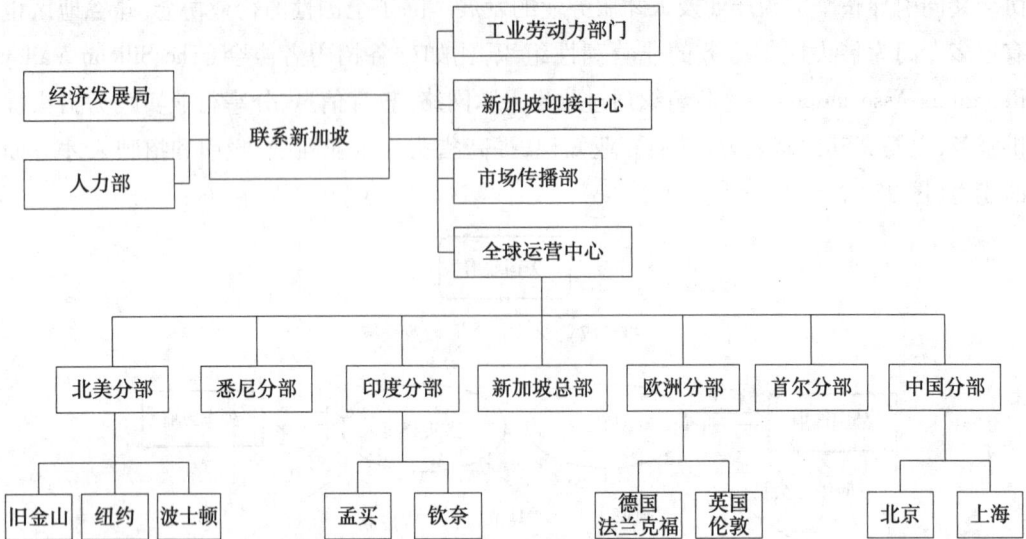

图26 "联系新加坡"的组织架构

及外国人才与新加坡雇主之间提供了交流机会,搭建了对接平台。通过"联系新加坡"这一专门的政府人才引进机构,新加坡在全球范围内架起了为海外新加坡人和国际人才信息和服务的网络,建立起覆盖全球的潜在人才数据库(表5)。

尽管目前并没有权威数据对"联系新加坡"运行效果进行直接衡量,但海德思哲与经济学人联合发布的《全球人才指数报告:展望2015》显示,新加坡吸引与留住人才的能力居亚洲之首,全球第五。这个数据从一个侧面展现了包括"联系新加坡"在内的新加坡人才引进举措的良好效果。

表5 "联系新加坡"建立的主要活动项目

| 项目名称 | 对象 | 活动内容 |
|---|---|---|
| 就业新加坡<br>(Careers@ Singapore) | 亚太、欧洲和北美等地区的新加坡雇主和有志于到新加坡工作的专业人士和毕业生 | 提供信息交流的平台:就业者可通过参加就业新加坡活动获得到新加坡工作与学习的相关资讯,并有机会与新加坡雇主进行互动交流,新加坡雇主亦可通过参与该活动获得需要的人才。目前,数字媒体企业人才选拔会已在中国成功举办了三届。新加坡还专门针对海外新加坡人举办"就职故乡"活动 |
| 体验新加坡<br>(Experience@ Singapore) | 全球一流大学的优秀本科生和研究生 | 项目为期4~5天,让学生们全面体验新加坡的工作和生活环境,吸引他们将来赴新加坡工作、生活。参与活动的学生可以参观主要政府机构和重点建设项目,以及新加坡的休闲娱乐场所,并有机会与行业领袖面对面沟通。新加坡还专门针对海外新加坡人举办"体验故乡"活动 |

续表

| 项目名称 | 对象 | 活动内容 |
|---|---|---|
| 透视新加坡<br>（Insights@ Singapore） | 国外人才 | 邀请新加坡的企业领袖和专家参与特别组织的研讨会,分享、交流各自的知识与经验。该活动提供了一个互动与参与的平台,使雇主可以接触到想要到新加坡工作或生活的人才。在该平台上与全球人才开展分享的雇主,有机会与人才直接接触,或者通过问答形成互动。新加坡还专门针对海外新加坡人举办"透视故乡"活动 |
| 假日工作计划<br>（Work Holiday Programme） | 澳大利亚、法国、德国、中国香港等地17～30岁即将毕业和已毕业的本科生与研究生 | 参与者可在新加坡工作生活6个月。该计划旨在吸引热衷于出国旅游与体验异国文化的年轻人到新加坡,帮助他们发掘在新加坡工作的机遇与体验新加坡文化 |
| 新加坡就职宣讲会 | 全球人才和新加坡海外人才 | 新加坡就职宣讲会旨在为全球各地有意到新加坡就职的人才提供关于在新加坡工作与生活的各项资讯。"联系新加坡"与各产业合作伙伴联手打造了专属求职信息平台,将各个行业的职位空缺信息即时公布在平台上,并进行面向全球的公开招聘(职位类型涵盖技术类、金融类等各行各业),海外求职者则可通过该平台提交个人简历 |

政府猎头机构的成立,有利于调节和缓解因外来猎头企业的入驻对新加坡保留自身人才库造成的压力,避免纯市场机制下的人才流动对本土企业的冲击,以满足新加坡日益增长的人才需求。

（2）吸引国际猎头公司服务新加坡

基于新加坡独特的国际环境和人才环境,新加坡政府积极吸引了大量国际猎头公司,通过市场化机制配置人才资源,帮助新加坡引入高端国际人才。"联系新加坡"网站资料显示,新加坡目前总共有1 100多家职业中介机构、国际猎头和本地猎头。其中主要的39家猎头公司中有27家为国际性机构,世界排名前10的国际猎头公司中有5家在新加坡设立了区域总部（Regional Headquarters）或办事处。

在新加坡专业猎头公司中,多数于20世纪90年代入驻新加坡或在此成立,也有部分自20世纪80年代便已进入新加坡市场的大型国际猎头,如安立国际与罗盛咨询;而2000年后成立的猎头公司则以小型猎头（雇员人数少于200人）居多。在新加坡主要的猎头公司之中,不乏年总收入过亿的大型国际猎头公司,如罗致恒富、科尔尼、亿康先达、海德思哲、光辉国际等。

(3)打造产业平台,使所猎取人才发挥最大价值

纬壹科技城是新加坡政府通过建立产业平台为猎取的国际高端人才提供施展才华载体的重要案例。该科技城是由新加坡政府投资 150 亿新币,于 2000 年开始建设的项目,最终建设成为发展知识型经济,汇集研发、创新和实验平台于一体的综合产业平台。新加坡政府以纬壹科技城启奥园为产业平台,利用商业和政府猎头等形式从 50 多个国家引进了超过 3 000 名科研人员,其中包括 Neal Copeland 教授、Philippe Kourilsky 教授、Edward W. Holmes 教授、Judith L. Swain 教授、Edison Liu(刘德斌)教授、Alan Colman 博士等世界级的科学家。

人才的集聚进一步带来了行业的规模化发展。目前全球已经有 30 多家知名生物制药公司都将新加坡作为主要研发基地,以发展各自在东南亚乃至亚洲地区的业务,知名企业的聚集又将继续促成国际顶尖人才的积聚,进而形成一个良性循环系统。

**(二)国内经验借鉴:政策对比分析**

伴随着各地人才竞争进入白热化阶段,地方对市场化引才、精准引才的需求日渐高涨,由此,许多地方政府更加重视猎头机构等市场化引才渠道的发展,并出台支持猎头机构发展的政策,期望以此充分发挥猎头在人才库与引才平台建设等方面的优势,从而使猎头招才引智作用最大化,提升本地区人才吸引力和人才精准引进效率。

当前,各地在鼓励猎头人才引进方面发挥作用的政策存在诸多共性,择其大者至少包括以下几点:①通过人才引荐奖励提升猎头机构引荐人才的积极性;②以"创新资助"鼓励猎头机构充分运用新技术手段拓展引才方式;③加大对猎头机构组织人才交流活动和构建"人才—企业"匹配平台的支持;④鼓励猎头行业强化人才队伍建设,以高质量猎头人才队伍带动引才工作质量提升。但是,由于各地资源禀赋、产业结构与企业用人需求各异,上述针对猎头行业的支持政策在共性中也存在着显著差异。

1.人才引荐奖励

为直接提高猎头机构引荐高层次人才的积极性,多数地区在其发展人力资源服务业相关政策中设置"伯乐奖"或类似的人才引荐奖项,力图以重金激励加快本地人才引荐进程。其中,《深圳市关于加快发展人力资源服务业的若干措施》为推荐引进人才的人力资源服务机构开出最高 300 万元的奖励,在各地奖励额度中为最高,而上海、长沙等地为人力资源服务机构制订的引才奖励额度也高达 100 万元。

在奖励标准制订方面,最为常见的制订方法是将标准与政策发布地的既有人才评定标准挂钩,即根据机构所引荐人才在当地人才评价体系中对应的层次决定对引荐机构的奖励金额,以上海、广州等地政策为代表(表6)。

表6　部分地区人才引荐奖励标准与人才评定标准挂钩情况

| 地区 | 政策名称 | 奖励标准 |
|---|---|---|
| 上海 | 《上海市人力资源服务"伯乐"奖励计划实施办法(试行)》 | 奖励标准按照人才分类对应。对推荐选聘第一类人才的,每人次一次性奖励人民币50万元;推荐选聘第二类人才的,每人次一次性奖励人民币15万元。同一人力资源服务机构每年获得奖励资金总额不超过100万元人民币,累计超过100万元的,按100万元进行奖励 |
| 广州 | 《广州市促进人力资源服务机构创新发展办法》 | 引进诺贝尔奖获得者、发达国家院士等,给予奖励50万元/人;引进的人才两年内被认定为广州市杰出专家、广州市优秀专家、广州市青年后备人才的,分别给予奖励30万元/人、20万元/人、10万元/人 |
| 西安(西咸新区) | 《西咸新区关于鼓励人力资源服务机构入驻中国西安人力资源服务产业园西咸园区的意见》 | 落实引才"西安伯乐奖"政策,通过直接引才方式,对用人单位及中介机构每引进落户一名A类、B类、C类人才,给予最高100万元、50万元、20万元奖励;通过柔性流动方式,每引进落户一名A类、B类、C类人才,对中介机构分别给予最高8万元、5万元、3万元奖励。人才中介机构引进D类人才可每名给予1000元奖励。同一机构在同一行政区域所申请奖励可从优享受,但不重复 |
| 宁波 | 《宁波市人民政府办公厅关于加快发展人力资源服务业的实施意见》 | 人力资源服务机构推荐引进符合《关于实施人才发展新政策的意见》(甬党发〔2015〕29号)条件的顶尖人才、特优人才、领军人才并和本市企业签订5年以上劳动合同的,分别给予10万元、8万元、5万元引才资助,每家机构每年奖励最多不超过30万元 |
| 南宁 | 《关于开展南宁市引才举荐"伯乐计划"奖励有关工作的通知》 | 1.对全职引进或自主培养了两院院士人选的引荐、培养单位(机构),每引荐或培养1人给予100万元奖励;<br>2.对全职引进或自主培养了两院院士人选之外的其他经南宁市认定的A类高层次人才的引荐或培养单位(机构),每引荐或培养1人给予50万元奖励;<br>3.对全职引进或自主培养了经南宁市认定的B类高层次人才的引荐或培养单位(机构),每引荐或培养1人给予20万元奖励;<br>4.对全职引进了经南宁市认定的C类高层次人才的引荐单位,每引荐1人给予5万元奖励 |
| 郑州 | 《郑州市人力资源服务机构引进人才奖励实施办法(暂行)》 | 为郑州市全职引进顶尖人才、国家级领军人才、地方级领军人才的人力资源服务机构,经认定考核后,每引进1人分别给予人力资源服务机构50万元、20万元、10万元奖励 |
| 南昌 | 《关于实施"天下英雄城 聚天下英才"行动计划的意见》 | 设立洪城引才奖。对为南昌市引进A,B,C类人才的中介机构,每引进一人分别给予50万元、20万元、10万元奖励 |

续表

| 地区 | 政策名称 | 奖励标准 |
|------|----------|----------|
| 长沙 | 《长沙市用人单位及中介组织引才奖励实施办法(试行)》 | 对为长沙市用人单位成功引进第三条所列高层次人才(国际顶尖人才、国家级产业领军人才、省市级产业领军人才和市级紧缺急需人才)的中介组织,按人才类别每引进一人,分别给予50万元、20万元、10万元、5万元引才奖励,同一中介组织每年最高奖励100万元 |
| 合肥 | 《合肥市人民政府办公厅关于加快人力资源服务业发展的实施意见》 | 对引进人才工资性年收入超过50万元、纳税10万元以上的,按省有关规定奖补用人单位。对成功引进"两院"院士、国外高层次人才引进计划等顶尖人才和国家级领军人才的,每引进1人分别给予引才中介机构20万元、10万元的一次性奖励;对引进的人才2年内入选"省级领军人才""市级领军人才"的,分别给予引才中介机构5万元、3万元的一次性奖励 |
| 舟山 | 《浙江舟山群岛新区引进培养高层次人才奖励办法》 | 机构或个人推荐给各级人才办的高层次人才(推荐给县区人才办的须提前向市人才办备案),在舟山市申报入选国际级顶尖人才、国家级杰出人才、省部级领军人才的,每成功推荐1人分别给予20万元、10万元、5万元的奖励资金。机构(个人)推荐给各级人才办引进的在舟山市外申报入选的省部级领军及以上人才,按以上等级减半奖励,最高不超过10万元 |

除前述的根据本地人才评价体系发放人才引荐奖励外,常见的奖励标准制订方法还包括根据相关服务佣金或引进人才薪资水平设定标准。例如,北京市《关于进一步发挥猎头机构引才融智作用建设专业化和国际化人力资源市场的若干措施(试行)》即规定,"猎头机构依照清单为用人单位选聘人才后,给予资金奖励。奖励金额为猎头服务费的50%,单笔奖励资金不超过50万元人民币"。绵阳市则在2013年出台的《关于实施创新驱动发展战略,加快建设中国(绵阳)科技城创新人才汇聚地的若干政策》中结合了"按佣金标准奖励"和"按引进人才薪资水平"两种奖励方式,旨在拓宽引才渠道,发挥猎头机构或其他业内人士不同的引才作用。[①]

另外,部分地区也根据自身对特定类型人才的需求,设置了具有本地特点的鼓励引荐与奖励方式与标准。例如,上海自贸试验区临港新片区基于自贸区对国际化人才的需求,对引进应届毕业的留学回国人员或外籍人才的猎头机构按博士3万元/人、硕士2万

---

[①] 《关于实施创新驱动发展战略,加快建设中国(绵阳)科技城创新人才汇聚地的若干政策》规定,"鼓励社会各界引才,对引进年薪30万元以上的,按签约年薪的5%,给予引荐人奖励;对引荐人才(团队)来绵阳创业的,给予最高10万元奖励。鼓励中介机构引才,对引荐年薪30万元以上的高层次人才到在绵企业工作,按签约企业给付佣金的50%,给予奖励"。

元/人、学士 1 万元/人的标准予以奖励;苏州市为鼓励引荐"自带项目/团队"的人才入驻当地,设置了根据人才项目业绩向引荐主体发放奖励的政策①,以求通过调动猎头引才积极性,实现更大规模的人才项目引进。

2.猎头服务创新资助

大数据、云计算等技术手段的推陈出新极大地促成了猎头行业服务渠道等的变化,猎头服务信息化、标准化的趋势日渐显著;同时,技术进步也为人力资源管理相关理论带来深刻变革,进而同样影响猎头服务的提供方式。由此,信息产业较发达或管理研究资源较丰富的部分地区将鼓励技术创新与管理创新的举措视为推动猎头行业发展、促进猎头更好发挥引才作用的相关政策中的重要一环。对应前述的技术创新和管理创新,对猎头的创新资助政策大致也可分为两类:

(1)针对技术创新成果的资助

以上海临港新片区和合肥为代表。根据临港新片区政策,片区内包括猎头在内的各类人力资源服务机构被评为高新技术企业者可获得 25 万元专项奖励,获得人力资源服务领域原始取得的发明专利授权并在片区内为企业产生经济效益者也可获得 10 万元奖励;此类对技术创新成果的直接奖励也见于广州等地的政策。合肥对技术创新成果的支持则是从降低税负方面入手:《合肥市人民政府办公厅关于加快人力资源服务业发展的实施意见》规定,对开发新技术、新产品的人力资源服务机构的未形成无形资产计入当期损益的研发费用,在据实扣除的基础上按研发费用的 50% 予以加计扣除;形成无形资产的,按其成本的 150% 摊销。

(2)针对服务标准与模式创新的资助

以上海静安区、西安西咸新区相关政策为代表。《静安区关于促进人力资源服务产业发展的实施办法》从提升人力资源服务标准化程度的角度出发,对主导起草制定国际标准、国家标准、行业标准和地方标准的猎头机构提出了"在标准发布后,给予不超过 100 万元补贴"的政策。《西咸新区关于鼓励人力资源服务机构入驻中国西安人力资源服务产业园西咸园区的意见》则对在全国、全省复制推广"人才工作及人力资源服务业改革创新方面探索形成的经验及模式"的人力资源服务机构分别给予 100 万元、50 万元奖励。

值得注意的是,许多地区在制定面向猎头行业的创新资助政策时,采取了将两类资助相结合的路线。例如,《成都高新区实施"金熊猫"计划促进人才优先发展的若干政策》对"建设人才数据库、专家库"等技术创新成果,以及"整合各类人才评价标准""为引进

---

① 《苏州市社会化引才奖励办法》第六条第(一)款第三项规定,引荐人才项目落户 5 年内入选高新技术企业,且连续 3 年销售额超过 3 000 万元/年或纳税额超过 300 万元/年的,给予 30 万元奖励。

高端人才提供参照标准"等服务创新成果均提供高额资助,最高可达200万~300万元不等;《杭州市加快发展人力资源服务业实施细则》在创新奖励部分也将"技术创新"与"模式创新"并列为猎头机构相关项目参评人力资源服务"重点项目"或"优秀项目"相关资助的条件。

### 3. 活动组织与平台构建政策

包括猎头机构在内的人力资源服务机构的重要职能之一在于为人力资源的供求双方提供对接渠道,以提升供求匹配效率;而通过行业交流活动为供求双方提供接触机会则是提供对接渠道的一种较为常见的方式。由此,对组织承办人力资源相关活动的猎头机构予以补贴成为一种常见的政策选项。例如,上海临港新片区针对在片区内举办或承办重要人力资源大会、会展交易等活动的片区内人力资源服务机构,根据活动效果对相应机构基于不超过活动成本40%的一次性补贴(每年不超过50万元)。深圳则将提供相应补贴的范围扩展到各类可用于宣传其人力资源服务品牌或创新项目的活动,包括但不限于各类专业论坛、学术会议、创新创业大赛等。

除针对猎头的活动补贴以外,以北京、宁波为代表的部分地区也推出了着眼于运用政府力量,构筑常设性的供需对接平台的政策。

### 4. 猎头行业人才队伍建设相关政策

对猎头机构而言,其引荐人才工作的质量与自身人才队伍质量高度相关。由此,针对猎头行业人才队伍建设的扶持措施也成为各地促进人力资源服务业发展相关政策的重要组成部分。

目前,多数地区支持猎头行业人才队伍建设的政策主要包括"人才引进奖励"和"支持人才培养"两类举措。在猎头人才的引进奖励方面,鉴于许多地区将猎头人才引进视为"高层次人才引进"这一整体工作的其中一环,因而其引进高层次猎头人才的优惠政策往往带有"符合条件者按规定享受本市高层次人才相关奖励、资助"或类似表述(表7)。

表7 部分地区的猎头行业人才引进及奖励政策

| 地区 | 政策名称 | 人才引进及奖励政策 |
|---|---|---|
| 北京 | 《关于进一步发挥猎头机构引才融智作用建设专业化和国际化人力资源市场的若干措施(试行)》 | 为引进急需紧缺人才做出突出贡献的猎头机构高级管理人员和猎头顾问,按规定申请办理人才引进。符合条件的猎头机构工作人员可办理"北京市工作居住证" |
| 四川 | 《支持和促进人力资源服务业发展十五条措施》 | 支持符合条件的人力资源服务重点企业设立"天府学者"特聘专家岗位,按规定享受"天府学者"特聘专家岗位相关支持政策 |

| 地区 | 政策名称 | 人才引进及奖励政策 |
|---|---|---|
| 深圳 | 《深圳市关于加快发展人力资源服务业的若干措施》 | 1. 从事人力资源服务行业的国(境)内外高层次创业创新人才及其团队,符合条件的可享受深圳市高层次人才相关的奖励、资助等优惠政策<br>2. 人力资源服务行业的高级管理人才、技术创新人才、高层次人才,可按规定享受深圳市产业发展与创新人才奖 |
| 宁波 | 《宁波市人民政府办公厅关于加快发展人力资源服务业的实施意见》 | 对从事人力资源服务业的海外高层次创业创新人才及其团队经评审列入市引进计划的,按《关于实施人才发展新政策的意见》文件精神给予相应的一次性资助 |
| 中山 | 《中山市加快发展人力资源服务业的意见》 | 符合条件的高层次创新创业人才及其团队,可享受中山市高层次人才津贴补贴、配偶就业等优惠政策 |
| 扬州 | 《扬州市人力资源服务业高质量发展行动计划》 | 纳入有关人才计划和人才引进项目,享受相关优惠政策 |

而在猎头机构的人才培养部分,各地最为常见的对策是从猎头机构选派中高层次管理人员或骨干人才,赴国内外著名高校、人力资源服务机构参与学习、培训和交流,并对相应活动予以财政支持(表8)。值得一提的是,宁波将鼓励培训政策进一步提升至学历教育层面,推出了选送本领域部分创新创业人才攻读硕士、博士学位,并对毕业者予以学费补贴的政策。

表8 部分地区的人力资源行业人才培养支持政策

| 地区 | 政策名称 | 人才培养支持政策 |
|---|---|---|
| 北京 | 《关于进一步发挥猎头机构引才融智作用建设专业化和国际化人力资源市场的若干措施(试行)》 | 依托著名高校、职业院校、大型企业、跨国公司,组织猎头机构骨干人才开展学术交流和研修活动 |
| 杭州 | 《杭州市加快发展人力资源服务业实施细则》 | 每年组织50名左右行业领军人才到国(境)内外著名高校、大型企业、知名人力资源服务企业、世界500强企业等开展学术交流和研修活动;每年围绕人力资源服务业相关的政策法规、行业规范、行业发展等,开展人力资源服务业从业人员继续教育,全面提升从业人员能力素质 |
| 广州 | 《广州市促进人力资源服务机构创新发展办法》 | 每年组织50名人力资源服务机构高层管理人员到国内著名高校、知名人力资源服务机构学习培训,由财政给予最高50万元资助。充分利用人力资源服务行业协会开展人力资源服务业从业人员的培训,提升从业人员素质 |

续表

| 地区 | 政策名称 | 人才培养支持政策 |
|---|---|---|
| 合肥 | 《合肥市人民政府办公厅关于加快人力资源服务业发展的实施意见》 | 每年择优选派合肥市人力资源服务机构高级人才赴国内知名高校、知名人力资源服务机构培训学习。合肥市人力资源服务机构从业人员通过技能培训获得专业资格证书的,按合肥市企业职工技能培训相关政策给予补贴 |

除上述两大类政策举措外,部分地区近年来也从改革职称评价机制入手,希望通过畅通职称晋升渠道以提高猎头专业人才在引才工作中产出新成果的积极性。

### (三)国内经验借鉴:政府和猎头合作的案例分析

#### 1. 基于政府-猎头协议的直接合作模式

在此种模式下,地方政府与猎头机构基于双方直接签订的协议展开合作。地方政府为猎头机构提供落户奖励、场地补贴、人才引荐奖励等优惠政策,而猎头机构则承诺在规定时间内为地方辖区内用人单位引进一定规模的高层次人才。

以宁波鄞州区与浙江省知名猎头机构"南北猎头"的合作为例:鄞州区于2012年出台《"人才使者"聘请试行办法》,开始尝试与猎头机构等高端人力资源服务机构直接合作引进人才。2013年,鄞州区与"南北猎头"签订"一事一议"落户协议,"南北猎头"总部正式进驻鄞州。协议规定,"南北猎头"需每年为鄞州区企业引进50万元年薪以上人才15名以上,同时为鄞州区引进国家人才项目提供相关服务。据报道,协议签订后半年多时间内,"南北猎头"为鄞州民企引进50万元以上年薪高层次人才10名,引进30万元以上年薪人才11名,推荐各级人才项目4个[①]。

值得注意的是,此类合作往往基于地方政府和猎头机构的"一对一"协议开展:地方政府出于对引才质量的考虑,对承担合作义务的猎头机构往往提出较高的要求。因此,有资格通过此种方式与政府展开合作者往往是国内外知名猎头机构在当地的分支机构(可能冠以"区域总部"之名),而地方中小猎头机构一般难以参与此类合作模式。

此外,地方对高层次人才的需求量可能受经济形势变化、产业结构调整等多种因素影响而出现波动;在直接合作协议中硬性规定人才引进规模指标的做法可能会导致猎头机构难以正常履行协议,或为完成规定指标而过度引入人才,导致人才落地后难以人尽其才,造成人才资源的浪费。由此,地方政府与猎头机构需要在制订引才指标时采取更

---

① 沈朝晖.鄞州:政府市场"联手"激发引才聚智活力[EB/OL].(2013-11-18)[2020-10-30].凤凰网.

为灵活的态度,使相应指标符合当地经济产业发展的实际需求。

2.基于政府提供的对接平台与需求清单的合作模式

在此种模式下,地方政府以人力资源供需匹配平台的维护者身份,负责汇总整合区域内用人单位(包括企业、事业单位及政府机关自身)对高层次人才的需求,并面向区域内猎头发布;猎头机构则根据政府发布的用人需求,为用人单位选聘人才。特别地,部分对当地产业发展具有特殊意义的选聘岗位,由政府对引荐人才成功的猎头机构予以特殊奖励。

以北京市为例,其于2018年发布的《关于进一步发挥猎头机构引才融智作用建设专业化和国际化人力资源市场的若干措施(试行)》引入了"用人清单+平台对接+按比例奖励"的方式,由主管部门负责在用人单位和猎头机构间搭建供需对接平台,根据各用人单位需求建立选聘清单,并对根据清单需求选聘人才成功的猎头机构按猎头服务费的50%予以奖励。基于本项机制,北京市人力社保局于2019年9月首次发布了30个岗位的"使用猎头机构选聘人才岗位需求"[1];截至2021年2月,累计发布的岗位数量已达63个[2]。而在人才引进后的奖励方面,北京市于2021年2月首次对岗位选聘成功的3家用人单位及对应引荐的3家猎头机构予以共计124.992万元的奖励。其中,北京旷视科技有限公司(用人单位)和北京跃科人才服务有限公司(猎头机构)因在选聘算法研究专家过程中的成功合作而各获得50万元的顶格奖励[3]。

相较基于政府—猎头双边协议的直接合作模式,此种模式扩大了猎头机构的参与面,部分规模较小但具备一定特色(如在某些行业具备人才联系渠道)的猎头机构也有机会与需求清单上的用人单位开展引才合作。

(四)可借鉴的政策和做法分析

根据上文对各地支持猎头行业发展的相关政策及做法的共性与特点的分析,结合本研究面向重庆市内部分用人单位及猎头机构的实地调研结果,对重庆在发挥猎头引才作用方面可借鉴的政策和做法的分析如下:

1.增加引才奖励维度,优化引才奖励标准

目前,重庆人力资源服务产业园猎头基地在引才奖励方面采取了根据引进人才薪酬为猎头机构积分,积分达到一定水平后对猎头机构予以奖励的资助办法。但应注意,薪

① 代丽丽.30个紧缺人才岗位征集猎头"寻人"[N].北京日报,2019-09-24.
② 根据北京市人力社保局历次"使用猎头机构选聘人才岗位需求"统计。
③ 北京市人力社保局.关于第一批使用猎头机构选聘人才资金奖励的公示[EB/OL].(2021-02-18)[2020-10-30].北京市人力社保局网.

资水平并非衡量猎头服务本地引才工作的唯一标准,引进人才的既有成果(如曾获得的行业奖项)、所属行业需求(是否为本地急需的产业)等指标同样应得到重视。事实上,上海临港片区、苏州等地的引才奖励制度即部分应用了此种思路。有鉴于此,可在既有的与人才薪酬水平挂钩的积分奖励制度基础上,结合本地重点产业需求、人才计划层次等要素,对引才积分奖励制度予以适当的加权修正,避免一味地"以薪酬论英雄",从而使引才奖励更好地激励猎头引荐本地急需的人才。

**2.构建强化"引才服务联盟"**

课题组对多家猎头服务需求方的调研表明,用人单位在运用猎头引才方面的主要痛点为"猎头机构专业性不足",而此种专业性不足的主要原因在于猎头机构对需求方所处产业了解不足,可联系利用的人才资源较少,难以形成可用的人才库。同时,现有猎头机构在运作方式上与其他人力资源服务机构合作紧密度不足,导致前者难以充分运用行业内资源提升自身服务的专业水平。

为应对这一问题,可借鉴北京"构建人力资源服务联盟"的做法,指导人力资源服务产业园区内的猎头机构、其他人力资源服务机构及当前引才需求较大的部分重点企业成立"引才服务联盟",以帮助猎头机构充分运用其他人力资源服务机构的技术产出以"升级"自身寻访、引荐人才的方法,同时加深对需求方所处行业的了解,从而使其引荐工作更贴合需求方实际,引才服务更具针对性。

**3.细化优化"支持猎头人才队伍建设"政策**

尽管《关于加快人力资源服务业发展的实施意见》(渝人社发〔2018〕171号)已将"加强人力资源服务业人才队伍建设"列为重点任务之一,但目前关于引进培育专业猎头人才的相关政策条款仍以原则性的表述为主,缺少可操作的具体标准。此外,相关条款中缺少对猎头行业从业者业绩评价及职称评审机制的表述,不利于调动从业人员的积极性。

有鉴于此,可参考广州相关经验,针对相应政策条款制订具体实施计划,明确对人才培养的支持规模与财政补贴额度[①],从而使支持政策更具可执行性。同时,在猎头人才的业绩评价机制部分,借鉴北京、广州等地做法,针对猎头人才制订特殊的职称评审规则,如以引才项目报告等成果替代论文、允许引才工作中贡献突出的猎头人才破格申报高级职称等,完善猎头人才的业绩评价及晋升渠道,激发其持续贡献本地引才工作的积极性。

---

① 《广州市促进人力资源服务机构创新发展办法》第六条规定,"实施'广州市人力资源服务业高级人才培养计划',每年组织50名人力资源服务机构高层管理人员到国内著名高校、知名人力资源服务机构学习培训,由财政给予最高50万元资助"。

4.加大对猎头机构技术创新、服务创新的支持力度

目前,本地鼓励猎头机构创新的政策主要体现在《关于加快人力资源服务业发展的实施意见》中对技术与产品创新的税收优惠。但结合杭州、西安等地的政策与实践来看,猎头服务的模式创新、管理创新,乃至对相应创新成果的推广同样值得关注,而本地现有政策对此类创新的关注目前仍属空白。而在资助创新的形式方面,上海、广州等地均有针对成果予以单独奖励的内容。因此,建议本地在鼓励猎头机构创新的相关政策中增加奖励猎头服务模式创新、管理创新的内容,并在既有的税收优惠基础上增设针对猎头机构所取得专利等成果的单列奖励,以进一步强化支持政策对猎头机构参与创新的激励作用。

# 五、重庆市发挥猎头市场化引才作用的制约因素和痛点难点总结

## (一)政策扶持力度有待进一步完善

重庆市的先发优势在人才竞争不断加剧的形势下有所减弱,各地在促进猎头市场化引才方面纷纷出台政策,大力引进猎头机构入驻。如北京采用"用人清单+平台对接+按比例奖励"的方式加大与猎头的合作力度,上海临港片区、苏州等地则根据人才成果和产业取向给予猎头奖励。相比之下,重庆市的"先手棋"在吸引全球或全国领先的猎头机构方面稍显乏力。重庆企业的不断发展为中高端人才猎取提出了要求,但目前缺乏针对鼓励猎头发挥市场化引才作用的扶持政策。虽然在《重庆市引进海内外英才"鸿雁计划"实施办法》第十三条有提及:对"鸿雁计划"入选人才的用人单位按照引进人才年薪的5%给予经费补助。补助资金主要用于用人单位支付人力资源服务机构中介费用、个人推荐人才奖励、引才工作经费等相关支出。但针对市场常规以人才年薪20%～30%为猎头服务费用来说,扶持力度不足以激励企业更多使用猎头模式引入人才,并缺失直接针对猎头机构的补贴。

## (二)猎头市场监管和秩序建立仍存在缺位

在猎头和人力资源市场规模不断扩大的同时,由于缺乏有效的准入和监管机制,猎头在市场化引才方面尚未形成成熟的产业生态,在渝猎头市场呈现小企业聚集、鱼龙混杂的情况,致使猎头产业的人才供给与重庆市企业的需求之间呈现结构性矛盾。同时,由于小型猎头收费较低,具有价格优势,在人才市场容易出现"劣币驱逐良币"的现象。因此,在重庆市人才需求不断扩大的情况下,建立具备明确准入、监督和奖惩体系的猎头

产业系统已成为当务之急。

### （三）有实力的中高端猎头结构性短缺

在渝猎头机构多数仍为中小型机构，大型猎头机构较少，顶尖猎头资源稀缺，这一规模布局既与重庆社会经济发展潜力强劲，高层次人才引进需求激增的发展现状相矛盾，也不利于重庆在未来着重打造全国科创中心，面向全球引才的定位。而吸引国内外知名猎头机构进驻重庆市场的核心，一是需要基于产业集聚所产生的相对稳定、持续的高层次人才需求订单，二是需要有力度的招商吸引及产业扶持政策。

### （四）企业猎头服务使用率相对较低

尽管重庆市猎头产业发展业态不断丰富，但其在企业使用效率上仍有待提升。根据实地调研走访了解到，目前猎头仅作为企业人才引进中的辅助路径，多数企业仍以自主招聘及内部推荐为主，行业高端人才引进是其使用猎头的主要方向，但合作方式也多以具体项目为主，长期委托相对较少。一是猎头使用成本较高：在实地企业调研中，多数企业表示使用猎头引进人才的费用较高（一般为引进人才年薪的20%～30%），尤其对中小型企业而言，高昂的招聘成本令其望而却步；二是猎头机构鱼龙混杂，筛选困难。不少企业表示，市场信息不充分是其在选择合作猎头机构时的最大困难，期许政府或行业机构能发布相应榜单及推荐名录，帮助其进行选择；三是企业自身对猎头服务专业价值认知度、成熟度，以及引才的准备度仍然不足。需求的不清晰、定位的不精准导致人才吸引和配置过程中的错位和低效。

## 六、建议和创新举措

吸引和凝聚优秀人才，满足社会发展需求，已成为世界各国、各地区发展战略的首要环节。在推动成渝地区双城经济圈建设，打造重庆市成为全国影响力的科技创新中心的机遇下，充分发挥猎头机构在市场化引才方面的作用，有效促进优秀人才加速集聚，不能只靠单边发力，更需要政府、用人单位、猎头机构、人才四方的连接与协同（图27）。

对此，建议构建以精准引才为导向的多元主体协同参与、行业业态丰富、资源配置合理、合作形式多样的市场化引才网络，充分激发包括政府、用人单位、猎头机构及人才个体等在内的各类主体的引才活力与创新动能，建议实施"1+1+1+3"保障及5个专项计划。

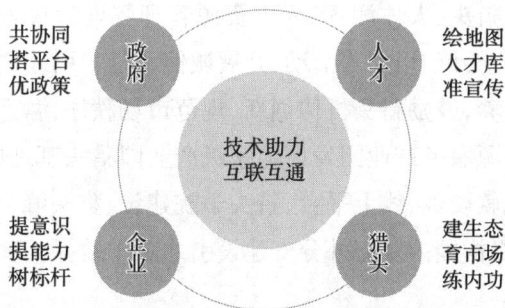

图27　发挥猎头市场化引才作用多方协同

### (一)政策保障:出台促进猎头发挥市场化引才作用专项政策

在当前《重庆市人力资源市场条例》《重庆市人力资源和社会保障局关于充分发挥市场作用促进人才顺畅有序流动的实施意见》的基础上,充分学习各地支持猎头行业发展的相关政策及做法的共性与特点,结合重庆实际情况,叠加猎头引才专项引导政策,重点包括如下4个方向:一是拓宽使用猎头机构引才的用人主体范围,鼓励和引导政府机关、事业单位、国有企业等引才主体加大猎头引才使用比例。可在年度预算中将猎头服务费单独列支,并对使用猎头引才效果较好的单位给予一定工作表彰、引才财政倾斜和政策奖励。二是加强猎头机构人才队伍建设,开展"30-100"计划。在《关于加快人力资源服务业发展的实施意见》(渝人社发〔2018〕171号)的基础上,补充加强培育专业猎头人才的相关政策条款与财政补贴额度,明确对猎头人才培养的支持规模,开展"重庆猎头30家领军企业及100名领军人才培养计划"(简称"30-100"计划),建立重庆猎头领军人才库,完善猎头人才的业绩评价及晋升渠道,激发其持续贡献本地引才工作的积极性。三是鼓励猎头机构技术创新、服务创新。增加奖励猎头技术创新、服务模式创新、管理创新的内容,并在既有的税收优惠基础上增设针对猎头机构所取得专利等成果的单列奖励,以进一步强化支持政策对猎头机构参与创新的激励作用。

### (二)资金保障:设立人力资源服务及猎头专项扶持资金

专项扶持资金用途包括但不限:一是用于给予用人单位及猎头机构的引才奖励兑现,增加引才奖励维度,优化引才奖励标准。在引才奖励维度上,可参考借鉴《海南自由贸易港高层次人才分类标准(2020)》,结合重庆市重点行业和产业,以薪酬水平为主要指标,以市场认可、专业共同体认可和社会认可为基本依据,对引才积分奖励制度予以适当的加权修正。在引才奖励标准上,在经费有限的情况下,拿出几个重点标杆岗位,最高引才奖励可突破全国当前最高上限100万元,例如给到120万元,面向全球揭榜挂帅,迅速打响重庆市市场化引才力度,激发用人单位及猎头机构的参与度,打造标杆示范作用。

二是进一步培育全市以猎头、人才测评、人力资源管理咨询为代表的高端人力资源服务业态发展,举行各类行业会议、培训等活动,开展诚信示范、"引才之星"企业评选,猎头行业领军企业领军人才培养,鼓励猎头机构创新,规范市场秩序,营造营商环境等。三是重点支持中国重庆人力资源服务产业园发挥国家级产业园猎头基地的示范引领作用,进一步加强产业园猎头基地软硬件、线上平台、猎头学院建设、猎头峰会升级建设等。四是运营引才联盟、利用猎头机构国内及海外分支建设引才工作站等。

### (三)模式保障:组建重庆市人才发展集团

整合现有重庆市级国有人力资源服务企业,合理吸收社会资本成立重庆市人才发展集团,充分学习深圳人才集团模式,作为市委市政府打造国际人才高地的重要抓手,形成"以猎头高端业务为引领、以公共服务业务为基础、以人力资源外包业务为主体"的业务发展格局,统筹全市重点领域市场化引才工作,开展高端人才寻访、产业园区运营、人才创新创业、人才教育培训、人才综合服务等业务。通过集团公司统筹,子公司专业化运营的方式,为重庆建设科创中心搭建面向全球的招才引智和人才服务平台,形成从人才引进到落地创业再到培育助推最后到安居乐业的服务闭环。其中,人才发展集团及下属子公司总经理等高管岗位,可借鉴海南自由贸易港及深圳人才集团做法,采用市场化选聘形式,选聘的高管实行市场化薪酬、契约化管理,吸引更多具有国际视野、市场意识、管理经验的高端人才加入,打造市场化选人用人机制改革的标杆。

### (四)平台保障:整合供需两端资源,成立重庆市引才联盟

针对目前重庆猎头机构和用人单位"单打独斗"较多,面对人才生态链各环节"断链"的问题,建议参考北京中关村等地经验,围绕人才生态链构建,整合寻求扩大业务范围的猎头企业、其他类型人力资源服务机构,以及引才需求强烈的用人单位资源,形成"重点用人单位+知名猎企"的引才联盟;可通过中国重庆人力资源服务产业园平台,指导联盟开展各项活动。

引才联盟主要职能如下:①汇聚本市各重点用人单位引才需求,形成并定期发布需求清单,以需求的规模效应破解猎头企业"缺乏订单来源"的问题;②通过开展联盟论坛、路演等形式,为猎头企业与用人单位提供交流机会,帮助用人单位准确定位自身引才需求,也使猎头企业在交流中提升对用人单位所属行业特点和人才需求的认识,进而提升其为相关行业提供引才服务的专业性、精准性;③为猎头企业与其他类型人力资源服务机构提供合作平台,使猎头企业能够充分利用同业机构的行业数据库与人力资源服务技术开展引才工作,同时以定期交流促进人力资源服务先进技术在本市的推广应用。对重庆市猎头服务需求不足的问题,建议启动"金巢计划"以对用人单位使用猎头服务存在的

主要困难采取针对性举措,降低使用猎头服务的经济与信息门槛,激发需求侧使用猎头服务的积极性,以更广泛的用人单位-猎头合作促成人才引进和人才环境建构。

### (五)平台保障:打造中国(重庆)猎企线上合作交易平台

以中国重庆人力资源服务产业园为依托,与全球领先的猎头机构合作,以人工智能、大数据、云计算和区块链为技术核心,立足于构建服务重庆、辐射全国、面向全球的专业化、市场化引才对接平台,整合人力资源产业供应链、人才链、技术链、数据链,实现政府端、人力资源服务机构端、企业端和人才端互联互通。通过构建线上猎头协作平台,打破寻求猎头服务的地域限制;建立平台发单、接单协作机制,一方面聚集全国范围内猎头公司力量,为重庆实施高层次人才引进贡献力量;另一方面在接单协作中培养重庆本地猎头机构服务全国市场的能力,帮助其拓展业务规模。与此同时,通过平台合作机制的建立,打破过往猎头市场各自为战、无序竞争的状态,走向合作共赢。

### (六)平台保障:组建中国(重庆)人力资源服务产业学院

向人社部申请挂牌成立中国(重庆)人力资源服务产业学院,引进国内外知名人力资源研究机构(如高校、智库等)专家,填补西部地区缺少权威人力资源行业研究机构的空白。新设立学院将具备以下职能:①针对人力资源领域前沿问题开展理论研究、学术交流;②为重庆高校设立人力资源相关专业、发展人力资源相关学科提供智力支持;③借助中国重庆人力资源服务产业园资源,面向重庆市人力资源服务行业需求,开展产研对接,主持或参与制订行业标准规范,定期发布"行业指数"等报告;④面向重庆及周边地区对提升人才引进、人才服务与管理水平有较迫切需求的用人单位或猎头企业开展行业人才职业能力测评、培训等活动,带动本地人力资源管理水平的整体提升。

针对猎头行业需求,在新设立学院中设置猎头研究分院,并与政府人才主管部门、人力资源产业园及本地主要猎头机构合作,建立重庆猎头行业协会。借助学院、协会所对接的国际猎头企业及专家资源,定期面向本土猎头机构及从业人员开展国际化业务技能培训;支持有能力的本土猎头机构加入国际猎头行业组织,进一步培植其国际化运作水平与国际人才猎取能力,更好地为重庆创新发展提供人才支撑与保障。

### (七)专项计划:实施"渝见未来"城市名片精准营销引才计划

当前,在全国争相吸引高层次人才的态势下,城市营销、城市名片、城市雇主品牌成为吸引人才,特别是外地高层次人才的重要影响因素。为提升重庆城市引才雇主形象,市级公共引才服务平台统筹打造了"百万英才兴重庆"引才活动品牌,旗下共有全国"双一流"高校巡回招聘会活动、事业单位专场招聘会暨博士后专场招聘会活动、民营企业引才服务月活动、博士渝行周、国（境）外优秀青年人才重庆体验月、学子渝见习月、海外优秀人才及项目对接会、赴国（境）外引才、海外高端人才猎头精准引进9个子品牌活动，但相比武汉的"楚才回家"、成都的"蓉漂"计划，重庆仍然缺乏一个深入人心的引才口号。在对高层次人才吸引上，建议针对人才痛点，结合重庆引才亮点，实施精准营销，打造例如"渝见未来"城市引才品牌，凸显重庆在未来发展、前沿引领的定位。各类引才活动，加大在北、上、广、深一线城市的媒体、地标广告投放力度，打造影响力。

### （八）专项计划：实施"金桥计划"，激发使用猎头积极性

针对重庆市猎头服务需求不足的问题，建议启动"金桥计划"以对用人单位使用猎头服务存在的主要困难采取针对性举措，降低使用猎头服务的经济与信息门槛，激发需求侧使用猎头服务的积极性，以更广泛的用人单位-猎头合作促成人才引进和人才环境建构。

"金桥计划"至少包含以下方面的举措：第一，针对猎头服务成本较高、企业难以承受的问题，建议政府相关部门在人才经费预算汇总中设置专门的猎头服务使用基金。对使用猎头服务成功选聘人才的企业，由该基金按服务费的一定比例（如50%）予以奖励，同时对使用猎头服务的小微企业、特定产业领域企业或高新技术企业设置追加奖励条款，进一步降低用人单位成本压力。第二，针对猎头机构鱼龙混杂，用人单位选择困难的问题，建议由重庆人力资源服务产业园与行业协会等合作，基于园区内猎头机构经营信息等数据发布猎头评比"红黑榜"，并根据猎头机构后续业绩变化定期调整榜单，为用人单位选择猎头提供更充分的信息。第三，针对用人单位对猎头服务专业价值认知不足，引才需求不清晰的问题，建议政府相关部门、产业园与猎头服务使用率较低的重点产业的行业协会开展合作，定期邀请人力资源专家或资深猎头面向相应产业所属用人单位管理人员开展"管理公开课"或"引才工作坊"活动，帮助其更好地了解猎头服务价值，明确自身引才需求，为使用猎头服务引才做好充足准备。在此基础上，推动"金桥计划"与现有"重庆英才计划""鸿雁计划"等人才计划的对接整合，融入重庆对外引才品牌的集成建设。

### （九）专项计划：实施重庆市"塔尖"人才全球寻访计划

为解决重庆重点支柱产业、战略新兴产业和高精尖"卡脖子"技术等"塔尖"人才引进难的问题，由政府人才主管部门牵头，分行业、分批次、分阶段面向各类用人单位收集引才需求，形成"塔尖"人才需求清单，并基于该清单与重点知名猎头企业开展"揭榜挂帅"引才项目合作。

人才主管部门除针对个案发放奖励外，还可定期对参与"塔尖"人才计划的猎头机构

及从业人员成果开展评比,对在引进"塔尖"人才工作中取得显著成果(如成功引荐人才较多,人才层次或薪资水平较高)的猎头企业和从业人员予以追加奖励,并在相关猎头企业申请经营优惠政策,或从业人员申报职称时根据其成果予以适当的政策倾斜,进一步强化猎头企业与从业人员参与"塔尖"人才寻访的积极性。

### (十)专项计划:绘制重点领域全球引才地图及四缘人才数据库

一是结合重庆区域产业发展规划,研究重点、新兴产业的高端人才需求情况,逐步建立起企业高端人才需求信息的监测、收集及预测机制,为人力资源服务机构提供岗位需求等深度大数据分析,为重庆市集聚高端人才提供有利条件。二是基于重庆急需紧缺人才的类别,借助猎头等第三方机构,摸排人才聚集区域,构建每个产业的重点人才分布地图,对人才的地理定位、专业细分、专长领域等有效信息进行方向性的整合与共享,为创新创业人才、中高端人才、高层次人才、国际顶尖人才、技术核心专家等处在不同发展阶段的人才编制人才图谱。三是从引入人才的融合度来看,在产业人才图谱的基础上,重点标注和维护虽然身处国内及海外其他城市,但与重庆有"四缘"——地缘、亲缘、学缘、业缘关系的人才,定期向其精准推送重庆产业发展、人才政策、项目清单、岗位信息,举行相关人才交流活动,并构建"不为所有,但为所用"的灵活用人机制。

### (十一)专项计划:升级猎头品牌峰会规格和影响力

一是建议在重庆英才大会及相关人才活动中增设"猎头座谈"与"猎头服务展"专场,以英才大会品牌效应扩大猎头服务的影响力和宣传面。"猎头座谈"主要邀请用人单位、猎头、高层次人才现身说法,分享猎头合作、人才引进与落地经验,宣讲猎头服务为行业与人才发展的积极意义。"猎头服务展"一方面可展示猎头行业服务重庆引才需求相关成果,通过颁发奖项等形式树立行业标杆典范;另一方面也为更多用人单位与猎头机构的接触交流提供机会,促成猎头服务供需对接。二是升级当前猎头峰会影响力,联合中国人才交流协会高级人才寻访专业委员会、国际权威猎头机构、知名媒体等举行面向全国的猎头峰会,并邀请国内外顶尖猎头机构高管、人力资源行业投资机构代表、学术机构代表聚焦猎头行业前沿热点话题,对技术、服务、管理模式创新进行分享探讨。

**课题负责人:**魏　建
**课题组成员:**邱成楠　刘萌萌　李　升　付晓薇　吴菲怡

此课题为2021年重庆市人力社保局自主课题项目,2021年3月结题。

附

录

# 2020 年全市人才工作概览

　　**人才成就方面:**建成世界首个新冠肺炎病理样本库,研制全国首个获批上市的化学发光法抗体检测试剂盒,研制全球最大集装箱船用涡轮增压器,获得国家科技进步奖 12 项,34 人获评"全国抗疫先进个人",4 人获评"全国脱贫攻坚先进个人",4 人获"全国创新争先奖",11 名"重庆英才计划"入选者获评"全国劳动模范"和"先进工作者",首届全国技能大赛斩获 5 金 4 银 4 铜的佳绩。

　　**人才协同方面:**召开成渝地区双城经济圈人才协同发展联席会议第一次会议,与四川省委组织部签署合作框架协议;协同举办"2020 重庆英才大会""蓉漂人才日"等引才交流活动,建立成渝地区双城经济圈创新创业联盟;创新联办川渝英才爱国奋斗研修班;完善专业技术人才职称互认机制;推动"重庆英才服务卡"和四川"天府英才卡"对等互认;各区县与四川相关市区县签订合作协议 60 余份。

　　**人才引进方面:**举办"2020 重庆英才大会",引进紧缺优秀人才 1 821 名,签约项目 267 个;"百万人才兴重庆"系列引才活动 200 余场,签约落地 2 万余人;"重庆英才·职等您来"公共就业人才网络直播招聘,3 万余家单位提供 43.8 万个岗位,签约就业 4.3 万人。

　　**平台建设方面:**与 20 所知名高校、院所、企业达成战略合作协议,建成超声医学工程、山区桥梁及隧道工程国家重点实验室,成立重庆国家应用数学中心、国家儿童区域(西南)医疗中心,新增中国科学院重庆科学中心、中国科协城市化与区域创新极发展中心等引才聚才平台。

　　**政策措施方面:**出台支持大数据智能化产业人才发展、博士后创新发展、公共卫生人才队伍建设等若干措施,健全"塔尖""塔基"人才政策体系等人才措施。

　　**团结服务方面:**评选表彰首届"重庆市杰出英才奖"29 人,举办重庆英才讲堂 3 期,举办"优秀科学家风采展",开展休假、疗养、学术交流、走访慰问 1.1 万人次,宣传专家人才100 余人次,发放"重庆英才服务卡"3 600 余张,发放人才贷金额 130 余亿元,出台《重庆市人才安居实施意见》《重庆英才服务管理办法(试行)》等,累计提供人才公寓 3 万套。

# 2021 年全市人才工作大事记

（截至 2021 年 10 月）

# 1 月

1 月 8 日,全市首家数字内容产业基地——中国(重庆)数字内容产业基地在渝中区揭牌。基地将引入国内领先数字内容公司,并依托国内高校人才资源,培育数字内容产业人才,为基地企业提供源源不断的数字人才,打造基于数字内容的产业生态圈。

1 月 8 日,重庆市江津工业园区入选首批成渝地区双城经济圈产业合作示范园区,在园区开发建设、产业优化布局、招商引才联动、人才交流培养、公共平台打造等方面开展合作。

1 月 14 日,重庆市委组织部、团市委召开中组部、团中央赴渝"博士服务团"第 20 批总结暨第 21 批欢迎会。

1 月 14 日,重庆市首家产业数字化赋能综合体——重庆市产业数字化赋能中心落户九龙坡区,中心围绕全市主导产业,不断拓展产业链条,完善产业数字化发展生态,培养集聚大数据产业人才,促进数字技术与实体经济深度融合。

1 月 15 日,为建立适应新时代公共卫生体系的人才发展体制机制,重庆市卫生健康委员会、重庆市委组织部等 7 部门印发《关于加强公共卫生人才队伍建设的若干措施》的通知。

1 月 18 日,中国科协召开 2020"科创中国"年度工作会议,发布了各领域 2020 年"科创中国"先导技术榜单。重庆海扶医疗科技股份有限公司研发的聚焦超声治疗技术,入选生物医药领域 2020 年"科创中国"先导技术榜单。

1 月 20 日,科技部公布 2020 年度国家级科技企业孵化器名单,重科智谷、重庆西部食谷科技企业孵化器、万信科创孵化器等 3 家企业入围。

1 月 27 日,重庆市政府发布《重庆市市级高新技术产业开发区认定和管理办法(修订)》,引导市内外优质资源向市级高新区集聚,在主导产业集聚、科技资金配置、科技平台布局、产学研合作、人才引进与培育等方面给予优先支持。

1月28日,"精准对接需求,同心共谋发展"主题沙龙活动在两江新区召开。北京理工大学重庆创新中心、上海交通大学重庆研发中心、诺奖二维材料研究院等15家科研院所围绕人才激励政策、人才引进活动、人才服务等方面开展交流。

# 2月

2月1日,重庆市委组织部、重庆市人力社保局、重庆市国资委联合印发《关于表彰2020年度"重庆市担当作为好干部"的决定》,表彰万州区新田镇党委书记王莉等100名同志为2020年度"重庆市担当作为好干部"。

2月1日,重庆工业设计产业园正式开园,旨在共建全国一流的现代工业设计教育体系,深化产教融合、校企合作,推进人才培养供给侧结构性改革,增强工业设计服务产业经济与社会发展的能力,实现工业设计人才的培养、孵化和留存。

2月4日,重庆市渝中区举办现代服务业重点招商项目签约活动。签约落地博琪国际医药、重庆医学影像云中心、中邮证券等25个重点项目,总投资额超100亿元。

2月8日,重庆市渝北区出台《渝北区临空英才培育引进实施办法》,以培养引进领军人才、创新团队和青年人才为重点。在人才认定上,着力面向海内外引进一批一流科技领军人才和高水平团队的同时,首次将海内外知名高校本科及以上学历毕业生作为"塔基"人才纳入支持范围;在支持政策上,推出12条优惠新政,除在科研、团队、金融、培育、安居、服务等方面给予配套补助外,创新聘请"引才大使"并给予相应工作经费补助。

2月19日,由重庆市人力社保局、重庆市经信委等多部门联合主办的2021年"春风行动"启动仪式在大足区顺利举行。47家重点用人单位开展现场招聘活动,提供就业岗位2 726个。

2月21日,重庆高新区、黔江区正式签署对口协同发展2021年度合作协议,明确从10个方面携手合作。

2月22日,永川区环保企业重庆隆宇环境检测有限公司通过认定成为国家级"高新技术企业"。该公司是重庆文理学院校企合作单位及实践教学基地,为社会培养环保专业人才、抢占高端检测市场领域、快速提升技术创新水平提供有力支撑。

2月25日,全国脱贫攻坚总结表彰大会在北京人民大会堂举行。巫山县竹贤乡下庄村党支部书记毛相林荣获"脱贫攻坚楷模"荣誉称号,受到习近平等党和国家领导人的接见和颁奖。重庆市共41人、32个集体分别获得"全国脱贫攻坚先进个人""先进集体"荣誉称号。

# 3月

3月5日,重庆市两江新区人才服务平台正式上线试运行,该平台可为各类人才和企事业单位提供人才项目申报、人才政策兑现、重庆英才服务、人事代理服务等,同时设置"人才标签"特色搜索功能,实现人才政策一键查询、人才服务事项一站式网办。

3月5日,西部(重庆)科学城发布"金凤凰"政策体系,围绕人才引育、科技创新、产业发展、金融支持4个领域,聚焦提升原始创新能级、高精尖产业发展质效、创新服务体系水平,推出"组合拳",助力建设具有全国影响力的科技创新中心核心区和引领区域创新发展的综合性国家科学中心。

3月7日,重庆市渝中区携手清华大学校友会文创专委会,举办主题为"文创行业的传承和创新"的海归创新创业开放联盟实务课堂,邀请北京元沣资本管理合伙人薛晨、清华创新教育投资人戴曦、重庆宽田文创创始人喻春喜等行业"大咖"现场授课,帮助青年人才解决创业初期的困惑困难。

3月8日,重庆市沙坪坝区女性人才成长发展研究会正式成立。研究会旨在为沙坪坝区各领域各行业女性专家人才搭建交流平台,提供发展支持与服务。

3月15日,重庆市工业互联网大数据产业发展联盟在北碚区揭牌成立,联盟由46家高新技术企业、高校、重点科研机构组成,旨在推动产业发展及行业人才培育,助力建设国家工业互联网产业创新发展高地。

3月17日,药友制药首个一类新药(YP 01001)获得国家药品监督管理局关于同意该药用于晚期实体瘤治疗开展临床试验的批准。该新药为重庆首个获批临床的肝癌创新药。

3月19日,重庆市高校毕业生就业工作专项小组在重庆科技学院启动"高校毕业生就业促进百日行动"。

3月22日,重庆市首个数智化乡村振兴学院在永川区重庆智能工程职业学院揭牌成立,成渝地区30余家现代农业、乡村旅游企业与数智化乡村振兴学院签订《数智化助推乡村振兴服务协议》。该学院将开展乡村振兴所需人才培养、技术服务和协同创新。

3月26日,中组部、团中央第21批赴渝博士服务团到巴南区开展调研,考察了巴南经济园区部分重点企业,为巴南区经济发展、科技创新、人才建设等提出宝贵意见。

3月28日,科技部批复同意支持重庆建设国家生猪技术创新中心,这是全国农业领域首个国家级技术创新中心。

3月28日,由重庆市委宣传部、重庆市文明办、重庆市民政局联合主办的"时代的奋斗者——2021年重庆市最美社会工作者发布仪式"举行,重庆仁爱社会工作服务中心党支部书记、中心主任万文等 10 位社会工作者获评"2021 年最美社会工作者"。

3 月 30 日,川渝高竹新区(渝北区和广安市共建)在国博会展中心举行投资推介暨项目集中签约活动,共签约产业项目 18 个,总投资 230 亿元,基础设施项目 18 个,协议投资 1 250 亿元,23 家金融机构意向授信 1 160 亿元,涉及装备制造、电子信息、新材料、水务及教育、金融、基础设施等领域。

# 4 月

4 月 1 日,重庆市人力社保局与四川省人社厅签订《川渝博士后人才发展战略合作协议》,从平台共享、联盟共建、服务联动、交流互动等方面促进两地博士后人才合理流动和高效集聚。

4 月 2 日,重庆市科技局发布《关于开展 2021 年度第二批市级科技特派员选派工作的通知》,按照做好巩固脱贫攻坚成果与乡村振兴衔接,支持国家级农业科技创新平台,并参照 2020 年对"三区"科技人才和市级科技特派员工作情况检查结果,动态分配选派名额给各区县。

4 月 7 日,入驻两江协创区的"双一流"高校研发机构——西北工业大学重庆科创中心正式揭牌。该中心是两江新区与西北工业大学共同组建,按照市场化运作并探索体制机制创新的新型研发机构。中心打造为校地合作的创新典范、高端人才"蓄水池"、科技创新要素"聚集地"和科技成果转化"助推器"。

4 月 8 日,川渝地区卫生专业技术人才"双百"项目培养启动会在重庆顺利召开,首批 40 名学员将前往培养单位开展为期半年的研修访学。

4 月 10 日,以"共建生态 智链未来——开启可信商业积分新时代"为主题的中国商业积分联盟成立启动发布会暨区块链技术创新应用高峰论坛在重庆市江北区举行。中华国际科学交流基金会中国区块链智库主席、中国工程院院士、清华大学计算机系教授、高性能计算研究所所长郑纬民同志被江北区委、区政府受聘为江北区区块链技术和产业创新发展领域首席专家。

4 月 21 日,重庆市人力社保局和重庆市财政局印发《重庆市留学人员回国创业创新支持计划实施办法》通知。每年择优资助一批创业创新项目,支持留学回国人员来渝发展。

4 月 22 日,重庆市人才政策和人才服务新闻发布会上通报了《重庆市加快集聚优秀科学家及其团队的若干措施》《重庆市支持青年人才创新创业的若干措施》。此次完善出台的"塔尖""塔基"政策,围绕安家资助、项目支持、岗位津贴、科研经费、金融扶持、成果激励等方面集成奖补,共提出 17 条措施。

4月24日，成渝地区双城经济圈人才协同发展联席会议第二次会议上，四川省委人才办与重庆市委人才办签署《"天府英才卡"A卡与"重庆英才服务卡"A卡服务互认共享协议》。

# 5月

5月8日，重庆市经信委、四川省经信厅联合发布首批20个成渝地区双城经济圈产业合作示范园区名单并授牌。产业合作示范园区将按照"俩俩结对"方式，围绕电子信息、汽摩、装备制造消费品、材料、生物医药等领域从园区开发、产业布局项目招商、人才培养等方面开展合作。

5月14日，重庆市政府办公厅印发《支持科技创新若干财政金融政策的通知》。其中涉及加大基础研究投入、鼓励科技人才集聚等2大类、7条人才相关政策。

5月15日，中国人民解放军陆军军医大学陆军特色医学中心心血管内科主任曾春雨获得美国心脏学院（ACC）杰出科学家奖（基础研究领域），这是第一个中国科学家在该领域获此奖项。

5月18日，重庆首个以金融为主题的专题类博物馆——重庆金融博物馆在江北嘴金融核心区开馆。江北区将借助重庆金融博物馆，搭建金融人才引进、培养、服务的平台，助力重庆打造内陆国际金融中心和成渝地区共建西部金融中心。

5月21日，由重庆市人力社保局、四川省人社厅、大足区委、区政府共同主办的2021年成渝地区双城经济圈建设专家服务团服务基层行——"走进大足"活动圆满结束。22位专家受聘为助力大足高质量发展特邀专家，其中3位专家代表与大足区3个重点项目责任单位代表现场签订了长期帮扶协议。

5月20日，由重庆市民政局、九龙坡区人民政府主办的"重庆市社会工作、慈善公益和志愿服务融合发展论坛"召开。重庆市已建成一支6.6万人的社会工作专业人才队伍，并将探索社会工作、慈善公益以及志愿服务的融合发展，作为提升民生福祉的有效措施。

5月25日，2021年"重庆英才·智汇北碚"行动暨重庆市数字经济人力资源服务产业园成立大会开幕。谭建荣、李惕碚、向仲怀等"两院"院士、相关高校负责人以及数字经济、金融、科技、人力资源等领域250余名专家学者共话数字经济，献策北碚发展。

5月26日，"博荟广阳岛，智创生态城"重庆市博士后沙龙走进南岸系列活动之"博士博士后南岸行"成功举办。来自乔治华盛顿大学、中国科技大学、上海交通大学等海内外知名高校的50余名博士及博士后，组团参观南岸区、重庆经开区"四大一新"产业发展和广阳岛智创生态城建设成果，共谋"山水人文都市区、智慧创新生态城"发展大计。

5月27日,重庆市·四川省共建具有全国影响力的科技创新中心2021年重大项目集中开工活动顺利举行,共40个重大项目集中开工,总投资1 054.5亿元。西部(重庆)科学城开工项目8个,总投资283.6亿元;重庆两江新区开工项目12个,总投资243.7亿元。

# 6月

6月2日,成渝地区双城经济圈高校创新创业促进会在重庆市璧山区正式揭牌成立。在信息互通与资源共享、高校双创教育提质增效、创业政策集成落实、双创活动开展、科技成果转化等方面展开服务,服务西部(重庆)科学城建设和成渝地区双城经济圈建设。

6月3日,重庆市科技局印发《重庆市博士"直通车"科研项目实施细则(试行)》。市科技局在市级科技计划体系中细化设立重庆市博士"直通车"科研项目,以壮大重庆英才队伍为目标,鼓励和支持来(留)渝博士深耕专业领域,发挥示范和引领作用,推动用人单位更好地引进高层次科技人才。

6月5日,以"博荟广阳岛·智创生态城"为主题的重庆市博士后沙龙走进南岸系列活动圆满收官。9家科研单位获"重庆市博士后科研工作站"授牌,全区市级及以上博士后科研工作站累计达到33家。

6月7日,重庆市科学技术局发布了《关于拟新认定重庆市重点实验室名单的公示》。重庆科技学院油气安全生产与风险控制实验室、联合微电子中心CUMEC硅基光电子实验室等38个实验室入选。

6月7日,2021年中国工业软件大会在重庆市渝中区召开。中国工程院院士李培根、谭建荣、北京大学教授何进、清华大学软件学院院长王建民等专家围绕工业软件技术创新应用、助力企业数字化变革、完善工业软件人才培养等话题展开深入探讨和交流。现场还举行了重庆市工业软件人才培养"政行校企"四方联动战略签约仪式暨重庆市工业软件开发者公共服务平台入驻仪式。

6月9日,重庆市经济信息委、重庆市财政局联合发布了《关于认定2020年度重庆市技术创新示范企业的通知》。

6月10日,2021万达开首届科技成果推介会在重庆三峡学院举行。推介会以"产学研用融合、科技成果转化"为主题,围绕科研成果集中展示、创新团队重点推荐、产学研用经验交流、校企校地合作洽谈等内容开展活动。

6月10日,中国科学院地理科学与资源研究所、重庆经开区、重庆广阳岛绿色发展有限责任公司签订三方合作协议,长江模拟器示范基地在广阳岛揭牌,标志着长江模拟器正式落地,将打造长江流域智慧管理强有力的"核心大脑"。

6月29日，重庆市科技英才庆建党百年华诞报告会暨2020年重庆市"最美科技工作者"表彰大会举行。重庆医科大学教授王智彪，西南大学心理学部部长陈红，重庆大学资源与安全学院副院长、教授陈结等10人获评2021年重庆市"最美科技工作者"称号。

6月30日，上海交通大学—重庆国际生物城数字医学联合技术中心落成投用。该中心是上海交通大学在重庆布局的首个数字医学方向的科研合作及成果转化平台，有力推动生物医药产业链、价值链和服务链的不断延伸，促进人才聚集、知识聚集、技术聚集和产业聚集。

# 7 月

7月5日，重庆市九龙坡区召开清华大学社会科学学院研究生社会实践欢迎座谈会，10名社会科学学院在读博士在九龙坡区开展为期42天的社会实践，围绕城市管理、科技创新、基层治理、高端轻合金材料发展等进行课题调研。

7月6日，成渝地区双城经济圈乡村振兴专家服务基地示范活动在重庆市永川区举行。成渝地区双城经济圈首个乡村振兴国家级专家服务基地揭牌，并发布专家服务基地联盟倡议。该基地将对接国家战略，以"专家+人才"的组织模式推动乡村振兴，设置专门管理机构和服务人员，为专家开展技术攻关、项目合作、成果转化、人才培养等提供支持措施和服务平台。

7月7日，重庆市侨联组织30余名侨界人士走进西部（重庆）科学城，开展"发挥侨界智慧，助力科技创新"考察调研活动。

7月11日，永川区与中国人民大学就共建中国人民大学文化科技园西部分园项目签署合作协议，双方以推动重庆市数字文化产业发展为目标，充分导入人民大学在人才、科研、产业等的优势资源，加强在数字文化产业研究、数字版权交易、产业资源整合等领域合作。

7月12日，四川省人社厅会同重庆市人力社保局印发《关于建立川渝事业单位专业技术二级岗位聘用绿色通道的通知》。

7月13日，重庆市两江新区与南京大学在"重庆市引进科技创新资源行动集中签约仪式"上签约，双方将以两江协同创新区为载体，共建南京大学重庆创新研究院，并在相关学科、人才交流等领域开展紧密合作。

7月14日，重庆市首个在镇级层面设立的乡村振兴博士工作站——重庆市企业人才发展研究会乡村振兴惠民博士工作站在巴南区惠民街道揭牌，共有10名进站博士。

7月20日，重庆英才"渝快办"市区联网（首站）启动仪式在重庆市大足区举行。市区联网将为人才服务打造"政策+平台+服务"的新模式，统一服务规范、标准、流程，推进

"网上办、掌上办、线上办",打通服务人才的"最后一公里",提升人才服务便利度、获得感。

7月22日,重庆市教委与四川省教育厅推进成渝地区双城经济圈建设教育协同发展联席会第三次会议在成都举行。会议深入学习了习近平总书记关于推动成渝地区双城经济圈建设的重要讲话精神和《成渝地区双城经济圈建设规划纲要》,共同研究更高质量推进两地教育协同发展的重点工作。

7月26日,重庆市卫生健康委提出,2021年起,川渝两地实施卫生专业技术人才"双百"项目,计划5年互派100名具有中级以上职称的青年医学人才到对方综合实力强劲的医疗卫生单位,跟从在行业有重要影响力的专家学习6个月,共同培育一批综合素质好、业务能力强的医疗卫生骨干人才。

7月28日,西部职教基地优质师资共享平台在重庆市永川区正式上线启用。平台为首批入库的各院校、企业1 749名优质师资搭建了发展桥梁,探索了产教融合、校企合作、专业共建、人才共育的新模式,为推动永川区建成成渝地区高素质技术技能人才供给区、全国职业教育综合改革先行区提供支撑。

7月28日,人才数智化服务联盟成立暨签约仪式在重庆举行。联盟主要建设人才现状数据库、产才需求数据库、产才供给数据库、数据综合服务平台。联盟参与布局了人力资本产业生态,并围绕人才评估、人才银行、人才基金、人才保险、人才价值交易和人才大数据等6大业务,构建人人有价,人力资本可注资、可增资、可垫支、可融资、可投资和可分配的价值应用体系,探索建设人力资本交易所。

# 8月

8月12日,西部最大的单体数据中心——腾龙5G巴南产业园开始试运行。项目整体建成后可容纳1.6万~2万个机柜,是全市唯一能与水土数据中心实时传输、同城并联运行的数据中心,将吸引一大批大数据相关软硬件企业和人才集聚产业园。

8月15日,2021软科世界大学学术排名发布,排名展示了全球领先的1 000所研究型大学,中国内地共有157所大学上榜。重庆大学、西南大学、陆军军医大学、重庆医科大学等4所高校上榜。

8月19日,重庆国际生物城与重庆第二师范学院签订战略合作协议。双方共建实践教育基地、推进现代大健康产业学院建设,并在人才培养、实验实训、科学研究、社会服务等方面开展深度合作。

8月23日,由中国电子学会、重庆市科协、重庆市永川区政府等共同承办的数字经济百人会成功举行。来自上合组织国家的政要、学者和企业家代表围绕"数据要素赋能·

引领数字化发展"的主题,以"线上+线下"相结合的形式举行。

8月24日,2021"智博杯"青年大数据智能化创新创业大赛总决赛在重庆市渝中区举行,来自北京、上海、广州、长沙、成渝五大赛区的10个决赛项目通过线上开展路演和答辩,吸引20余万人次在线观看。

8月25日,西部(重庆)科学城首届场景大会在重庆国际博览中心举行,大会共发布西部(重庆)科学城"一核五区"4大类30个场景项目、70个具体场景,总投资额近2400亿元。

8月27日,西南大学科学中心在西部(重庆)科学城北碚园区揭牌落户,重点建设长江上游种质创制前沿研究中心、未来农业前沿研究中心、智能制造与大数据前沿研究中心,并在每个中心布局建设一批研究院(所)、工程技术中心、联合实验室等。

8月31日,重庆市委常委、组织部部长彭金辉到重庆大学调研并出席在渝院士座谈交流会。他强调,要深入学习贯彻习近平总书记重要讲话精神,全面落实党中央部署,按照市委、市政府工作要求,用心用情服务保障院士专家,为建设具有全国影响力的科技创新中心凝聚智慧和力量。

# 9 月

9月1日,由重庆力为康智能装备有限公司建设的重庆首个药物制剂智能制造研发中心在重庆市江津区投产。中心联合中国药科大学、重庆科技学院高层次人才团队,围绕连续制药这一世界新兴技术,全力开发药物制造智能化装备,实现药物制造现代化。

9月2日,重庆市綦江区政府与重庆大学签订战略合作协议,双方围绕"战略决策咨询、科技研发合作、创新平台建设、人才培养交流"等4方面开展合作。

9月3日,重庆市博士后沙龙走进江北嘴金融核心区暨江北嘴博士后创新创业园揭牌仪式在重庆江北嘴金融核心区举行。重庆国际投资咨询集团有限公司等5家企业被正式授予"博士后科研工作站",江北嘴被授予博士后创新创业园。

9月8日,西南大学农学与生物科技学院与四川绵阳农业科学研究院签署《战略合作协议》,双方在现代农业产业关键性技术联合攻关、共建科研成果中试及转化应用基地、共建现代农业科技人才培养机制等方面开展合作。

9月9日,重庆市合川区举办"清华大学乡村振兴(重庆合川)教学站"现场授牌仪式暨校地人才合作工作座谈会。合川区借力清华大学继续教育学院高端资源,强化乡村人才队伍建设。双方就深入开展教育扶贫、乡村振兴、人才培养合作达成了共识。

9月10日,重庆市渝中区、巫溪县联合印发《人才协同发展实施方案》,双方明确了人才协同发展平台、干部人才互派交流、专业人才联动培养、建立健全协同引才机制、加大人才工作帮扶力度等 5 项重点任务,15 条具体重点任务分工。

9 月 10 日,重庆市北碚区印发《促进青年人才在碚创新创业十条措施》,在安家补贴、家庭培智补贴、搭建青年人才创新创业平台等 10 个方面为来碚青年人才提供支持。

9 月 12 日,重庆市人力社保局组织开展 2021 年度技能大师工作室评审工作,共评选出 5 个国家级、15 个市级首席、30 个市级技能大师工作室。

9 月 13 日,重庆市"英才大会"九龙坡区组团招聘博士后及科技人才活动在重庆大学举行。6 家博士后科研工作站和科技型企业提供招聘岗位 13 个,10 名博士与用人单位达成意向性协议。

9 月 15 日,重庆巴南区工商联组织 50 名高级企业家人才走进重庆忽米工业设计有限公司,学习考察工业设计人才培育和平台建设。区工商联与忽米网就工业设计资源整合、人才培训和云服务平台创新协作达成合作共识。

9 月 24 日,中国中医科学院陈枫名医传承工作室揭牌仪式在重庆市巴南区举行。

9 月 24 日,第七期"重庆英才讲堂"在重庆市第七中学开讲。活动现场进行了"雏鹰计划"学生研究课题展示、"科学导师团队"聘书颁发和"科技研学基地"授牌。

9 月 28 日,"博汇重庆　智献南岸"中组部、团中央第 21 批赴渝博士服务团活动在广阳岛智创生态城成功举办。来自工信部、科技部等博士服务团成员,以及在巴南区高校、科研院所博士代表参加活动。

# 10 月

10 月 8 日,重庆智能机器人研究院在中德(水土)智能制造产业园开业,拟组建 300 人的专业技术人才团队,打造国际一流的智能机器人创新研发平台。

10 月 9 日,重庆市北碚区修订印发《"碚有引力"产业聚才计划》,从购房补贴、人职奖励、项目资助、平台建设支持等方面,为辖区各类经济实体引才聚才和个人发展提供全方位支持。

10 月 10 日,"生物质产业碳中和技术创新联盟"在重庆市北碚区成立,旨在打造基础研究、技术创新、人才培养、成果转化的交流平台,构建生物质产业碳中和技术体系,促成产学研项目落地,助力符合绿色循环经济体系建设的特色企业成长,促进生物质产业技术转型升级。

10 月 11 日,重庆市渝中区与百度公司达成合作,充分利用百度在区块链技术上的优势,结合人工智能、安全、云计算能力,推动渝中区实施以大数据智能化引领的创新驱动发展战略。

10 月 13—15 日,2021"物质科学与大国重材"全国博士后学术论坛在两江协同创新区举行。论坛围绕制造强国战略布局,面向新材料领域基础科学和前沿热点问题,开展交流讨论,展现最新研究成果。

10月17日,"赋能中国西部科学城创新发展高端峰会暨第二届数字经济与知识产权保护论坛"在重庆市璧山区举行。来自政产学研用等行业领军人物、专家学者围绕数据安全与知识产权展开讨论。

10月18日,由IBM区块链联合创新实验室孵化赋能的大学生创业项目"油'燃'而生——'双碳目标'下高性能植物绝缘油全球开拓者",荣获第七届中国国际"互联网+"大学生创新创业大赛全国总决赛金奖。

10月19日,2021年全国大众创业万众创新活动周大渡口分会场启动仪式暨"义渡赛创会"创新创业大赛启动。会议期间,举行了创客代表发言、重点双创项目签约、启动仪式、参观双创成果展、项目路演、颁奖、签约等创新创业活动。

10月20日,《成渝地区双城经济圈建设规划纲要》公开发布,《成渝地区双城经济圈建设规划纲要》提出,把成渝地区双城经济圈建设成为具有全国影响力的科技创新中心。到2035年,具有全国影响力的科技创新中心基本建成。

10月21—22日,重庆市2021年"就在山城·渝创渝新"就业创业宣传活动先后走进重庆段氏服饰实业有限公司和两江广告产业园,为90余家企业职工代表讲解了多种就业创业政策。